Jean-Noël Kapferer

Die Marke – Kapital des Unternehmens

Jean-Noël Kapferer

Die Marke – Kapital des Unternehmens

verlag
moderne industrie

Die Deutsche Bibliothek – CIP-Einheitsaufnahme

Kapferer, Jean-Noël:
Die Marke – Kapital des Unternehmens / Jean-Noël Kapferer.
Übers. aus dem Franz. von Barbara Rominger-Hanauer
Landsberg/Lech : Verl. Moderne Industrie, 1992
  Einheitssacht.: Les marques – capital de l'entreprise <dt.>
  ISBN 3-478-22560-4

© Les Éditions d'Organisation, Paris
Die Originalausgabe ist unter dem Titel „Les marques,
capital de l'entreprise" erschienen.
Übertragen ins Deutsche von Barbara Rominger-Hanauer
Überarbeitet von Wolf D. Zetsche

© 1992 verlag moderne industrie AG & Co., Buchverlag,
8910 Landsberg/ Lech

Umschlaggestaltung: Hendrik van Gemert, 8915 Fuchstal-Leeder
Satz: FotoSatz Pfeifer GmbH, 8032 Gräfelfing
Druck: Hofmann, 8900 Augsburg
Bindearbeiten: Thomas, 8900 Augsburg
Printed in Germany 220560/292 171
ISBN 3-478-22560-4

Inhaltsverzeichnis

Einleitung
Die Marke – ein vielseitig nutzbares Kapital

In Zukunft ist die **Marke das wichtigste Kapital** des Unternehmens. Jahrzehnte-lang wurde der Wert eines Unternehmens an seinen Gebäuden und Grundstücken gemessen, später an den Aktivbeständen wie Fabrikgebäuden und Maschinen. Neuerdings hat man erkannt, daß der eigentliche Wert außerhalb des Unternehmens liegt, nämlich in den Köpfen der potentiellen Käufer. Als im Juli 1990 Bernard Tapie Adidas aufkaufte, die Firma mit den drei Streifen, war der Grund für diesen Kauf folgender: Adidas war nach Coca-Cola und Marlboro die weltweit bekannteste Marke.

Seit 1985 zeigt sich eines deutlich, was von vielen bisher für unmöglich gehalten wurde: Bei der Menge von Fusionen und Käufen, die getätigt wurden, um auf dem zukünftigen europäischen Binnenmarkt Fuß zu fassen, wurden Preise er-zielt, die alle bisherigen Maßstäbe sprengten. Nestlé kaufte Rowntree zu einem Preis, der 3mal über dem Börsenwert lag und 26mal höher als die von der Grup-pe erzielten Erträge. Die Gruppe Buitoni wurde zu einem Preis verkauft, der 35mal höher lag als die erzielten Jahresergebnisse. Bis dahin wurde maximal das 8- bis 10fache bezahlt.

Kurioserweise erschien das, was diese überhöhten Preise rechtfertigte, nir-gends in den Bilanzen der Gesellschaften. Die Bilanzen der gekauften Unter-nehmen enthielten auf der Aktivseite nur materielle Anlagewerte, Maschinen und Lagerbestände: keine Spur von Marken, für die die Käufer Summen ausga-ben, die weit über dem Wert der reinen Aktiva lagen. Die Käuferfirmen ver-buchten diese Differenz entweder außerhalb der konsolidierten Bilanzen oder unter der neutralen Bezeichnung „goodwill". Der eigentliche Grund dieses enormen Kapitaleinsatzes und der vorangegangenen schwierigen Übernahme-verhandlungen wurde nicht schriftlich fixiert, blieb unsichtbar.

Der Bewußtseinswandel vollzog sich in den 80er Jahren. Früher kaufte man bei öffentlichen Übernahmen, Fusionen und Erwerbungen ein Unternehmen, das „Teigwaren", „Schokolade", „Computer" oder „Reinigungsmittel" herstellte.

9

Inzwischen geht es darum, die Firmen Buitoni, Rowntree (Hersteller von Kit-Kat und After Eight), Atari oder Norton in die Hand zu bekommen. Was die Stärke einer Firma wie Heineken ausmacht, ist nicht das Wissen um die Kunst des Bierbrauens, sondern die Tatsache, daß die Leute auf der ganzen Welt ein „Heineken" trinken wollen. Dasselbe gilt für Facom, Caterpillar, IBM, Sony, McDonald's, La Barclay's oder Dior.

Die Unterscheidung zwischen Marke und Produkt ist wesentlich: Das Produkt ist das, was das Unternehmen herstellt, die Marke das, was der Kunde kauft. Dasselbe gilt für Dienstleistungen. Wenn der Käufer ein Markenartikel-Unternehmen sehr teuer bezahlt, erwirbt er damit einen Platz im Kopf des potentiellen Kunden, entweder in der ersten Reihe oder auf dem Klappsitz. Bekanntheit, Image, Vertrauen und Reputation, mühsam erreicht im Laufe der Zeit, sind die besten Garanten für zukünftige Erträge und rechtfertigen den bezahlten Preis. Der Wert der Marke hängt von ihrer Fähigkeit ab, die oben beschriebene Wechselwirkung in Gang zu setzen.

Die Marke ist für den potentiellen Käufer ein Erkennungszeichen. Ebenso wie die Währung erleichtert auch sie den Warenverkehr. Ein überreiches Angebot und anonyme Produkte (deren Vorzüge auf den ersten Blick nicht zu erkennen sind) verwirren den Kunden. Marke und Preis erhöhen die Transparenz; die Marke schafft Unsicherheiten aus der Welt; Marke und Preis sind Wertindikatoren. Der Preis mißt den Geldwert, die Marke charakterisiert das Produkt und deckt seine Identität, also seine unterscheidenden Merkmale auf: Gebrauchswert, Affektionswert und individuellen Wert, den das Produkt für den Käufer hat. Ein Wort, ein Symbol beinhalten eine ganze Idee, eine lange Aufzählung von Attributen, Werten oder Prinzipien, die in das Produkt oder die Dienstleistung hineinprojiziert werden. Gespickt mit Informationen gibt die Marke den Kaufimpuls. In diesem Sinn agiert die Marke als Kapital für den Warenverkehr. Angesichts Hunderter verschiedener Computer wird das Angebot mit Hilfe der Marke für den Kunden transparent, er kann es aufgliedern, sich orientieren und sich dann Produkten zuwenden, deren Marke zeigt, daß sie seinen Erwartungen, Ansprüchen und Bedürfnissen entsprechen. In Märkten, in denen sich das Angebot aufgrund von Technologiewandel oder Modetrends ständig ändert, wirkt die Marke stabilisierend. Sie garantiert Kontinuität der Attribute und Produktphilosophie. Die Produkte können sich ändern, die Idee bleibt dieselbe. IBM steht für Sicherheit, Mercedes für deutsche Qualität und hohen Standard, Facom für Präzision und attraktives Design, McDonald's für freundlichen Service und Gastlichkeit, Barclay's für finanzielle Kompetenz und persönliche Kontakte in der Art distinguierter englischer Clubs.

10

Auf diese Weise charakterisiert, garantiert, stabilisiert und strukturiert die Marke das Angebot. Da sie Risiko und Unsicherheit verringert, ist die Marke wertvoll. In einer Welt, in der sich alles verändert, ist die Marke eines der wenigen stabilen Elemente. Auch wenn die Gruppe BSN Nabisco Europe aufgekauft hat, kauft der Kunde doch weder das eine noch das andere, sondern Bélin oder Pépito: Es besteht eine unausgesprochene Bindung an diese Marken. Dim zieht, auch nachdem Sarah Lee Corporation die Firma übernommen hat, die Kunden an, genau wie Norton nach der Übernahme durch Saint Gobain oder Grundig durch die Gruppe Thomson. Mit dem Kauf dieser Marken erwerben die Unternehmen auch die aus dieser Bindung entstehenden Vorteile und natürlich die Aufgaben und Obliegenheiten, die damit verbunden sind.

Schließlich erleichtert die Marke genau wie eine Währung den internationalen Handelsverkehr. Die Marke ist die einzig existierende internationale Sprache, das **Esperanto des Handels.** Kodak wird in allen Ländern der Welt Kodak genannt, genau wie Bull, Siemens, Michelin, Hilton, Lacoste oder Club Med. Das kann man noch nicht einmal von den Währungen sagen: Das Pfund Sterling wird im Englischen „pound" genannt. Auch die Namen der Staaten sind je nach Land verschieden. Dank der Markennamen aber weiß jeder Käufer auf der ganzen Welt, wovon der Anbieter spricht.

Obwohl die Marke das eigentliche Kapital des Unternehmens ist, entsteht erst jetzt ein Markenmanagement. Im Augenblick werden überwiegend Produkte vermarktet, die einen Namen haben. Das Management beschäftigt sich überwiegend nur mit dem Produkt: Nun aber erfordert die Markenführung ein Umdenken und neue Wege. Genau diese Problematik ist Gegenstand dieses Buches. Die Veröffentlichungen im Bereich Management und Marketing haben der „**Revolution der Marke**" bisher keine Beachtung geschenkt, genausowenig wie dem entsprechenden Marketing. Man spricht auch hier nur von Produkten oder Dienstleistungen, also von dem, was produziert wird, und nicht von dem, was gekauft wird. Die jungen Manager erlernen das „Gesetz des Produkt-Lebenszyklus". Dieser Zyklus wird in Phasen eingeteilt, von der Einführung über das Wachstum und die Reife bis zum Auslaufen des Produktes. Es gibt nun aber dynamische, aktuelle Marken, die mehr als hundert Jahre alt sind, zum Beispiel Coca-Cola. Wenn auch Produkte aufgrund ihrer Überalterung vom Markt genommen werden, so gelten diese Gesetze nicht für die Marken. Weil man fälschlicherweise geglaubt hat, daß die Marke nur Produktname sei, wurde sie zusammen mit dem Produkt vom Markt genommen, wenn das Produkt am Ende seines Lebenszyklus angekommen schien.

Die Marketingliteratur legt das Hauptaugenmerk auf den Prozeß der Einführung neuer Produkte: Die Marke ist hier nur eine taktische nachträgliche

device - product - brand

11

Entscheidung, die ausschließlich in den Bereich der Kommunikation durch Werbung, Verpackung und Design verwiesen ist. Die Wirklichkeit sieht aber ganz anders aus. Künftig stellt sich den Unternehmen die strategische Frage, ob Wachstum mit vorhandenen oder mit neuen Marken erzielt werden soll. Die klassischen strategischen Modelle sprechen vom Produktportfolio: In Wirklichkeit müssen die Unternehmen Markenportfolios managen. Einige Unternehmen beschäftigen Produktmanager, aber nur wenige auch Markenmanager. In dem Maße, in dem die Anzahl der unter einer Marke geführten Produkte steigt, verteilt sich die Markenführung über eine Vielzahl von Entscheidungsinstanzen. Oft werden dabei aus Mangel an Koordination Entscheidungen getroffen, die mittelfristig den Markenwert schwächen können.

Marke ist nicht gleich Produkt. Die Marke definiert die Identität des Produktes heute und zukünftig. Die Unternehmen entdecken, daß das Kapital Marke gemanagt, gepflegt und kontrolliert werden muß. Markenmanagement stellt Manager vor neue Fragen: Wie viele verschiedene Marken sind notwendig? Wie soll das Markenportfolio geführt werden? Wie weit soll die Marke ausgedehnt werden, d.h., welche Produkte und Dienstleistungen kann und muß sie abdecken? Oder im Gegenteil: Wann muß die Ausdehnung begrenzt werden, auch wenn eine Umsatzsteigerung davon erwartet wird, weil das Kapital Marke sonst geschwächt würde? Wie kann die Aktualität der Marke im Wandel der Zeit erhalten werden, besonders wenn sich Technologien, Produkte und Verbraucherverhalten verändern? Wie kann man eine Marke verändern und trotzdem ihre Identität bewahren? Wie sollen Produkte geführt werden, die unter demselben Markennamen vertrieben werden? Wie kann die Imageübertragung zwischen Produkt und Marke optimiert werden? Welche geografische Ausdehnung soll die Marke haben? Kann die Marke globale Marke werden, überall bekannt unter demselben Namen? Oder ist dies nicht durchführbar und nicht einmal wünschenswert? Welche Unterschiede bestehen bei einem Unternehmen, dessen Name identisch mit dem Markennamen ist (z.B. Renault, Nestlé, IBM, BNP), zwischen dem Management von Markenimage, Image des Unternehmens und dem der Institution? Wie kann der Wert der Marke bestimmt, weiterentwickelt und kontrolliert werden? Soll der Wert einer Marke gar in der Bilanz ausgewiesen werden, um den wahren wirtschaftlichen Wert des Unternehmens für Aktionäre, Investoren und Finanzpartner transparent zu machen?

All diese Fragen sind neu, und jede für sich rechtfertigt, in einem Kapitel dieses Buches abgehandelt zu werden. Zur Zeit wird diese Problematik intuitiv angegangen; die Entscheidungen vollziehen sich als tastende Versuche. Dieses Buch soll einen ganzheitlichen, gedanklichen und analytischen Rahmen liefern, um die oben beschriebenen Probleme rational anzugehen. Es sollen Analyse- und Entscheidungsmodelle vorgestellt werden, die durch Forschung entstanden sind, im Consulting getestet wurden und sich in der Praxis als gültig erwiesen haben. Die vorgeschlagenen Modelle bauen auf zahlreichen untersuchten Fällen auf und betreffen Marken aus den Bereichen Investitionsgüter, Dienstleistungen, Konsumgüter und Einzelhandel sowie Luxus- und Modemarken.

Allzuoft wird die Bedeutung einer Marke aus ihren Instrumenten entwickelt, d.h. aus dem Markennamen, dem Design, der Verpackung, der Werbung, dem Sponsoring, der Einschätzung des Markenimages und der Markenbekanntheit oder sogar – wie in jüngster Zeit unternommen – aus der Berechnung des Marktwertes. Eine richtige Markenführung beginnt hingegen bei der Strategie oder vielmehr bei einer kohärenten und ganzheitlichen Vision der Markenpolitik. Der Zentralbegriff der Markenidentität löst dabei das „Image-Denken" ab. Die Markenidentität läßt sich bestimmen und führen: Sie ist Mittelpunkt des Markenmanagements. Dies erfordert neue Wege im Denken und Forschen. Sie sollen in diesem Buch vorgestellt werden.

Teil 1

Die Bedeutung der Marke

Kapitel 1
Die innere Logik der Marke

So manches Unternehmen ist sich der Bedeutung seiner Marken gar nicht bewußt. Dafür beschäftigt man sich intensiv mit der Gestaltung der Marke, also dem Design, der Grafik und mit der Auswahl der geeigneten Werbeagentur. Die Gestaltung der Marke wird zum Selbstzweck, und das Hauptaugenmerk richtet sich darauf. Dabei vergißt man, daß es sich hier nur um ein Mittel zum Zweck handelt. Wird die Markendarstellung zum Exklusivproblem von Marketing und Werbung, so unterschätzt man den Beitrag anderer Unternehmensfunktionen zum Markenerfolg.

Nun ist aber die Markengestaltung zwar unerläßlich, aber doch die Endphase eines Ablaufs. Alle Möglichkeiten und Mittel des Unternehmens werden fokussiert und auf ein einziges strategisches Ziel konzentriert: einen Unterschied zu schaffen, die einzige Möglichkeit des Unternehmens, sich von den Wettbewerbern abzugrenzen, indem alle internen Möglichkeiten zur Wertschöpfung mobilisiert werden.

Was ist Branding?

Branding geht weit über die einfache Markierung hinaus. Letztere bezeichnet in einem engeren Sinn den äußerlichen Vorgang, in dem ein Produkt oder eine Dienstleistung eine Marke erhält, die ihm/ihr den Stempel eines bestimmten Unternehmens aufprägt.

Die Marke prägt die Produktkategorie

Die Marke soll das Angebot **differenzieren** und für den Verbraucher übersichtlich **strukturieren**. Das Unternehmen möchte sich verstärkt den Erwartungen seiner Kunden anpassen und versucht, dauerhaft und immer wieder aufs neue eine ideale Kombination von greifbaren und nicht greifbaren, funktionalen und hedonistischen, sichtbaren und unsichtbaren Merkmalen anzubieten, und dies zu Bedingungen, die für das Unternehmen selbst annehmbar sind. Das Unter-

17

nehmen will der Produktkategorie seine Marke „aufdrücken". Es ist kein Zufall, daß Marke auf englisch „brand" heißt: Abgeleitet von „brandon" erinnert dieses Wort an das Brandzeichen, das Tieren eingebrannt wird. Sagt man „Mikrocomputer Atari", heißt das, daß die Marke Atari in dem Gerät steckt. Zunächst sollte man sich damit befassen, was die Marke in das Produkt (oder die Dienstleistung) hineinprojiziert, d.h., wie das Produkt durch die Marke umgeformt wird:

- Welche **Eigenschaften** der Marke verkörpert das Produkt?

- Welche **Vorteile** sollen geschaffen werden?

- Welcher **Nutzen** ist zu erwarten?

- Welche festen **Vorstellungen** sind damit verbunden?

Dieser tiefere Sinn einer Marke wird häufig vergessen oder absichtlich verdrängt. Auch sagt die Distribution oft: „Für uns ist die Marke zweitrangig, ein Produkt braucht so etwas nicht." Damit wird die Marke reduziert auf das Etikett. Die Marke ist dem Produkt aber nicht einfach aufgeklebt, sondern sie ist vielmehr die Substanz des Produkts. Das so aufgewertete Produkt (oder die Dienstleistung) wird dann erst mit den Signalen der Marke versehen, damit der potentielle Käufer das Produkt entdecken und das Unternehmen die Früchte des Aufwandes ernten kann, bevor andere das Produkt kopieren.

Es ist übrigens höchst bezeichnend, daß ein Produkt mit Markenname einen **höheren Stellenwert** einnimmt als eines ohne Markenname. Wird die Marke gleichgesetzt mit dem Etikett auf der Oberfläche, verliert das Produkt seinen besonderen Status als Markenprodukt. Die Marke transformiert aber den Produktcharakter, daher kommt auch der Wert von Lacoste- oder Adidas-Produkten, die kein Label tragen. Diese Produkte haben einen höheren Wert als ihre Imitate, denn selbst unsichtbar ist die Marke präsent. Beim Imitat hingegen fehlt die Marke, auch wenn das Produkt ein Markenlabel hat.

Die Marke profiliert sich langfristig durch Unterscheidung

Man hört oft, daß Produkte verschiedener Marken identisch seien. Manch einer behauptet auch, die Marke sei nur ein „Bluff", eine List, um sich auf Märkten mit schwer differenzierbaren Produkten hervorzuheben.

Da wird sowohl der Faktor Zeit außer acht gelassen als auch die Dynamik des Wettbewerbs. Eine Marke wird durch die Produkte bekannt, die sie kreiert und auf den Markt bringt. Jede Innovation, die eine Marke einführt, bewirkt sofort, daß andere nachziehen. Jeder Fortschritt wird schnell zur Norm, an die der Verbraucher sich gewöhnt: Konkurrierende Marken müssen sich dieser Situation also anpassen, wenn sie nicht hinter den Erwartungen des Marktes zurückbleiben wollen. Während einer kurzen Zeitspanne kann die innovative Marke ein schwaches Monopol behaupten, das ihr aber schnell streitig gemacht wird, wenn die Innovation nicht patentiert wird oder gar nicht patentierbar ist. Der Markenname soll die Innovation schützen, ist also ein „gedankliches Patent".

So hat die Marke LU einen neuen Keks auf Vollkornbasis kreiert, was in der modernen Ernährung einen hohen Stellenwert hat. Aufgrund des Erfolgs dieses Produktes haben auch andere Hersteller ähnliche Kekse produziert. Hätte LU seinem Keks einen generischen Namen gegeben, einfach „Vollkornkeks", dann hätte der Verbraucher einige Monate später auch einen Vollkornkeks von Alsacienne, Carrefour oder Casino im Angebot vorgefunden. Der Name „Mukti" aber verleiht dem Produkt einen innovativen und einzigartigen Touch. Der Produktname macht eine Innovation exklusiv und schützt gleichzeitig vor Imitationen, was schließlich nur die gerechte Gegenleistung für die Markteinführung, die Bemühungen und das Risiko ist. Bringt das Unternehmen aber heute „Mikado" und „Sirtaki" und morgen „Mukti" auf den Markt, dann können die Bemühungen nicht kapitalisiert werden, d.h., der kreative Erfinder dieser Kekse kann daraus keinen Imagegewinn ziehen. Zu den einzelnen Produktnamen muß der Name einer Marke kommen, im vorliegenden Fall LU. Indem dieser Name alle Innovationen bezeichnet, kann die Marke LU ein Vertrauenskapital aufbauen und bekommt das Image eines Herstellers erstklassiger Qualität. So profitiert die Marke von den Innovationen. Der Markenname ist sowohl für den Käufer als auch für den Verkäufer ein Gewinn.

Natürlich stimmt es, daß die statische Ausleuchtung eines Marktes den Eindruck vieler ähnlicher Produkte ergibt. Aber eine dynamische Betrachtung stellt den Schöpfer des neuen Produktes in den Vordergrund, der durch seinen Erfolg Wettbewerbsprodukte auf den Plan gerufen hat: Die Marke schützt diesen kreativen Hersteller, überträgt ihm eine provisorische Exklusivität und vergütet seine Bereitschaft zum Risiko. Im Laufe der Zeit sammeln sich immer mehr solcher provisorischer Unterscheidungen an, die den Sinn der Marke und ihre wirtschaftliche Funktion verdeutlichen.

Die Marke ist nicht nur kosmetische Oberflächenbehandlung. Die Marke bezeichnet einen **schöpferischen Akt**, der heute das Produkt A, morgen das Produkt B, dann C usw. hervorbringt. Produkte werden eingeführt, halten sich eine Zeitlang auf dem Markt und verschwinden dann wieder. Die Marke aber bleibt. Es ist also dieser kreative Akt, der Sinn, Konzept und Merkmale der Marke schafft. **Eine Marke braucht Zeit und eine eigene Identität**.

Die Marke ist Informationsspeicher

Eine Marke wird nur durch ihre **Manifestationen** (Modelle, Produkte, Kommunikation, Distribution ...) bekannt. Der Markeninhalt wird aus den angesammelten Informationen dieser Träger zusammengesetzt, und zwar in dem Maße, wie sie von einem gemeinsamen Prinzip, einem Leitmotiv, gesteuert werden. Wichtig ist eine Informationsvielfalt und nicht nur ein Auflisten. Die Marke LU bezeichnet nicht irgendein Produkt: Sirtaki, Mikado, Mukti, Prince und Pim's tradieren die gemeinsamen Markenfacetten, d.h. Werte, Attribute und Konzept der Marke. Es sind originelle Produkte, kreativ, stark, zeitgemäß, universell und raffiniert gestaltet. Die Marke hat Pep, Erfindungsgabe und höchste Qualität.

Die Bedeutung der in der Marke gespeicherten Informationen erklärt die strukturellen Unterschiede des Images von einer Generation zur anderen. Diejenigen, die die Firma LU (Abkürzung von Lefevre-Utile) noch kannten, als sie die berühmte kleine Butter herstellte, haben natürlich von dieser Marke eine andere Vorstellung als die jungen Liebhaber der Produkte Figolu und Prince. Eine Marke kann dem Gedächtnis als Angelpunkt dienen, der künftige Eindrücke vorbereitet. Für die sogenannten „Doppelmarken" ist das problematisch, als Beispiel sei hier Citroën genannt: Das Markenimage von 2CV, Dyane oder Mehari steht im krassen Gegensatz zu dem des DS oder SM. Ältere Leute, die die berühmte Zugkraft der Fahrzeuge noch aus der Vorkriegszeit kennen, erinnern sich auch noch daran. Der Faktor Gedächtnis erklärt zum Teil auch die Langlebigkeit individueller Präferenzen. In einer Generation bleiben Marken, die bei Kindern oder Jugendlichen zwischen 7 und 18 Jahren beliebt waren, diesen auch dann noch im Gedächtnis, wenn sie längst erwachsen sind (bis zu 20 Jahre lang) (Guest, 1964; Fry et al., 1973; Jacoby et Chestnut, 1978).

Die Marke ist Programm

Die Marke ist Vergangenheit und Zukunft eines Produktes. Die genetische Analogie liegt im Verständnis der Marke. Der Informationsspeicher trägt das Programm künftiger Entwicklungen in sich, die besonderen Attribute künftiger Produktarten, ihre Gemeinsamkeiten und Ähnlichkeit, die die einzelnen Produkte des Portfolios verbinden. Wird das Markenprogramm verstanden, dann kann man den legitimen Einsatzbereich der Marke finden, wo sie sich ausdehnen kann, und zwar außerhalb der Produkte, die sie ins Leben gerufen haben. Das implizite Markenprogramm macht den Sinn älterer und neuerer Produktlancierungen transparent.

Die Marke ist Konzept des Produktes

Die Marke zeigt **Daseinsberechtigung** und **Leitmotiv** des Produktes und auch seinen **Ursprung**. Außerdem definiert die Marke den Kurs der Produkte. Die Marke ist keine starre Wirklichkeit, sondern muß sich dem Zeitgeist anpassen, den Entwicklungen des Verbraucherverhaltens und der Technologie. Nur mit Hilfe ihrer konkreten (Produkte oder Dienstleistungen) und symbolischen (Kommunikationsraster) Manifestationen kann die Marke aktuell bleiben. Die Marke erneuert sich also Tag für Tag und wird nicht ein für allemal festgelegt. Die Vergangenheit sollte nicht in zu enger Form die Zukunft bestimmen. Verändert sich die Marke jedoch zu sehr, dann verliert sie Sinn und Inhalt.

Große Marken haben ein Konzept, das Inhalt und Richtung angibt. Der Markenname des Elektrogeräteherstellers Siemens drückt beispielsweise Beständigkeit, Seriosität und Vertrauen aus; man assoziiert die genaue und gewissenhafte Arbeit deutscher Arbeiter. Brandt steht für Tradition, Unbekümmertheit und Vertrautheit (vergleichbar einem nahen Freund der Familie, der die Kinder heranwachsen sieht). Philips dagegen steht für Innovationsfreudigkeit und für Technik, die möglichst vielen zugänglich ist. Überall zeigt sich, daß die bekannten Marken ein eigenes Konzept haben, das sehr wichtig für das Unternehmen ist, denn es zeigt den Kunden, in welcher Richtung geforscht wird und wie das Unternehmen innovativ tätig ist. Außerdem zeigt das Konzept die Möglichkeiten der Marke. Hier Beständigkeit, dort Traditionelles oder Neues. So wie ein Wort nicht gleichzeitig zwei Bedeutungen haben kann (eine würde die andere immer verdrängen), kann eine Marke nicht alle Inhalte vertreten. Jede Marke zeigt eigene Identität und ein eigenes Konzept.

Werden unter verschiedenen Marken dieselben Produkte angeboten, dann schadet das den Marken – solange es nicht überhand nimmt – nicht. Außerdem ist die doppelte Verwendung eines Markennamens bei bestimmten Produktsortimenten manchmal unvermeidlich. Nehmen wir an, die Marke A drückt Beständigkeit aus, B Traditionelles und C Innovationsfreudigkeit. Diese Attribute beeinflussen die verschiedenen Produkte fühlbar. So gibt es in jeder Product Range Produkte, die die Markenidentität am besten verkörpern. Das Konzept der Marke Citroën zeigt sich am besten in ihren Luxuslimousinen, das von Nina Ricci in feenhaften Abendkleidern und das von Sony in Walkmen und Videokameras.

Dennoch gibt es auch Produkte, wo Konzept und Facetten der Marke weit schlechter zum Ausdruck kommen. In der Automobilbranche ist es wegen der einzuhaltenden Niedrigkosten bei der unteren Mittelklasse schwierig, ein Fahrzeug herzustellen, das sich von anderen deutlich abhebt. Aber aus ökonomischen Gründen werden Markennamen auch oft auf Konkurrenzmodelle angewandt. Ebenso muß jede Bank ein PEP (dt. etwa: Modell für private Sparguthaben, Anm.d.Ü.) anbieten, ein System, das für alle Banken gilt. Die Tatsache, daß mehrere Marken dieselben Produkte vertreten, zeigt den begrenzten Angebotsspielraum einer Marke (siehe Abb. 1). Jede Marke hat zumindest ein Merkmal, das sie mit Produkten außerhalb der gemeinsamen Range in Verbindung bringt, und zwar in linearer Entwicklung. Deshalb muß Kommunikation über diese Produkte erfolgen, denn sie machen den Sinn der Marke transparent. Obwohl also die Fahrzeuge von Peugeot und Citroën identische Attribute aufweisen, haben die beiden Marken doch eine unterschiedliche Bedeutung, eine andere Identität.

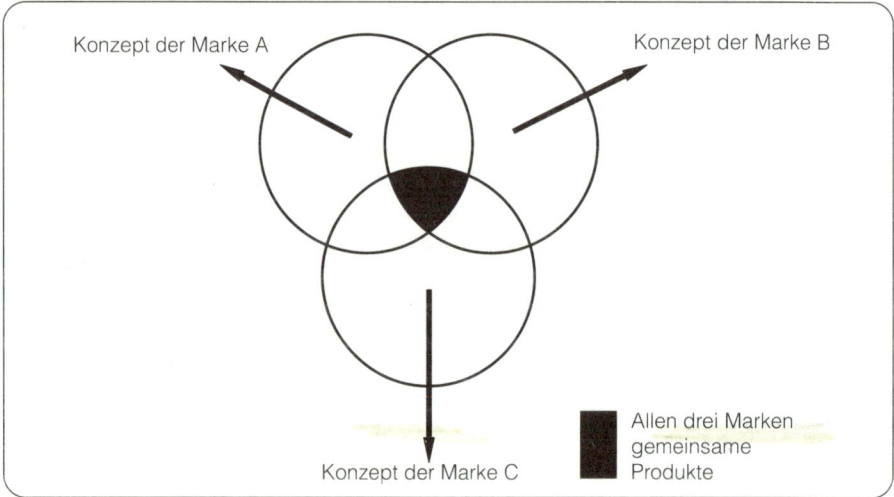

Abb. 1: *Marken und die Überschneidung ihrer Portfolios*

Die Marke verleiht den Produkten Bedeutung

Produkte sind an sich nichtssagend, erst die Marke gibt ihnen **Bedeutung**. Umgekehrt bezieht aber auch die Marke aus den Produkten ihre Identität. Die Automobilbranche liefert hierfür den Beweis: Die meisten technischen Innovationen verteilen sich schnell auf alle Marken. So findet man das ABS (Antiblockiersystem) sowohl bei Volvo als auch bei BMW, wobei kein Mensch behaupten kann, daß diese Marken dieselbe Identität haben. Es handelt sich hier nicht um Markeninkohärenz, sondern das ABS ist ein Fortschritt, den alle Automobilfirmen bei der Produktion berücksichtigen müssen.

Da eine Marke sich nur dann langfristig behaupten kann, wenn sie permanente Kohärenz (Quelle und Zeugnis ihrer Identität) zeigt, hat das ABS nicht bei jedem Automobilhersteller dieselbe Bedeutung. Für Volvo, „Apostel" absoluter Sicherheit, ist das ABS eine Notwendigkeit im Dienst von Werten und Zielen der Marke: Das System demonstriert das Markenkonzept. BMW (eine Marke, die für sportliches Fahren steht) kann für das ABS nicht in derselben Terminologie werben, denn das würde bedeuten, die Firmenpolitik und das Wertesystem zu verleugnen, die das ganze Unternehmen durchdringen und die berühmten Fahrzeuge der Münchner Firma hervorbringen. BMW stellt das ABS als die Möglichkeit vor, schneller und damit noch sportlicher zu fahren. Volvo hat seine Beteiligung an europäischen Wettbewerben für Personenwagen so erklärt: „Um eine lange Lebensdauer garantieren zu können, muß das Fahrzeug getestet werden."

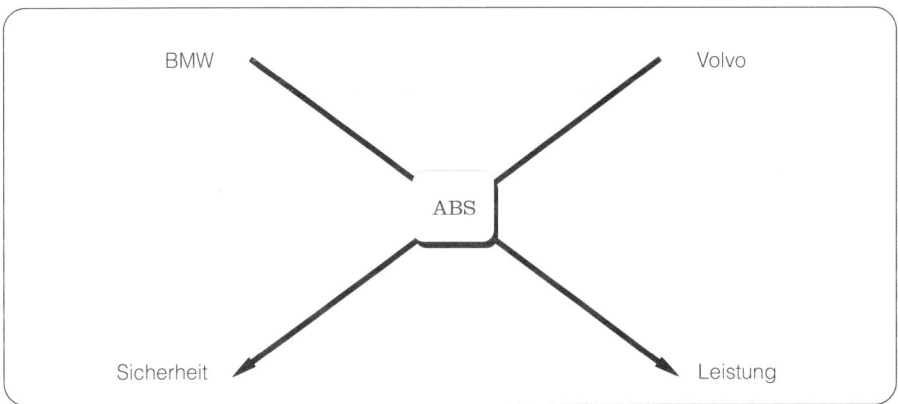

Abb. 2: *Die Marke integriert die Innovation in ihr Konzept*

Die Markenidentität wird niemals nur auf einem Detail aufgebaut, sondern dieses verleiht – richtig interpretiert – einer breiteren Strategie Gewicht. Ein Detail kann nur dann eine Marke beeinflussen, wenn es mit ihr in Einklang steht, d.h., ein Echo für die Marke ist und damit die Bedeutung der Marke steigert. Deshalb können schwache Marken Innovationen nicht kapitalisieren, denn sie schaffen es nicht, die Produktaussage erfolgreich darzustellen. Der kommerzielle Erfolg des BX nützt dem Image von Citroën kaum, denn nur eine Marke mit starker Identität kann eine Innovation für sich in Anspruch nehmen und sie nachdrücklich vertreten.

Die Marke als Vertrag

Durch hartnäckiges und ständiges **Sich-in-Erinnerung-bringen** wird die Marke glaubhaft. Im Laufe der Zeit verpflichtet das Programm die Marke und sorgt dafür, daß sie den Markterfordernissen gerecht wird. Die Marke muß den „Vertrag" erfüllen, der sie an den Markt bindet. Dafür profitiert die Marke von einem günstigen Marktanteil für künftige Produkte. Dieses gegenseitige Engagement erklärt, warum Marken, deren Produkte zunächst keinen Erfolg haben, nicht vom Markt verschwunden sind. Die Marke kann sich nur langfristig bewähren, ein Scheitern ist immer möglich. Die Bindung an die Marke eröffnet dem Produkt die Möglichkeit, sich doch noch durchzusetzen. Andernfalls wäre Jaguar schon lange vom Markt verschwunden: Keine andere Marke hätte trotz des Qualitätsschwunds seiner Autos während der 60er Jahre durchgehalten. Dies ist nur einer der Vorteile, den eine Marke für ein Unternehmen darstellt. Auch die oben besprochene Kapitalisierungsmöglichkeit und der Patentschutz gehören dazu.

Der Markenvertrag ist ökonomischer, nicht juristischer Natur. Hierin unterscheidet sich die Marke von anderen Produktauszeichnungen wie geschützte Qualitätsmarken oder Gütezeichen. Die geschützten Qualitätsmarken garantieren offiziell und juristisch die speziellen Produktmerkmale, die vorher von öffentlicher Hand, Herstellern und Verbrauchern festgelegt werden. Sie sollen den Qualitätsstandard in Unterscheidung zu ähnlichen Produkten hervorheben.

Die geschützte Qualitätsmarke ist eine Verbandsmarke, die von einem Verbandsgremium vergeben wird, das die Produkte mit Berücksichtigung des Lastenheftes vorher prüft. Diese Verbandsmarke kann jederzeit zurückgezogen werden. Die in Frankreich gültige Agrar-Marke „label rouge" garantiert einen objektiv hohen Qualitätsstandard. „Woolmark" ist eine besondere Qualitätsmarke: Hier handelt es sich um eine Verbandsmarke, die aber von einer Privatorganisation gesteuert und verwaltet wird, nämlich den australischen Wollherstellern. Nur sie sind berechtigt, diese Marke zu vergeben. Weder die Marke noch die kontrollierte Ursprungsbezeichnung sind rechtliche Garanten für ein objektives Qualitätsniveau. Erst die Markenpraxis macht daraus einen Vertrag.

Anforderungen der Marke an die Unternehmenspolitik

Spricht man von Vertrag, dann meint man Verpflichtung. Die Markenlogik setzt in erster Linie eine Fokussierung des Unternehmens und seiner verschiedenen Funktionen voraus: Forschung und Entwicklung, Produktion, Methoden, Logistik, Marketing und Finanzen. Dasselbe gilt für Marken aus dem Dienstleistungsbereich: Hier gibt es aber weder Forschung und Entwicklung noch Produktion, und deshalb müssen die Mitarbeiter Garant für Beständigkeit und Kohärenz sein, was ja eigentlich die Verbindung zum Kunden aufrechterhält.

Die Markenlogik setzt internes und externes Marketing voraus. Die Marke legt im Unterschied zur geschützten Qualitätsmarke ihre eigenen Standards fest. Um über sich selbst hinauswachsen zu können und immer den Erwartungen der Kunden zu entsprechen, muß die Marke sich an diese Standards halten. Die Kunden gewöhnen sich nämlich schnell an den neuesten Fortschritt. Außerdem muß die Marke ihre Standards auch nach außen hin vertreten. Dies ist ein Alleingang, der auf Differenzierung und Exklusivität abzielt. Der Erfolg der Marke rechtfertigt die Kosten, die dabei entstehen. Nachfolgend sollen diese Obligos und Kosten aufgeführt werden:

- Die **Bedürfnisse und Erwartungen potentieller Käufer** aus der Nähe **verfolgen**: Das ist Aufgabe der Marktforschung.

- **Auf technischen und technologischen Fortschritt reagieren**, sobald dieser sich günstig auf Kosten und Leistung auswirkt.

- **Umfang und Homogenität des Produktes** (oder der Dienstleistung) **garantieren**, denn nur diese beiden Faktoren garantieren Wiederholungskäufe, setzen aber eine konstante Qualität des Angebotes voraus.

- Quantitative und qualitative **Bedarfsdeckung**.

- **Fristgerechte und regelmäßige Belieferung des Handels** bei gleichbleibender Qualität.

- Die **Markenidentität aufbauen** und der Zielgruppe die Markenbedeutung aufzeigen. So soll rechtzeitig ein für Zeichen für Identität und Exklusivität des Angebotes gesetzt werden (dafür sollen Werbebudgets eingesetzt werden).

Eine starke Marke wird zum Symbol für internen Einsatz und externe Bindung. Sie ist Aushängeschild des Unternehmens und dessen Motor. Die Marke ist wichtiger als unternehmerische Projekte, denn diese existieren nur während ihrer Ausarbeitungsphase wirklich und geraten dann in Vergessenheit oder verkümmern zu hochtrabenden Phrasen, die in den Gängen der Firma aufgehängt werden. Die Marke, als Fassade des Unternehmens nach außen, behauptet ihren Anspruch und muß daher ständig versuchen, sich selbst zu übertreffen.

Die Marke und die Qualitätszeichen

In zahlreichen Branchen hängt die Marke eng mit anderen Qualitätszeichen zusammen, z.B. in der Lebensmittelindustrie, wo man neben Marken Qualitätszeichen, kontrollierte Ursprungsbezeichnungen usw. findet. Die Anwendung dieser Zeichen verfolgt ein doppeltes Ziel: schützen und fördern.

- **Ursprungsbezeichnungen** („real Scotch Whisky") sollen einen Bereich in der Landwirtschaft schützen und zugleich Produkte, deren Qualität ganz speziell von einem bestimmten Anbaugebiet und Know-how abhängt. Die Ursprungsbezeichnung steht in Verbindung mit einem subjektiven und kulturellen Qualitätskonzept, bestehend aus Mythos und Tradition. Sie segmentiert den Markt. Einem Produkt, das nicht in einem bestimmten Gebiet und nach traditionellen Rezepten hergestellt wurde, wird die Ursprungsbezeichnung verweigert. So ist „Roquefort" seit dem Gesetz vom 2.7.1990 Ursprungsbezeichnung. Auch wenn Käsehersteller wie Bongrain oder Kraft auch Roquefort herstellen könnten, den der Verbraucher noch nicht einmal vom echten Roquefort unterscheiden kann, dann darf dieser Käse dennoch nicht „Roquefort" genannt werden.

- **Geschützte Qualitätsmarken sind Instrumente der Promotion** und verfolgen ein anderes Konzept von Qualität, das industriell und wissenschaftlich orientiert ist. Hier wird der Käse nur unter dem objektiven Aspekt der Herstellungsmethode gesehen (Milch wird mit einer ausgesuchten Bakterie versetzt). Die geschützte Qualitätsmarke etabliert eine hierarchische Einteilung, die von objektiven Qualitätsstufen abhängt. Es wird nicht geprüft, ob das Produkt einer Tradition entspricht, sondern ob es einem dichten Netz von objektiven Kriterien gerecht wird.

Aufgrund der rechtlichen Garantie von Qualitätsnormen unterscheidet sich die Ursprungsbezeichnung von der einfachen Herkunftsangabe. Diese Angabe läßt den Verbraucher nur glauben, es gäbe eine Besonderheit, die von natürlichen oder sozialen Faktoren abhängt. Die meisten modernen Käsehersteller entscheiden sich – indem sie Echtes mit Unechtem vertauschen – für Namen, die wie Dorfnamen klingen, um den Eindruck von Rustikalem und Tradition zu erwecken (St. Moret, Chaumes). Die geschützte Qualitätsmarke versucht durch die rechtliche Garantie objektiver Qualität ein Element der Transparenz bei Markennamen zu schaffen, die subjektiv hervorragende Qualität anpreisen. Das Hähnchen der Marke Duc de Bourgogne assoziiert aufgrund des Adelstitels im Namen ein hohes qualitatives Niveau, obwohl es noch nicht einmal vom Bauernhof kommt (also nicht freilaufend ist). Durch die Zufügung Bourgogne soll der Eindruck erweckt werden, als ob die erstklassige Gastronomie dieser Gegend ein Qualitätsmerkmal für das Produkt wäre. Dabei handelt es sich nur um eine einfache Herkunftsangabe.

Ob die offiziellen europäischen Qualitätszeichen nach 1993 noch gültig sein werden, wird Gegenstand von Diskussionen zwischen den nördlichen Mitgliedstaaten (England, Dänemark ...) – die sich für die Marke als einziges Unterscheidungsmerkmal aussprechen – und den südlichen Mitgliedstaaten (Frankreich, Spanien, Italien) – Verfechter der offiziellen Verbandsmarken neben der Marke an sich – sein (Feral, 1989).

Nach der ersten Gruppe segmentieren nur die Marken den Markt. Sie bauen ihren Ruf durch den entsprechenden Einsatz in Produktion, Absatz und Marketing auf. Diese Länder glauben eher an ein objektives Qualitätskonzept, d.h., es spielt keine Rolle, ob der griechische Feta in Holland oder Aveyron hergestellt wird oder ob der Wodka Smirnoff russisch oder polnisch ist. In den Augen der zweiten Gruppe ermöglichen die Verbandsmarken kleinen Unternehmen, ihren Standard und/oder ihre Tradition bekanntzumachen, obwohl keine eigene Marke vorhanden ist. Da ihre Produkte zuwenig Aussagekraft haben, positionieren Qualitätsmarke oder Ursprungsbezeichnung sie im Markt. Es zeichnet sich also hinter der künftigen Diskussion über das Zusammenspiel von Einzelmarken und offiziellen Verbandsmarken eine noch tiefgreifendere Diskussion zwischen Anhängern einer liberalen Wirtschaftsform und denen ab, die ein stärkeres Eingriffsrecht der öffentlichen Hand befürworten, um den wirtschaftlichen Kreislauf zu steuern. Vom unternehmerischen Standpunkt aus hängt es von Strategie und Ressourcen ab, ob man sich für eine reine Markenpolitik oder Verbandsmarken entscheidet. Die Marke selbst definiert ihren eigenen Standard: Rechtlich verpflichtet sie das nicht, aber erfahrungsgemäß verspricht sie, Attribute und Werte zu kombinieren. Die Marke soll also zur Referenz werden, wenn nicht sogar die einzige, wie z.B. „Société", hervorragende Referenz für Roquefortkäse. Eine Marke differenziert, aber teilt nicht, sie versucht vielmehr, sich von anderen abzuheben. Starke Marken übertragen ihre Werte und teilen mit ihren eigenen Mitteln den Markt ein.

Wie wir wissen, beschränkt sich die Marke auf operativer Ebene nicht auf einen Werbeträger. Langfristig soll sie die Produktfacetten tradieren, die Produkte zu einem attraktiven Preis anbieten und die Markenidentität wirksam kommerzialisieren und verbreiten (mit Hilfe von Werbekampagnen). Für kleine und mittlere Unternehmen ist es einfacher, die Qualitätsmarke für ihr Produkt beizubehalten – und zwar wegen der strengen Qualitätssicherungen –, als sich auf das Abenteuer Marke einzulassen, was einen hohen finanziellen, personellen, technischen und kommerziellen Aufwand mit sich bringt. Denn auch ohne eigene Identität kann das Produkt des kleinen und mittleren Unternehmens sich aus dem umfangreichen Angebot herausheben, und zwar teilweise dank rechtlicher Qualitätsindikatoren.

Um Produkte von verschiedenen Unternehmen unter einem Markennamen vermarkten zu können, müssen häufig alle verfügbaren Kräfte der Branche eingesetzt werden: Ein Beispiel für eine solche Marke ist Yoplait. Im Unterschied zur geschützten Qualitätsmarke differenziert die Verbandsmarke das Angebot nicht nur, sondern sie ist auch Herkunftsangabe, d.h., sie erfüllt alle Funktionen einer Marke. Sie ist kollektiv, auch hinsichtlich der Organisation, und verlangt deshalb eine Vereinheitlichung von Produktionsverfahren, Verpackungen, Dienstleistungen, Tarifen, Lieferbedingungen und Kommunikation. Die Marke hat große Verantwortung und ist Verbrauchern und Handel verpflichtet: Dieses Engagement führt zur Homogenisierung von Methoden der Marken-User. Die Ursprungsbezeichnung oder die Qualitätsmarke sind weit weniger anspruchsvoll, weil hier nur solche Kriterien beachtet werden müssen, die allgemein an Produkt oder Dienstleistung geknüpft sind. Jedem steht es frei, das Marketing-Mix zu gestalten.

Verbandsmarken sind für kleine und mittlere Unternehmen ein Glücksfall: Sie wirken motivierend auf die Qualitätsverbesserung und liefern Produktinformationen, wo bisher jede Identität fehlte. Das Verbandszeichen sendet Signale aus, die wenigstens teilweise die Markensignale ersetzen. Es entsteht eine objektive oder subjektive Qualitätsabstufung, die ein Produktionsverfahren vom anderen unterscheidet. Davon profitieren viele Unternehmen, die selbst nicht die Mittel haben, Markenpolitik zu betreiben. Dies schwächt wiederum die starke Marke, denn aufgrund dieser Qualitätsgarantie können auch unbedeutendere Marken ihren Bekanntheitsgrad ausbauen. Auf diese Weise erklärt sich die ambivalente Haltung von großen Markenunternehmen hinsichtlich der Verbandszeichen.

Da die Marke das Produkt umformt, will sie auf keinen Fall Gattungsname für eine Produktkategorie sein. Kurioserweise hat Société nicht davon profitiert, daß Roquefort jetzt eine Ursprungsbezeichnung hat. Société (sie ist übrigens die älteste Marke, gegr. 1842) hat heute wegen ihrer Beständigkeit, Tradition und Qualitätsbesessenheit eine Spitzenposition. In den Köpfen der Verbraucher und besonders der Kenner steht Société gleichbedeutend mit Authentizität von Ort und Know-how (also Tradition) und exzellentem Geschmack (also Qualität). Durch die Einführung des Verbandszeichens verschwand die deutliche Abhebung der Marke Société von Konkurrenzmarken, d.h., die Überlegenheit einer Spitzenmarke wird durch die Gesetzgebung teilweise ausgehöhlt. Dadurch ist die Marke Société gezwungen, für Roquefort das zu sein, was Château Margaux für Margaux ist.

Eine Marke ist stark, wenn sie ihre Werte verteilen und den Markt entsprechend ihren eigenen Normen segmentieren kann. Man versucht den Standard einer Marke durchzusetzen und sie dann zur Referenz dafür zu machen. Die Marke distanziert sich also von kollektiver Marktsegmentierung. Mit der Hähnchenmarke Duc de Bourgogne versucht man, den Markt für Standardhähnchen zu segmentieren, indem man ein Qualitätsangebot zu einem Preis macht, der nur wenig über dem üblichen liegt. Das Hähnchen der Marke ist zwar nicht im Freiland aufgezogen, aber seine Nahrung enthält einen hohen Anteil an Getreide, und es wird nach 57 Tagen geschlachtet, also früher als ein Qualitätshähnchen (90 bis 105 Tage), aber 10 Tage später als das Standardhähnchen. Das Unternehmen möchte keine zusätzliche Qualitätsmarke schaffen, sondern mit Hilfe seines Namens einen Marktanteil zwischen Standard- und Qualitätsprodukt gewinnen. In einer anderen Branche ist es der Marke Kriter gelungen, die Restriktionen der Verbandsmarke zu umgehen. Objektiv gesehen ist Kriter eine Schaumweinmarke, die sich nicht Champagner nennen darf. Subjektiv gesehen hat die Marke es geschafft, ein Produkt zu kreieren, das in Geschmack und Aufmachung Champagner ähnelt. Dieser Erfolg basiert auf zwei Faktoren, nämlich der unbeständigen und enttäuschenden Qualität von billigen Champagnersorten und einer interessanten Marketingpolitik.

Verschiedene große Marken sehen in der geschützten Qualitätsmarke ein nützliches und notwendiges Sprungbrett. Heute beginnen diese Marken, sich an der Förderung von Qualitätszeichen zu beteiligen, die dann auch auf einige ihrer eigenen Produkte angewandt werden. Steigt aber ihr Anteil an der Finanzierung von Verbandsmarken, dann ziehen sie es doch vor, diese bedeutenden Summen für den Aufbau ihrer eigenen Marken und die Distanzierung zur Konkurrenz einzusetzen. Die Marke muß fortschrittlicher sein als die Qualitätsmarke und einen besseren Qualitätsstandard garantieren. Loué, Hersteller von Geflügel, hat sich zunächst mit dem Qualitätszeichen „label rouge" – Verbandszeichen für gute Qualität – einen Namen geschaffen, um dann in die eigene Marke zu investieren (Birol und Kapferer, 1991).

In diesem Zusammenhang kann man auch das Beispiel Fleury Michon anführen. Das Unternehmen wollte zum Lieferanten erstklassiger Ware werden und mußte dazu sein Image ändern. Konfrontiert mit der Skepsis und dem Zweifel des Verbrauchers hinsichtlich abgepackter Fleisch- und Wurstwaren, beschloß Fleury Michon, alle positiven Elemente, d.h. Zeichen guter Qualität, zu betonen. Die Firma arbeitete deshalb an einer gemeinsamen Werbekampagne mit, um die Bekanntheit des „label rouge" voranzutreiben. Diese Beteiligung hatte jedoch vor allem einen internen Grund: Sie diente als Anreiz und sogar Verpflichtung, die Qualität der Produkte des Unternehmens effektiv anzuheben. Außerhalb des Unternehmens bewirkte das „label rouge" auf den Produkten, daß Verbraucher und auch Handel den Eindruck hatten, es handle sich hier um erstklassige Qualität. Außerdem setzte Fleury Michon in der Werbung innovative Produkte ein, die mit einer Qualitätsmarke versehen waren. Eine Marke hat aber einen viel höheren Stellenwert als die geschützte Qualitätsmarke, die einen wieder aktualisierten Qualitätsstandard bezeichnet. Die Marke konzentriert sich dagegen auf Leistung und behauptet einen Standard, den sie ständig steigern möchte.

Die ambivalente Beziehung zwischen Marke und Verbandszeichen kann auf gemeinsame Werbekampagnen ausgedehnt werden, die das Image der Branche oder der ganzen Warengruppe verändern sollen. Dadurch kann eine ganze Branche bedroht sein. Gewöhnt an den Konkurrenzkampf untereinander, möchte keine Marke die Verteidigung der Branche an sich übernehmen, besonders dann, wenn der Branchenführer in Wirklichkeit nur einen schwachen Marktanteil hält. Dann ist eine kollektive Kampagne notwenidig, die andere Botschaften vermittelt als einzelne Marken. Wenn dagegen eine Marke dominiert, kann sie versuchen die ganze Branche zu vertreten und sich zum Wortführer zu machen. Davon profitiert das Branchenimage, vor allem aber die eigene Marke.

Hindernisse für die Markenpolitik

Auch innerhalb des Unternehmens kommen andere Unternehmensinteressen der Markenpolitik oft in die Quere. Da sie nirgends schriftlich fixiert sind, werden diese Interessen als neutral eingestuft, obwohl sie in Wahrheit einer konsequenten Markenpolitik im Wege stehen.

Die unternehmerische Bilanzierung favorisiert in ihrer heutigen Form die Marke nicht gerade. Denn hier herrscht das Prinzip Vorsicht: Folglich wird jede Ausgabe, die nicht hundertprozentig wieder als Ertrag zurückfließt, auf der Aufwand- statt auf der Ertragsseite verbucht. Auch Investitionen in Kommunikation, die den Unterschied der Marke zum Wettbewerb hervorheben sollen, sind davon betroffen. Da man nicht genau beurteilen kann, welcher Teil des Jahresbudgets sofortige Einnahmen nach sich zieht, wird das Ganze wie eine betriebliche Aufwendung betrachtet und vom Nettoergebnis des Geschäftsjahres abgezogen. Nun trägt aber die Werbung, genau wie auch Investitionen in Maschinen und fähiges Personal, Forschung und Entwicklung, dazu bei, das Kapital Marke aufzubauen. Die unternehmerische Bilanzierung behindert auf diese Weise Markenartikel-Unternehmen, denn sie sorgt dafür, daß das Markenimage unterbewertet wird. Nehmen wir also das Unternehmen A, das umfangreich investiert, um eine Marke und ihren Goodwill aufzubauen. Werden diese Investitionen auf der Aufwandseite verbucht, kann nur ein mageres Jahresergebnis ausgewiesen werden, und die Bilanz zeigt eine schwache Ertragsseite. Und das in einer kritischen Zeit der Firmenentwicklung, wo das Unternehmen womöglich gar Hilfe von außen benötigt, von Investoren oder Banken. Ziehen wir nun das Unternehmen B zum Vergleich heran, das die gleichen Summen in Maschinen und Produktion investiert, aber nichts für Name, Image oder Bekanntheitsgrad aufwendet. Da B diese Investitionen auf der Ertragsseite verbuchen und schrittweise abschreiben kann, wird B viel höhere Gewinne ausweisen können. Die Bilanz sieht dadurch viel günstiger aus, da B höhere Aktiva ausweisen kann. B hat also ein besseres Image, obwohl A seine Produkte viel wirksamer differenzieren kann.

Auch das **Prinzip der jährlichen Bewertung der Produkte** bremst die Markenpolitik. Jeder Produktmanager wird nach seinen Jahresergebnissen beurteilt, d.h. nach dem Nettodeckungsbeitrag seines Produktes. Dies führt zu einer Art „Kurzatmigkeit" der Entscheidungen. Maßnahmen, die schnelle Erträge versprechen, werden Möglichkeiten vorgezogen, das Kapital Marke aufzubauen (was sich erst auf die künftige Ertragslage positiv auswirkt). Außerdem führt eine solche Einzelbetrachtung dazu, daß der Produktmanager kein Interesse an zusätzlicher Werbung hat, die auch anderen Produkten zugute kommt. Er sieht nur eines: Diese höhere Bewertung des gemeinschaftlichen Interesses geht zu Lasten seiner individuellen Deckungsbeitragsrechnung. Die Marke Palmolive hat verschiedene Produkte in ihrem Portfolio: flüssiges Geschirrspülmittel, Shampoo, Rasierschaum usw. Theoretisch könnte die Marke künftig nur noch eines dieser Produkte vertreten (einen wichtigen Imageträger). Die dafür benötigten Investitionen liegen zwar über den Erträgen, die man von diesem Produkt erwarten kann, aber dafür wird das gesamte Markenimage aufgebaut. Diese höhere Bewertung wird aber diesem Produkt angelastet, obwohl doch das Endziel kollektiv ist und alle Produkte dieser Marke davon profitieren könnten.

Um dem Problem der kurzfristig angelegten Entscheidungen zu begegnen (die auf das System der unternehmerischen Bilanzierung zurückzuführen sind), haben englische Firmen begonnen, den Wert ihrer Marken auf der Ertragsseite der Bilanz zu verbuchen. Dies hat eine Grundsatzdiskussion ausgelöst mit dem Thema „Gültigkeit der Bilanzierungsregeln". Diese Regeln stammen noch aus der Zeit der „Commodities", als das eigentliche Kapital des Unternehmens in Grundstücken, Gebäuden und Maschinen lag. Heute aber bestimmen die immateriellen Aktiva (Know-how, Patente, Markenname) langfristig die Marktposition. Abgesehen von der öffentlichen Diskussion (in Europa und auch weltweit) über die Bilanzierung der Marke (vgl. Kapitel 11) muß auch innerhalb der Unternehmen das Bilanzierungssystem neu überdacht werden. Es ist erforderlich, die langfristigen Vor- und Nachteile kurzfristiger Entscheidungen über Marken in die Unternehmensrechnung einzustellen. Dies ist umso wichtiger, als die Entscheider, in diesem Fall die Produktmanager, selbst oft (zu oft?) unentschlossen sind.

Auch die **Organisation der verschiedenen Dienstleistungsbetriebe in der Kommunikation** widerspricht den Erfordernissen einer gesunden Markenpolitik. Die Werbeagentur bleibt das Herz des Systems, auch wenn ihr jede Menge Zuarbeiter zur Entwicklung und Gestaltung von Namen, Packungen, Grafik und Kommunikation zur Verfügung stehen. Die Werbeagentur wird damit zum integrierten Kommunikationssystem. Sie denkt jedoch hauptsächlich in Werbekampagnen, die auch noch zeitlich begrenzt sind (meist auf ein Jahr). Richtige Markenpolitik sieht aber anders aus, denn sie ist langfristig konzipiert und muß alle Beiträge integrieren.

Es fällt auf, daß Firmen in den sogenannten Kommunikationsunternehmen keine Gesprächspartner finden, die alle Faktoren berücksichtigen und objektive Empfehlungen geben, d.h., ohne der Werbung den Vorrang zu geben oder eine Werbekampagne verkaufen zu wollen. Außerdem kann die Werbeagentur keine strategischen Fragen beantworten, z.B. die Frage nach der optimalen Anzahl von Marken in einem Portfolio. Da die Marke, deren Etat die Agentur hält, durch objektive Entscheidungen bedroht sein könnte, ist es für die Agenturen wirklich schwierig, solche Empfehlungen zu geben. Deshalb wird ein neuer Berufszweig entstehen, und zwar der „Berater für strategische Markenführung". Es wird Zeit, daß den Unternehmen mittelfristig denkende Berater zur Verfügung stehen, die nicht einer speziellen Technik anhängen und in der Lage sind, Modelle für eine zusammenhängende und integrierende Entwicklung des Markenportfolios zu präsentieren.

Häufiger Wechsel schadet der nötigen Beständigkeit der Marke. In den Unternehmen herrscht im Bereich Markenpolitik eine Personalrotation. Die Markenführung wird jungen Fachhochschulabgängern ohne Erfahrung anvertraut, die gerade ihre Ausbildung abgeschlossen haben und auf eine schnelle Beförderung hinarbeiten. Auf der nächsten Karrierestufe wird ihnen dann die Betreuung einer anderen Marke anvertraut. Der Markenmanager muß also kurzfristig sichtbare Ergebnisse vorweisen. Der häufige Personalwechsel erklärt zum Teil die vielen Änderungen der Markenstrategie und Markenwerbung und der Entscheidungen über die Ausdehnung der Marke, deren Förderung oder Rücknahme.

Auffallend ist, daß Marken mit beständiger und homogener Politik aus Unternehmen kommen, deren Entscheidungsträger nicht gewechselt haben. Dies trifft auf die sogenannten Luxusmarken zu: Die Präsenz des Schöpfers oder Erfinders garantiert langfristig eine konsequente Markenführung. Auch im Handel wechseln die Manager seltener und leiten oft selbst die Kommunikation oder treffen zumindest die endgültigen Entscheidungen. Um die Auswirkungen einer zu großen Rotation der Markenmanager zu mildern, versuchen die Unternehmen – neben der Ausweisung des Markenwertes in der unternehmerischen Bilanzierung – langfristig ein Identitätsprisma der Marke aufzubauen. Dieses Prisma ist ein notwendiger Schutz und garantiert eine beständige Markenpolitik.

Auch die **Unternehmensorganisation** kann die Markenpolitik behindern. So werden Datenverarbeitungsgesellschaften in verschiedenen Zweigen organisiert, um kommerziell erfolgreicher zu sein: Jeder Zweig versucht, sich der speziellen Problematik einer Branche anzunehmen oder durch Spezialisierung diese Probleme zu lösen. GSI, marktführend in Europa, beschäftigt sich mit Tourismus, Transport, Wirtschaft & Finanzen, Personal, Marketing usw. In diesem Fall ist es schwierig, in den gemeinsamen Namen GSI zu investieren, denn jeder Leiter einer Unit, der Erfolge für sich verbuchen kann, versucht diese natürlich zu optimieren.

Ein anderes klassisches Syndrom ist der Aufbau einer Marke, die nicht von einer Organisation gestützt wird, die ihr Gestalt, Konsistenz und Kohärenz verleihen könnte. Die Marke France Telecom International sollte alle Aktivitäten der Firma France Telecom weltweit bündeln. Die Marke verfügte aber nicht über eine horizontale Struktur, und deshalb wurde der potentielle Kunde an Teile des Unternehmens verwiesen, die alle eine eigene Identität hatten (Télé-Systèmes, France Câble Radio usw.).

Das dritte Problem liegt in der Beziehung zwischen Produktion und Handel. Bei der Firma Electrolux sind die Produktionseinheiten auf einzelne Produkte spezialisiert. Von mono-produkt- und multi-markt-orientierten Unternehmen werden Produkte an Handelsfirmen verkauft, die ihrerseits mono-markt- und multi-produkt-orientiert sind (zusammengefaßt unter einer Dachmarke). Die autonomen Handelsunternehmen, die alle ihre eigene Marke haben, wollen aber von jeder Innovation des Produktionszweiges profitieren, um ihre eigenen Ergebnisse zu maximieren. Es fehlt an einer Strategie der Zuweisung von Innovationen, um ein kohärentes Gesamtbild des Markenportfolios zu schaffen. Wie wir gesehen haben (vgl. S. 23), ist es unsinnig, eine starke Innovation an eine schwache Marke zu binden, denn so wird die grundsätzliche Aufgabe der Markenführung, die Differenzierung, unmöglich gemacht.

Werden **Innovationen** nicht gesteuert, dann hat dies nachteilige Folgen für das Kapital Marke. Bei Electrolux wurde eine Innovation von allen Firmenzweigen übernommen. Das Unternehmen hat auf diese Weise selbst zum Untergang seiner Marke Arthur Martin beigetragen, die geschwächt wurde durch die Schwestermarke Faure. Faure wurde großen spezialisierten Handelsunternehmen zu einem niedrigen Preis angeboten. Das Produkt enthielt dieselbe technische Innovation wie Arthur Martin, aber diese Marke war besser positioniert und war teurer. Soll eine Marke sinnvoll geführt werden, dann muß man Innovationen nach festen Regeln auf die Produkte verteilen.

Aus Kostengründen haben Peugeot und Citroën wesentliche interne Elemente gemein, was die beiden Firmen aber nicht hinderte, zwei ganz unterschiedliche Autokonzepte zu entwickeln. Spezielle Träger der Markenidee (z.B. die hydraulische Aufhängung des XM von Citroen und dagegen die klassische Aufhängung des 605 von Peugeot) sind dafür verantwortlich. Volvo-Fahrzeuge der gehobenen Klasse haben denselben Motor wie der Renault 25. Aber Volvo charakterisiert seine Marke nicht durch den Motor, wie übrigens auch Renault, und daher schwächt die Verwendung desselben Motors die Marken nicht. Dagegen verliert die Marke General Motors in den USA immer mehr Marktanteile, da der Verbraucher immer deutlicher sieht, daß die Tochtermarken (Pontiac, Chevrolet, Buick usw.) sehr viele technische Details gemein haben.

Spinnt man diesen Gedankengang weiter, dann wird deutlich, daß das Kapital Marke ausgehöhlt wird und das Image der Marke bedroht ist, wenn der Hersteller ein Produkt unter einer Eigenmarke des Handels liefert, das das Unternehmen unter seiner eigenen Marke auch anbietet. Dies würde bedeuten, daß der Preisunterschied, den der Kunde spürt, nur auf den Markennamen zurückzuführen ist. Um den Preis zu rechtfertigen, wird ein oberflächlicher und künstlicher Kraftakt unternommen, es gibt dafür keine rationale Begründung. Dies rächt sich später durch die Aushöhlung des Kapitals Marke. Außerdem können Handelsmarken in der Werbung darauf hinweisen, daß klassische Marken für den Verbraucher eher nachteilig sind, wodurch dann der Absatz der No-name-Produkte gefördert wird (das war von 1976 bis 1978 die offizielle Firmenpolitik von Carrefour). Die lässige Haltung der öffentlichen Hand hinsichtlich der Zunahme von Fälschungen bei Handelsmarken ist darauf zurückzuführen. Letztendlich führt das zu einer falschen Gesamtdarstellung der Marke, sogar bei den Meinungsmachern selbst, und es entwickelt sich ein Maßstab, an dem künftig alle Produkte gemessen werden.

Innerhalb des Unternehmens wird der Markenauftritt einzig der Kommunikation anvertraut. Das Marketing-Management kann dadurch die Marke total vereinnahmen und reduziert so die Bedeutung anderer Unternehmensfunktionen, also den interdisziplinären Charakter der Markenführung. Andererseits ist es frappierend festzustellen, wie leicht selbst Werbefachleute beeinflußbar sind und glauben, alle Produkte seien gleich. Diese Ansicht, auch wenn sie

34

momentan richtig scheint, vernachlässigt aber u. a. den Faktor Zeit und die dynamische Entwicklung von Innovationen. Eine mögliche Folge dieser Entwicklung ist, daß die Werbung Spektakuläres in den Vordergrund stellt und den Verbraucher nicht über die tatsächlichen Produktmerkmale informiert. Aus diesem Grund wurde der kleine AX von Citroën mit dem eigentlich nichtssagenden Slogan „revolutionär" lanciert, und das Fahrzeug wurde vor der chinesischen Mauer gezeigt. Erst nach zwei Jahren war in der Werbung etwas über die Wendigkeit dieses Autos und seine besondere Eignung für den Stadtverkehr zu erfahren.

Auch die **Maximierung kurzfristiger Geschäftsergebnisse** steht einer sinnvollen Markenpolitik häufig im Wege. Die Bank Crédit Lyonnais vermittelt den Wert und die Facetten ihrer Marke in dem berühmten Slogan „Die Kompetenz, ja zu sagen". Damit soll gezeigt werden, daß Mitarbeiter, die mit den Kunden in direktem Kontakt stehen, mit größeren Befugnissen ausgestattet sind und die Beraterfunktion nicht nur Fassade ist. Denn ohne dezentralisierte Entscheidungsbefugnis ist kein wirksames Handeln möglich. Kann eine solche Beurteilung der Beraterfunktion in Einklang gebracht werden mit den Anweisungen an die Mitarbeiter, den Marktanteil der Bank am PEP (dt. etwa = privates Sparguthaben, Anm.d.Ü.) zu steigern, was auch alle anderen Banken versuchen? Den meisten Bankkunden ist das PEP egal oder hat zumindest wenig Bedeutung. Wird die Beraterfunktion der Bank wirklich ernst genommen, so ist sie unvereinbar mit der oben genannten Problematik. Die Bank möchte mit diesem Slogan also für ihre Marke werben, wobei aber die produktiven und distributiven Funktionen der Bank nicht klar genug herausgestellt werden. Wie wir wissen, strukturiert die Marke jedoch das Angebot und prägt Produktion und Vertrieb.

Die Dienstleistungsmarken

Das französische Recht unterscheidet nicht zwischen Hersteller-, Handels- oder Dienstleistungsmarken, die Unterschiede zwischen den drei Typen sind rein wirtschaftlicher Natur. Da das Recht nur die Markierung, d.h. das Zeichen, regelt, trägt es kaum dazu bei, die Markenfunktion zu begreifen.

Zu den **Dienstleistungsmarken** gehören Europcar, Hertz, Ecco, Manpower, GSI, Cap Sogeti, Club Méditerranée, Hilton, Méridien, Pullman, HEC, Harvard, ISA usw. Jede dieser Marken bietet konkrete, aber immaterielle Dienstleistungen an: Autovermietung, Zeitarbeit, Information, Freizeit, Hotels, Weiterbildung. Manche Branchen im Dienstleistungssektor scheinen allerdings bei der Entwicklung ihrer Marke noch am Anfang zu stehen und haben wohl die

Bedeutung der Marke auch noch nicht richtig erkannt. Dieser allmähliche Meinungsumschwung ist interessant, denn er demonstriert die Markenfunktion auch in dieser Branche.

Der Banksektor ist hierfür beispielhaft. Fragt man Kunden, welche Markennamen von Banken sie kennen, werden sie wahrscheinlich mit Zweifel oder Unverständnis reagieren, denn sie kennen zwar die Namen von Banken, aber keine Marken. Das zeigt, daß der Verbraucher den Namen einer Bank nicht als Marke ansieht, sondern als Firmenname oder Logo der Bank.

Das ist wohl auch darauf zurückzuführen, daß der Name einer Bank bisher entweder den Firmeneigentümer bezeichnet hat, also denjenigen, dem man sein Vermögen anvertraute (Hervet, Lazart, Vernes, Rothschild), den Firmensitz (Banque Nationale de Paris, Crédit Lyonnais) oder eine bestimmte Zielgruppe (Banque Populaire, Crédit Agricole Mutuel). Wie wichtig eine Markenpolitik in dieser Branche ist, zeigt sich schon in der Abkürzung der Namen: Banque Nationale de Paris wird zu BNP, Banque de Paris et des Pays Bas zu Paribas, usw. Nur wenige sehen darin die Absicht, die Grafik zu vereinfachen oder bei der Werbung zu sparen. Die kurzen Bezeichnungen erleichtern das schnelle Erkennen. Niemand wird abstreiten, daß dies auch eine Rolle spielt, aber das hieße, die Marke auf Markierung beschränken und in den Bereich Kommunikation verweisen.

Aus der Abkürzung ihres Namens machen die Banken eine Art Vertrag. Das Signet oder Firmenzeichen (ethymologisch „in signum") ist ein ausschließlich oberflächliches Element. Da man eine Bank aufgrund ihres Namens früher mit Orten oder Personen (Lazard, Vernes, Dreyfus) in Verbindung brachte, wurden die Namen zu Eigennamen, d.h., sie bezeichneten eine in Raum und Zeit begrenzte Wirklichkeit. Die Marke hingegen läßt sich nicht zeitlich oder räumlich begrenzen (mit Ausnahme von Handelsmarken), denn sie macht die Produktwerte transparent und bemüht sich um eine langfristig angelegte Differenzierung. In diesem Zusammenhang kann man von einem Markenvertrag oder einer Markencharta sprechen. Obwohl die Marke Name ist, präzisiert sie den Wert oder die Art der Dienstleistung.

Wird der Bankname abgekürzt, dann bezeichnet er ein Konzept, das sich unter Umständen in den „Produkten" der Bank zeigt (oder bei Versicherungen in den Vertragsmodellen). Im Dienstleistungssektor sind Marken besonders wichtig, denn hier geht es ja um „Produkte", die nicht sichtbar sind. Banken und Versicherungen haben erfaßt, welches wesentliche Element sie von anderen Branchen unterscheidet: die Beziehung zwischen Kunde und Bank unter dem Schutz der Marke.

Die Dienstleistung ist also – anders als das Produkt – unsichtbar. Was kann eine Bank vorzeigen, abgesehen von Kunde und Berater? Die Visualisierung der Dienstleistungsmarke wird strukturell behindert, und deshalb versucht man, sie durch Slogans zu realisieren. Nicht zufällig wird ein Slogan durch die Stimme weitergegeben, er ist die „vocatio". Es genügt nicht, eine Bank als besonders aufgeschlossen und freundlich hinzustellen, sondern die Mitarbeiter müssen auch tatsächlich nach diesen Prämissen handeln. Die unvermeidliche Variabilität im menschlichen Charakter steuert die Markenpolitik im Dienstleistungsbereich.

Marke und Signatur

Betrachtet man die Beziehung zwischen Marke und Signatur, dann erkennt man eine gewisse Begriffsverwirrung. Manche verwenden den Begriff Signatur, wenn sie von Luxusmarken sprechen, die mehrere Produkte umfassen (Botton et Cegarra, 1990), andere sprechen von Marken, die zu Signaturen werden (Rastoin, 1981). Marke und Signatur haben eine ganz unterschiedliche Funktion und deshalb auch ein anderes Konzept. Der Name Dior ist bei einem Teil der Produkte Signatur und bei anderen Marke. Eine Signatur kann zur Marke werden, aber nicht umgekehrt. (Hierbei danke ich Marie-Claude Sicard für seine wertvollen Ausführungen zu diesem Punkt.)

Rechtlich wird zwischen Marke und Signatur nicht unterschieden, die Signatur wird als festes, starres Bild gesehen. Das ist allerdings eine Fehleinschätzung: Das französische Wort „griffe" für „Signatur" enthält den Schlüssel zum Wesen der Signatur. „La griffe" trägt die Handschrift einer Persönlichkeit. Schließlich verweist „la griffe" auf die Hand: Ihre Bezugsgröße ist die Handarbeit, das Kunsthandwerk. Sein Bestreben ist es, das perfekte, unübertreffliche und orginelle Kunstwerk zu schaffen. Daher fürchtet die Signatur die Kopie am meisten! Eine Marke muß dagegen befürchten, gefälscht zu werden. Deshalb ist es verständlich, warum Dunhill, Dupont, Ferrari, Porsche, Kenzo oder Boss nicht Signaturen, sondern Luxusmarken sind. Die Wiege ihrer Produkte liegt nicht im Atelier, sondern in der Fabrik, beabsichtigt ist nicht die Einzelauflage, sondern die Serienproduktion (wenn auch limitiert). Die Produktionsart wird nicht vom Instinkt, sondern von der Rationalisierung der Methoden geleitet. Natürlich steht auch am Anfang der Marken Dior oder Ferrari ein Genius, Dior war genialer Schöpfer und Enzo Ferrari ein fantastischer Ingenieur.

Das Atelier kann industrialisiert werden, zur Serienfertigung und dann zur Massenfertigung übergehen. Das Gegenteil ist noch nie dagewesen. Also kann auch eine Signatur zur Marke werden. Der Name Yves Saint Laurent wird als eine Signatur eingesetzt, wenn Haute-Couture-Kleider ausgezeichnet werden, und als Marke, wenn es sich um Lippenstift, Konfektionskleidung oder Parfum handelt. Andererseits werden Luxusmarken wie Breitling, Dunhill, Dupont oder Ferrari nie zu Signaturen, höchstens aufgrund falscher Terminologie, egal wie groß die Zahl der signierten Produkte ist. Diesen Prozeß nennt man Ausdehnung der Marke. Hinter solch berühmten Marken verbergen sich die strukturellen Parameter einer jeden Marke: Forschung, Methode, Stabilität. Die Signatur dagegen steht für Inspiration, Intuition und Zufall.

Kapitel 2
Die Markenidentität

Nur wenige Unternehmen wissen, was für eine Bedeutung ihre Marken haben und worin ihre **Einzigartigkeit** und Identität besteht. Dies wird normalerweise dann deutlich, wenn das Unternehmen beschließt, zusätzlich zur Produktwerbung auch Markenwerbung zu machen. Die Marke Findus präsentierte sich 1989, nachdem man 15 Jahre lang für die Produkte der Marke geworben hatte (einmal für Fertiggerichte, dann für das Angebot „Cuisine Légère" und für panierten Fisch). Werbung für die Marke gestaltete sich schwierig, denn es gab keine echte Übereinstimmung darüber, was Findus wirklich war. Einige Manager antworteten darauf einfach, Findus sei eine erstklassige Marke. Obwohl bei der Kreation einer Marke noch alles möglich ist, sind fast 15 Jahre später viele dieser Möglichkeiten gar nicht mehr vorhanden, denn dann hat die Marke eine eigene Existenzberechtigung, Autonomie und Identität. Sie hat sich ins Gedächtnis des Verbrauchers „eingegraben". Andere Manager wiederum behalfen sich mit Imagestudien von Findus. Diese können jedoch nur Wahrnehmungen messen, während man vielmehr fragen muß: Was ist die Marke, welches Konzept verfolgt sie? Die Marke sollte ihre Identität selbst erschaffen und es nicht dem Verbraucher überlassen, diese zu finden.

Die klassischen Werbemittel helfen in diesem Falle kaum. Natürlich geht jeder Werbekampagne eine strategische Überlegung voraus, die jedesmal anders aussieht. Aber nur wenige Marken haben ein Marken-Chart, das langfristig klärt, was die Marke ist und wie ihre Identität aussieht. Grafische Dokumente können hier nicht helfen, denn sie beschränken sich auf die Stilmittel der äußerlichen Darstellung. Eine Markenidentität setzt sich aber aus den Facetten und dem Konzept einer Marke zusammen. In diesem Kapitel sollen diese Facetten analysiert und eine Basis für ein Marken-Chart geschaffen werden.

Die Definition des Inhalts der Marke beantwortet zahlreiche, täglich gestellte Fragen: Soll die Marke dieses Ereignis oder jenen Sport sponsern? Wird die Werbekampagne der Marke auch gerecht? Paßt ein neues Produkt zur Marke oder nicht? Wie kann man die Kommunikation verändern und dabei dem Prinzip treu bleiben? Wie sieht eine mögliche Dezentralisierung der Marke aus, wenn dabei garantiert sein soll, daß die Marke überall identisch bleibt? Alle Antworten auf diese Fragen werfen das Problem der Identität und Definition der Marke auf, unbedingte Voraussetzungen für eine richtige Markenpolitik.

Die Notwendigkeit eines Konzepts

Die Identität der Marke ist ein junges Konzept. Ist dieses Konzept im Bereich der Kommunikation, einem Bereich, der sehr sensibel reagiert auf Trends und Mode, nur ein neues Wort, oder ist es tatsächlich ein wesentlicher Aspekt der Marke?

Was ist Identität?

Das Markenmanagement muß den Sinn dieses Konzeptes verstehen, deshalb sollte man sich zunächst die verschiedenen Arten vor Augen führen, wie das Wort Identität im Sprachgebrauch verwendet wird.

Die „*Carte d'identité*" (= Identitätskarte, deutsch Personalausweis), ein persönliches, nicht übertragbares Dokument, beantwortet in wenigen Zeilen die Frage: Wer bin ich? Welches sind meine besonderen Kennzeichen? Man spricht auch von einer „Meinungsidentität" zwischen mehreren Personen, die denselben Standpunkt teilen. Will man dies auf die Kommunikation anwenden, dann suggeriert dieser letztere Gebrauch des Wortes Identität, daß die Identität gegenüber einer Vielzahl von Zeichen, Informationen und Produkten nur einen einzigen Ausgangspunkt hat. Dies ist wichtig, denn je mehr eine Marke sich ausdehnt und diversifiziert, umso eher bekommt der Verbraucher den Eindruck, daß er es mit verschiedenen Marken zu tun hat, daß nicht ein einziger Urheber dahintersteht. Wenn jedes Produkt und jede Kommunikation ein eigenes Profil hat, ist es schwierig, dahinter einen gemeinsamen Ausgangspunkt zu erkennen.

Spricht man von *Meinungsidentität*, so wird hier das Problem der Permanenz und Kontinuität aufgeworfen. Personalausweise müssen immer auf den neuesten Stand gebracht werden, denn der Mensch ändert seinen zivilen Status und auch seine äußere Erscheinung. Trotzdem handelt es sich immer um dieselbe Person. Die Identität garantiert Einzigartigkeit und Permanenz einer Marke oder eines Firmenzeichens. Übrigens spricht man auch in der Jugendpsychologie von der „Identitätskrise". Da sie noch keine strukturelle und stabilisierende Basis haben, wechseln Jugendliche von einem Identifikationsmodell zum anderen. Ist die Phase vorbei, in der sie James Dean, Marlon Brando und dann Richard Gere ähneln wollten, dann fallen die Jugendlichen in eine Leere. Nun stellt sich die Grundfrage: „Was ist mein wahres Ich?"

Schließlich gibt es auch noch die sogenannte „*kulturelle Identität*", und zwar im Zusammenhang mit sozialen Gruppen oder Minderheiten. Beispielsweise hat die Region Ile de France keine eigene Identität, da sie aufgrund einer administrativen Entscheidung entstanden ist (8 Départements wurden zusammengeschlossen). Die Einwohner der Ile de France sind nur durch geografische Nähe miteinander verbunden, während Elsässer, Bretonen, die Einwohner der Region Provence-Côte d'Azur und ganz besonders die Korsen jeweils eine gemeinsame Identität haben. Die Bewohner der Ile de France dagegen verbinden weder eine gemeinsame Geschichte noch gemeinsame Werte oder eine gemeinsame Tradition. Auch wenn ethnische Minderheiten an sich eine starke Identität haben, so sind doch auch die Kinder dieser Minderheiten auf der Suche nach einer eigenen Identität. In Frankreich geborene Kinder von Immigranten fühlen sich weder richtig als Franzosen noch als Bürger ihres Herkunftslandes. Sie suchen ihre Identität und damit gleichzeitig ein Fundament, eine richtige Basis, um ihre Andersartigkeit, aber auch ihre Zugehörigkeit zu einer (anderen) kulturellen Gruppe zu spezifizieren und zu bestätigen.

Die *Markenidentität* ist ein neuerer Begriff, aber anerkannte Wissenschaftler haben bereits die Identität der betrieblichen Organisation untersucht (Reitter und Ramanantsoa, 1985; Schwebig, 1988). Ein Unternehmen umschreibt seine Identität am liebsten mit „Ach ja, aber bei uns ist das ganz anders". In anderen Worten: Die Identität des Unternehmens demonstriert seine Existenz, Kohärenz und Besonderheit und bestätigt den traditionellen und marktwirtschaftlichen Stellenwert.

Daraus kann man den Schluß ziehen, daß Identität die Existenz und ein spezifisches und stabiles Konzept transparent macht. Die Beantwortung der nachstehenden Fragen umschreibt die Markenidentität: Wer oder was bewirkt

- die Unterscheidung,

- die Permanenz,

- die Homogenität,

- den Wert,

- die Authentizität,

- die Akzeptanz der Marke?

Diese sechs Fragen definieren die Marke und könnten das Marken-Chart sein, d.h. das Dokument, das die Markenpolitik mittelfristig steuert. Um Darstellung und Ausdehnung einer Marke richtig zu gestalten, werden Idee und äußere Form der Marke analysiert. Kommunikationsinstrumente wie „copy strategy" sind an Werbekampagnen gebunden, d.h., sie sind kurzfristig angelegt. Um sicherzustellen, daß nur eine einzige Marke aufgebaut wird (und zwar mittels Sedimentation und Akkumulation), muß ein Leitgedanke konzipiert werden. Dabei hilft das Marken-Chart.

Identität und grafische Marken-Charts

Viele Leser mögen hier einwerfen, daß es in ihrem Unternehmen oder für ihre Marken bereits Charts der grafischen Identität gibt. Und wirklich gibt es in den Firmen viele grafische Charts, z.B. Normenhefte, d.h. eine Art „Bibel der visuellen Identität". Gedrängt von Designstudios haben die Unternehmen zu Recht versucht, den Botschaften ihrer Marken ein gemeinsames Erscheinungsbild zu verleihen, eine Definition der Symbole: Welche Farben soll die Marke haben? Wie sollen grafische Elemente und Typografie aussehen?

Dieser erste Schritt ist zwar notwendig, aber unzureichend. Außerdem zäumt er das Pferd von hinten auf. Das Problem ist nicht die grafische Darstellung, sondern die Definition des Markeninhaltes. Formale Aspekte und äußeres Erscheinungsbild basieren auf dem Markeninhalt bzw. der Markenidentität. Die Auswahl der Symbole setzt eine klare Definition des Markensinns voraus. Bis jetzt gibt es zwar viele grafische Charts, es fehlt aber eine unmißverständliche Definition der Markenpersönlichkeit. Nur wenn das Grundproblem gelöst ist, d.h., wenn die Markenpersönlichkeit definiert ist, kann man über die Mittel der Darstellung und die Kommunikation der Marke diskutieren. Die grundlegenden Werte einer Marke sollten auf den ersten Blick wiedererkannt werden können. Es ist die Identität der Marke Citroën (das Ideal des ausgezeichneten Ingenieurs), die das charakteristische Aussehen ihrer Autos hervorbringt (DS, SM, CX, XM usw.). Das Aussehen der BMW-Fahrzeuge zeugt von einem starken Firmenkonzept, das aber nicht wirklich identisch mit der Markenpersönlichkeit ist. Identität und Konzept beantworten Fragen nach Unterscheidung, Permanenz, Homogenität, Wert und Authenzität der Marke.

Eine **erstarrte Markenkommunikation** ist darauf zurückzuführen, daß viele Unternehmen über die grafische Darstellung ihrer Marken entscheiden, bevor sie die Markenidentität definiert haben. Sie sind sich noch nicht im klaren über ihre Marke. Ihre Markenpolitik stützt sich auf rein formale Regeln, z.B. die Art der fotografischen Darstellung. Die Markenidentität von Nina Ricci verpflichtet keineswegs dazu, den Hamiltonschen Stil in der Werbung beizubehalten. Wie oft hört man die ängstliche Frage: „Welches sind unsere Codes?" Ist Markenwerbung geplant, dann stellt sich die Frage, welche Aspekte in allen zukünftigen Aussagen der Werbung wieder auftauchen sollen: die Farbe, der wolkenlose Himmel, die Haltung der Person, eine besondere Bewegung? Sehr schnell wird alles zur Regel, und die Kommunikation wird verzerrt. Sie wird dogmatisch und lähmt die Marke.

Kurioserweise gibt die Kenntnis der Markenidentität eine gewisse Freiheit im Ausdruck zurück, da sie die Bedeutung der Markenidee gegenüber strikt formalen Aspekten transparent macht. Die Markenidentität definiert, was bestehen bleiben muß und was entwickelt oder verändert werden kann.

Die Identität – ein modernes Konzept

Ein neues Konzept, nämlich das der Markenidentität, ist dringend notwendig, auch wenn in der Kommunikation schon mit dem Markenimage und der Positionierung einer Marke gearbeitet wurde. Die heutigen Probleme sind wesentlich komplexer als die von vor 10 oder 20 Jahren. Also braucht man heute subtilere Konzepte, um die Situation in den Griff zu bekommen.

Das erste Problem ist, daß dem **Überangebot an Werbung**, dem wir uns heute gegenüber sehen, bis jetzt nicht genug Beachtung geschenkt wurde. Heute möchte jeder werben. Jedes kleine und mittlere Unternehmen, jede Gesellschaft, jedes Ministerium oder Staatssekretariat versucht durch Werbung auf sich aufmerksam zu machen. Das wird einem schnell klar, wenn man den rasanten Zuwachs von Werbespots in Medien und Fachzeitschriften (die ihrerseits immmer mehr zunehmen) betrachtet. In diesem Chaos ist es sehr schwierig, sich zu behaupten und die eigene Identität entsprechend darzustellen. Denn Werben heißt nicht nur den potentiellen Käufer anzusprechen, sondern auch wahrgenommen zu werden. Kommunikation ist keine technische Feinheit, sondern sie ähnelt heutzutage geradezu einer Heldentat.

Der zweite Grund für den dringend notwendigen Aufbau einer eigenen Markenidentität liegt in den **Zwängen**, mit denen eine Marke konfrontiert ist. Wir befinden uns heute in einem Stadium, wo das Marketing vor allen Dingen versucht, Marken anzupassen oder gar zu imitieren. Wenn eine Marke innovativ ist, schafft sie einen neuen Standard, der dann von anderen Marken übernommen wird (daher die Vielfalt von Me-too-Produkten mit ähnlichen Attributen). Auch Reglementierungen können zu Imitationen führen: Im Bankwesen gelingt es den einzelnen Banken kaum mehr, sich voneinander abzugrenzen und ihre Identität sinnvoll herauszuarbeiten. Marktforschung produziert homogene Produkte und Marken, denn alle ziehen daraus dieselben Schlußfolgerungen, machen dieselben Werbekampagnen und benutzen unter Umständen sogar dieselben Worte. Ein typisches Beispiel: In den 80er Jahren kam in fast allen Werbeslogans der Banken das Wort „Leben" vor. Wenn nur noch die grafische Darstellung überbleibt, um die verschiedenen Anbieter zu differenzieren, hat die Markenidentität nur eine kleine Chance, überhaupt erfaßt zu werden.

Schließlich wirken sich auch die **verschiedenen Technologien** auf das Phänomen der Produktähnlichkeit aus. Woran liegt es, daß Autos sich im Aussehen immer mehr einander annähern? Die Gestaltung des CX (geräumiges Wageninneres, hervorragende Motorisierung, Kostenersparnis) löst dieses Problem leider auch nicht, ganz im Gegenteil. Wenn zwei Automobilmarken wie Peugeot und Citroën viele Details gemeinsam haben (Karosserie, Motor, Getriebe), und zwar aus Produktivitäts- und Wettbewerbsgründen, dann bleibt nur noch die Identität, um die beiden Marken zu unterscheiden.

Auch die **Diversifikation** behindert den Aufbau einer eigenen Markenidentität. Marken produzieren neue Produkte, dringen in neue Märkte ein und finden neue Zielgruppen. Dies führt aber nicht nur zu einer Streukommunikation, sondern oft auch zu einem sog. Patchworkimage. Manchmal ist die Markenidee noch zu erkennen, aber nicht in zusammenhängender und integrierender Form. Die Firma Toshiba möchte sich marktgerecht verhalten und stellt sich deshalb auf dem Hi-Fi-Markt als jung und tonangebend dar, auf dem Computermarkt als seriös und bei Fernsehern und Videorecordern als traditionsbewußt. So wird die Marke zum Chamäleon, d.h., sie verliert ihre besondere Identität. Steht denn wirklich nur eine Firma hinter den Werbekampagnen? Diese Frage stellt sich auch dann, wenn in den Werbespots stets die gemeinsame Marke genannt wird.

Mangels Konzepten und Möglichkeiten, Marke und Markenführung zu analysieren, gelingt es dem Unternehmen entweder gar nicht erst, das Kapital Marke aufzubauen, oder dieses löst sich unbemerkt in nichts auf.

Die Identität und das Image

Welche Vorteile hat die Identität gegenüber dem Markenimage? Denn schließlich investieren Unternehmen umfangreich in die Bewertung des Images ihrer Marken und Logos.

Warum steht heute die Identität im Vordergrund und nicht das Image?

Das Image ist ein **Akzeptanzkonzept**. Imagestudien werden durchgeführt, um zu testen, wie ein Produkt, eine Marke, ein Politiker, ein Unternehmen oder ein Land in der Öffentlichkeit ankommt. Das Image zeigt, wie dieses Publikum die Impulse dekodiert, die von Produkten, Dienstleistungen oder auch Werbekampagnen einer Marke ausgehen.

Die Identität ist dagegen ein **Aussagekonzept**, d.h., Inhalt, Idee und Eigendarstellung der Marke werden spezifiziert. Das Image ist ein Ergebnis, eine

Dekodierung. Für die Verantwortlichen des Unternehmens ist die Markenidentität wichtiger als das Markenimage, denn bevor sich die Öffentlichkeit ein Bild
macht, sollte die Idee der Marke geklärt sein. Um akzeptiert zu werden, muß
die Marke zunächst konzipiert sein.

Wie Abbildung 3 zeigt, ist das Image das Ergebnis der Synthese aller Marken-
impulse, so wie der Verbraucher sie auffängt (Markenname, visuelle Symbole,
Produkte, Werbespots, Sponsoring, Mäzenatentum, redaktionelle Darstellung
usw.), d.h., es dekodiert und interpretiert das Markenkonzept und die Impulse.

Wie entstehen solche Impulse? Sie können auf zwei Arten ausgesendet werden:
einmal durch die Markenidentität und dann durch sog. parasitäre Faktoren,
d.h. Ziele, die sich von der Identität entfernen und dennoch weiterhin im Namen der Marke sprechen und so ihren Sinn aufbauen. Welches sind nun solche
parasitäre Faktoren?

Erstens praktizieren manche Unternehmen in Ermangelung einer klaren Vorstellung ihrer Markenidentität Mimikry, d.h., sie stürzen sich auf die Konkurrenz und imitieren deren Kommunikation. Als Beispiel kann man hier wieder
die Banken heranziehen: Auf einmal arbeiten viele Banken in ihrer Werbung
mit dem Thema Selbstverwirklichung („die Bank für mein Leben", „die Bank
für meine Pläne" usw.).

Zweitens führt die exklusive Suche nach einem gefälligen Image dazu, daß die
Markenpolitik nur noch die Erwartungen der potentiellen Käufer im Auge hat.
Die Marke kämpft um Suggestivkraft und gleitet auf den kleinsten soziokulturellen Strömungen und Tendenzen dahin. Gestern noch Glamour, hängt die
Marke heute dem sog. Cocooning an und morgen wer weiß wem. Sie wird op-
portunistisch und demagogisch und verliert dadurch ihre Identität. Die Marke
ist nur noch „Look", kosmetische Schminke.

Der dritte Punkt ist die idealisierte Markenidentität. Eine Folge davon ist, daß
die Werbung – was man allerdings erst später feststellen wird – sich nicht mehr
an das Konzept der Marke hält, d.h. weit vom Kern der Marke entfernt ist. Das
kann dann dazu führen, daß die Marke unglaubwürdig wird oder daß der Verbraucher sie sogar ablehnt.

Um solche negativen Konsequenzen abzuwenden, mißt man der Markenidentität neuerdings mehr Bedeutung bei. Die Automobilmarke Citroën ist nicht bekannt für besondere Motorleistung wie die Schwestermarke Peugeot (Sieger in
Rallyes und Langstreckenwettkämpfen). Deshalb entsprach die Werbung, mit
der Citroën eine Zeitlang gearbeitet hat, nicht der Markenidentität. Auch die
Marken Technal und Knoll haben eine unterschiedliche Identität, was bei der
elitären und avantgardistischen Werbung von Technal öfters vergessen wurde.

Technal, Hersteller von Aluminiumtüren und -fenstern, verfügt über eine eigene Identität und ein eigenes Konzept. Deshalb wäre es falsch, die Markenwerbung von der Markenidee zu lösen.

Im Laufe der Zeit bekommt die Marke eine eigene Autonomie, einen eigenen Sinn. Auch wenn die Produkte der Marken schon vom Markt verschwunden sind, bleibt die Marke weiterhin bestehen. Sie definiert ihre Möglichkeiten und ihre Legitimität und grenzt sich gleichzeitig von anderen Gebieten ab. Man kann von einer Marke nicht erwarten, etwas anderes als sie selbst zu sein. Die Marke „La Vache qui Rit" läßt sich nicht in den Bereich Technologie eingliedern, auch dann nicht, wenn in der Werbung Jets vom Typ F-111 zu sehen wären.

Natürlich darf die Marke sich nicht selbst lähmen oder Verbraucherwünsche außer acht lassen. Mißt man jedoch dem Markenimage eine zu große Bedeutung bei, dann gibt man dem Schein den Vorzug vor der Wirklichkeit. Deshalb hat die Gruppe Citroën die Pferde (aus der Werbung) wieder in die Camargue zurückgeschickt und ihre Identität in dem eleganten Wagen XM, der höchstem technischem Standard gerecht wird, wiedergefunden.

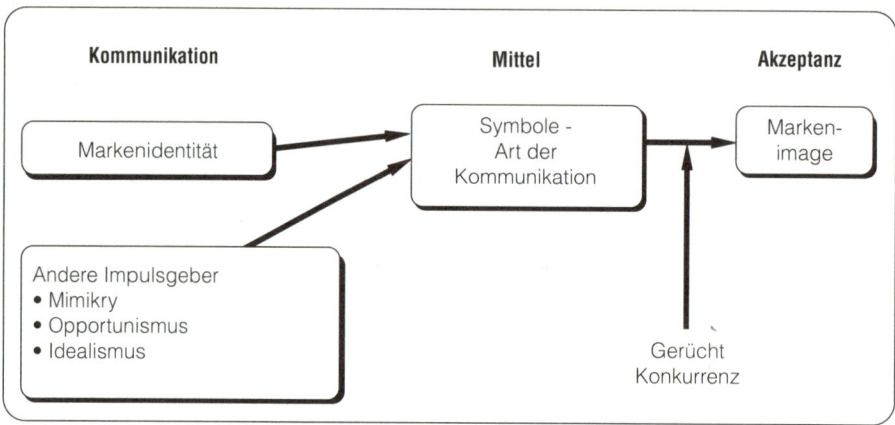

Abb. 3: *Identität und Image*

Grenzen der Positionierung

Schon immer wurden Marken auch über ihre Positionierung definiert, d.h. über die Kriterien, die die Marke von der Konkurrenz abheben und die die entscheidenden Kaufimpulse abgeben. Dieser analytische Ansatz konzentriert sich auf die folgenden vier Fragen:

46

- **Eine Marke warum?** Hier rücken das Werbeversprechen und die Kaufvorteile ins Blickfeld. Beispiele: Oasis stillt Ihren Durst, Le Chat respektiert die Umwelt (?), Kronenburg führt zusammen, GSI übernimmt einen Teil Ihres Jobs, Le Crédit Mutuel interessiert sich für Ihre Probleme, Technal vereint Technik und Schönheit.

- **Eine Marke für wen?** Hier geht es um die Zielgruppe. Lange war Schweppes das Getränk der Upper Class (Canada Dry für Erwachsene und Gini für Jugendliche). Die Banque Populaire ist die Bank der Unternehmer.

- **Eine Marke für wann?** Wann soll die Marke eingesetzt werden? Der Slogan „für Ecco ist nichts unmöglich" kommuniziert die Ausführung sehr spezifischer Arbeiten, die andere nicht übernehmen können.

- **Eine Marke gegen wen?** Im Wettbewerb definiert diese Frage die wichtigsten Konkurrenten, d.h. diejenigen, deren Kunden man abwerben möchte.

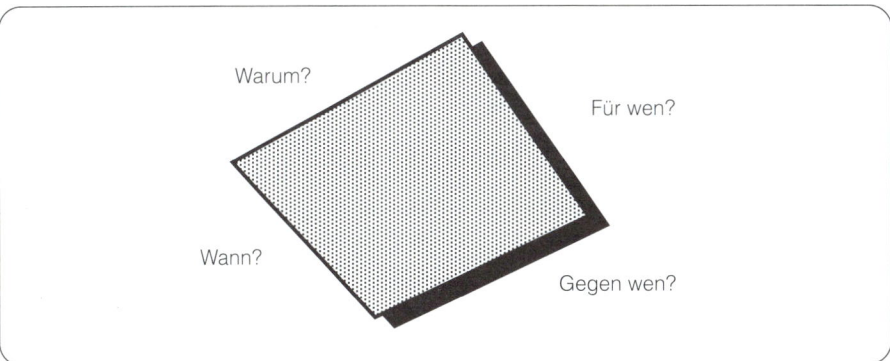

Abb. 4: *Positionierung der Marke*

Die Positionierung ist ein nützliches Konzept. Ein Produkt ist wertlos, solange es keine eigene Position hat. Die Marke Fido brachte Hundefutter auf den Markt, ein fast trockenes Produkt, das aussah wie rotes Hackfleisch. Das Futter konnte – anders als Dosenfutter – auch außerhalb des Kühlschranks aufbewahrt werden und strömte auch nicht diesen unangenehmen Geruch aus. Für dieses Produkt waren verschiedene Positionierungen möglich, wie z.B.

- den Markt von Dosenfutter in Angriff zu nehmen (indem man die wohlsituierten Hundebesitzer ansprach). Die Kernaussage der Werbung wäre in diesem Fall: Trockenfutter, das die Vorteile von Dosenfutter hat. Oder anders ausgedrückt: Fleisch ohne die Nachteile, die dieses Futter (wegen des Geruchs, der Aufbewahrung usw.) für den Hundehalter hat;

47

- den Markt von Trockenfutter (z.B. getrocknete Buletten) anzugehen. Auch Hundehalter, die bisher aus den o.g. Gründen nur ungern Fleisch verfüttert haben, können ihre Lieblinge nun mit Fleisch verwöhnen;

- sich an die Hundehalter zu wenden, die ihre Tiere mit Resten füttern, und ihnen ein ergänzendes, energiespendendes Futter anzubieten, eine Art Wynn's für den Hund (d.h. keine Hauptmahlzeit wie in den obigen Fällen);

- oder sich schließlich generell an alle Hundebesitzer zu wenden und aus dem Produkt einen reinen Energiespender zu machen, eine Art Mars-Riegel für den Hund.

Die Entscheidung für eine der oben beschriebenen Strategien richtet sich nach den folgenden **acht meßbaren Kriterien**:

- Erlaubt das Produkt in seiner augenblicklichen Gestalt diese Positionierung?

- Welche Suggestivkraft hat diese Positionierung?

- Wie groß ist der damit verbundene Marktanteil?

- Ist die Positionierung glaubwürdig?

- Welchen finanziellen Aufwand setzt sie voraus?

- Ist die Positionierung spezifisch, und grenzt sie sich genügend von Konkurrenzprodukten ab?

- Nutzt sie alle Vorteile des Produktes aus?

- Läßt sie im Falle eines Mißerfolges den Rückzug offen?

Bei der Einführung des Produktes hat Fido die erstgenannte Strategie angewandt und den Artikel „Steaky von Fido" genannt.

Was bedeutet die Markenidentität für die Positionierung einer Marke, und warum ist ein anderes Konzept notwendig?

Erstens deshalb, weil die Marktpositionierung sich in erster Linie nach dem Produkt richtet. Beispiel: Dem Produkt Steaky mußte ein präziser Affektionswert gegeben werden, denn Fido deckt auch noch andere Produkte ab. Was bedeutete also eine solche Positionierung für Fido? Nur wenn das Produkt über besondere Attribute verfügt, kann man eine der vier oben erläuterten Möglichkeiten anwenden. Es ist einfach, den verschiedenen Scheuerschwämmen „Scotch-Britt" und Scotch-Videokassetten einen bestimmten Stellenwert zu geben, wie aber kann man die Marke Scotch eingliedern? In diesem Fall ist es günstiger, das Konzept der Markenidentität anzuwenden.

Zweitens überdeckt die Positionierung den Markeninhalt, d.h., sie kann die Möglichkeiten der Marke nicht ausschöpfen, und die Marke erstickt in diesem Rhombus (vgl. Abb. 4). Eine solche Marktpositionierung macht es unmöglich, zwischen Coca-Cola und Pepsi-Cola, UAP und GAN, Banque Populaire und Crédit Mutuel, Prisunic und Monoprix, d.h. zwischen Marken mit ähnlicher Strategie, zu unterscheiden. Der Unterschied zwischen Casino und Auchan ist deutlich, aber wie sieht es bei Leclerc und Intermarché aus? Die vier Positionierungsrichtlinien verhindern, daß auch Nuancen erfaßt werden, und können Identität und Einzigartigkeit der Marken nicht voll zur Geltung bringen.

Noch problematischer ist, daß Positionierung die Kommunikation völlig der Kreativität oder den augenblicklichen Modetrends überläßt. Sie steuert weder Ton noch Stil oder Art der Kommunikation. Eine Marke lebt aber von der Mitteilung, d.h., sie formuliert die objektiven oder subjektiven Qualitäten eines Produktes. Im Zeitalter der audiovisuellen Möglichkeiten benutzt die Kommunikation Worte, aber vor allem auch Bilder, Töne, Farben, Bewegungen und stilistische Mittel. Die Positionierung steuert nur die Wortwahl und überläßt den Rest zufälligen Kreativitätssprüngen und Pretests. Es ist aber in diesem Zusammenhang nicht ratsam, nur auf Kreativität zu setzen.

Der Kreativitätssprung nützt nur dann, wenn er die Marke fördert. Die intergalaktischen Werbeaussagen von Crédit Mutuel verkennen die Identität der Marke. Von 1986 bis 1989 hat die Marke Vittel in ihrer Werbung den Dschungel eingesetzt, und dieses Bild entsprach der optimistischen Identität der Marke überhaupt nicht. Auch wenn die Idee richtig ist, die Aktzeptanz der Marke durch Pretests zu überprüfen, sollte die Sprache der Marke nicht vom Verbraucher diktiert werden, denn Verbrauchererwartungen lassen die Besonderheit der Marke oft außer acht. Dadurch kann die Marke in Mittelmäßigkeit versinken, wo sie sich dann verliert.

In der Markenaussage erhält das Markenkonzept Gestalt, d.h., künftig darf das Konzept nicht mehr von der Kommunikation (egal in welchem Medium) gelöst werden. Die Markenidentität liefert den notwendigen Rahmen, denn sie dient dazu, Grenzen der Positionierung aus dem Weg zu räumen, die Markenkommunikation zu steuern und Einheit und Beständigkeit der Marke zu garantieren.

Außerdem weist die Markenidentität darauf hin, daß eine Marke nicht alle Positionierungen einnehmen kann. Im Jahre 1990 machte die Marke Coq Sportif eine komplette Kehrtwendung. Nachdem die Firma jahrelang Mannschaftssportarten ausgestattet und sog. harte Produkte (z.B. Fußballschuhe) hergestellt hatte, wurde eine internationale Werbekampagne lanciert, die sich auf eine neue Positionierung gründete: „Traum und Ästhetik", ausgedrückt in dem

Slogan „die Kunst des Sports". Damit sollte die Marke aus dem Konkurrenz-kampf zwischen Marken wie Nike und Adidas herausgehalten werden. Nun stellt sich aber die Frage, ob diese Marke mit ihrer Identität überhaupt eine Aussage über Ästhetik und Kunst machen kann. Anfangs kann eine Marke sich noch in jede Richtung entwickeln, aber später setzen ihr ihre Identität und das Konzept Grenzen und beeinflussen auch die Positionierung der Marke auf dem Markt, denn diese muß glaubhaft und legitim sein.

Die Facetten der Markenidentität

Jede Marktkondition schafft Konzepte und Mittel, um diese zu beherrschen. Als die Produkte rar waren, genügte der USP (Unique Selling Proposition). Nachdem eine Zeitlang jeweils Image, Positionierung, Markenpersönlichkeit im Vordergrund standen, sind wir nun bei der Markenidentität angelangt.

Um stark zu werden oder zu bleiben, muß die Marke auf irgendeine Weise ihrer Identität treu bleiben. Das Markenimage gleicht einer flüchtigen und ständig wechselnden Vision: Es beschäftigt sich zu sehr mit dem Schein der Marke und zu wenig mit ihrem Wesen. Mißt die Kommunikation der Markenidentität die notwendige Bedeutung bei, dann zeigt dies, daß man über das Oberflächliche hinaus an den Kern der Marke gelangen will. Das Identitätskonzept garantiert Beständigkeit, Kohärenz der Symbole und Realitätsnähe. Das idealisierte, wetterwendische und opportunistische Bild des Markenimages soll vermieden werden.

Das Identitätsprisma

Die Markenidentität kann in einem sechsseitigen Prisma dargestellt werden:

1. Die Marke ist zunächst einmal eine **Gesamtheit objektiver Merkmale** (die einem sofort einfallen, wenn die Marke bei einer Umfrage erwähnt wird) oder auch der latent vorhandenen und kaum wahrnehmbaren Attribute.

Mit La Vache qui Rit assoziiert der Verbraucher ein cremiges Produkt auf Milchbasis, eine runde blau-rote Schachtel und in Aluminium verpackte Portionen. Der Name Président läßt einen spontan an Butter und Camembert denken. Bei William Saurin denkt der Verbraucher an Cassoulet. Die Marke Hermès beruht auf den Materialien Leder und Seide. Mit der Marke Brandt assoziiert der Verbraucher Waschmaschinen, mit Laden Kühlschränke oder Gefriergeräte. Peugeot erinnert an den 205er, an Motorleistung und Langlebigkeit, und Citroën an extrem technologische Aufhängung, originelle Formen und Gewagtheiten im Design.

50

Das Physische ist die Basis der Marke. Um eine Analogie zu nennen, es ähnelt einem Blumenstengel. Ohne Stengel stirbt die Blume, er ist also die objektiv greifbare Stütze. Die qualitative Beschaffenheit des Produktes ist der traditionelle Fundus der Kommunikation und trifft sich in diesem Punkt mit der klassischen Produktpositionierung. Beide stützen sich dabei immer nur auf bestimmte Leitprodukte oder einzelne Markeneigenschaften. Das Physische ist zwar unabdingbar, aber nicht ausreichend. Die Kreation der Marke beginnt mit der Schaffung eines Produktes.

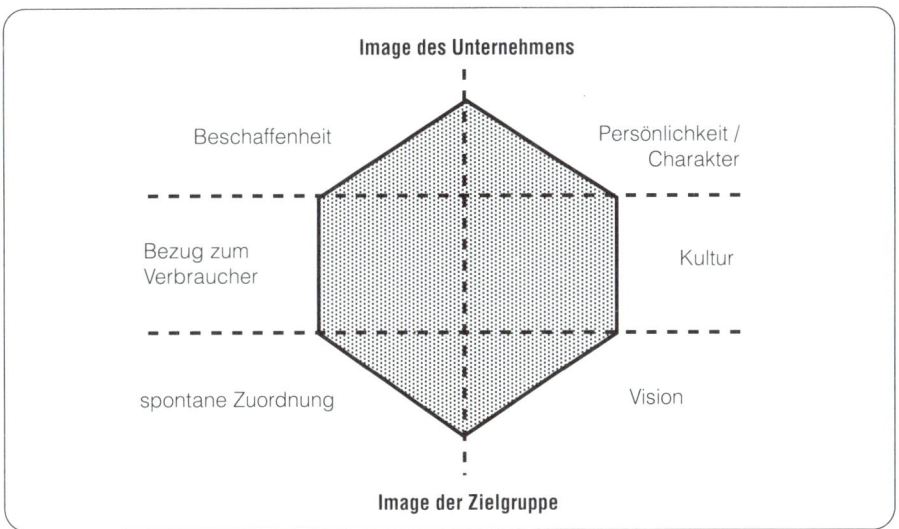

Abb. 5: *Identitätsprisma einer Marke*

2. Die Marke ist eine „**Persönlichkeit**" und hat einen **eigenen Charakter**. Die Art, in der sie über ihre Produkte und Dienstleistungen kommuniziert, läßt zwischen den Zeilen erkennen, um welchen „Personentyp" es sich handelt (wenn man die Marke – wie es häufig gemacht wird – mit einer Person vergleicht). La Vache qui Rit ist wohlwollend und großzügig, Peugeot ist konservativ, Citroën idealistisch. Atari ist eine Marke, die Wettbewerb, Herausforderung und Streßsituationen mag. Oasis ist lebenslustig, optimistisch, heiter und offen. Die Marke Opel hat bis heute noch keinen eigenen Charakter, hier fehlt die psychologische Stärke.

Die Facette Persönlichkeit wurde seit 1970 als Emphase der Markenwerbung benutzt. Zahlreiche amerikanische Werbeagenturen haben daraus die Voraussetzung für jede Art von Werbung gemacht. Ted Bates verlangte die Definition eines neuen USP und Grey die Definition der Markenpersönlichkeit. Die Agentur RSCG macht das Marken-Erscheinungsbild und den -charakter zu den wesentlichen Pfeilern jeder Kommunikation und Stilistik.

Dies erklärt den Boom der Markenpersönlichkeiten, denn der Weg, der Marke eine Persönlichkeit zu geben, liegt darin, einen Wortführer für sie zu finden. Mit der Starstrategie von J. Seguela konnte dieses Ziel ab und zu erreicht werden. Es wäre aber falsch, sich allein auf diese Facette der Markenpersönlichkeit zu stützen, denn das könnte zu einer aufgesetzten und pathetischen Kommunikation führen, die zwar spektakulär, aber inhaltslos ist. Die Bedeutung der Marke auf ihren physischen Aspekt und ihre Persönlichkeit zu beschränken, wäre falsch. Wie wir sehen werden, verfügt die Marke über einen tieferen Inhalt.

3. Die Marke bildet ein **kulturelles Ganzes**. Jedes Produkt entsteht aus einer bestimmten Kultur und ist die physische Konkretisierung und Stütze (im Sinne der Medien) dieser Kultur. Kultur bezeichnet in diesem Zusammenhang ein Wertesystem, das Quelle von Inspiration und Energie der Marke ist. Die kulturelle Facette entspricht den Grundprinzipien, die Produkte und Kommunikation der Marke steuern. Es handelt sich um eine fundamentale Facette, die Verankerung der Marke. Apple steht in einem symbolisch überhöhten Sinn für das Progressive der kalifornischen Kultur. Apple scheint nicht auf Unternehmensexpansion zu drängen; Apple will die Gesellschaft verändern – im Gegensatz zu den konservativen Marken des amerikanischen Ostens. Man gewinnt den Eindruck, als ob die Marke – auch ohne die Gründungsmitglieder des Unternehmens Apple – schon immer Verfechter eines revolutionären Projektes für Unternehmen und – noch weiter – für den Verbraucher gewesen sei. Diese Vision wurzelt als Quelle vitaler Inspiration in den Produkten und wird in den originellen Informatik-Angeboten und im Stil der Kommunikation deutlich.

Die großen Marken scheinen beeinflußt von einer Kultur und gleichzeitig deren Träger zu sein (Benetton, Coca-Cola, Citroën usw.). Aber in der Werbung konzentriert man sich auf die Facette Persönlichkeit und vernachlässigt dieses wesentliche Faktum (dies werden wir auch noch bei den Handelsmarken sehen; einige haben nur eine Persönlichkeit, andere verfügen auch über eine eigene Kultur, und dies sind die starken Marken). Der kulturelle Hintergrund von Citroën ist das Ideal des Ingenieurwesens, Fortschritt durch Wissenschaft. Das Wirken von Leonardo da Vinci entspricht dem Markenkonzept von Citroën: intime Fusion von Kunst und Technik und Begeisterung für Fortschritt und Verbesserung. Mercedes verkörpert deutsche Werte: Hier dominiert die Ordnung. Selbst bei 260 km/h schert ein Mercedes nicht aus, sondern behält seine ausgezeichnete

Straßenlage. Die Marke wird von Symmetrie beherrscht, die Fahrzeuge haben eine Dreikörper-Karosserie, die für den physischen Auftritt der Marke Mercedes typisch ist. Ordnung geht auch von dem Markensymbol aus, dem Mercedesstern, der die Kühlerhaube schmückt.

Die Facette Kultur ist für eine Marke sehr wichtig, aber erst neuerdings hat man die Bedeutung dieser Facette erkannt, bei der Analyse der Beziehung Marke – Produkt.

Die Marke beschreibt Produkte, legitimiert sie und bringt sie dem Verbraucher nahe. Findus ist nicht einfach nur der Name eines Sortiments tiefgefrorener Produkte, sondern die Marke wurde zum Sprachrohr für eine neue Eßkultur, wobei sie mit traditionell religiösen Vorstellungen und sozialen Reglements brach. In der Werbung sprach Findus sich laut dagegen aus, daß Frauen immer nur am Herd stehen müßten. Hätte sich ohne diese Legitimation einer neuen Kultur das „objektive Produkt" (das Tiefgefrorene) durchgesetzt? Durch ihren Bekanntheitsgrad hat die Marke die Rolle einer sozialen Kraft übernommen und ein neues Verbraucherverhalten sanktioniert. Sie machte sich zum Wortführer für die Emanzipation der Frau. In diesem Sinne kann man Fourcade und Cabat (1981) beipflichten, daß die Marke eigentlich weniger von den Produkten als vielmehr von deren sozialer Kodifizierung spricht und diese durch ihren Bekanntheitsgrad legitimiert. Die Marke semantisiert Objekte und Verhaltensweisen.

Die Herkunftsländer sind die kulturellen Reservoirs der Marken. Coca-Cola ist amerikanisch, IBM auch. Man kann die Herkunft auch verbergen, so ist Mars eine ganz und gar internationale Marke. Canon und Technics verleugnen ihre japanische Herkunft, während Mitsubishi, Toyota oder Nissan diese betonen. Im Ausland sind Marken wie Evian und Perrier Träger der französischen Kultur. Die Amerikaner verbinden mit Evian aber nicht nur diese eine Facette, sondern alle sechs Facetten des Identitätsprismas. Die französische Marke Hollywood Chewing-Gum vermittelt amerikanische Natürlichkeit und Sportlichkeit, Cremieux assoziiert englische Colleges und ihre Werte, und Chevignon verbindet Westernstyle und moderne Technologie.

Die Facette Kultur verbindet die Marke mit dem Unternehmen, besonders wenn beide denselben Namen haben (Peugeot, Citroën, Renault und auch Merlin Gerin, Legrand). Nestlé ist keine Marke für Gourmets, die kulturelle Facette macht dies unmöglich. Die Marke Nestlé gehört einem Unternehmen, das man als puritanisch und streng empfindet, und daher vermittelt natürlich auch die Marke diesen Eindruck. Die Kultur des Unternehmens verringert die Freiheit der Marke, die ja die Firma nach außen hin vertritt und das Kaufverhalten steuert. Nicht von ungefähr baut die Marke Renault ihre Identität auf Werten wie Wendigkeit, Langlebigkeit, Innenausstattung und Komfort auf (da-

hotel = american; Californian!

53

her auch der Slogan „Autos zum Leben"). Das ist nicht Ergebnis einer Marktforschung, die ermitteln soll, welche Erwartungen der Verbraucher an ein Auto knüpft. Da sie von einem halbstaatlichen Unternehmen, dem sog. „Soziallabor der Nation" ausgeht, richtet sich die Marke natürlich mehr nach humanitären Werten, als daß sie versucht, immer besser zu werden (Porsche) oder in Leistungswettkämpfe zu treten (BMW). Die Wagen von Renault sind in der Formel 1 vertreten, was ein Gegengewicht zu dem sozialen Gesichtspunkt bilden soll. Grundsätzlich aber kommuniziert Renault andere Werte.

4. Die Marke bietet einen **Rahmen für Beziehungen**, und oft gibt sie Gelegenheit für einen **Austausch** zwischen Menschen. Diese Eigenschaft ist wichtig für Dienstleistungsmarken und Unternehmensmarken des Handels, wir kommen später noch einmal darauf zurück. Yves Saint Laurent ist die Marke der Verführung, denn unterschwellig hat die Beziehung zwischen Mann und Frau in der Kommunikation der Marke einen hohen Stellenwert (auch wenn da gar kein Mensch auftritt). Dior ist Träger anderer Werte, die Marke stellt Prunk und Zur-Schau-Stellen (ohne negativen Beigeschmack) und auch Glänzenwollen (Gold) in den Vordergrund. La Vache qui Rit assoziiert eine herzliche Mutter-Kind-Beziehung. Die Bonbonmarke Carambar hat ein ganz anderes Image: Kinder kaufen ein und entwenden dabei 5 oder 10 Pfennige, um sich die verbotene Süßigkeit kaufen zu können.

5. Die Marke kann **spontane Zuordnung** sein. Personen, die man nach verschiedenen Automobilmarken befragte, gaben spontan einen Käufertyp für jede Marke an: Das ist ein Auto für die Superreichen! Für Familienväter! Für Machos! Für alte Gecken! Durch Werbung und ihre „markantesten" Produkte baut die Marke ein System spontaner Zuordnung auf, ein Abbild des Käufers oder Benutzers, den die Marke offensichtlich ansprechen will.

Oft wird diese Zuordnung mit der Zielgruppe verwechselt. Die Zielgruppe beschreibt die potentiellen Käufer und Benutzer der Marke. Das Abbild ist das Bild, das die Marke von dieser Zielgruppe vermittelt, also ein Identifikationsmodell. Hollywood-Chewing-Gum hat einen sehr weiten Kundenkreis, während sein Abbild begrenzt ist (Jugendliche zwischen 15 und 18 Jahren). Wie ist dieses Paradoxon zu erklären? Für die Jüngeren (8- bis 13jährigen) sind die Personen der Hollywood-Chewing-Gum-Werbung Vorbilder (hier übernimmt die Marke teilweise die elterliche Beschützerrolle), die Kommunikation zeigt ein Idealbild: unabhängiges, sportliches und einladendes Wesen. Für die Jugend sind diese Darsteller Wunschbilder für die Zukunft. Die Erwachsenen hingegen sehen in der Kommunikation ein Lebens- und Wertesystem und identifizieren keine bestimmte Altersgruppe damit. Durch das Kauen demonstriert der Verbraucher seine Zugehörigkeit zu diesem Lebensstil, auch wenn er schon 30 oder 40 Jahre alt ist.

Die Verwechslung zwischen Zuordnung und Zielgruppe ist noch häufig und oft Problemquelle. Viele Manager möchten, daß die Werbung die Zielgruppe so zeigt, wie sie ist, und vergessen dabei, daß die Zielgruppe mit der Marke vor allen Dingen ein Wertsymbol kauft, das ihr erlaubt, die eigene Identität zu inszenieren. Die Zigarettenmarke Flint hat diese Verwechslung teuer bezahlt.

Diese Zigarette wurde nach den Unruhen des Mai 1968 eingeführt. Die Idee war, die Welt zu revolutionieren und den Verbraucher nicht idealisiert darzustellen (wie bei Marlboro), sondern so, wie er ist. So zeigte die Einführungswerbung einen bärtigen Raucher mit leichtem Schmerbauch, der auf dem Boden eine Bluejeans bügelte und genau das darstellte, was man sich unter einem ewigen Studenten vorstellte. Die Zigarette wurde einige Monate nach der kostspieligen Einführung vom Markt genommen, man hatte Zuordnung mit Zielgruppe verwechselt. Ein anderes Beispiel: Hermès-Tücher werden natürlich nicht an grazile Musen verkauft, die auf einem schnellen Rivaboot mit träumerischem Blick die Küste vorüberfliegen sehen. Diese idealisierte Darstellung der potentiellen Kundin steigert aber den Absatz, denn viele Frauen möchten sich mit diesem Idealbild identifizieren.

Jede Marke muß ihre Zuordnung steuern. Wenn die Marke Porsche darstellen würde, daß ihre Fahrzeuge nur für harte Typen sind, würde der Absatz der Marke sinken. Auch die Marke Technal darf ihre Kunden nicht so darstellen, wie sie wirklich sind, denn dann würde die Marke in die Mittelmäßigkeit absinken. Technal wäre dann keine Marke des guten Geschmacks mehr, entsprechend ihrer Identität und dem Slogan „mit Technal Schönheit gestalten".

Wenn die Marke ihre Zuordnung nicht steuert, tut dies die Konkurrenz. Der Assoziation der Marke Virgin gibt der FNAC einen altmodischen Touch. Um den Absatz ihrer Produkte zu steigern, zeichnet die Marke Victor (Hersteller von Kloncomputern nach dem System IBM, aber billiger und leistungsstärker als IBM-Geräte) absichtlich ein negatives Bild des Käufers von IBM-Geräten. Er wird als Person dargestellt, die das Risiko scheut und alles (Effizienz, Preis) für die Sicherheit gibt, sich hinter dem Paravent IBM verschanzen zu können.

6. Und schließlich ist die Marke eine **Wunschvorstellung**. Wie die Zuordnung der äußere Spiegel der Zielgruppe ist, so ist das Wunschbild der innere.

Viele Kunden von Porsche tätigen den Kauf eines Porsche-Fahrzeugs, um sich selbst etwas zu beweisen. Ein Porsche nimmt die Entwicklung der eigenen Karriere in gewisser Weise vorweg. Die Marke funktioniert in diesem Fall wie eine Art Verpflichtung, über sich selbst hinauszuwachsen (daher auch der Werbeslogan: „Der Wettlauf mit dir selbst, der einzige, der niemals endet"). Das

Abbild von Porsche ist also etwas anderes als die Wunschvorstellung von dieser Marke. Kann der Wettbewerb eine negative Zuordnung der Marke etablieren, dann heißt das, daß die Marke geschwächt ist.

Auch wenn er keinen Sport macht, identifiziert sich der Käufer von Lacoste-Produkten (wie Studien klar zeigen) mit dem Mitglied eines Sportclubs, und zwar eines aufgeschlossenen Clubs, wo es keine Trennung nach Rasse, Geschlecht oder Alter gibt, denn der Sport überwindet diese Schranken. Kurioserweise sehen sich die Käufer von Gerblé-Produkten nicht als Verbraucher, sondern als Fans der Marke. Treffen zwei Anhänger dieser Marke aufeinander, entwickelt sich sofort ein Gespräch, als ob es sich um Mitglieder einer Glaubensgemeinschaft handelte. Die Anhänglichkeit an diese Marke bedeutet Treue und gemeinsame Vision aller Gerblé-Fans, was die Kommunikation natürlich erleichtert.

Diese sechs Facetten definieren die Markenidentität und das Feld ihrer Entwicklungsmöglichkeiten. Das Identitätsprisma zeigt, daß diese Facetten ein strukturiertes Ganzes bilden, wobei eine Facette die andere widerspiegelt. Die Prismastruktur basiert auf der grundsätzlichen Tatsache, daß eine Marke durch die Kommunikation lebt (ohne Kommunikation keine Marke). Bleibt die Marke zu lange stumm und ungenutzt, wird sie zerstört. Kommuniziert die Marke, dann kann sie wie jede andere Kommunikation analysiert werden.

Nun lehrt uns aber die Semiologie, daß jede Art von Kommunikation das Image des Unternehmens aufbaut, das hinter der Marke steht. Auch wenn nur von Produkten oder Geschäften die Rede ist, wird unterschwellig doch auch die entsprechende Firma erwähnt. Denn, anders als wenn das Unternehmen für sich selbst wirbt, bleibt es in der Markenwerbung im Hintergrund. Die Käufer können im Fall einer Befragung sofort das Unternehmen nennen, das hinter der Marke steckt. Die Facetten physische Beschaffenheit und Persönlichkeit zeigen, um welche Firma es sich handelt.

Jede Kommunikation baut auch eine typische Zielgruppe auf, es scheint, als ob sie sich an einen bestimmten Personentyp oder Zuhörerkreis wendet. Die Facetten Zuordnung und Vision definieren diese Zielgruppe, die Teil der Markenidentität ist. Die letzten beiden Facetten (Bezug und Kultur) sind Brücken und vermitteln zwischen dem Unternehmen und der Zielgruppe.

Das Identitätsprisma weist auch einen vertikalen Einschnitt auf (vgl. Abb. 5). Die Facetten auf der linken Seite des Prismas (physische Beschaffenheit, Bezug und Zuordnung) sind die sozialen Kriterien, die die Marke nach außen hin vertreten und sichtbar sind. Die Facetten der rechten Seite (Persönlichkeit, Kultur und Vision) sind die inneren Markenfacetten.

Diagnose einer Marke

Das Identitätsprisma ermöglicht eine genaue Markenanalyse, und so können die Stärken und Schwächen ermittelt werden. Die Marke wird auf jede Facette hin untersucht; auf diese Weise erhält man Bewertungen, die durch eine blinde und rein theoretische Aufzählung von Dutzenden von Imagekriterien nicht zu erreichen wären.

Wie läßt es sich erklären, daß die orangefarbigen Produkte von Euromarché nicht denselben Erfolg hatten wie die sog. „freien" Produkte von Carrefour, obwohl das Konzept der Produkte identisch war? Beide warben mit dem Slogan „Unsere Produkte sind genauso gut wie die großen Markenartikel, aber billiger" – was eine werbewirksame Behauptung war, die jedoch nicht der Wahrheit entsprach, denn große Marken verfügen über ein technologisches Know-how, das sich nur schwer kopieren läßt. Preisniveau (um 15 bis 30% unter dem von Markenartikeln) und Inhalt waren identisch, oft handelte es sich sogar um denselben Hersteller (z.B. die Firma Cantalou als Hersteller von Schokoladen und Célatose von Baumwollstoffen und Decken).

Alles war gleich bis auf das Wichtigste, nämlich die Markenidentität. Jede Kommunikation baut eine Identität auf, die dann aber gesteuert werden muß. Carrefour verstand dies. Und ohne sich dessen bewußt zu sein, stattete Euromarché dieselben Produkte mit einer Negatividentität aus, die behindernd wirkte (Abb. 6). Die weiße asketische Farbe der sog. Flaggschiffprodukte von Carrefour war, ebenso wie der Markenname „freies Produkt", kein Zufallskonzept, denn diese Kriterien geben den Artikeln, die (zu Unrecht) als anonym bezeichnet werden, einen Sinn.

Das Markenkonzept ist wichtiger als der Name, denn eine Marke basiert auf einem Wert, der in ihren Produkten wurzelt.

Die Aussage „genauso gut, aber billiger" macht dieses Konzept nicht transparent. Sie dient lediglich einem Vergleich mit der Konkurrenz und ist außerdem statisch. Der ganze Unterschied zwischen den beiden Produktfamilien liegt in den unterschiedlichen Konzepten. Weiß als Farbe der Reinheit vermittelt den Eindruck von Ausgeglichenheit und Optimismus. Mit Hilfe dieser Produkte versuchte die Marke befreiend zu wirken, d.h., den Verbraucher vom (wie Carrefour es nannte) „Joch" der Herstellermarken zu befreien. Man stellte also in der Kommunikation den echten Bedarf an bestimmten Artikeln den Bedürfnissen gegenüber, die durch die Werbung erst geweckt werden. Diese Methode tradiert humanistische Ideale, denn das Ziel ist die Aufwertung des Menschen. Man vermied es auch, das Sparen in den Vordergrund der Werbung für die „freien Produkte" zu stellen. Die Produkte galten als innovativ, und durch den

Kauf der Produkte konnte der Verbraucher seine Intelligenz unter Beweis stellen und dadurch seine Person aufwerten.

Facetten der Identität	freies Produkt	orangefarbiges Produkt
1. physische Beschaffenheit	genauso gut, billiger, weiß	genauso gut, billiger, orange
2. Charakter	heiter, optimistisch	veraltet
3. Bezug zum Verbraucher	Befreiung	Unterstützung
4. Kultur	humanistisch	pauperistisch
5. Zuordnung	innovativ	aufgezwungene Wahl
6. Vision	intelligenter sein	sparen

Abb. 6: *Vergleich der Identität von „freien Produkten" und „orangefarbigen Produkten"*

Wie anders sah dagegen die Markenidentität der orangefarbigen Produkte aus! Erstens ist die Farbe orange altmodisch (orange war die Farbe der in den 60er Jahren auf den Markt gekommenen Dampfbügler). Und dann hatten die Produkte auch noch ein soziales Image (der Niedrigpreis), das Züge von Pauperismus aufwies, da der Verbraucher die Produkte mit der „carte orange" (einer günstigen Wochen- oder Monatskarte für Metro-und Busbenutzung in Frankreich, Anm.d.Ü.) in Verbindung brachte. Die „orangefarbigen Produkte" hatten also eher das Image eines Hilfestellers als das eines Befreiers. Auch das Image der Zielgruppe war negativ, denn es wurde das Bild einer Person vermittelt, die um jeden Preis sparen muß und deshalb die Produkte kauft.

Im vorliegenden Fall wurde die Markenidentität dadurch zerstört, daß man sich weigerte, die Produkte als Markenartikel zu bezeichnen. Die „freien Produkte" von Carrefour folgten einer Logik, während die „orangefarbigen Produkte" nur Kopie waren. Die „befreiende" Identität der Produkte (bei Carrefour) war eine Art Legitimation für die Marktposition und steigerte den Produktwert für den Käufer. Die Idee der Marke wurzelte in den Attributen ihrer Produkte und in deren äußerem Erscheinungsbild. Der Ursprungswert war gleichzeitig Ursprung des Wertes. „Orangefarbige Produkte" waren Träger eines anderen Konzeptes, sie konnten den Verbraucher nicht begeistern.

Daraus läßt sich schließen, daß die Marke „freies Produkt" ihren Erfolg darauf aufgebaut hat, öffentlich eine Methode zu verurteilen, die sie dann selbst praktizierte. Mit der Erklärung, nur das Produkt und nicht die Marke zählt, ist es gelungen, eine Markenidentität aufzubauen.

Das Identitätsprisma erklärt auch viele andere Schwierigkeiten beim Aufbau einer Marke. Warum hatte das Produkt La Vache qui Rit eine negative Ausstrahlung? Zwei Identitätsfacetten erklären dies. Während die Kinder heutzutage immer unabhängiger werden und sich immer früher gegen die mütterliche Fürsorge auflehnen, hat die Marke eine Mutter-Kind-Beziehung aufgebaut, die von Dominanz und Abhängigkeit gekennzeichnet ist. Die Marke symbolisiert eine Ernährungsidee: Die Mutter, die ihr Kind mit Fett und Nahrhaftem versorgen will, was wichtig ist für das kindliche Wachstum, gibt dem Kind Produkte der Marke La Vache qui Rit. Dadurch entsteht der Eindruck eines gehorsamen, willigen, fügsamen Kindes. Für dieses Kind ist der Verzehr von La Vache qui Rit obligatorisch und natürlich auch vernünftig.

Es ist also nicht weiter verwunderlich, daß in einer Zeit, wo die Mutter-Kind-Beziehung sich ändert und das Kind seine Unabhängigkeit immer früher anstrebt, die Kraft dieser Marke schwächer wird. Der Protest gegen La Vache qui Rit symbolisiert sozusagen die Autonomiebestrebungen des Kindes gegenüber seiner Mutter. Und wirklich hat die Marke bei kleinen Kindern eine hohe Akzeptanz, während größere Kinder Produkte dieser Marke rundweg ablehnen.

Bei der Markendiagnose braucht die Produktqualität der Marke La Vache qui Rit nicht beanstandet zu werden, aber – wenn man Imagestudien glauben will – das Produktimage, und zwar wegen seiner Wirkung auf den Verbraucher. Das Problem ist auch nicht zu lösen, wenn man in der Werbung die Mutter durch den Vater ersetzt oder zeigt, wie aus dem Kind ein Pilot des Kampfflugzeuges F111 wird. Solche Oberflächlichkeiten können den Status der Marke nicht verändern. Der historische Irrtum der Markenmanager war, von 1978 an, Zuordnung mit Zielgruppe verwechselt zu haben. Man hätte die Marke regressiv gestalten sollen, damit sie für Kinder und Erwachsene akzeptabel gewesen wäre. Statt dessen hat man ihr einen rein kindlichen Touch gegeben. Außerdem hat die Marke der sozialen Entwicklung des Kindes in der Gesellschaft nicht Rechnung getragen und sich statt dessen auf ein Beziehungsmuster (Beziehung Mutter-Kind) gestützt, das rückläufig ist.

Dieses Problem ist nicht dadurch zu lösen, daß nun plötzlich eine neue Art der Beziehung zwischen Kindern und Erwachsenen dargestellt wird. Die Markenidentität ändert sich nicht wie durch ein Wunder, nur weil man die Facetten Bezug und Zuordnung austauscht, denn sie muß sich entwickeln können, und dazu sind auch die anderen Markenfacetten notwendig. Jede Identität hat negative und positive Elemente (Abb. 7). Zudem sind einige Aspekte kaschiert, während andere direkt ins Auge springen. Richtig ist es, die positiven Aspekte verstärkt herauszustellen und die negativen in den Hintergrund zu rücken.

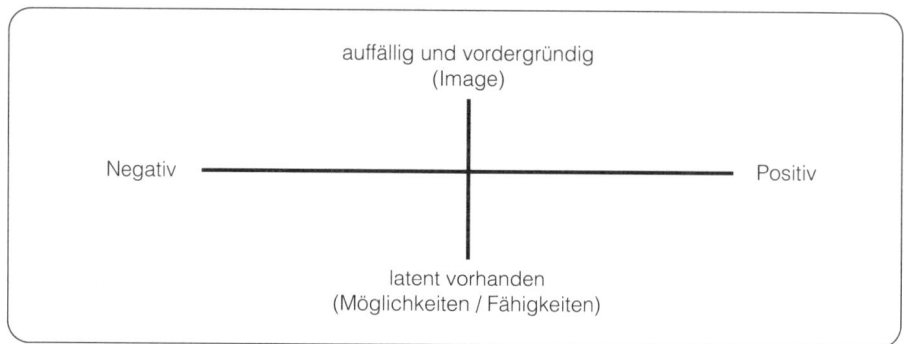

Abb. 7: *Dimensionen der Markenidentität*

Eine Möglichkeit zur Aufbesserung des Markenimages bietet die Tatsache, daß La Vache qui Rit eine der „ältesten" modernen Marken ist. Schachtel, Aluminiumverpackung und die frischen Farben sind modern. Ideologisch und kulturell wird hier recht erfolgreich versucht, sich von der naturalistischen Idee freizumachen, die unsere Ernährungsweise heute dominiert. Die Marke fügt sich kaum merklich in den Bereich Fast food ein (auch Erwachsene legen manchmal ein eher kindliches Verhalten an den Tag und gehen zu McDonald's, um mit den Fingern einen großen saftigen Hamburger zu essen). Auf diese Markenstrategie ist die Attraktivität von La Vache qui Rit zurückzuführen und auch die Komplizenschaft, die so zwischen Kindern und Erwachsenen entsteht.

Ein anderes wichtiges Beispiel: Warum verringert sich die Attraktivität der Marke Carambar bei Kindern, während die Marke Malabar ihr positives Image bewahren kann? Es war Carambar nicht gelungen, die positive Verbindung zum Verbraucher aufrechtzuerhalten, was Malabar geschafft hat, und dies ist auf die Geschichte der Marke zurückzuführen. Früher verboten die Eltern ihren Kindern den Verzehr von Süßigkeiten, und die Karamelbonbons von Carambar stellten eine Übertretungsmöglichkeit des elterlichen Verbotes dar (das Verbot wurde umgangen, indem man heimlich Dutzende Bonbons verzehrte). Nun sind aber die Kinder, die seit 1954 Carambar kauften, selbst Eltern geworden. Heute werden nur noch 30% Carambar von den Kindern gekauft, und 70% werden den Kindern von ihren Müttern gegeben, die sagen: „Das habe ich als Kind auch gerne gegessen." Das Produkt hat also seinen oppositionellen Charakter verloren und wird, wenn man nicht aufpaßt, seine gesamte Attraktivität für Kinder einbüßen. Den Kaugummis von Malabar hingegen haftet auch weiterhin das Revolutionäre an, denn auch heute akzeptieren die Eltern diese Ballons, die ihre Kinder aus den Super-Kaugummis machen, nicht!

60

Oft wird beim Aufbau einer Marke vergessen, daß zuerst eine physische Markensubstanz geschaffen werden muß. Auch wenn die Kommunikation der Marke ästhetisch oder sogar spektakulär gestaltet wird, fehlt eine konkrete Definition dessen, was hinter der Marke steht. 1989 verfügte die Marke Fleury Michon nach jahrelangem Sponsoring von Wassersportarten über einen hohen Bekanntheitsgrad und ein dynamisches und modernes Image, und die Öffentlichkeit assoziierte mit dem Markennamen die großen transatlantischen Regatten. Dieser Bekanntheitsgrad war jedoch völlig unnütz, da nicht ersichtlich war, welche Produkte er bezeichnete und mit welchen Markeneigenschaften er die Produkte ausstattete.

Es kommt vor, daß eine Marke Schwierigkeiten hat, sich Produkte zu assimilieren. Dieses Problem ist bekannt, aber nur schwer zu lösen. Technal z.B. ist die einzige Marke, die Aluminiumtüren und -fenster vertreibt. Das neue Konzept von Türen und Fenstern aus Aluminium hat sich aber noch nicht in den Köpfen der Verbraucher festgesetzt, es fehlt die Gedächtnisschublade für diese Information. Der Verbraucher assoziiert Handwerk mit Holz. Die Firma Technal stellt aber Aluminiumprofile her, mit denen man Veranden, Fenster, Türen, Balkone, aber auch Bibliotheken usw. ausstatten kann. So blieb dieser Markenpolitik keine andere Wahl, als nur mit einer begrenzten Anzahl von Produkten zu kommunizieren, obwohl jene nicht die ganze Produktpalette von Technal darstellten.

Die Identität von Unternehmensmarken des Handels

1988 hat die Marke Carrefour ihre Kommunikation verändert. Neu waren Konzept und Slogan „je positive". Wie bei jeder neuen Werbekampagne dieses großen Handelsunternehmens war die Frage: „Was will Carrefour diesmal sagen?"

In Wahrheit wurde gar nichts Neues gesagt. Nur wenige Unternehmensmarken des Handels haben eine so kohärente Identität wie Carrefour. Man verändert ab und zu die Kommunikation, um konkurrenzbedingten Erfordernissen gerecht zu werden. Die Identität von Carrefour stützt sich aber schon seit der Markeneinführung auf denselben Basiswert, Pfeiler der Marke, nämlich den Positivismus. Die Tatsache, daß dieses Thema im neuesten Werbeslogan ausdrücklich in den Vordergrund gestellt wird, darf nicht irreführen. Seit 1975, der Zeit der „freien Produkte", ist jede Werbung der Firma durch die Facette Markenkultur, also den Positivismus, gekennzeichnet.

Bereits 1975 wurden die sog. „freien" oder Flaggschiffprodukte eingeführt, die das Unternehmensideal, nämlich echte von falschen Bedürfnissen zu trennen, konkretisieren sollten. Diese Kampagne stellte die Realität des Produkts – der materiellen Markensubstanz – der suspekten Welt des Irrealen, wie Symbolen und Werbung, gegenüber. Das Identitätsprisma von Carrefour ist durch dieses rationale Ideal entscheidend geprägt. Der Charakter der Marke ist optimistisch und ausgeglichen, nicht aggressiv oder unbeständig. Die Firma bietet ihren Kunden eine erzieherische und beschützende Funktion an. „Je positive" drückt eine Geisteshaltung aus, der Verbraucher kann seine Intelligenz unter Beweis stellen, wenn er Carrefour-Produkte kauft.

Nicht nur die Marke Leclerc spricht vom Preis, auch Cora, Continent und Mammouth tun dies. Aber die drei letzteren Marken verfügen über eine zu schwache Identität, um diese Idee glaubhaft machen oder demonstrieren zu können. Die ganze Identität der Marke Leclerc liegt in den vier Worten „Wir kämpfen für Sie". Dieses Versprechen ist der Pfeiler der Markenidentität, eine fast politische Aussage. Es sollen Mauern eingerissen werden, die die soziale Freiheit einschränken (Verbände, Lobbys, Absprachen usw.). Der Slogan „die Partei des Preises" zeugt von der militanten Dimension der Preisdiskussion. Die Identität dieser Marke hat einen spontanen Charakter.

Auch die Marke Intermarché verfügt über eine starke Identität, was der Slogan „Les Mousquetaires de la Distribution" (dt. etwa: „Die Musketiere des Handels", Anm.d.Ü.) demonstrieren soll. Die Marke Leclerc kämpft, und Intermarché will den Verbraucher verteidigen. Auch in diesem Fall basiert die Identität auf einer Beziehung. Das politische Element fehlt und wird durch Motivation und Enthusiasmus ersetzt. Die Ähnlichkeit der Identitäten von Leclerc und Inter-marché ist kein Zufall, denn Intermarché wurde von früheren Leclerc-Mitar-beitern gegründet. Die Identität von Intermarché beeinflußt sogar die interne Organisation des Unternehmens. Jeder Geschäftsführer ist sein eigener Herr, aber im Kollektiven (einer für alle, alle für einen) setzt jeder sich dafür ein, beste Leistung und besten Preis garantieren zu können.

Die drei oben beschriebenen Identitäten sind stark und verfügen über eine psy-chologische Dichte. Meistens sind Unternehmensmarken des Handels nur äu-ßeres Erscheinungsbild (Euromarché, Nasa) oder Personifizierung (Atac, Lion, Mammouth). Sie bauen zwar ein Unternehmensimage auf, aber sie haben kein echtes Konzept, ihre Aussage ist flach. Lange hat man geglaubt, physische Markensubstanz und Persönlichkeit genügten für den Aufbau der Marke. Aber auch die Quelle der Unternehmensphilosophie und die Facette Bezug zum Verbraucher sind wichtig, besonders für Dienstleistungsunter-nehmen und Handel.

Bei den spezialisierten Supermärkten steht Darty mit FNAC in Konkurrenz. Diese Konkurrenz ist nicht rein wirtschaftlicher Natur, denn auch die Identität beider Marken ist völlig verschieden (Abb. 8). Die Marke Darty zieht ihren Affektionswert aus der offensichtlichen Verwirklichung französischer Ideale. Darty ist eine „republikanische Kette", deren (nicht schriftlich fixierte) Devise Freiheit, Gleichheit und Brüderlichkeit ist. Welches also ist die Aussage der Marke?

Die Firma Darty vermehrt ihre Absatzstellen, um für einen möglichst großen Verbraucherkreis erreichbar zu sein, und vermehrt ihre Marken, um eine möglichst große Auswahl anzubieten. Das Unternehmen versucht, möglichst günstig anzubieten. Beratung und Verkaufsgespräche sind auf ein Minimum reduziert, um den Verbraucher nicht mit aggressiver Verkaufspolitik zu verprellen, sobald er das Geschäft betritt. Damit will man dem Verbraucher weitestgehende Freiheit geben.

Außerdem propagiert Darty die Gleichheit der Produkte, die im Regal nebeneinander stehen und sich nur durch einen beschreibenden Aufdruck unterscheiden. In der Kommunikation wird ein betont kumpelhaftes Verhältnis zwischen Verkäufer und Käufer gezeigt, die Werbung ist einfach, ansprechend und humorvoll gestaltet. Darty lädt ein zur Verbrüderung und verspricht Befreiung vom Konsumzwang. Es ist also nicht verwunderlich, daß diese Marke in der öffentlichen Meinung eine starke Position hat. „Mr. Darty" ist ein echter Vater des Volkes, der all die traditionellen französischen Werte wie Gewitztheit, Arbeit, Familie und Heim verkörpert. Darty ist demokratisch, zeigt Volksnähe und demokratisiert deshalb die Marken.

Dagegen ähnelt FNAC vom Grundsatz her eher einer Sekte. Kurioserweise scheint Darty mit kapitalistischem und rein privatem Touch republikanischer und demokratischer zu sein als FNAC. Diese Marke betrachtet sich als allwissend, fast mit einer Freimaurerloge zu vergleichen, und hängt humanistischen Idealen an. Die Marke demokratisiert nicht, sie weiht ein (so ist auch die Produktanordnung in den Geschäften zu erklären, die einem Tempel oder einem geweihten Raum ähneln, sowie die Seminare und Veranstaltungen zur Weiterbildung der Mitarbeiter und die Firmenzeitung). FNAC will Kunst, Literatur, Wissenschaft und Technik in Einklang bringen und glorifiziert die Dinge, gibt ihnen eine kulturelle Dimension.

Wie jede Sekte hat FNAC ihre „Priester" (professionelle und spezialisierte Verkäufer). Diese versuchen, die Welt aufzuklären, Produkte, technische Spielereien und vermeintliche Innovationen zu entmystifizieren. Wie bei jeder elitären Sekte ist die Zuordnung natürlich viel enger als bei einer demokratischen Unternehmensmarke des Handels. Wie wir jedoch gesehen haben, ist Zuordnung nicht gleich Zielgruppe, sonderen deren Identifikationsmodell. Bei FNAC erwartet man vom Kunden nicht nur, daß er kauft, sondern daß er ein wahrer Fan der Marke wird.

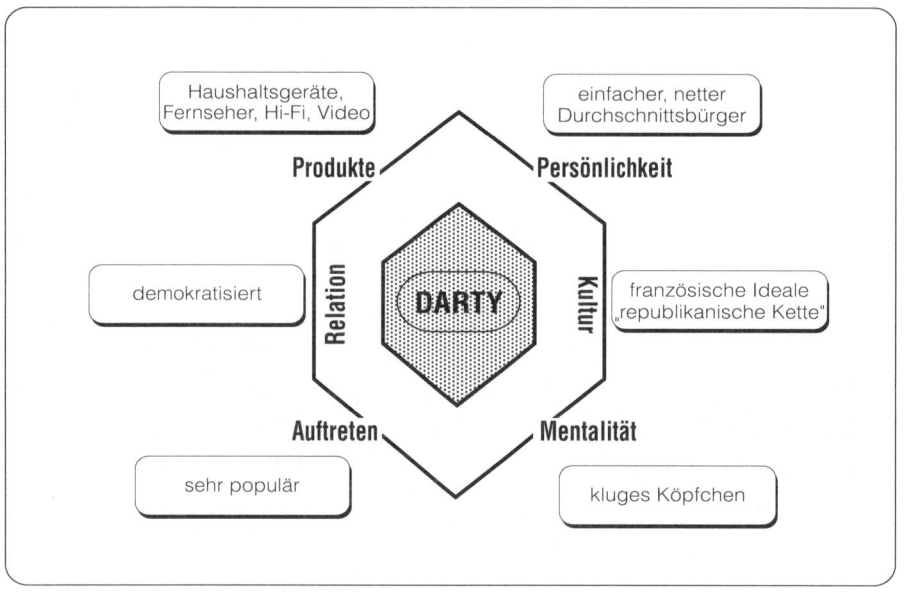

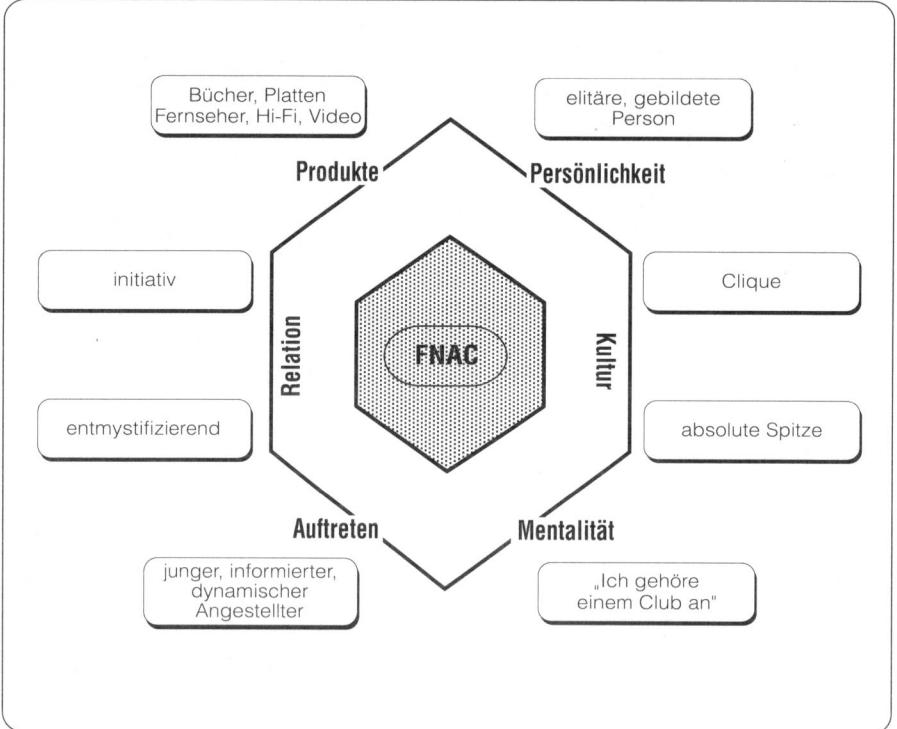

Abb. 8: *Vergleich der Identität der beiden Logos DARTY und FNAC*

Diese beiden Identitäten sind stark und kohärent. Es werden strategische Entscheidungen getroffen, ganz gleich, ob es sich um die Einrichtung der Geschäfte, die Wahl der Produkte, den Servicestandard, das Profil der Verkäufer oder den Kommunikationsstil handelt. Lange hat FNAC überhaupt nicht geworben, die Bekehrung mußte genügen. Die Identität erklärt auch den Eindruck von Beständigkeit, den diese Unternehmensmarken des Handels vermitteln (auch wenn sie sich ständig erneuern). Weit mehr als ein einfaches grafisches Firmenschild vermitteln Darty und FNAC (wie übrigens auch Casino, Carrefour, Leclerc, GO Sports, Décathlon) eine Idee: Es sind Unternehmen des Handels, die eine moralische und utopische Vorstellung vermitteln, was die wirtschaftlichen Ziele zusätzlich legitimiert.

Kapitel 3
Die Quellen der Markenidentität

Wie kann man die Identität einer Marke eindeutig definieren? Wie kann man ihre Konturen, Möglichkeiten und Grenzen erkennen? Jeder, der eine Marke führt, die schon lange existiert, weiß genau, daß die Marke im Lauf der Zeit autonom wird und einen eigenen Sinn bekommt. Wird eine Marke neu kreiert, dann sind noch alle Möglichkeiten offen, mit der Zeit verliert sie aber diese Freiheit und gewinnt dafür an Suggestivkraft. Die Markenfacetten werden deutlich und stecken ein Legitimationsgebiet ab. Tests demonstrieren diese Wandlung: Manche Produkt- oder Kommunikationskonzepte scheinen plötzlich markenfremd, andere wiederum stimmen augenscheinlich absolut mit der Markenidentität überein, als ob die Marke sie legitimiert und ihnen damit Suggestivkraft gibt.

Imagestudien liefern keine zufriedenstellende Antwort auf diese Fragen und noch weniger Verbraucherbefragungen. Der Verbraucher weiß darauf oft gar nichts zu sagen, oder er antwortet ausweichend und bezieht sich auf das äußere Erscheinungsbild der Marke, ihren aktuellen Status. Käufer von Citroën-Fahrzeugen sind in Dänemark oder Deutschland in der Minderheit, denn die Marke hat sich auf diesen Märkten noch nicht durchgesetzt, und das Vertriebsnetz ist erst im Entstehen. Für einen dänischen oder deutschen Citroënfahrer ist die Marke in erster Linie ein Symbol für Exklusivität und erst in zweiter Linie eine ausländische Marke. Befragt man sie zu ihren Erwartungen an die Marke, nennen sie vor allem den exklusiven Touch, der der Marke Citroën anhaftet und der die Fahrer solcher Autos von anderen abhebt. Natürlich grenzt eine solche Erwartung an die Marke ihren Marktanteil stark ein.

Oft werden Verbraucher und potentielle Käufer befragt, welche Attribute ihre Idealmarke haben sollte, um ihren Beifall zu finden. Hier werden zum einen Verbrauchererwartungen pauschalisiert, und andererseits produziert diese Betrachtungsweise lediglich ein durchschnittliches Idealbild des Markenprofils. Im Bankensektor wird von einer Marke normalerweise erwartet, daß die Mitarbeiter Erfahrung haben und zuhören können, daß sie disponibel und kompetent sind und über Know-how verfügen. Diese Erwartungen sind ideal, aber oft unvereinbar mit der Wirklichkeit. Wenn die Bank nun allzu nachdrücklich versucht, diesen Erwartungen gerecht zu werden, kann das einen Identitätsverlust zur Folge haben. Da sie um jeden Preis der Idealmarke des Verbrauchers (oder des Industrie-Einkäufers) ähneln wollen, verwischen die Marken ihre Unterschiede immer mehr, was der Markenidentität natürlich schadet. Aus der Banque Populaire sollte eine erstklassige Bank gemacht werden und aus Paribas eine offene, demokratische Bank.

Der Irrtum besteht darin, daß nur das Idealbild des Marktes berücksichtigt wird, obwohl jede Marke ihrem **eigenen** Ideal folgen sollte. Das Ideal der Banque Populaire kann und darf nicht dasselbe sein wie das von Paribas oder BNP. Die Marke drückt ihr Zeichen auf und muß ihren Werten treu bleiben und sie fördern. Natürlich darf man dabei die Markterfordernisse nicht aus den Augen verlieren, denn wer möchte schon das Schicksal von Van Gogh teilen, der zu Lebzeiten unbekannt blieb und dessen Werke erst nach seinem Tod schier unbezahlbar wurden. Da augenblicklich Methoden der Markenführung dominieren, wo der Verbraucher tonangebend ist, muß man nun verstärkt Wert auf die Eigenständigkeit der Marke und ihrer Identität legen und weniger auf ihre Akzeptanz durch den Verbraucher.

Die Untersuchung der Identität, der Besonderheiten und der Werte einer Marke führt ganz natürlich zum Verständnis der Marke. Eine Marke ist ein Plan, eine Art genetisches Programm. Dieses Programm ist selten schriftlich fixiert (nur bei Marken, die über ein Marken-Chart verfügen). Man muß also aus den Produkten und Symbolen der Marke dieses Konzept herauslesen. Die Identitätsquellen sind die besten Indizien für ein umfassendes Markenverständnis. Außerdem besteht die Möglichkeit, Produkte oder Dienstleistungen aus der Marke, den Markennamen, eine eventuell vorhandene Markenpersönlichkeit, das Logo, das Herkunftsland, die Kommunikation und die Packung zu analysieren. Eine Semiotik des Markenauftritts sollte die ursprüngliche Absicht offenlegen, die hinter den Produkten und Symbolen steckt. Auch in der Unternehmenspolitik kann man das Markenkonzept erkennen. Selbst Markenschöpfer (C. Lacroix, Y. Saint Laurent, J. F. Ferré oder J. Bousquet usw.) kennen das Konzept ihrer Marken nicht, sie können es nur selten erklären. Ohne zu zögern können sie jedoch angeben, was die Marke nicht sein soll. Kurioserweise entsteht eine Marke erst dann richtig, wenn ihr Schöpfer verschwunden ist, denn dann wird sie zum selbständigen Konzept.

Geht man nach dieser induktiven Methode vor, dann können sich auch verschiedene Markenkonzepte herauskristallisieren. Die Geschichte einer Marke spiegelt Entscheidungen von Markenmanagern wider, die nicht unbedingt Kontinuität aufweisen. Anstatt verschiedene Konzepte zu vereinheitlichen,

68

was unmöglich ist, sollte die Markenführung vielmehr eines davon herausstellen. Das muß natürlich ein Konzept sein, das die Marke am wirkungsvollsten in ihrem Markt präsentiert. Eine schwache Marke hat kein zusammenhängendes Konzept, sie ist lediglich Produktname ohne Suggestivkraft. In diesem Stadium ist wieder alles möglich, vergleichbar mit der Einführungsphase einer Marke, auch dann, wenn die Marke bereits bekannt ist.

Die Produkte einer Marke

Das Produkt ist die wichtigste Identitätsquelle der Marke. Durch die Auswahl von Produkten oder Dienstleistungen zeigt die Marke ihr Konzept und ihre Einzigartigkeit. Eine echte Marke gibt sich nicht damit zufrieden, einfacher Produktname zu sein, der am Ende des Produktions- und Vertriebsprozesses steht, also eine rein grafische Lösung. Statt dessen inspiriert sie den Produktionsprozeß und stattet Produkte und Dienstleistungen mit ihren Werten aus, die sie bis zum Ort des Verkaufs begleiten. Die Markenwerte müssen also in den repräsentativsten Produkten der Marke wiederzufinden sein. Obwohl die Werbung dies glaubhaft machen will, ist die Marke nicht einfach zusätzlicher Kaufimpuls. Die Markenwerte haben nur Sinn, wenn sie in den Produkten zu finden sind. Ausstrahlung und Wirklichkeit müssen zusammenhängen, sich gegenseitig inspirieren und konkretisieren.

Das Grundprinzip der Marke Benetton ist die farbliche Gestaltung. Sie ist kein Werbethema, sondern imaginärer und industrieller Basiswert der Marke. Benetton hat den Wettbewerbsvorteil dadurch erreicht, daß die Marke rechtzeitig auf Modetrends reagiert und die entsprechenden Farben einsetzt. In der Theorie ist dieses Konzept recht einleuchtend, schwieriger ist es, dieses auch zu realisieren. Anders als Konkurrenzmarken färbt Benetton die Pullover erst nach deren Fertigstellung und gewinnt dadurch Zeit. Modetrends, die sich erst im letzten Moment herauskristallisieren, können auf diese Weise noch berücksichtigt werden. Wenn die Sommerfarbe z.B. Fuchsia sein wird, kann Benetton seinen Artikel noch rechtzeitig in dieser Farbe auf den Markt bringen. Aber die Farbe, eine fundamentale Facette, auf der die Markenidentität aufbaut, ist kein rein äußerliches Problem. Die Farbe bringt auch die anderen Facetten des Identitätsprismas ins Spiel, vor allem die Facette Kultur, die aus manchen Marken fast eine Religion macht.

Die Farbe dient keineswegs nur der Positionierung der Marke, sondern macht Ideologie, Wertesystem und Markenkultur transparent. Mit dem Slogan „United Colors of Benetton" und dem Bild eines weißen Kindes neben einem schwarzen drückt die Marke ihre Idee und idealistische Vision einer Welt aus, wo alle Farben in Eintracht zusammenleben. Die Farbe wird zum verbindenden Symbol. Jugendliche folgen dieser Vision und zeigen dies im Tragen der Benetton-Farben. Die Farbe ist der Markenwert, sie inspiriert Produkte, Fabrikationssystem, Werbung und auch die Benetton-Geschäfte. Auch wenn andere Benetton kopieren, so können sie doch nur die äußere Darstellung nachahmen, nicht die Bedeutung des Markennamens.

Orangina ist eine Marke, die Identität, Tiefe und psychologische Überzeugungskraft sucht. Jahrelang war Orangina nur ein kohlensäurehaltiger Soft Drink mit Orangengeschmack. Was Marke und Produkt aber auszeichnet, ist das Fruchtfleisch, das im Getränk enthalten ist. Die Flasche in Form einer Orange übersetzte das Markenkonzept. In der Fernsehwerbung wurde betont, daß man die Flasche zuerst gut schütteln muß, damit sich das Fruchtfleisch verteilt. Dann wurden in Werbespots Personen eingefügt, um sie den modernen und bei der Jugend beliebten Clips anzupassen. Die letzte Stufe, die zum eigentlichen Markeninhalt führte, war die Umkehrung der Beziehung Marke – Produkt. Bis dahin war Orangina nur Produktname für einen fruchtfleischhaltigen Orangensaft gewesen, und der neue Werbespot änderte daran nichts. Eigentlich hätte man sich aber fragen müssen, welche Werte ein solches Produkt projizieren kann. Gegen eine Marke wie Coca-Cola anzutreten (die bei 13- bis 18jährigen sehr beliebt ist) kann nicht erfolgreich sein, wenn nur die beiden Markenfacetten physische Substanz und Persönlichkeit verändert werden. Coca-Cola ist eine amerikanische Kultmarke. Um dagegen anzugehen, braucht die Marke eine eigene Inspirationsquelle und muß sich auf die Werte stützen, die im Produkt wurzeln. Die Analyse wird von einem der Grundprinzipien des Markenmanagements geleitet: Die Markenidentität liegt in der Marke selbst. Das heißt, daß das Verbraucherverhalten oder soziokulturelle Trends (die vorübergehen) die Markenidentität nicht aufdecken können.

Analysiert man die ursprünglichen Werte der Marke Orangina, dann findet man Spontanität, Humor und Sympathie. Das Produkt Orangina ist ein gesundes, natürliches Getränk, eine Mischung aus Fruchtfleisch und Wasser. Es steht symbolisch für Sonne, Leben, Wärme, Dynamik. Unterschwellig und verdeckt spürt man ein bestimmendes Element heraus, das Modell des Südens. Das Wort „Modell" erinnert daran, daß die Marke immer aus einer bestimmten Kultur heraus entsteht, also aus einem Wertesystem. Heute ist die Alternative zum Wertesystem der USA die Ideologie und imaginäre Welt des Südens, denn damit verbindet man ein anderes Weltbild und einen anderen Lebensstil.

Die Marke Brut de Pomme hat das Problem, gleich doppelt von der Frucht Apfel abzuhängen. Zum einen besteht das Produkt aus Äpfeln, und dann drückt der Name dies auch aus. Die Identität eines Gattungsproduktes unterscheidet sich aber grundlegend von dem der Marke. Da die Markenidentität von der Frucht abhängt, kann die Marke die Produktkategorie nicht umformen, obwohl eine echte Marke das tun muß. Dazu kommt noch, daß der Apfel noch nicht einmal ein positives Image hat. Da Mittel und auch Konkurrenten fehlen, kann die Marke den Apfel nicht positiv darstellen, und das schwächt sie.

Das Lacoste-Hemd macht nur 30% des weltweiten Umsatzes von Lacoste aus, ist aber dennoch ein Spitzenprodukt, denn es ist Träger der Markenwerte. Die Idee stammt aus der Zeit, als man noch in langen Hosen und aufgekrempelten Hemdsärmeln Tennis spielte. René Lacoste bat seinen Freund André Gilliet, ihm ein sog. „falsches Hemd" zu machen. Es sollte zwar äußerlich wie ein Hemd aussehen (um die Gefühle der englischen Königin in Wimbledon nicht zu verletzen), aber praktischer sein, luftiger (daher die Netzoptik), solide und mit der richtigen Ärmellänge. Von Anfang an und eigentlich zufällig hatte das Hemd von René Lacoste ein individuelles, fast aristokratisches Image, da Mut und Eleganz aus dem Oberhaus kamen. Lacoste ist immer repräsentativ und respektiert soziale Regeln (die nicht überschritten werden, auch wenn man sie nicht buchstabengetreu befolgt). Kleidung von Lacoste ist immer tragbar, da sie nicht der Mode unterworfen ist.

Alle großen Marken verfügen über ein solches Spitzenprodukt, den Sinnträger der Marke. Chanel hat seine Kette, Chaumet seine Perlen, Van Cleef ein Patent, um Steine unsichtbar aneinanderzureihen. Es handelt sich hier keinesfalls um einfache Attribute, sondern um die Realisierung und damit Stützung der Markenwerte. Dagegen verfügt die Marke Dupont nur über wenig Werte, obwohl sie ausgezeichnete Feuerzeuge herstellt. Hinter der Marke ist aber kein Konzept zu erkennen. Im Bereich Konfektionskleidung ist die 501 das Spitzenprodukt von Levi's und macht die Ideologie der Marke transparent, d.h., es soll mit sozialen Konventionen gebrochen werden. Nicht die Jeans schlechthin wird mit dem Lacoste-Hemd am häufigsten getragen, sondern diese Marken-Jeans. Marken wie Newman können ein solches Spitzenprodukt nicht aufweisen, ihnen fehlen Markenexklusivität und Indentitätssymbol.

Die Marke Citroën hat nur einige repräsentative Produkte in ihrem Portfolio. Das kreative Genie der Marke zeigt sich ganz deutlich beim DS, dem „mythischen" SM, dann beim CX und beim neuesten XM. AMI 6, Visa und BX waren zwar gute Autos, tradierten aber eine andere Produktaussage und Inspirationsquelle. Der 2CV, an den sich viele ein Andenken aus ihrer Jugend bewahrt und deshalb heute eine feste Vorstellung von der Marke haben, zeigte die Fähigkeit der Marke, Probleme ingenieursmäßig zu lösen, d.h. auf abstrakte, mathematisch korrekte Art und Weise; für die Ästhetik war dies aber problematisch. Diese Fähigkeit, sich von der Nachfrage (nach Schönheit und besonderer

Gestaltung der Karosserie) zu lösen, um sich ganz auf die zweckmäßige Nutzbarkeit des Fahrzeugs zu konzentrieren (2CV), ist eine der Facetten der Marke Citroën und Teil ihrer Identität. Die Marke richtig zu verwalten heißt in diesem Fall auch, nicht allzuoft ein solches Experiment zu machen. Die Markenidentität kann von außen nur geringfügig beeinflußt werden.

Die Suggestivkraft des Markennamens

Häufig ist der Markenname Träger von Aussagen und Ideen der Marke, denn man hat den Namen ja genau dazu ausgewählt, daß er bestimmte objektive und subjektive Kriterien der Marke aufzeigt. Aber unter den Markennamen, die den Legitimitätsbereich der Marke eingrenzen und angeben sollen, gibt es auch solche, die subjektiv ausgesucht werden, augenscheinlich ohne einen bestimmten Grund. Warum entschieden sich Steve Jobs und Steve Wozniak für Apple als Markenname? Dieser Name ging nicht aus einer Kreativitätsstudie oder einem Softwareprogramm hervor. Den beiden Schöpfern schien der Name einfach evident richtig zu sein und geeignet als Träger der Markenwerte (nämlich eine Revolution in der Informatik durchzuführen).

Nun stellt sich aber die Frage, warum die beiden Gründer der Marke nicht einen Namen wählten, der zu dieser Zeit beliebt war, wie International Computers, Micro Computers Corporation oder sogar Iris. Sicher hätten sich die meisten Unternehmer für einen solchen Namen entschieden. Durch die Entscheidung, ihre Marke „Apfel" (Apple) zu nennen, signalisierten Jobs und Wozniak den Nonkonformismus der neuen Marke. Die Marke sollte ein saloppes Image bekommen, und deshalb entschied man sich für einen Namen wie Apple (und das visuelle Symbol eines angebissenen Apfels). Dadurch wurde auch deutlich, was die Marke wollte, nämlich die Informatik von ihrem Podest herunterholen. Apple ebnete der Umkehrung der Beziehung Mensch – Maschine den Weg. Die Maschine sollte vom Symbol der Ehrfurcht und der Angst zum Symbol des Vergnügens werden. Schon der Markenname trug in sich den Samen zur Schaffung einer neuen Norm, was erst später offensichtlich wurde. Was für Apple gilt, muß nicht auch für Apricot der richtige Weg sein. Denn in diesem zweiten Fall handelt es sich nur um die Imitation einer bewährten Methode, und es fehlen die entscheidenden Werte.

Der Name ist auch eine der **stärksten Identitätsquellen**. Soll die Identität einer Marke analysiert werden, dann muß man den Namen untersuchen, um zu wissen, welche Kriterien die Namenswahl beeinflußt haben. Auf diese Weise stößt man auch auf das Konzept und Programm der Marke. Nomen est omen, sagt das Sprichwort, der Name ist ein Zeichen. Die Analyse des Markennamens führt zur Definition dieses Zeichens, d.h., Programm, Legitimitätsfeld, Know-how und Kompetenzbereich der Marke werden transparent. Der Name „Präsident" soll weder eine bestimmte Region noch ein bestimmtes Gebiet bezeichnen, sondern eine Ambition: Nur der Beste verdient einen solchen Namen. Die Product Range von Président enthält bis heute keinen Emmentaler. Solange es dem Unternehmen Besnier nicht gelingt, einen außergewöhnlichen Emmentaler herzustellen, wird der Name Président nicht für ein solches Produkt verwandt. Wie wir wissen, ist eine Marke ein Vertrag. Die Firma muß garantieren, daß die Attribute und Werte der Marke beständig sind.

Viele Markenmanager geben sich die größte Mühe, ihre Marken mit Attributen auszustatten, die der Markenname gar nicht ausdrückt. Die Marke Abeille versuchte vergebens, auf dem Markt für Staubsauger Fuß zu fassen. Mit einem Staubsauger assoziiert der Verbraucher ein Gerät, das schnelle, gut gemachte Arbeit ermöglicht. Abeille, als Hersteller von Bohnerwachs, drückt aber das Gegenteil aus, nämlich Mühe und Plage. Die Marke Pronuptia assoziiert eine „heilige" Zeremonie (Hochzeit), und das läßt sich schlecht vereinbaren mit ganz normalen oder sogar profanen Festivitäten.

Viele Marken kommunizieren, ohne den Markennamen zu berücksichtigen. Die Versuchung, den eigenen Namen abzulehnen, kommt von der überstürzten Interpretation des Prinzips der Markenautonomie. Und wirklich lehrt die Erfahrung, daß die Marke im Laufe der Zeit eine eigene Autonomie bekommt, das Markenkonzept verändert und den Worten einen anderen Inhalt gibt. Wenn man also von Rossignol-Skiern spricht, denkt kein Mensch an die Nachtigall (oder den Dietrich). Dasselbe gilt für die Marke Bosch. Mercedes ist ein spanischer Vorname, die Marke hat daraus einen symbolischen deutschen Namen gemacht. Diese Fähigkeit ist nicht allein der Marke vorbehalten, sondern sie ist charakteristisch für Eigennamen überhaupt. So denkt niemand an etwas Böses, wenn er den Namen Sean Connery hört. Kein Mensch assoziiert den Wald mit dem Namen Dubois. Starke Namen beeinflussen die Worte und verändern ihren Sinn.

Diese Phase gehört immer zur Einprägung eines Markennamens, aber sie dauert je nach Schwierigkeitsgrad der Aufgabe verschieden lang. Casino erinnert nicht mehr an ein Spielkasino, sondern an Super- oder Hypermärkte. Omo beinhaltet die Assoziation Waschmittel und nicht das „Homonym". Mit Recht muß man sich allerdings fragen, ob es jemals möglich ist, sich bei Banque Populaire oder Crédit Mutuel vom Wortsinn zu lösen. Der Kompetenzbereich dieser beiden Marken ist in den Namen fixiert. Niemand erwartet von diesen Marken, daß sie der BNP oder Société Générale ähneln, denn ihr Programm ist ein anderes. Ihre Namen stehen für Offenheit, Zuhören, Partnerschaft und ein echtes

Interesse am Kunden. Anstatt dagegen anzukämpfen, ist es klüger, die impliziten Assoziationen dieser Namen auszunutzen und die Werte weiterzuentwickeln, zu deren Realisierung diese Banken gegründet wurden. Crédit Mutuel nennt sich auch gar nicht Bank wie die anderen, sondern Kredit, und das Attribut „mutuel" (gegenseitig) verpflichtet das Institut, das Beste zum Wohl der Kunden zu tun.

Markenname und -identität müssen gesteuert werden. Manche Namen sind doppeldeutig. In diesem Fall muß die Kommunikation einen davon herausstellen und den anderen in den Hintergrund drängen. Das visuelle Symbol der englischen Marke Shell weckt die Assoziation an eine Muschel und nicht an den zweiten Wortsinn (Geschoß, explosiv!). Auch in der Kommunikation der Zeitarbeit-Firma Ecco wurde die Bedeutung des Wortes „économie" (Sparen) nicht benutzt. Statt dessen versorgt der Name Ecco die Firma mit einer guten Wettbewerbsposition, die auf erstklassiger Leistung beruht. Geschickt wird in der Werbung das Prinzip des Double eingesetzt, d.h., eine Idee ersetzt die andere und umgekehrt.

Eine der potentiellen Schwächen der Marke Roquefort Société liegt im Markennamen. Kurioserweise hat die Marke trotzdem Erfolg gehabt, sie hält 56% des Marktanteils (nach Meinung der Verbraucher ist dieses Produkt das beste seiner Art). Der Erfolg von Roquefort ist auf den Mythos zurückzuführen, daß es sich um ein reines Naturprodukt handelt. Auch wenn dieses Produkt nicht so gut ist, profitiert doch auch die Marke Papillon von einem Namen, der die Assoziation zu Natur und Reinheit weckt. „Société" dagegen assoziiert solche Werte nicht, der Name bezeichnet vielmehr eine Gesellschaft oder Organisation und wird dem Idealbild des Produktes deshalb nicht gerecht. Ein solcher Name macht es den Konkurrenten leicht, das Gerücht in die Welt zu setzen, daß die Marke Société ihren Roquefort heute gar nicht mehr traditionell herstellt. Die Rolle der Kommunikation ist in diesem Falle, andere mögliche Assoziationen des Namens Société in den Vordergrund zu stellen. Man könnte sich dabei auf eine verschwiegene Gemeinschaft, d.h. eine kleine Gruppe von Kennern, beziehen oder auf die originelle Bezeichnung „Société des Caves", eine Gesellschaft, die 1842 gegründet wurde, usw.

Auch ohne den Namen völlig zu verändern, kann das Programm der Marke durch eine Namensänderung weiterentwickelt werden. Der Markenname Nova (Frischprodukt) assoziiert Kälte und Sachlichkeit. Deshalb hat man 1982 den Namen in Mamie Nova abgeändert, was die Idee der Marke völlig veränderte. So wurde auch die altmodische Marke Motobécane modern und technologisch dadurch, daß man den Namen in MBK abkürzte. Crédit Agricole hieß nicht immer so, der ursprüngliche Name war Crédit Agricole Mutuel. Um die Marke in der Finanzwelt auszubauen und erfolgversprechend zu gestalten, ließ man das Attribut mutuel (das zu sehr an Werte erinnert, die dem Geld eine negative Konnotation geben) weg. „Agricole" (Landwirtschaft) konnte in der Kommunikation dazu verwendet werden, der Bank einen bodenständigen Touch zu geben, um den prinzipiellen Pluspunkt der Marke auszunutzen und noch zu steigern.

Soweit dies möglich ist, sollten Markenkonzept und -identität immer berücksichtigt werden. Der Name Nasa assoziiert High-Tech, was in der Elektronikbranche wichtiger ist als bei Waschmaschinen und Kochfeldern. Gegenüber Castorama und Leroy Merlin werden die Möglichkeiten von Obi schon im Namen transparent. Dieses Unternehmen, das man für den Heimwerker mit schmalem Geldbeutel geschaffen hat, tut alles, um die in seinem Namen eingeschlossenen Möglichkeiten auszunutzen, anstatt sich in vagen Versprechungen zu verlieren („Heimwerken wie ein Profi" oder „Die Kunst des Selbermachens"). Die Analyse des Namens Obi zeigt drei unterschwellig vorhandene **Assoziationsmöglichkeiten**:

- M-obi-l (assoziiert Kriterien wie Biegsamkeit, Dynamik, Flexibilität)

- M-obi-lisieren (assoziiert gemeinsames Vorgehen, zusammen mit dem Verbraucher)

- Hobby (assoziiert Enthusiasmus, Jugend, Geborgenheit, Passion und Erfahrung).

Die Identität der Marke Obi liegt in diesem Konzept, nicht in der Kunst oder in der Perfektion.

Leitbilder und Marke

In vielen Fällen werden Marken von Personen dargestellt. Das kann entweder der Gründer der Marke (Professor Tournesol bei Fruidor, George Killian bei Bière Rousse) oder eine Kunstfigur sein (Germaine bei Lustucru oder Mère Denise bei Vedette). Andere sind Symbol der Marke und ihrer Qualitäten (der Bär von Cajoline, Meister Proper, das Michelin-Männchen, Gringo von Jacques Vabre). Wieder andere Markensymbole stellen eine Verbindung her zwischen Marke und Verbraucher, als affektives oder beschreibendes Bindeglied (der Bär Prosper, der kleine Pépito, der Frosch Smacks, der kleine Hirte von Andros, Patrick Sébastien von Justin Bridou).

Diese Personen oder Symbolfiguren sagen viel über die Markenidentität aus. Man hat sie markengerecht ausgewählt, d.h., im Ethymologischen übersetzen sie den Markencharakter. Die Symbole oder Personen sind nicht selbst die Marke, wie ja auch Brigitte Bardot oder Cathèrine Deneuve nicht die französische Republik sind (sie weisen nur typisch französische Züge auf).

Waren Person oder Symbolfigur lange an die Marke gebunden, dann werden sie zum integrierten Teil der Marke. Kinder essen keinen portionierten Schmelzkäse, sondern nur La Vache qui Rit. Sie lieben Lebkuchen, aber nur wenn er von Prosper ist. Person und Symbolfigur sagen viel über den Markencharakter und die Beziehung Marke – Verbraucher aus. Der Bär Prosper ist unbeholfen und tolerant, er ähnelt dem beliebten Onkel, mit dem man Entdeckungen macht und Spaß hat. Der kleine Pépito ist Identifikationsmodell, d.h., er verhilft dazu, Erfahrungen zu machen.

Unternehmensmarken des Handels setzen in großem Umfang Personen oder Symbole ein, allerdings mit mehr oder minder großem Erfolg. Einige dieser Gestalten drücken die Markenidentität gut aus, andere hingegen begrenzen oder verdecken sie. So assoziiert Mammouth enorme Größe und die Fähigkeit, Preise zu „zertreten" (also sie herabzusetzen), zwei Faktoren, die in jedem Supermarkt wichtig sind. Zur Zeit als die großen Supermärkte entstanden, war diese Aussage sicherlich nützlich, aber der Name Mammouth verhindert, daß die Marke sich den heutigen Markterfordernissen anpassen kann. Deshalb hat das Unternehmen den Namen unauffällig reduziert und ihn im wahrsten Sinn des Wortes auf Eis gelegt. Das Tier existiert noch in der Maske des Unternehmens, ist aber nicht mehr Wortführer der Supermarktkette. Dagegen ist der Biber der perfekte Archetypus des Firmengründers, ein Tier, das sich zu helfen weiß, geschickt und sympathisch ist. Anders als die Marke Brico-Jardin, deren Name nichts Spezifisches vermittelt, hat Castorama im Biber eine sehr starke Identitätsquelle gefunden. Als die Gruppe Intermarché feststellte, daß der Markenname völlig inhaltslos war und nur eine ganz allgemeine Aussage machte (Supermarkt), hat das Unternehmen sich entschlossen, die Musketiere als Symbolfiguren der Marke einzusetzen. Manch einer sieht darin einen kreativen und grafischen Trick. Er täuscht sich, denn die Figuren der Musketiere und der Slogan „Les Mousquetaires de la Distribution" (dt: die Musketiere des Handels, Anm.d.Ü.) transportieren die Markenidentität von Intermarché hervorragend. Wir haben gesehen (Seite 62), daß der Musketier einerseits der interne Spiegel der Mitarbeiter von Intermarché ist und andererseits eine Beziehung zum Verbraucher herstellt. Außerdem wurzelt die Gestalt des Musketiers in den idealisierten Tugenden Frankreichs und macht aus dem Konzern eine einheitliche Gruppe.

Visuelle Symbole und Markentypen

Wer kennt nicht den Mercedesstern, den Rhombus von Renault, die übereinandergestellten Winkel von Citroën, das Nest von Nestlé, die kleine Blume von Yoplait, das +X der Banques Populaires oder den Baum von Bull? Diese Symbole machen Inhalt und Kultur ihrer Marken transparent. Sie werden übrigens folgendermaßen ausgesucht: Man greift auf Produktbeschreibungen zurück, die dazu dienen, Designer und Grafiker anzuleiten. Sie übersetzen im wesentlichen den Charakter und die Werte der Marke.

Bei diesen Symbolen und Logos ist es wichtig, daß die Marke sich in ihnen wiederfindet. Ein neues Logo signalisiert immer eine Veränderung im Unternehmen oder in der Marke, d.h., die alten Symbole können das neue Konzept nicht herüberbringen. Andererseits benutzen aber auch Marken, die sich verjüngen und ihre Identität wiederfinden wollen, das Markensymbol und hoffen, Energie und Kraft aus ihm zu schöpfen. Peugeot tat dies mit der Symbolfigur des Löwen: Der Konstrukteur zeigt seine Krallen. Damit wollte man auf das neue Firmenkonzept aufmerksam machen.

Aus der Unterschrift kann man den Charakter des Unterzeichneten herauslesen, und genauso ermöglichen diese Signaturen den Zugang zum Wesen der Marke, zu ihrem Konzept. Nicht von ungefähr wurde der Name Banques Populaires in Banque Populaire abgeändert. Selbst wenn das Symbol der Marke, nämlich +X, in der Werbung nicht auftaucht, so sagt es doch viel über die dahinterstehende Philosophie aus: mehr und besser. Trotz ihres Namens sieht sich die Banque Populaire nicht als populistisch. Man will vielmehr unternehmerische Begabung fördern, ohne Unterscheidung in Geschlecht, Rasse, Alter oder soziale Gruppen. Sie ist die Bank der Jungunternehmer, die noch Unterstützung brauchen. Der Sektor für Angestellte und Unternehmen wird von einer anderen Marke, der BRED abgedeckt. Hier liegen das Konzept und die Markenidentität der Banque Populaire; die Idee ist, die eigene Energie und Kraft auf den Kunden zu übertragen. Leider reaktivierte die visuelle Darstellung dieses Konzeptes – die aufgekrempelten Ärmel – die latent vorhandene Assoziation zum Arbeiter, die schon im Namen liegt. Die nachfolgenden Kampagnen transportieren dieselbe Markenidentität, und zwar in dem Slogan „J'avance" (dt. etwa: „Ich stehe auf Fortschritt", Anm.d.Ü.).

Geografische und historische Wurzeln

Die Identität der Fluggesellschaft Swissair ist untrennbar mit der Schweiz verbunden. Dasselbe gilt für Air France oder Barclay's Bank. Chrysler ist die Automarke der Neuen Welt, der USA. Manche Marken verkörpern die Identität des

Herkunftslandes, andere sind international (Ford, Opel, Mars, Nuts). Wieder andere tun alles, um ihre nationale Identität zu verdrängen: Canon bezieht sich niemals auf Japan, und Technics gibt sich eine englische Identität, obwohl das Gründungsunternehmen japanisch ist. Hollywood Chewing-Gum gibt sich ein amerikanisches Image, ist aber eine in Frankreich eingetragene Marke.

Einige Marken schöpfen aus ihren **geografischen Wurzeln** Identität und Konzept, die Entscheidung dazu steht jeder Marke frei. Inwiefern kann die Marke Salora (von Nokia), eine Marke für Fernsehgeräte, von ihrem Herkunftsland Finnland profitieren? Mit Finnland wird Kompetenz und Präzision in der Produktion assoziiert. Finnland ist das Land „am Ende der Welt", weit weg, kalt, nüchtern, wo die Sonne kaum aufgeht – zwischen sol-à-raz (frz. Übersetzung von „kaum aufgehender Sonne", Anm.d.Ü.) und Salora besteht nur ein kleiner phonetischer Unterschied. Dieser spontane Eindruck ermöglicht den Aufbau einer futuristischen Marke der Technologie, und der Verbraucher assoziiert mit der Marke Sternlaufbahnen, Telekommunikation, Satelliten, aber auch klare Formen im Design. Können die Produkte dieses Markenversprechen halten, dann liegt hier eine starke Markenkraft, denn die Marke verfügt über Identität und Aussage. Wenn dagegen die Produkte durchschnittlich sind, wird dieser Markenvertrag gebrochen, und die Marke verliert ihre Kraft.

Die Marke kann ihre Kraft auch aus Werten schöpfen, die in ihren **regionalen Wurzeln** liegen. Apple bedient sich kalifornischer Werte wie Fortschritt und Innovation, und das im technischen wie im sozialen Bereich. Diese kalifornische Marke weist latente Ansätze einer „kulturellen Alternative" auf, was nicht für alle Marken, die aus dem Silicon Valley stammen, (z.B. Atari) zutrifft. IBM verkörpert Ordnung, Leistung und Konservativismus, Charakteristika, die man mit der amerikanischen Ostküste verbindet. Evian profitiert von der positiven Idee der Bergwelt (Alpen) und Volvic von der Vision des Massif Central (Zentralgebirge Frankreichs). Der Name Malibu vermittelt den Eindruck, als ob dieses Getränk an einem gleichnamigen paradiesischen Strand kreiert worden sei. Die Marke Pacific demonstriert ihren Unterschied zum Pastis der Provinz und dem Pétanquespiel (typ. frz. Nationalsport, Anm.d.Ü.) und ist ein Getränk, das die Erwachsenen schätzen, Jugendliche jedoch weniger. Die Suez-Bank baut ihre Markenidentität auf einem geografischen Ort auf, der mit einem besonderen Mythos behaftet ist. Das System des Kapitalismus, der kolonialen Ausdehnung, und das Bankwesen nahmen hier u.a. ihren Anfang. Anläßlich ihrer Privatisierung hat diese Bank sich das erste Mal an die Öffentlichkeit gewandt, und zwar mit der Aussage: Nur ein Unternehmen mit einer solchen Vergangenheit ist fähig, künftige Probleme erfolgreich anzugehen.

Auch die Markengeschichte kann Identitätsquelle sein. Die Untersuchung der Geschichte einer Marke, einer Unternehmensmarke des Handels oder eines

Unternehmens ist keine akademische oder rein rechnerische Aufgabe. Man möchte vielmehr der Markenidentität auf den Grund gehen, d.h., es soll eine Art Analyse der „Chromosomen" durchgeführt werden. Auf diese Weise können die Ressourcen und Möglichkeiten der Marke eruiert werden. Nach Jahren zögerlicher Werbekonzepte hat das Unternehmen Monoprix sich seiner historischen Aufgabe wieder erinnert. Nicht von ungefähr befinden sich die Monoprix-Geschäfte in der Stadtmitte, und auch der Markenname hat eine signifikante Bedeutung. Das Markenkonzept ist, Vergnügen zu demokratisieren. Das Unternehmen bietet die Produkte zu günstigen Preisen in der Stadt an, d.h., der Verbraucher muß nicht immer in die Randbezirke fahren, wenn er günstig einkaufen will. Diese Identität und der damit verbundene Erfolg der Marke ermöglichte die Entwicklung von zusätzlichen Eigenmarken, und zwar im Lebensmittelbereich (die Serie Gourmet, La Forme, Vite Fait usw.), im Textilbereich (Laurène M.) und auch im Kosmetikbereich (Miss Helen). Das Unternehmen Monoprix hatte seine Daseinsberechtigung aus den Augen verloren, und die historische Analyse hat sie wieder ins Bewußtsein gerückt.

Die Werbung, ihre Fundierung und ihre Form

Man darf nicht vergessen, daß die Werbung die Geschichte von Marke, Unternehmensmarke des Handels und Unternehmensmarke schreibt. Weder Darty noch Dim oder Marlboro können sich von ihrer Werbung distanzieren. Das ist einleuchtend, denn die Marke lebt von ihrer Aussage, sie existiert durch ihre Kommunikation. Die Marke prägt Produkt oder Dienstleistung, die Werbung übernimmt die Kommunikation.

Nun wird aber in der Werbung immer mehr gesagt, als eigentlich beabsichtigt ist. Jede Werbung macht implizit eine Aussage über das Unternehmen (wer spricht?), die Zielgruppe und die Beziehung zwischen Käufer und Verkäufer. Das Identitätsprisma der Marke beruht auf dieser unabänderlichen Tatsache. Was aber steht hinter dieser impliziten Aussage? Ganz einfach der Stil der Kommunikation. Im Zeitalter der audiovisuellen Medien sagen 30-Sekunden-Fernsehspots über Marke und Zielgruppe genausoviel aus wie über Attribute und Vorteile des beworbenen Produktes. Egal, ob sie richtig geführt und geplant wird oder nicht, jede Marke erhält durch die Werbung eine eigene Geschichte, Kultur, Persönlichkeit, Suggestivkraft usw. Eine Marke professionell zu führen heißt, diesen progressiven Aufbau zu steuern und nicht einfach ein Markenimage zu übernehmen.

Es gibt aber auch Fälle, wo die Übernahme des Images richtig ist. Je dirigistischer das Marketing bei Volkswagen organisiert wird, umso mehr tendiert man dazu, die gesamte Kommunikation der Werbeagentur zu überlassen. Alle Fahrzeuge von Volkswagen werden unter demselben Markennamen eingeführt, egal wo. In Frankreich weckt der Name Passat negative Assoziationen zum alten Passat-Modell. Trotzdem hat man entgegen den Empfehlungen der V.A.G. Frankreich das neue Modell wieder unter demselben Namen auf den Markt gebracht. Der Stil der Marke geht auf das Genie Bernbach zurück, der seinen stilistischen Anspruch durchsetzen konnte. Auf den ersten Werbekampagnen für den VW-Käfer wurde ein Markenstil aufgebaut, der für VW charakteristisch ist.

In Werbefilmen und Anzeigen hat die VAG Auto und Marke immer wieder visuell eingesetzt. Die Marke gibt sich humorvoll, in der Werbung nimmt sie sich selbst auf den Arm. Aber trotz dieser „falschen Bescheidenheit" wird ein Hauch von Impertinenz gegenüber dem Wettbewerb spürbar. Werbung von Volkswagen schafft eine sehr enge Beziehung zwischen Marke und Verbraucher. Man wendet sich an die Intelligenz des Kunden und baut das Bild eines pragmatischen Käufers auf, der Wesentliches von Überflüssigem unterscheiden kann.

Erstaunlicherweise hat Volkswagen es immer verstanden, von einem populären Produkt in gewissermaßen „elitärem" Ton zu sprechen und trotzdem mit Hilfe der humoristischen Werbung eine Art Komplizenschaft zwischen Marke und Verbraucher zu schaffen. Dies ermöglichte Volkswagen, geringfügige Modifikationen als bedeutende Entwicklungen zu präsentieren (Quelle: J. F. Gratton, DDB Needham, France). Die Markenkommunikation stützte sich immer auf Fakten und einige wenige Werte, die noch aus der Gründungszeit der Marke stammen (Qualität, Langlebigkeit, garantierte Betriebssicherheit, relativ niedriger Kaufpreis und guter Wiederverkaufswert).

Wie aber konnte der Konstrukteur des ausgefallenen Käfers, der in Amerika auch noch Schabe genannt wurde, vollkommen gegen den Trend der amerikanischen Automobilbranche operieren? Hier mußte es sich um eine authentische Methode handeln, die Marke hatte das Image, vertrauenswürdig und zukunftsorientiert zu sein. Um den Absatz zu steigern, wertete die Marke ihren Käufer auf. Er wurde als besonders intelligent hingestellt, weil er sich US-amerikanischen Vorstellungen vom Auto entzog. In Sekundenschnelle transferierte die Marke ihre Werte und Kultur. „Volkswagen ist Volkswagen", hatte B. Bernbach gesagt. Dagegen war der extravagante Werbestil von Citroën nicht Citroën, sondern er schien aufgezwungen zu sein. Man sprach zwar über die Werbespots, aber in Studien stellte man fest, daß sie die Markenidentität nicht verkörperten. Die Markenaussage muß aus der Marke kommen (siehe auch S. 52). Bei Citroën wurde ein Code benutzt, der keine Verbindung zum Kern und Wertesystem der Marke hatte.

Die Zusammenarbeit von David Hamilton und Nina Ricci führte zu einem Werbestil, der von 1970 bis 1989 konsequent verfolgt wurde. Kann man sagen, daß D. Hamilton Nina Ricci seinen Stil aufgezwungen hat? Die Untersuchung der Markenwerbung seit ihrer Gründung im Jahre 1932 läßt eher vermuten, daß die Marke in diesem Stil genau den Ausdruck gefunden hat, den sie unbewußt immer suchte. Und wirklich benutzt die Werbung seit den Anfängen der Marke den Schleier, was Jungfräulichkeit und Reinheit symbolisieren soll. Das Neue an der Hamiltonschen Idee war nur, das gesamte Bild wie hinter einem Schleier darzustellen. Der Fotograf nahm junge Mädchen als Modelle und verstärkte damit die spirituelle Übereinstimmung zwischen der stilistischen Behandlung und der Marke Nina Ricci. Seltsamerweise hat dieselbe „Osmose" bei einer ganz ähnlichen Marke, nämlich Cacharel mit der Fotografin Sarah Moon, stattgefunden.

Teil 2

Das Markenmanagement

Kapitel 4
Die Markenbildung

Alle oben untersuchten großen Marken wie Citroën, Lacoste, Apple, Banque Populaire, La Vache qui Rit, Ariel usw. waren zu Beginn ihrer Markteinführung neu. Im Laufe der Zeit und meistens aufgrund von Intuition oder auch durch ungewollte Ereignisse sind sie zu großen, etablierten und starken Marken geworden.

Da auch die großen Marken einmal „**Neulinge**" waren, fragt man sich zu Recht, was diese etablierten Marken haben oder getan haben, um diese Position zu erreichen. In den vorangegangenen Kapiteln haben wir große Marken und Unternehmensmarken des Handels analysiert. Jede hatte eine reiche Identität, z.B. ein gut definiertes Konzept, eine Markenpersönlichkeit, ein Wertesystem, d.h., eine echte Markenkultur konnte zu ihrer jeweiligen Zielgruppe eine gute Beziehung herstellen und die Suggestivkraft ausbauen. Jede dieser etablierten Marken schien einen präzisen Sinn zu haben, d.h., sie verfügten alle über eine konkrete Inspirationsquelle und konnten die Zuordnung zu Produkten und Dienstleistungen organisieren.

Hier liegen die Schlüssel zur Einführung einer neuen Marke! Soll eine neue Marke Erfolg haben, muß sie wie eine etablierte Marke entwickelt und gestaltet werden! Anders gesagt: Nicht die Art und Weise der Markeneinführung ist wichtig, sondern die Entwicklung und Gestaltung einer erfolgreichen, starken Marke müssen im Vordergrund stehen. Die derzeit gültigen Unternehmenspraktiken sind von dieser Betrachtungsweise noch meilenweit entfernt, denn es wird immer noch Produkteinführung mit Markeneinführung verwechselt.

Nicht zu verwechseln: Die Einführung der Marke und die Einführung eines Produkts

Marketingbücher widmen ganze Kapitel der Definition neuer Produkte, aber nicht der Einführung von Marken, oder sie beschränken sich einfach darauf, einen Namen für das neue Produkt zu finden. Da bisher nicht zwischen Produkt und Marke unterschieden wurde, hat man die Bedeutung der Marke eher zufällig entdeckt. Die meisten etablierten Marken haben einfach als Name eines neuen Produktes begonnen. Diese Namenswahl wurde meist rein zufällig getroffen, ohne vorherige Forschung oder ein präzises Konzept. Coca-Cola drückte im Namen die Zusammensetzung des neuen Produktes aus, Mercedes war der Vorname der Tochter von Daimler, Citroën war ursprünglich ein Familienname, Adidas entstand aus der Abkürzung von Adolf Dassler, Lip von Lippman und Harpic von Harry Picman. Natürlich mußte das neue Produkt einen Namen bekommen, um überhaupt Werbung dafür machen zu können. Die Werbung präsentierte dann die Vorteile des neuen Produktes und damit den Nutzen des Produktes für den Verbraucher (der sachkundige Leser wird hier die Basis für die „copy-strategy" finden).

Mit den Jahren altert das neue Produkt und wird schließlich durch ein neueres, besseres Produkt ersetzt, das von Ruf und Bekanntheitsgrad des nun bekannten Namens profitieren kann. Anfangs wurden in der Werbung die Werte des neuen Produktes (Produktname sei X) ausgelobt. Nach einiger Zeit und einer strukturellen Produktalterung muß dann der Name X erneuert werden. Zu diesem Zweck wird ein neues, besseres Produkt mit dem Namen X ausgestattet und damit eine Marke geschaffen. Die Marke und nicht allein die Werbung verkauft das Produkt.

Die Marke wird mit der Zeit immer unabhängiger und löst sich von ihrem ursprünglichen Sinn (z.B. der Name des Firmengründers oder eines besonderen Produktmerkmals), und zwar durch ihre Kommunikation, mit der sie sich an die Zielgruppe wendet und sich selbst darstellt. Kaum ein Engländer denkt bei dem Wort Kleenex an „clean" (engl. = sauber), und nur wenige Franzosen denken an ein Lotusblatt, wenn sie den Namen Lotus hören. Der Produktname ist zum Eigennamen geworden, nicht denotativ, sondern ausgestattet mit Assoziationen, die aus Erfahrung, Mund-zu-Mund-Propaganda und Kommunikation entstehen. In der Werbung wird gezeigt, wer der Urheber wirklich ist und wer hinter dem Produkt steht. Die Marke interpretiert ihr Konzept, ihre kulturelle Facette, ihre Werte, ihre Persönlichkeit und ihre Zielgruppe. Mit der Zeit ändert der Name X seinen Sinn, er ist nicht mehr nur Produktname, sondern wird zum Wesen der Produkte. Dies gilt für schon eingeführte, aber auch für zukünftige Produkte. Als etablierte Marke ist X Träger von Werten geworden, von denen alle ihre Produkte profitieren können.

Soll eine Marke kreiert werden, dann muß folgende einfache, aber wichtige Regel beachtet werden: Gelingt es nicht von Anfang an, die Marke mit Werten auszustatten, dann wird sie sich höchstwahrscheinlich langfristig nicht als starke Marke etablieren können.

86

Das bedeutet in der Praxis, daß bei der Einführung einer neuen Marke die Idee der Marke genauso wichtig ist wie der Bezug zum Produkt. Warum hat Atari (noch) nicht den Status einer großen Marke, während Apple diesen längst hat? Sicher nicht wegen der Produkte oder Logos. Der 520 ST, der 1040, der Portfolio, der Mega und bald der Transputer sind reinste Wunderwerke und transportieren eine Produktphilosophie, die von Firmengründer Jack Tramiel und den Geschäftsführern immer wieder als Leitmotiv genannt wird, nämlich: „Die Technologie wird verbessert, die Preise werden gesenkt." Und es stimmt tatsächlich: Ein Atari 1040 mit Laserdrucker ist wesentlich billiger als ein Macintosh von Apple, und dabei leistet der 1040 weit mehr. Was Atari fehlt, ist eine Idee und die Autonomie, die mehr aus der Marke machen könnten. Die „Seele" der Marke Atari wird dem Verbraucher nicht nahegebracht, d.h. die Inspirationsquelle und kulturelle Facette der Marke. Es sind auch keine Anhaltspunkte zu erkennen, die die Ziele der Marke verdeutlichen oder die zeigen, welche objektiven und subjektiven Werte die Marke neu in die Mikro-Informatik hineinbringen will. Wenn wir noch einmal das Beispiel der „freien Produkte" (S. 58) anführen, dann lag deren Suggestivkraft nicht so sehr in den Produkten selbst (die ja identisch waren mit den „orangefarbigen Produkten" von Euromarché oder denen von Continent und Casino), sondern vielmehr in der Wahl der Markenidee, die eine bestimmte Geisteshaltung oder ein positivistisches Ideal verkörpert.

Soll eine neue Marke im Markt durchgesetzt werden, dann muß sie von Anfang an wie eine echte Marke geführt werden und nicht wie ein Produktname in der Werbung. Die Kreation einer Marke darf nicht dazu führen, daß man abwartet, bis der Produktname im Laufe der Zeit – vielleicht – zur Marke wird und dann ein Konzept bekommt, das weit über die eigentlichen Produkte hinausgeht. Die neue Marke muß von Anfang an in ihrer Ganzheit konzipiert werden, d.h. mit allen funktionalen und nicht funktionalen Werten.

Legt ein Autor in seinen Abhandlungen über Marketing das Hauptaugenmerk auf die Einführung neuer Produkte, dann verwechselt er Markengeschichte mit Markenführung. Eine Marke führen heißt aus der Geschichte lernen und die Zeit für sich arbeiten lassen. Die nachfolgend aufgeführten Richtlinien sollen mögliche Methoden der Markenentwicklung und Markengestaltung darstellen.

Richtlinien der Markenentwicklung und -gestaltung

Wie wird die Markenidentität definiert?

Nicht die Werbung repräsentiert die Produkte, sondern die Marke. In bezug auf die Einführung eines neuen Produktes sind die einzig sachdienlichen Hinweise in der sog. **„copy-strategy"** zu finden, nämlich:

- Wer soll angesprochen werden?

- Welche Positionierung hat das Produkt? (Differenzierender Vorteil und Wettbewerbsumfeld – siehe S. 47)

- Wo liegen Produktversprechen und -nutzen für den Verbraucher?

Bei der Kreation einer neuen Marke stellt sich zunächst folgende Frage: Was ist diese Marke? Um ein Produkt definieren zu können, muß die Marke dieses Produkt mit all seinen Besonderheiten transparent machen.

Wie wir gesehen haben, beschränkt sich die Definition der Markenidentität nicht darauf, den Charakter der Marke zu bestimmen. Die Analyse starker Marken beweist, daß diese auf ein Prisma zulaufen, wie weißes Licht sich in bunten Strahlen auflöst. Starke Marken haben eine physische Substanz – d.h. einen Spezialbereich oder ein Leitprodukt (die sich in der Folge auch ausdehnen können) –, eine Kultur, d.h. ein Wertesystem, eine Beziehung zum Verbraucher, und sie verfügen über Suggestivkraft und Affektionswert. Schon 1982 haben wir dies zusammen mit J. F. Variot festgestellt. Aber damals wurde die Bedeutung der Marke auf die einer Bühneninszenierung reduziert: Der Star-Akteur Marke bestand offensichtlich nur aus physischer Substanz, Charakter und Kommunikationsstil.

Die Identität von Unternehmensmarken wird anders definiert als bei Marken, die vom Unternehmen abgekoppelt sind. Heute sind die meisten Unternehmen gleichzeitig Marke, wie z.B. Alcatel, Siemens, Merlin Gerin, Legrand, Elf, Péchiney, Rhône-Poulenc, IBM usw. Dagegen ist Technal eine Marke des Unternehmens Alcan, Mir eine Marke von Henkel, Ariel von Procter and Gamble, „Usine Nouvelle" von CEP Communication, usw. Berücksichtigt man, daß der Kunde für den Absatz genauso wichtig ist wie der Finanzanalyst, dann wird die Bedeutung des Markennamens klar.

Praktisch heißt das, daß die Kreation einer unternehmensunabhängigen Marke mehr Freiheit bietet. Alles ist möglich, was jedoch nicht heißen soll, daß auch jede Methode automatisch richtig ist. Aber die Markenidentität kann aus vielen verschiedenen Elementen zusammengesetzt werden.

Die Marke ist das **Aushängeschild des Unternehmens**. Es muß also zwischen Markenidentität und Unternehmensidentität eine Beziehung geben, und dadurch wird die Marke mehr eingeschränkt als im oben beschriebenen Fall. Die Unternehmensmarke ist visuelle Signatur des Unternehmens und stellt der Öffentlichkeit das Unternehmen vor. Absolut notwendig ist, daß das Unternehmen sich selbst in der Marke wiedererkennt und den neuen Wortführer unterstützt. Außerdem haben Unternehmensmarken dieselbe Kultur wie die Unternehmen, die dahinterstehen.

Nicht von ungefähr lautet das Konzept der Marke Renault „Autos zum Leben".
Die Firma Renault war seit dem Zweiten Weltkrieg das „Soziallabor" Frankreichs. Die Werte der Firma sind humanitär und sozial, der Mensch bekommt
einen höheren Stellenwert als die Maschine. Die Ideologie von Renault ver-
heißt Lebensqualität (Renault war die erste Firma, die im August Betriebs-
ferien einführte). Dieser Wert ist auf die Marke übergegangen. Daß Renault
sich augenblicklich im Formel-1-Sport engagiert, ändert daran nichts; das wird
gemacht, um der Marke ein besseres Image zu geben, und zwar was die dynamische Gestaltung und die gute Motorleistung der Fahrzeuge angeht. Die Markenidentität liegt aber in der Aussage „Autos zum Leben".

Nestlé kann keine „üppige", spielerische und tolerante Feinschmeckermarke
verkörpern, wenn die Identität des Unternehmens Nestlé keine dieser Eigenschaften integriert. Ein Unternehmen kann seine Marke nur dann akzeptieren,
wenn es sich in der Marke wiedererkennt. Wo nicht, muß die Markenidentität
modifiziert und angepaßt werden. Das bedeutet natürlich keineswegs, daß die
beiden Identitäten komplett übereinstimmen müssen, aber es muß eine Brücke
zwischen ihnen vorhanden sein.

Diese Brücke drückt sich im allgemeinen in der kulturellen Facette aus (Abb. 9).
Dies ist theoretisch begründet: Die Unternehmensidentität zeigt sich in der
Ausrichtung des Unternehmens auf ein oder zwei zentrale Werte, die mobilisieren und fusionieren können (Schwebig, 1985). Diese Werte nähren die Marke
und statten sie mit einer Weltanschauung aus. Außerdem wirken sie motivierend auf die Umwandlung der Produktkategorie. Dieser „Quellenwert"
(um den Ausdruck von J. Birol [Generaldirektor von Sicquier-Courcelles] zu
gebrauchen) gibt der Marke ihren Sinn. Renault wandelt das Auto in ein „Auto

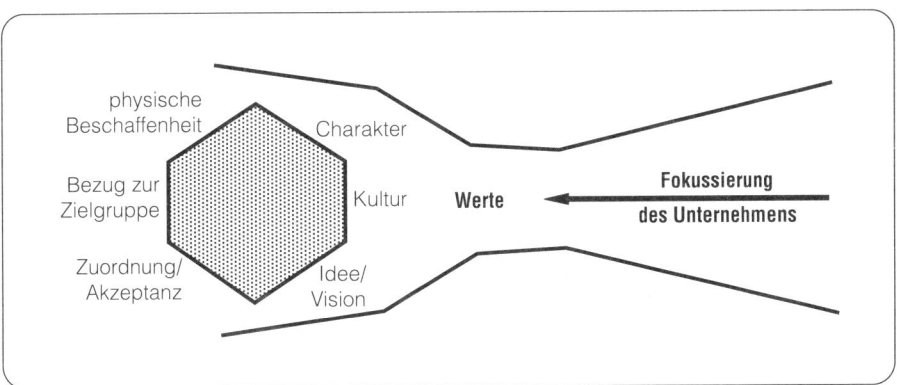

Abb. 9: *Transfer zwischen Unternehmensidentität und Markenidentität bei*
Firmenmarken

89

zum Leben" um, und Citroën entwirft Fahrzeuge, die anderen voraus sind. Dies scheint ganz natürlich, denn der Name Citroën steht für Fortschritt durch Wissenschaft.

Im Laufe der Zeit kehren sich die Beziehungen zwischen Marke und Unternehmen um. Die Wirkung nach außen nimmt Einfluß auf die interne Organisation und wirkt wesentlich mobilisierender als alle „Unternehmensprojekte", die bald nach ihrer Fertigstellung in Vergessenheit geraten. Um von diesem gegenseitigen Austausch zu profitieren, nehmen viele Unternehmen den Namen ihrer Spitzenmarke an. Die Firma Tokyo Tsuhin Kogyo ist beispielsweise zur Sony Inc. geworden, und Tokyo Denki Kagaku hat als neuen Namen den ihrer bekanntesten Marke, nämlich TDK angenommen. In Frankreich hat die Gesellschaft CGE – der Tatsache müde, daß ihr Name nirgends sichtbar war, obwohl das Unternehmen überall vertreten ist – am 10. April 1990 verkündet, daß sie die Namen ihrer bekanntesten Marken annimmt, nämlich Alcatel-Alsthom, um so Strategie (Kommunikation und Energie), Bedeutung, Charakter und Kultur des Unternehmens zu demonstrieren.

Wie definiert sich die Vision der Marke?

Die Identität einer starken Marke beschränkt sich nicht auf funktionale Attribute. Deshalb ist bei der Kreation einer Marke die Vision genauso wichtig wie der Produktbezug. Soll die Kommunikation von Gerblé lieber eine ländliche Assoziation aufbauen (mit Weizenfeldern, die sich im Wind wiegen) oder die biologischen Herstellverfahren und bewußte Ernährung (was moderner ist und mit städtischen Bedürfnissen übereinstimmt) in den Vordergrund stellen? Apple gibt seinen Produkten eine kalifornische Assoziation aus High-Tech und „counter-culture". Die Marke Atari rühmt die Vorzüge ihrer Produkte, gibt ihnen aber keinen besonderen Bezug. Man spürt keine Tiefe in der Marke oder besondere Möglichkeiten, die auf die Mikro-Informatik zugeschnitten sind. Die Marke Mitsubishi verfügt trotz des Absatzvolumens weder über eigene Werte noch über ein eigenes Konzept. Mitsubishi ist Produktname, also eine Art Rückversicherung oder Garantie. Der Verbraucher assoziiert damit die industrielle Leistung der Gruppe. Mitsubishi ist die Herstellermarke auf dem Kühlergrill, aber es ist kein erfolgversprechendes Konzept hinter der Marke zu erkennen.

Welche Produkte eignen sich als Konzeptträger?

Je stärker die Ambitionen einer Marke und ihr Wertesystem sind, um so entscheidender ist die Wahl von Produkt oder Dienstleistung, die bei der Markeneinführung präsentiert werden sollen. Man sollte sich für ein Produkt entscheiden, das die Markenintention am besten wiedergibt und wo die Marke ihr Umwandlungspotential gut entfalten kann.

Nicht alle Produkte einer Marke bieten dieselben Möglichkeiten. Nur das Produkt, das die Marke am besten darstellt, darf bei der Einführungswerbung zum Einsatz kommen. Am besten ist es, wenn die Marke auf dem Produkt sichtbar ist. Die großen Automobilmarken wissen dies wohl, und deshalb wird versucht, das Design der Modelle markengerecht zu gestalten. Die Formgebung der großen Fahrzeuge von Citroën (DS, CX, XM) reflektiert das Markenkonzept. Das Produktdesign ist eine der Möglichkeiten, Identität zu transportieren. Die äußere Ähnlichkeit der meisten Autos auf dem Markt signalisiert den Identitätsverlust ihrer Marken.

Außerdem sollen die Produktmerkmale die Markenaussagen unterstützen. In der Informatik zeigt die Marke Toshiba ihr Konzept bei tragbaren Computern. Die Marke Atari hat in ihrem winzigen Portfolio die beste Unterstützung ihrer Ideologie gefunden. Wie aber sieht es im Dienstleistungsbereich aus? Dienstleistungen sind abstrakt, d.h., hier gibt es nichts zu „sehen", sieht man einmal von Kunde und Dienstleistungsunternehmen ab. Vom Unsichtbaren zum Nichtexistenten ist es nur ein kleiner Schritt, und viele Verbraucher oder Kunden verfallen diesem Irrtum. Trotzdem bleibt die Problematik auch hier dieselbe: Die bestmögliche Markendarstellung muß definiert werden. Die Originalität von Crédit Mutuel zeigt sich in der Interpretation von Themen, die momentan die Welt der Banken spalten: Verzinsung von Girokonten, Scheckgebühren, Überschuldung der Familien, Divergenz zwischen Kreditzinsen und Inflationsrate (die seit einigen Jahren bei 2 bis 3% liegt). Crédit Mutuel macht sich jedes aktuelle Thema auf besondere Art zu eigen.

Die andere Möglichkeit besteht darin, das Unsichtbare sichtbar zu machen. Echte „Kommunikationsprodukte" müssen geschaffen werden, d.h., abstrakte Dienstleistungen werden „verpackt" (sie bekommen einen Namen, eine Pakkung, eine physische Existenz). Vertrauen ist einer der Basiswerte von Darty. Die Marke stellt sich nirgends besser dar als in den Klauseln des „Vertrauensvertrages", der die Dienstleistung konkretisieren soll. Will Crédit Mutuel marktführend werden, muß die Bank ihre hervorragend gestalteten Informationsprospekte, die bisher nur den Kunden der Bank zugänglich sind, einem größeren Publikum anbieten. Auch überlegtes Sponsoring und selektives Mäzenatentum können das Markenkonzept klar umsetzen.

Soll man für Marken oder Produkte werben?

Der Volkswagen-Konzern hat immer nur über seine Produkte Kommunikation betrieben. Von Anfang an ist die Volkswagen-Werbung in der Presse nach einem festen Muster vorgegangen und hat die sichtbaren Attribute der Fahrzeuge einer undurchsichtigen Produktaussage vorgezogen. Auch wenn die Marke rationale Argumente distanziert, humorvoll, nachdrücklich, aber auch oft widersprüchlich vorbrachte, stand doch immer das Auto im Vordergrund der Werbespots. Die Firma Renault bringt von Zeit zu Zeit „Markenkampagnen", worin der Markenslogan besonders betont wird. Es gab auch bei Citroën schon Werbespots mit wilden Pferden, (man benutzte reinrassige Tiere aus der Camargue), dem visuellen Symbol der Marke. Bei jeder Markenschöpfung stellt sich die strategische Frage, ob man Sinn, Vision und Konzept der Marke zeigen oder lieber ein Starprodukt aus dem Programm als Sinnträger aufbauen soll.

Die Antwort auf diese Frage hängt davon ab, ob das Produkt, das den Markensinn am besten demonstriert, isoliert werden kann. Bei Volkswagen hat man ganz bewußt die zweite Lösung vorgezogen. Der Käfer war Ausdruck einer originellen Idee, Modetrends spielten bei seiner Konzeption keine Rolle. So wurde dieses Modell zum Träger einer alternativen Automobilkultur.

Anläßlich der Markteinführung von Nashua 1979 konnte man in den seriösen französischen Tageszeitungen Le Monde oder Les Echos ganzseitige Anzeigen finden (was zu dieser Zeit eher selten war), die das Gesicht eines Indianerhäuptlings zeigten. Der Kommentar war lakonisch: „Die in Frankreich am meisten verkauften Kopiergeräte haben einen indianischen Namen. Nashua, USA." Dies signalisierte den Beginn einer Markenkampagne. Es folgten wieder ganzseitige Anzeigen über den Indianerstamm, und jedes Produkt der Marke wurde von einem anderen Stammeskrieger vorgestellt. Die Kampagne war die Gründungsidee der Marke und diente der Darstellung des zentralen Wertes der Marke, der Zuverlässigkeit (bei Maschinen und Menschen) und der Vision (die Tugenden und die Lebensweisheit der Indianer Nordamerikas). Mit diesem Auftritt legte die Marke Nashua ihre Identität fest: amerikanisch und nicht japanisch, jedoch ein Amerika, das sich von dem von Rank Xerox (Manhattan) oder IBM oder anderen amerikanischen Herstellern von Fotokopierern unterschied. Das Amerika von Nashua ist das des Präriemythos, d.h. dauerhafter und brüderlicher Beziehungen. Der Basiswert, die Zuverlässigkeit, respektiert einerseits die Wünsche des Verbrauchers und garantiert andererseits die Langlebigkeit der Produkte. Die Nashua-Geräte haben dank eines besonderen Systems, des flüssigen Toners (LTT), eine verhältnismäßig lange Lebensdauer. Die Markenidentität und ihr zentraler Wert entsprachen folgenden **fünf grundsätzlichen Bedingungen**:

- Die Markenidentität wurde ganz speziell auf Nashua zugeschnitten.

- Sie gründete sich auf eine solide Basis: Die aktuellen und projektierten Produkte sowie das LTT zeugen davon.

- Sie wirkte motivierend; sichere und unproblematische Handhabung waren das Grundprinzip.

- Sie nutzte Schwächen der Konkurrenz aus: Dem technologischen Marktführer Rank Xerox warf man vor, die Kunden zu sehr zu beherrschen, was durch seine Monopolstellung begünstigt worden war.

- Sie schuf eine starke interne Loyalität; Personal und Verkäufer dieser jungen Marke identifizierten sich mit dem Markenimage, das wiederum der Markenidentität entsprach.

Die Unternehmensleitung von Nashua wollte die Marke nicht mit einer Werbekampagne einführen, die die Zuverlässigkeit eines ihrer Modelle oder die exklusive technische Innovation (Flüssigtoner) auslobte. Denn die Markenidentität kann sich nicht auf ein Kriterium wie die Langlebigkeit beschränken, sondern muß dieses in ein umfassenderes Konzept integrieren. Ein einzelnes Produkt des Sortiments kann die Marke nicht alleine repräsentieren: Vom rein visuellen Gesichtspunkt her ähnelt ein Fotokopierer von Nashua den Modellen von Canon, Minolta, Toshiba oder Rank Xerox. Außerdem deckt das Gerät nur einen Teil des Markenkonzeptes ab.

Also mußte man sich für eine Markenkampagne entscheiden, auf der dann der Kommunikations-Mix aufbauen konnte. Drei Jahre später, 1982, war Nashua die zweitstärkste Marke auf dem Markt, und zwar dank eines wirksamen Marketings und einer Kommunikation, die die Marke schnell nach oben schoben. Jedes Jahr präsentiert die Marke Nashua nun neue Produkte.

Diese Logik erklärt auch die Vorliebe von Banken für Markenkampagnen. Als Dienstleistungsunternehmen haben sie nichts zu zeigen, sie können ihre Werte und Identität nur symbolisch darstellen. Deshalb verpacken sie ihre Markenidentität in Werbeslogans, um dem Gedächtnis des Verbrauchers Anhaltspunkte anzubieten.

Markensprache und Kommunikationsspektrum

Die Markenidentität ist reich an Ideen und läßt sich nicht auf ein Wort oder ein Konzept beschränken. Auch wenn für Werbekampagnen nur ein Kommunikationskonzept benutzt wird (z.B. „Autos zum Leben" bei Renault), wirkt die Marke mit allen Facetten ihres Identitätsprismas.

Wie können nun die Beziehungen zur Zielgruppe, Kultur und Persönlichkeit der Marke transparent gemacht werden? In erster Linie durch die Produkte oder Dienstleistungen: Die mobilisierende Wirkung der Marke Obi verpflichtet zur gewissenhaften Planung der Innenausstattung von Obi-Märkten (Verkäufer, Leitsysteme, Informationsmaterial). Die Absicht, den Verbraucher von klischeehaften Vorstellungen zu befreien, wird bei Apple ganz deutlich in den Produkten der Marke (z.B. das Gerät Macintosh). Das Beispiel Macintosh zeigt aber auch, daß die Marke selbst einen Produktnamen hat, der die Identität der Marke unverwechselbar wiedergibt.

Kommunikation wird heute eher visuell als verbal gestaltet. Im Zeitalter des Fernsehens und der Zeitschriftenanzeigen dominieren Bilder das Wort. Die Marke Bull macht ihre Idee im Bild transparent, der Baum wird als Symbol benutzt. Werbung, die einen Baum zeigt, läßt künftig die Assoziation an Bull aufkommen. Um sich ein eigenes Kommunikationsspektrum zu schaffen, hat Bull seine Marke mit verbalen und visuellen Attributen ausgestattet. Trifft man auf diese Attribute, erkennt man das Unternehmen Bull. Ihre Markenattribute sind gleichzeitig ihre Schutzzonen.

Das Kommunikationsspektrum darf man der Marke nicht einfach aufkleben, sondern man muß es aus ihr entwickeln. Bei Bull hat man sich für eine symbolische (und nicht faktische) Ausdrucksweise entschieden. Das Symbol ist der Baum, denn er macht die Besonderheiten der Marke am deutlichsten transparent. Die ganze Klarheit von Bull liegt in seiner Marke. Bildlich sieht das so aus: Der Stamm versinnbildlicht die Zentraleinheit, die Äste die Minicomputer, die kleinen Zweige die Mikro-Informatik und die Blätter die Software. Diese Sprache ist für den Experten (der die Analogie intelligent findet) und für den Laien (der sich besser vorstellen kann, wovon die Rede ist) verständlich. Für das Dienstleistungsangebot bedeutet das, daß jedes Organigramm eine andere Baumsorte ist. Ein Baum wächst, ändert sein Aussehen, paßt sich an, und daher kann das Bild des Baumes die spezielle Beziehung zwischen der Marke Bull und ihren Kunden sehr gut wiedergeben. Bull verkauft Harmonie. Die Stärke dieser Aussage liegt darin, daß sie der Markenidentität entspricht und international verständlich ist. Sie fällt auf und läßt sich auf alle Produkte und Dienstleistungen übertragen.

Die Markensprache lockert die Kommunikationsmuster der Marke auf. In der Kommunikation werden häufig immer wieder dieselben Worte und Bilder verwendet, was den Markeninhalt lähmt. Jede Werbekampagne demonstriert Homogenität, Ähnlichkeit und eine gemeinsame Idee, wodurch der Eindruck entsteht, jede neue Kampagne sei nur eine Wiederholung der alten. Die besondere Aussage jeder einzelnen Kampagne wird verdeckt durch das exzessive Bestreben, einen Code zu finden! (siehe auch S. 197 und 274).

Der Code wirkt immer irgendwie künstlich, die Sprache dagegen ist natürlich; sie stellt das Unternehmen dar und verleiht den Produkten und Dienstleistungen Suggestivkraft. Deshalb ist jede Werbekampagne der Marke Dim einem anderen Produkt gewidmet. Dennoch entsprechen alle Kampagnen der Markenidentität, wozu auch die Musik beiträgt. Außerdem benutzt Dim das Abbild „der Pariserin" für die Produktwerbung, so wie Marlboro den abenteuerlustigen, kernigen Typ Mann einsetzt. Dim begleitet die Emanzipation der Frau mit ihren Produkten (die befreiende Strumpfhose) und mit ihren Werten (daher die notwendige Änderung des Namens von Strumpf Dimanche in Strumpfhose Dim). Etwa vergleichbar: Die Marke Brandt begleitet und vereinfacht das tägliche Leben der Familie. Dies führt zu einem Produktspektrum, das sich durch Solidität und einfaches Handling auszeichnet. Die Werbung von Brandt spielt sich in der Familie ab und zeigt den Alltag, allerdings gewürzt mit Humor. Dies ist typisch für die Beziehung, die die Marke zu ihren Kunden herstellen will (Brandt sieht sich in der Rolle eines lange vertrauten Freundes). Die Kommunikation von Darty erkennt man unter Tausenden. Über festgefügte narrative Strukturen (Kinowerbung) projiziert die Marke typisch französische Werte wie Improvisationstalent, Gutmütigkeit, Familie, Heim, Gewitztheit und Humor.

Schließlich und endlich dient die Markensprache zur **Dezentralisierung von Entscheidungen**. Ausgestattet mit einer zentralen Gestaltungsidee, können die verschiedenen Instanzen der Kommunikationspolitik ihre Mitteilungen den jeweiligen Markt- oder Produkterfordernissen anpassen und dabei trotzdem Einheit und unteilbaren Charakter der Marke bewahren. Die Markenidentität muß Freiheit und Kohärenz in Einklang bringen, und die o.g. Richtlinien (Marken-Charts) sollen dazu beitragen. Wichtig ist aber, daß sich die Richtlinien nicht nur auf formale Gestaltungselemente beschränken. Sie sollten außerdem **folgende Kriterien** spezifizieren:

- Die vorherrschenden Stilelemente. Beispielsweise spricht Crédit Mutuel in einer realistischen Sprache, die vereinbar ist mit der Identität und dem erklärten Willen, die Wahrheit zu sagen und transparent zu sein. Bull dagegen wählt eine symbolische und die Post eine pathetische und blumige Sprache.

- Visuelle oder sonore Anhaltspunkte, z.B. eine Geste (die hochgekrempelten Ärmel eines Bankiers, die Nahaufnahme eines Kunden) oder die Musik zum Werbefilm.

- Die grafischen Codes und die Farben der Marke.

- Prinzipien, die den Gebrauch der Marke und ihren Slogan – falls vorhanden – steuern. Crédit Mutuel benutzt den Slogan „Eine Bank, mit der man reden kann", der anfänglich nur ein Aufhänger war. Man muß darauf achten, daß dieser Slogan nicht durch den Gebrauch von Verben oder Zusätzen verwässert wird, denn er impliziert Kompetenz und Autorität. Demgegenüber assoziiert ein Satz wie „Ich habe eine Bank gefunden, mit der man reden kann" oder noch stärker „Ich habe eine Bank gefunden, mit der ich über mein Haus reden kann" viel mehr einen Dialog oder eigentlich leeres Gerede als Kompetenz oder Autorität. Solche möglichen Folgen müssen durch die Gestaltungsrichtlinien vorhergesehen und gesteuert werden.

Welcher Name eignet sich für eine starke Marke?

Der Hersteller produziert Produkte, und der Verbraucher kauft Marken. Pharmazeutische Labors stellen „Moleküle" her, der Arzt verschreibt eine Marke. In einem wirtschaftlichen System, wo die Nachfrage sich nur auf Marken bezieht und nicht auf das Produkt selbst, bekommt der Markenname eine dominante Rolle. Während der Begriff Marke alle Unterscheidungsmerkmale (Name, Logo, Symbol, Farben, Persönlichkeit und sogar den Slogan) umfaßt, ist der Markenname für das verbale Verständnis entscheidend. Daher ist der richtige Name für eine neue Marke besonders wichtig.

Welcher Name eignet sich für den Aufbau einer starken Marke? Gibt es solche Namen überhaupt? Die Analyse der sogenannten starken Marken wie Coca-Cola, IBM, Marlboro, Perrier, Dim, Kodak, Schweppes, Olida beantwortet diese häufig gestellte Frage. Welche gemeinsamen Kriterien verbinden diese Markennamen? Coca-Cola beschrieb die Zusammensetzung des Produktes, der Sinn von IBM (International Business Machines) hat sich verloren, Schweppes ist ein kaum aussprechbarer Name, Marlboro der Name eines Ortes, Kodak ist Lautmalerei, Olida ist ein Familienname. Aus dieser kurzen Beleuchtung bekannter Markennamen läßt sich folgender Schluß ziehen: Um eine starke Marke zu schaffen, kann man jeden (oder fast jeden) Namen benutzen. Er muß nur beibehalten werden, damit er im Laufe der Zeit den Sinn der Marke annimmt.

Soll das nun heißen, daß man sich bei der Namensfindung nur Gedanken darüber machen muß, ob der Name zeichenrechtlich geschützt werden kann? Nein, denn die Wahl eines geeigneten Namens und die Einhaltung bestimmter Selektionsprinzipien helfen Zeit zu gewinnen, sogar einige Jahre. In dieser Zeit kann die Marke sich entwickeln und zu einer großen Marke werden. Der Markenname muß also von Anfang an mögliche Entwicklungen berücksichtigen und im Hinblick auf Zukunft und Aufgabe der Marke ausgewählt werden und nicht im Hinblick auf die Markt- oder Produktsituation im Moment der Markenschöpfung. Da bei dieser wichtigen Entscheidung normalerweise gerade umgekehrt vorgegangen wird, scheint es mehr als notwendig, vor Fehlern zu warnen und einige Richtlinien für die richtige Entscheidung aufzustellen.

Markenname oder Produktname?

Die Wahl des Namens hängt von der Aufgabe der Marke ab. Man muß also unterscheiden zwischen Recherchen, die sich mit der Kreation einer internationalen, langfristig angelegten Marke mit umfangreichem Produktprogramm beschäftigen, und solchen, die sich auf den Produktnamen und eine territorial und temporär begrenzte Ausdehnung beschränken. Der Fokus, der zeitliche Rahmen und der Investitionsaufwand wären in beiden Fällen verschieden.

Gefahren beschreibender Namen

In 90% der Fälle suchen Hersteller Markennamen, die das Produkt beschreiben. Der Name soll verdeutlichen, was das Produkt tut (ein Aspirin, das Céphaline heißt) oder ist (eine Biskuit-Marke, die Biskuito heißt). Die Nachfrage nach denotativen Namen verdeutlicht das falsche Verständnis von Markenidentität und Aufgabe des Markennamens. Denn wie wir gesehen haben, soll die Marke das Produkt nicht beschreiben, sondern es von anderen abgrenzen.

Entscheidet man sich für einen deskriptiven Namen, dann können die Möglichkeiten der internationalen Kommunikation nicht voll ausgeschöpft werden. Qualitäten und Vorteile des Produktes werden der Zielgruppe durch die Werbung, die Verkäufer, das Direktmarketing, Artikel in der Presse und vergleichende Studien des Verbraucherverhaltens vorgestellt. Es wäre Verschwendung, wenn der Name mit all diesen stärkeren und komplexeren Faktoren redundant sein sollte. Produkte sind sterblich, d.h., ihr Lebenszyklus ist begrenzt, deshalb sollten alle Möglichkeiten des Namens ausgenutzt werden. Bei der Kreation einer Marke darf die Bedeutung des Namens nicht mit Produktmerkmalen verwechselt werden. Die Verantwortlichen der Marke Apple waren sich dieser Tatsache wohl bewußt. Nach wenigen Wochen war bei den potentiellen Interessenten bekannt, daß Apple Mikrocomputer herstellt. Es wäre also unnütz gewesen, Namen wie Micro-Computers International oder Computer Research System zu wählen. Im Gegenteil, mit der Entscheidung für den Namen Apple wurde das gesamte, langfristig angelegte Markenkonzept artikuliert (und nicht die Merkmale des Provisoriums Apple 1). Dazu kommen dann noch die anderen Facetten der Markenidentität wie äußeres Erscheinungsbild, Kultur, Persönlichkeit usw. (vgl. S. 51).

Marke ist nicht gleich Produkt. Der Markenname sollte also nicht das Produkt beschreiben, sondern soll vielmehr suggerieren, was die Marke ist und welches Konzept sie hat. Die Marke Intermarché ist heute untrennbar mit der Figur des Musketiers verbunden. Der Name Intermarché kann die Markenidentität mit all ihren Facetten nicht ausreichend transparent machen. Deshalb war es nötig, den Namen zu ergänzen, um die Marke von der Konkurrenz abzugrenzen.

Wie kann das Problem der Imitationen gelöst werden?

Jede starke Marke provoziert Imitate oder sogar Fälschungen. Dies ist unvermeidlich. Erstens werden die Verfahrenspatente veröffentlicht. Was bleibt also der Firma, die in Forschung, Entwicklung und Innovation investiert hat, anderes als der Markenname, um den differenzierenden Vorteil zu verlängern. Es gibt hierfür kein besseres Beispiel als die pharmazeutische Industrie. In diesem Bereich werden in Zukunft Gattungsprodukte vorherrschen, die sich vervielfältigen, sobald ein Patent öffentlich wird und andere Labors – ohne Investitionen in Forschung oder Entwicklung – das Produkt „nachmachen". Wird nun auch noch ein Markenname gewählt, der das Produkt beschreibt, d.h. eine allgemeine Bezeichnung der Produktfunktion, kann der Verbraucher die Marke nicht mehr von ihren Imitaten unterscheiden, denn damit wird aus der Marke ein Gattungsprodukt. In diese Falle sind die Hersteller der ersten Antibiotika gegangen: Die Produktnamen gaben an, daß die Basis der Medikamente Penicillin ist (Vibramycine, Terramycine usw.).

Heute hat die Pharmaindustrie jedoch begriffen, daß der Name an sich schon ein Patent ist, der vor Imitationen schützt. Wenn der Markenname unterscheidend und einzig ist, dann ist es nicht mehr möglich, ihn zu kopieren. Das Labor Glaxo-Roche hatte ein antiulzeröses Mittel entdeckt, das „Ranitidine" genannt wurde. Der Markenname ist jedoch „Azantac". Der Konkurrenzfirma Smith, Kline and French, gelang es ebenfalls, ein antiulzeröses Mittel zu finden, das „Cimetidine" genannt wurde. Verkauft hat man das Medikament unter dem Markennamen Tagamet. Eine solche Namenspolitik bremst Imitationen und Fälschungen. Ein Arzt kann leicht den Eindruck gewinnen, daß Vibramycine und Terramycine gleichermaßen angewandt werden können. Tagamet und Azantac erwecken dagegen den Eindruck, einzigartige Medikamente zu sein. Die unvermeidlichen Gattungsprodukte, die das Verfahrenspatent von Cimetidine oder Ranitidine ausnutzen werden, gefährden weder die Marke Tagamet noch Azantac.

Ein origineller Name schützt die Marke und bietet keine Möglichkeit, ihn zu kopieren. Der Name des Parfums Kerius wurde als Imitation von Kouros angesehen; in Streitfällen untersuchen Juristen nicht die einzelnen Buchstaben des Namens, sondern seinen Klang. Deshalb mußte das Produkt Kerius in Xerius umbenannt werden. Dem Namen war es nicht gelungen, die Marke zu schützen. Die Schutzmöglichkeit einer Marke mit Namen Biskuito ist sehr schwach, denn hier kann nur das „o" geschützt werden (d.h., man kann nur verhindern, daß jemand seine Marke Biskuita nennt)! Coca-Cola konnte nicht verhindern, daß die Konkurrenzmarke sich Pepsi-Cola nannte! Quickburger, Love Burger, Burger King klingen alle ähnlich; lediglich der Name McDonald's ist in dieser Branche nur schwer zu kopieren.

Die Protektionsschwäche von deskriptiven Marken ist von Handelsmarken weidlich ausgenützt worden. Der Handel will Kunden abwerben und wählt deshalb für seine „Gegenmarken" Namen, die den Namen der anvisierten großen Marken ähneln und dadurch vom Verbraucher verwechselt werden. Ricoré von Nestlé wurde kopiert durch Incoré, Le Petit Grillé von Heudebert durch Petits Pains Grillés, Studio Line von L'Oréal durch Microline, usw. Auch die Imitation der Packung (Incoré ist auch in einer gelben Schachtel verpackt, versehen mit der Abbildung einer Tasse wie Ricoré) verwirrt den Verbraucher, der versucht, sich anhand visueller Zeichen zurechtzufinden. Jüngste Untersuchungen haben tatsächlich ergeben, daß die Verwechslung bei über 40% liegt (Kapferer, Thoenig u.a., 1991).

Die Strategie der Pharmaindustrie, die von dem Imitationsproblem ganz stark betroffen ist, ist aufschlußreich für die Zukunft der Marke. Werden gleichzeitig ein Produktname (= eine Bezeichnung des Moleküls) und ein Markenname geschaffen, kann so das Problem, das die Marken Frigidaire, Scotch, Caddie und Mousline hatten, umgangen werden. Diese Eigennamen lassen sich lexikografisch erfassen und können leicht zu Gattungsnamen werden. Man sagt „Brandt-Frigidaire" oder Scotch (ohne dabei an die Marke Scotch zu denken). Um diesem Risiko der Verallgemeinerung aus dem Weg zu gehen, muß der Markenname eine Beifügung, „Balladeur Walkman", bekommen, also in diesem Fall nicht nur „Walkman" heißen. Dies ist sehr wichtig, denn gleichzeitig muß ja ein Name für das Produkt selbst gefunden werden.

An die Entwicklung denken!

Viele Namen entpuppen sich im Lauf der Zeit als **Zwänge** oder **Hindernisse** für die natürliche Entwicklung der Marke:

- Der Name Europ Assistance bremst die territoriale Ausdehnung dieser Marke und hat gleichzeitig die Durchsetzung der Marke Mondial Assistance erleichtert.

- Calor assoziiert technische Geräte, die mit Wärme zu tun haben (Bügeleisen, Haarfön) und schließt Kühlschränke aus. Die Marke Radiola hat nie im Bereich Haushaltsgeräte Fuß gefaßt, denn der Markenname ist zu sehr an einen anderen Sektor gebunden.

- Je näher wir der Jahrhundertwende rücken, desto mehr verliert der Name Sport 2000 seinen modernen und futuristischen Touch.

Internationale Möglichkeiten müssen berücksichtigt werden

Jede Marke sollte so angelegt sein, daß sie – wenn nötig – internationalisiert werden kann. Viele Marken entdecken erst recht spät, daß ihre Namen die Ausdehnung auf ausländische Märkte begrenzen: Der Name Nike ist in einigen arabischen Ländern nicht eintragungsfähig. Die Marke Computer Research Services hat in Frankreich Probleme wie auch der Autoname MR2 von Toyota. Die starke Marke CGE ist in den Vereinigten Staaten wegen der bekannten Marke G-E (General Electric) nicht schützbar. Bei der Internationalisierung von Marken muß darauf geachtet werden, daß die Namen überall ausgesprochen werden können, daß keine ähnlich klingenden Namen bereits existieren und daß sie natürlich vor allen Dingen zeichenrechtlich geschützt werden können. So läßt sich auch die Tatsache erklären, warum die 1300 Wörter, die in allen EG-Ländern identisch sind, so interessant sind. Außerdem sind bereits viele Markennamen eingetragen. Dies erklärt die Tendenz zu artifiziellen Namen, die zunächst keinen bestimmten Sinn haben und deshalb für alle Möglichkeiten offen sind.

Schließlich wirkt sich die Internationalisierung der Marken auch auf Markennamen aus, die nur national verbreitet sind. Hierfür ist der Fall „Temps de la Finance" in Frankreich beispielhaft: Diese nur in Frankreich verbreitete Zeitung mußte den Namen ändern, denn sie ähnelte zu sehr der französischen Übersetzung des bekannten Namens „Financial Times".

Die Entwicklung eines Markennamens verlangt eine Strategie

Der Prozeß der Markennamen-Entwicklung beinhaltet mehrere Phasen. Zuerst muß das Markenkonzept definiert werden, d.h., welche Bestimmung es erfüllen soll. Dann muß präzisiert werden, welche Identitätsfacetten der Markenname besonders tradieren soll. Anhand des Produktes Hartwurst von Justin Bridou läßt sich diese entscheidende Phase leicht demonstrieren: Die Hartwurst sieht wie eine Schnecke aus, von der der Metzger Ringe abschneidet, daher die typische Form. Um die Vorteile dieser Hartwurst hervorzuheben, beschloß die Firma Justin Bridou, ihr einen eigenen Namen zu geben. Bevor man jedoch eine Branding-Agentur zu Rate zog, mußte zunächst die Strategie festgelegt werden: Die Wurst sollte unter dem Aspekt der Geselligkeit positioniert werden, etwas, was man mit Freunden teilt. Welche Identitätsfacette sollte im Namen besonders hervorgehoben werden?

- Die physische Erscheinung (also ein Name, der die typische Form des Produktes ausdrückt, wie z.B. „Schnecke" oder „Hufeisen von Justin Bridou")?

- Die Beziehung (Basis der Positionierung), also z.B. die „Tournée von Justin Bridou"? (Leider wurde auch hier ein deskriptiver Name gewählt, nämlich die „richtige Hartwurst").

Ist die Aufgabe des Namens einmal definiert, dann kann die Namenssuche einer Spezialberatung übergeben werden. Eine solche Firma verfügt heute neben spezieller Kreativität auch über eigene Softwareprogramme und vor allem über wettbewerbswirksames Know-how (Botton und Cegarra, 1990). Aber trotzdem ist eine klare und präzise Definition der Markenidentität – wie auch in der Werbung – unabdingbare Voraussetzung für die Suche nach einem Namen.

Die Markenbekanntheit

Die Stärke einer Marke läßt sich zum Teil an ihrem Bekanntheitsgrad messen: Wie viele Personen kennen die Marke weltweit, ist die Marke nur dem Namen nach bekannt? Die Markenbekanntheit bezeichnet die Anzahl der Personen, die die Bedeutung der Marke kennen, wissen, was das Zeichen verspricht, und vor allem den Kompetenzbereich (Produkte und Dienstleistungen) der Marke kennen. Eine Marke ohne Bekanntheit ist nur ein nichtssagendes Symbol auf dem Produkt. Wird in die Werbung investiert, dann geschieht dies, um den Markensinn transparent zu machen und möglichst weit zu verbreiten und um dem Produkt den Markteinstieg zu erleichtern.

Gewöhnlich unterscheidet man drei Typen von Markenbekanntheit:

- Der „top of mind" mißt, welche Marke befragten Personen als erste einfällt, wenn sie nach einer bestimmten Produktkategorie befragt werden.

- Die spontane Markenbekanntheit mißt, wie schnell eine Marke im Gedächtnis auftaucht, also die Assoziation einer bestimmten Produktkategorie.

- Der dritte Typ – die „spontane Markenbekanntheit" – besteht darin, die Zielgruppe zu befragen, ob sie den Markennamen kennt oder wenigstens schon einmal davon gehört hat.

Am schwierigsten und besonders kostenintensiv ist es, den „top of mind" zu erreichen, und das stuft sich dann nach unten ab. Aus dieser Hierarchie wird häufig abgeleitet, daß der „top of mind" das Ziel aller Marken sein sollte. Dies ist jedoch ein Irrtum, denn jeder Typ hat andere Funktionen und beeinflußt die Marke auf seine Weise. Es hängt von der Marktsituation ab, ob es sich lohnt, in den „top of mind" zu investieren.

Der dritte Typ stellt eine Art Rückversicherung dar, man hat schon mal von der Marke gehört. Sie ist also nicht völlig unbekannt, was den Verkäufern bei ihrer Argumentation zugute kommt. Zum zweiten Typ gehören Marken, die dem Verbraucher sofort einfallen: Das ist dann von Vorteil, wenn der Verbraucher schnell und bequem wählen will. Im industriellen Marketing ist die spontane Bekanntheit Grundlage vertiefter Analysen. Der „top of mind" ist dann wichtig, wenn der Verbraucher sich sehr schnell entscheiden muß (wie bei Bestellungen im Café, wenn der Ober kommt) oder sich entscheiden möchte, ohne viel zu überlegen, wie bei den meisten Produkten für den Haushalt (Kapferer und Laurent, 1983).

Die Entscheidung für einen der drei Typen wird demnach auf das Entscheidungsverhalten des Verbrauchers und dessen Implikationsprofil abgestimmt. Nicht alle Investitionen in den Aufbau einer spontanen Markenbekanntheit sind gerechtfertigt, denn der Marktanteil von beispielsweise einer Haushaltsgeräte-Marke wächst nicht automatisch, wenn der spontane Bekanntheitsgrad sich verdoppelt. Im Gegenteil, ein befriedigender Grad an gestützter Markenbekanntheit ermöglicht den Ausbau des Absatzstellennetzes und erhöht die Akzeptanz einer Marke am Ort des Verkaufs. Bei den meisten Gebrauchsgütern, die selten gekauft werden, kennen die Kunden weder das Angebot noch die Auswahlkriterien, die angewandt werden sollten. Sie entscheiden sich im Geschäft nach intensivem Vergleich zwischen den ausgestellten Artikeln. Die Tatsache, daß die Marke eine Resonanz hervorruft, genügt als Legitimation für den Affektionswert ihrer Produkte. Die Marke Hoover hat eine schwache spontane Markenbekanntheit, aber eine relativ hohe „gestützte Markenbekanntheit".

Für Produkte mit schwachem Affektionswert ist die spontane Resonanz wichtig, denn sie vermindert das Risiko für den Verbraucher. Auch hat der potentielle Kunde im allgmeinen keine Lust, in diesem Bereich langwierige Produktvergleiche anzustellen. Nun zeigt aber die Erfahrung, daß bei gewissen Marktkonditionen das Erreichen der spontanen Markenbekanntheit fast unmöglich ist.

- Einige Marken existieren nur in der Werbung. Wird die Werbung eingestellt, hört und sieht man nichts mehr von ihnen. So hat die Marke Technal keine eigenen Absatzstellen. Die Produkte werden von Handwerkern vertrieben, die alle einen eigenen Firmennamen haben. Diese Handwerker stellen ihr eigenes Know-how, ihre Zuverlässigkeit und ihr Talent in den Vordergrund, und der Markenname der Profile, die sie zum Bau von Veranden, Türen und Fenstern verwenden, tritt gar nicht in Erscheinung. Der „spontane Bekanntheitsgrad" ist also schwach, und sobald die Werbung eingestellt wird, gerät die Marke in Vergessenheit. Allerdings behält sie ihre „gestützte Markenbekanntheit" bei, die weniger anfällig ist für Zeiterscheinungen.

- Die „spontane Markenbekanntheit" hat eine affektive Dimension, denn es besteht ein enger Zusammenhang zwischen Markenbekanntheit und Präferenzen oder allgemeinen Bewertungen. Markenbekanntheit transferiert eine Affektion, ein Interesse. Eine unsympathische Marke wird sich aufgrund des selektiven Gedächtnisses des Verbrauchers nur schwer einprägen können.

102

● Dieser zweite Typ kann nur auf Kosten einer anderen Marke gesteigert werden. Steigt die Bekanntheit einer Marke, dann sinkt sie gleichzeitig bei einer anderen. Diese Feststellung beruht auf einer Regel, die fast überall zu finden ist: Befragte Personen zitieren spontan durchschnittlich drei oder vier Markennamen. Ist die Zahl spontan genannter Marken begrenzt und klein, dann impliziert die Nennung einer neuen Marke, daß eine andere nicht mehr zitiert wird. Die Konsequenz daraus ist, daß, wenn in einem Markt drei Marken eine starke „spontane Bekanntheit" haben, sie praktisch jede andere Marke abblocken (Laurent, Kapferer, Roussel, 1988). Man sagt, daß diese Märkte „blockiert" sind. Die Relation zwischen „gestützter" und „spontaner" Markenbekanntheit haben wir in Abbildung 10 dargestellt.

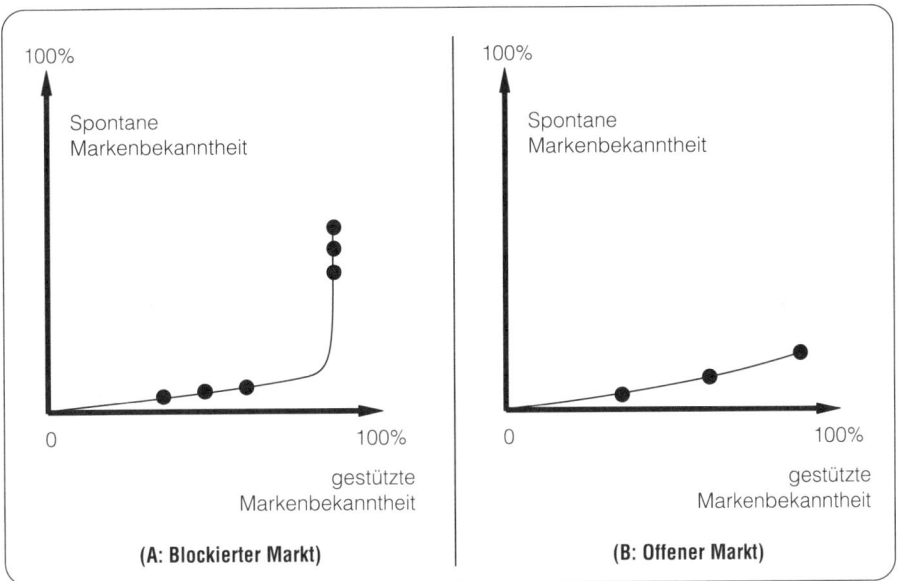

Abb. 10: *Dynamik des Bekanntheitsgrades einer Marke*

In neuen Märkten gibt es dieses Phänomen der Gedächtnisblockade noch nicht. Die „spontane" Markenbekanntheit erfordert Investitionen in die Werbung (Share of Voice) und ist im Hinblick auf die Wettbewerbssituation wünschenswert. Denn neben dem oben beschriebenen Blockademechanismus erlaubt sie, Pioniervorteile auszunutzen (Carpenter und Nakamoto, 1990; Nedungadi und Hutchinson, 1985).

In jungen Märkten und zu Beginn des Lebenszyklus einer Produktkategorie profitiert die Marke, die als erste in den Markt eingeführt wird und Kommunikation betreibt, von dem, was man allgemein Pioniervorteil nennt. Die meisten Marken, die einen Markt schon bei seinem Entstehen dominiert haben, dominieren diesen noch Jahrzehnte später, auch dort, wo der Wettbewerbsvorteil nicht in technologischem Know-how, Erfahrung oder Produktivitätsgewinn liegt. Dies ist der Fall bei den Marken Coca-Cola, Mousline, Soupline usw. Die psychologische Erklärung dafür ist, daß beim Entstehen eines Marktes weder Präferenzsystem noch stabile Auswahlkriterien existieren. Die erste Marke, die in diesem Markt bekannt wird, wird zum Prototyp. Mit anderen Worten: Sie definiert den idealen Markentypus, d.h. die Kombination von Attributen, die zur Befriedigung der Bedürfnisse der Verbraucher notwendig sind. Diese Marke definiert die Werte und behindert dadurch spätere Markteinsteiger. Da diese normalerweise dem sogenannten Me-too-Konzept folgen und der Pioniermarke ähneln wollen, verlieren sie ihren besonderen Charakter und setzen sich deshalb weniger durch; daher rührt auch ihr strukturelles Handicap in der Markenbekanntheit.

Selbstverständlich hat die Pioniermarke nur dann einen strukturellen Vorteil, wenn die Qualität von Produkt oder Dienstleistung dieser Marke zufriedenstellend ist. Ist dies nicht der Fall, stellt man die Werbung besser ein, um nicht das Schicksal der Marke Jacques Borel zu teilen. Diese Kette von Billig-Restaurants, nicht besser und nicht schlechter als andere ihrer Art, investierte in großem Umfang in die „spontane Bekanntheit". Die erhielt sie auch, aber leider waren die Verbraucher von dieser Art von Gastronomie überhaupt nicht begeistert, und Jacques Borel – die einzig bekannte Marke in dieser Branche – wurde zum Prototyp des „miesen Restaurants", d.h., sie bekam ein Negativimage.

Kapitel 5
Die Identität der Marke im Wandel der Zeit

Die meisten augenscheinlich modernen und aktuellen Marken sind in Wirklichkeit sehr alt: Coca-Cola wurde am 29. Mai 1887 kreiert, die Marke Michelin im Jahre 1898, Gitanes und Gauloises 1910, Camel 1913, Danone 1919, La Vache qui Rit 1921, Spontex 1932, Bull 1933, Orangina 1936 und Marlboro 1937. Es gibt hierfür noch viele andere Beispiele. Dies alles sind Marken, die „überlebt" haben; andere Marken sind wieder in der Versenkung verschwunden und wurden vergessen.

Die Langlebigkeit zeigt, daß zwar Produkte „sterblich" und einem Lebenszyklus unterworfen sind, Marken diesem Schicksal aber entgehen können. Die Langlebigkeit der Marken hat übrigens Firmen wie BSN bewogen, den bilanzierten Markenwert nicht abzuschreiben. Dennoch gibt es auch das Phänomen, daß Marken wieder verschwinden: Warum können manche Marken die Zeit besiegen, als ob sie ewige Jugend hätten, und andere nicht? Dies hängt davon ab, wie gut eine Marke mit zeitlich bedingten Veränderungen zurechtkommt.

Es ist allgemein bekannt, daß eine Marke sich nur durch Kontinuität, d.h. langfristig aufgebaut, behaupten kann. Das Identitätskonzept verlangt, daß die Marke sich mit ihren Aussagen und Versprechen identifiziert. Um Erfolg zu haben, muß die Marke ein konkretes Konzept verfolgen. Die Kontinuität ist also ganz wesentlich für Aufbau und Langlebigkeit einer Marke.

Eine Marke, die sich nicht weiterentwickelt, „versteinert" und verliert ihre Gültigkeit. Zeit ist eigentlich nur ein Indikator, hinter dem sich die Änderung von Lebensstilen, der Erwartungen, der Technologie und der Wettbewerbssituation verbirgt. Um mit solchen Trends fertigzuwerden, muß man sich fragen: Wie kann eine Marke weiterentwickelt und an eine veränderte Situation angepaßt werden und dennoch ihre Identität bewahren? Was muß geändert werden, und was soll gleich bleiben? Da die Marke nur in ihren „Produktionen" (Produkte, Dienstleistungen und Kommunikation) lebt, setzt langfristiges Markenmanagement notwendigerweise Entwicklung und Kontinuität voraus. Im Bereich Kommunikation ist Marlboro, eine Marke, die seit 1964 dieselbe Werbung, nur ein wenig abgewandelt, einsetzt, eher atypisch. Das Beispiel ist einmalig.

Tatsächlich haben nur wenige Marken auf einen Mythos gesetzt, dessen Darstellung in Raum und Zeit absolut kodiert und festgelegt ist. Coca-Cola, Volkswagen, Nestlé, Philips und Adidas mußten Kommunikation und Produkte aktualisieren, um sich den Veränderungen in ihrem Umfeld anzupassen. Marken müssen also lernen, sich zu erneuern, um immer „up to date" zu sein.

Die Evolution der Marke

Zeit ist ein Indikator für wechselnde Strömungen in Gesellschaft und Märkten. Die Marke riskiert, gleich doppelt zu veralten, nämlich technologisch und kulturell.

Der Fortschritt in Technologie, Forschung und Entwicklung hält einen ständigen Innovationsrhythmus in Gang. Die Marke muß diesen Innovationen Rechnung tragen, wenn sie sich nicht technisch deklassieren will. Folgt eine Marke einem bestimmten Trend zu sehr, dann riskiert sie, vom Markt zu verschwinden, wie Solex. Diese Marke hatte nur ein Produkt in ihrem Portfolio, das sich im Laufe der Zeit praktisch nicht veränderte. Deshalb verschwand die Marke zusammen mit dem Produkt. Die Verantwortlichen hatten nicht berücksichtigt, daß das Produkt der physische Träger der Marke war. Die Marke hätte sich von diesem Produkt lösen und auch andere Produkte ins Programm aufnehmen müssen, um ihrer Aufgabe als Marke gerecht zu werden. So war Solex lediglich Produktname. Wenn die Marke ihre Produkte und Dienstleistungen nicht ständig auf dem neuesten Stand hält, verliert sie den Anschluß. Innovation und neue Produkte sind die Chance für die Marke, ihr Konzept transparent zu machen und ein kohärentes und spezifisches Image aufzubauen. Dies betrifft IBM und Apple genauso wie Coca-Cola. Natürlich ist die Grundformel des Produktes im großen und ganzen gleich geblieben, aber die Form der Präsentation mußte dem modernen Way of Life angepaßt werden: Es gibt heute großformatige Flaschen für den wöchentlichen Einkauf im Supermarkt, Aluminiumbüchsen für unterwegs und Coca-Cola ohne Koffein oder Zucker. Die Beachtung der konkreten Bedürfnisse der Verbraucher muß Kernpunkt der Markenpolitik sein und erfordert ständige Aufmerksamkeit.

Die Zeit zeigt auch die kulturelle Entwicklung. Werte, Sitten und Verhaltensweisen ändern sich. Was im Jahre 1978 noch revolutionär und sogar unschicklich war, ist 1990 bereits unbedeutend. Diese Banalisierung bedroht auch die Marke. Die Marke Findus hat die Verwendung von Tiefgefrorenem legitimiert. Nicht damit zufrieden, nur über diese Art von Produkten zu informieren, hat die Marke deren Verwendung im sozialen Bereich auch legitimiert. Wie wir gesehen haben, ist dies eine der wesentlichen Funktionen der Markensprache. Damals war es selbstverständlich, daß die Frau die Aufgabe, die ihr Religion,

Schule und Staat gaben, erfüllte, d.h., Mutter zu sein und den Haushalt zu versorgen. Tiefgefrorene Produkte waren auf jeden Fall ein Schlag ins Gesicht für diese traditionelle Vorstellung. Findus trat mit dieser neuen Idee an die Öffentlichkeit und gab damit der Frau die Rechtfertigung für ihren Wunsch nach Änderung. Die Zeiten haben sich geändert, denn die meisten Frauen sind heute berufstätig. Die Idee der ersten Stunde ist heute überholt. Hätte Findus nicht die Markenpolitik geändert und sich von dieser Idee gelöst, wäre die Marke bereits vom Markt verschwunden. Demgegenüber kämpft die Marke Franco-Russe noch mit dem Problem, zeitlich bedingten Trends zuwiderzulaufen.

Franco-Russe bietet Fertigmischungen für Desserts an, die leicht zuzubereiten sind, ausgezeichnet schmecken und nicht teuer sind. In diesem Fall liegt das Problem also in der Markenpolitik. Im Gegensatz zu Findus propagiert Franco-Russe immer noch die Idee des „Selbermachens", die längst überholt ist und die veraltete Seite der Marke betont. Natürlich gibt es auch heute noch Mütter, die ihre Rolle sehr ernst nehmen und den Kuchen für ihre Kinder selbst zubereiten. Diese Tatsache ist jedoch für die Marktsituation relativ unbedeutend. Die Marke soll ja nicht nur gute Erträge erzielen, sondern sich auch im Kopf des Verbrauchers durchsetzen, d.h. dem Zeitgeist Rechnung tragen.

Im Lauf der Zeit verändert sich natürlich auch der Zeitgeist. Nach dem Krieg, also einer Zeit, in der die Kühe mager waren, versinnbildlichte die Kuh Natur und Überfluß. Davon profitierte La Vache qui Rit, die älteste der modernen Käsemarken. Dieses Bild hat sich heute verändert, die Kuh ist zum „dummen Vieh" geworden. Dies ist ein Handicap für die Marke, denn es infantilisiert die Marke und macht sie zum Symbol eines Käses, den das Kind nicht mehr ißt, wenn es als erwachsen gelten will. Ganz allgemein gefährden bildliche Darstellungen die Marke, lähmen sie und zwängen sie in ein Korsett. Nur das Männchen von Michelin riskiert dies nicht, denn hier handelt es sich um ein originelles Symbol, das keine soziale Bedeutung hat. Auch die Marke Banania litt unter der unkontrollierbaren Veränderung ihres visuellen Symbols: Die Darstellung des Schwarzen aus der französischen Kolonialzeit in Afrika weckt heute viele Ressentiments. Dasselbe gilt für Crédit Mutuel, dessen Name heute seinen Glanz verloren hat und noch auf Werten einer anderen Epoche aufbaut. Die gegenseitige Unterstützung, die in einer solidarischen Bewegung zur Zeit des freien Kapitalismus ihren Ursprung hat, muß heute ihre Gültigkeit unter Beweis stellen. Natürlich ist man auch heute noch daran interessiert, Verluste zu teilen – daher die gute wirtschaftliche Lage der Versicherungen –, jedoch nicht mehr daran, auch die Gewinne zu teilen. Das Wort „gegenseitig" muß im Bankwesen eine neue Bedeutung bekommen, wenn die Marke zeitgemäß bleiben will. Werbefilme, die in Science-fiction-Art aufgemacht sind (verbreitet in den Jahren 1985 bis 1987), können dieses Problem jedenfalls nicht lösen.

Marken, die auf einer lebenden Person aufbauen, sind ebenfalls mit dem Problem der Identitätsveränderung konfrontiert. Die Person lebt ihr Leben und entwickelt sich in eine Richtung, die strategischen Markeninteressen nicht mehr gerecht wird. Die Marke Justin Bridou warb mit der Person Patrick Sébastien. Nun hatte dieser, als er von der Marke verpflichtet wurde, noch nicht die Populariät eines berühmten Fernsehmoderators. Dieses Sprungbrett war schlecht gewählt, denn nun verdrängte der Star die Marke. Da die Kommunikation nicht angepaßt wurde, blendete Patrick Sébastien die Marke aus.

Im Laufe der Zeit verändert sich auch der Kundenstamm, d.h., die Leute werden älter. Die Wegbereiter, die G. Blitz und G. Trigano in die neu eröffneten Feriendörfer (auf den Balearen oder Korsika) des Club Méditerranée folgten, haben heute die 50 überschritten. Die Stärke dieser Marke zeigte sich darin, daß es ihr gelang, auch die Bedürfnisse einer neuen, jüngeren Zielgruppe zu befriedigen, ohne die Markenidentität aufzugeben. Das spartanische Angebot aus dieser Zeit wurde ergänzt durch Angebote, die den altersbedingten Bedürfnissen nach Komfort gerecht werden. Heute reicht das Spektrum des Angebots von der Robinsonhütte bis zum Luxushotel mit Marmorausstattung. Der Hintergrund der Markenidee jedoch blieb unangetastet, nämlich das Angebot an Sportmöglichkeiten und Unterhaltung, ganz gleich, in welchem Land der Club liegt und um welche Kategorie es sich handelt. Der Erfolg der Marke liegt in ihrer Fähigkeit, dem Kundenstamm gerecht zu werden und gleichzeitig auch junge Leute anzusprechen. Die Textilmarke Vitos hat es nicht verstanden, auch die Jugend anzusprechen. Deshalb ist nur noch der ursprüngliche Kundenstamm übrig, was für Absatz und Suggestivkraft negativ ist.

Erfolg stimuliert die Konkurrenz, die noch bessere Produkte anbieten möchte. Die Möglichkeit, ohne Risiko Umsatz zu machen, da die nationale Marke bereits den Markt vorbereitet hat, ermutigt Handelsmarken zu Imitationen. Nachdem Findus durch 10jährige Kommunikation und mit Hilfe seiner Produkte die Verwendung von Tiefgefrorenem sozial legitimiert hat, ist es für Casino nun einfach, sich die Markenidee von Findus anzueignen und die Findus-Produkte durch eigene zu ersetzen. Tatsächlich ist nichts verführerischer, als hier Packung und Strategie einer erfolgreichen Marke und die entsprechende Produktformel zu kopieren. Auf dieser Methode basieren Erfolg und Rentabilität von Handelsmarken. In Anbetracht der rechtlichen Situation, die ein Eingreifen unmöglich macht, und der Trägheit der öffentlichen Hand in dieser Angelegenheit muß die Marke erst recht innovativ tätig sein und ihre Führungsposition durch leistungsstarke Produkte ausbauen. Der Marken-Code auf der Packung muß sofort ins Auge fallen. Die Marke muß sich ständig verbessern und aktualisieren, sie steht im Wettbewerb mit sich selbst, der nie endet.

Die Botschaft der Marke zwischen Innovation und Zeitlosigkeit

Markenkommunikation muß weiterentwickelt werden. Die Marke Evian stellte ihr Mineralwasser immer wieder anders dar: Je nach Bedarf wurde es als das Wasser für Babys präsentiert, dann als Wasser aus den Alpen, dann als Mineralwasser für Diätzwecke und heute als Wasser vernünftiger Lebensführung. Diese Änderungen der Positionierung vollzogen sich langfristig und demonstrierten die veränderte Einstellung des Verbrauchers gegenüber Mineralwasser, die Reifung des Marktes und die Entwicklung der Wettbewerbssituation. Die Funktionen und Aufgaben von Wasser sind nicht genau definiert, sie hängen von externen Faktoren ab wie Urbanisierung, Industrialisierung, Wiederentdeckung der Natur, Umweltverschmutzung und einer neuen Einstellung zu Körper, Gesundheit und Lebensmittelhygiene. Die Marke positionieren heißt, eine ihrer Facetten in Relation zu setzen zu entsprechenden Erwartungen des Marktes. Da diese Faktoren sich ständig ändern, darf auch die Marke sich nicht festlegen.

Normalerweise ist es ausreichend, die Positionierung einer Marke alle vier bis fünf Jahre zu modifizieren. Der Markenauftritt muß sich aber dem veränderten Verbraucherverhalten (Sprache, Symbole und Look) schneller anpassen, denn er wird mit anderen Markendarstellungen verglichen. Davon hängen dann Gültigkeit und Aktualität der Marke ab.

Diese notwendigen Anpassungen und Veränderungen bergen ein Risiko, nämlich das des Identitätsverlustes. Um dies zu verhindern, d.h., trotz Änderungen die Identität zu bewahren, klammern sich die Marken an ihren Code, d.h. an visuelle oder verbale Fixpunkte. Dies ist unleugbar ein Faktor, der zur Definition der Marke und ihrer Darstellungsweise beiträgt, denn auch ohne die Marke erkennt der Verbraucher die Werbefilme von Dim, und zwar an Musik und Aufmachung. Die Marke Cacharel wird mit Sarah Moon assoziiert und Nina Ricci mit dem Fotografen David Hamilton. Aber auch der Stil wird im Laufe der Jahre altmodisch. Die Fotografie von David Hamilton ist heute überholt. Wird dieser Stil weiter angewandt, riskiert die Marke in der Versenkung zu verschwinden.

Leider fällt es den Marken schwer, ihren Stil aufzugeben, auch wenn sie die Notwendigkeit einsehen. Man fürchtet, die Marke verliert ihre Identität, wenn der Code verändert wird. Das Zögern ist weitgehend darauf zurückzuführen, daß Markenpolitik oft unflexibel ist. Die Kommunikation demonstriert die Möglichkeiten einer Marke anhand ihrer Symbole. Eine starke Fixierung auf die Symbole und den Code kann der Marke zwar eine stabile Position verschaffen, birgt aber auch das Risiko, die Identität der Marke zu untergraben.

Denn tatsächlich demonstriert die Marke ihre Identität nur durch Veränderungen. Je nach Mode trägt die Frau pastell oder bunt, lange oder kurze Röcke, weite oder enganliegende Kleidung. Definierte man die Identität der Marke durch einen festen Code, wäre das so, als ob man von einer Frau verlangte, weiterhin pastell und lang zu tragen, obwohl alle anderen Frauen kurz und bunt tragen. Die Identität der Frau zeigt sich darin, wie sie ganz speziell ihre Wahl im Angebot der Saison trifft. Es findet ein Auswahlprozeß statt, der jedes Jahr neu abläuft, sich der Mode anpaßt und doch eine eigene Identität erkennen läßt. (Ich danke hiermit A. Mergier [Causa Rerum] für diese bildliche Darstellung.)

Dasselbe gilt für Marken. Die Manager klammern sich an Codes und Bilder, weil sie die eigentliche Identität ihrer Marken nicht kennen. Statt dessen sollten sie versuchen, die Inspirationsquelle ihrer Marke zu finden, den genetischen Code, der der eigentliche, unsichtbare Leitfaden aller Markenmodifikationen ist, sowohl im Bereich der Kommunikation wie auch bei den Produkten. Stil und Positionierung können sich ohne weiteres verändern, nur der Ursprung der Markenidentität muß bewahrt werden. Dazu muß man ihn kennen.

Der Fall Volkswagen macht die Dialektik von Veränderung und Kontinuität deutlich. 1970 verkaufte die Firma auf dem französischen Markt nur ein einziges Produkt, den berühmten „Käfer". Auf dieses schon vor dem Krieg konzipierte Auto geht der Marken- oder Firmenname zurück. Die Aufgabe der Konstrukteure war, ein „Auto für das Volk" zu entwickeln (den sog. Volks-Wagen). Die Gründungsidee der Marke lag in der Solidarität (ein Reich, ein Volk, ein Wagen). Später stand man vor dem Problem, die Marke an die soziologische Evolution, die technologischen Entwicklungen im Automobilsektor und die wachsenden Ansprüche der Autofahrer anzupassen. Dazu kam noch, daß die Marke auf einem einzigen Produkt basierte, das weiterhin quasi unverändert hergestellt wurde. Es galt, das Identitätsprisma an die neuen Erfordernisse anzugleichen und konsequent die verschiedenen Vorteile der Marke in den Vordergrund zu stellen. Es wurde die Idee der vernünftigen Entscheidung propagiert, man betonte den sparsamen Verbrauch, Haltbarkeit, Robustheit und Sicherheit des Autos. Beispiel: „Der Käfer hat für jeden Erwachsenen eine Tür, und hinten sitzen die Kinder sicher." Aufgrund dieser Argumentation schien der Käfer auch als Zweitwagen für die Ehefrau geeignet. Der Ton der Werbung ist typisch für Volkswagen: Er ist salopp, humorvoll und bricht mit dem traditionell seriösen Ton der Automobilwerbung.

Die Leistung dieser Marke liegt darin, über Solidarität zu sprechen, ohne sie tatsächlich zu realisieren (Cabat und Fourcade, 1981). Die Markenidentität litt nicht unter dieser thematischen Verschiebung vom Sparen auf Robustheit oder

Sicherheit. Später dann hat man das Fahrzeug aktualisiert und der Mode angepaßt. Diese Themenänderungen oder -variationen trugen dazu bei, die Marke auf eine zwar nicht deutlich sichtbare, aber doch vorhandene Inspiration zurückzuführen: die Solidarität als Gründungsprinzip von Produkt und Marke. Widerstandsfähigkeit, Haltbarkeit, Sicherheit und auch der humorvolle Werbestil demonstrieren die Idee der Marke, ihre Inspirationsquelle: die Solidarität mit dem Volk. In der Kommunikation kommt das nicht ausdrücklich zur Sprache, die Produktgestaltung macht diese Werte transparent.

Am Beispiel Volkswagen lassen sich Markenmodifikationen, die auf zeitliche Einflüsse zurückzuführen sind, theoretisch darstellen (Abb. 11).

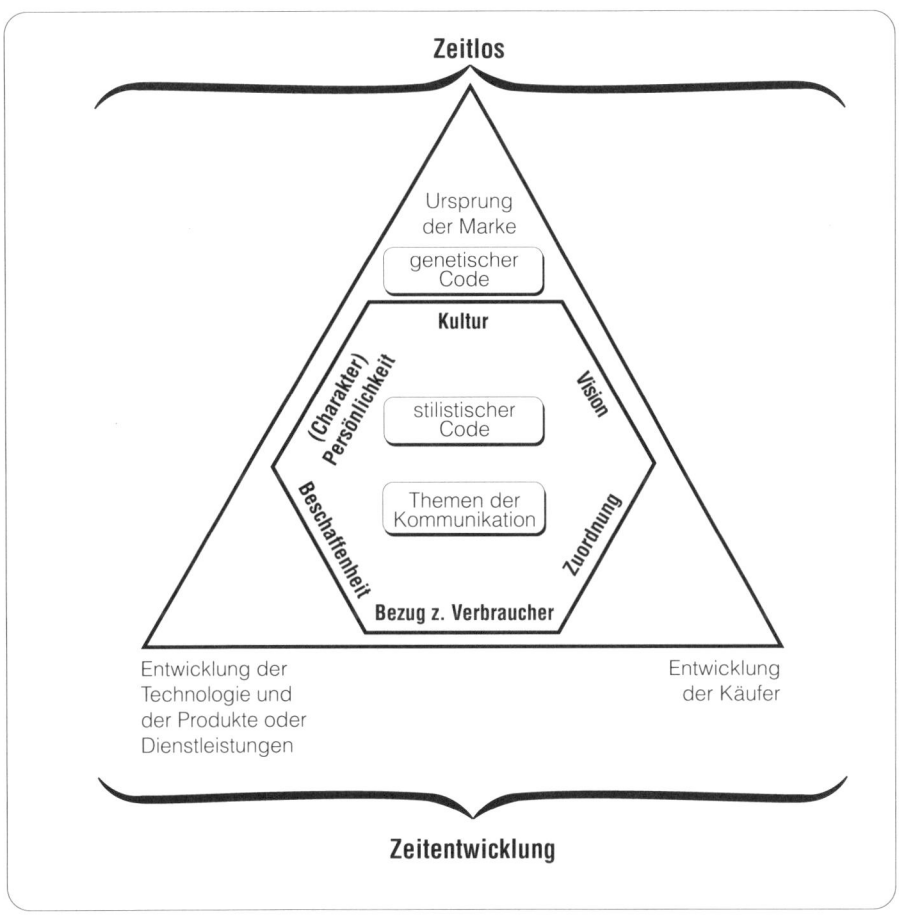

Abb. 11: *Architektur der Marke*

Das Identitätsprisma der Marke und ihre Facetten müssen flexibel sein. Die physische Erscheinung muß sich der technologischen Entwicklung anpassen, und das Verbraucherverhalten muß berücksichtigt werden. Diese Entwicklungen brauchen einen Leitfaden. Soll die Marke Speicherfunktion haben, dann muß ihr genetischer Code bekannt sein.

Alle diese Konzepte (Inspirationsquelle, Betrachtungsweise oder genetischer Code) führen zu einem pyramidenförmigen Modell mit drei Stufen.

- Ganz oben angeordnet ist die Markenidentität. Sie ist unsichtbar, aber für eine kohärente und kontinuierliche Strategie unbedingt notwendig.

- Die Basis bildet das „Thema", d.h. Kommunikationskonzepte, Richtungen, Positionierungen und Aussagen.

- Die Zwischenebene ist der stilistische Code, die Art und Weise der Kommunikation und des Markenauftritts. Der Stil ist signifikant. Ethymologisch hat sich das Wort aus dem französischen „stilet", die Spitze oder Feder, entwickelt.

Natürlich besteht zwischen den Identitätsfacetten und den drei Stufen der Pyramide ein enger Zusammenhang. Eine Untersuchung der Themen der Markenwerbung zeigt, daß man hier auf die physische Erscheinung der Produkte, die Suggestivkraft auf den Verbraucher oder auf die Beziehung zwischen Marke und Verbraucher baut (vor allem die Dienstleistungsmarken). All diese Facetten sind sichtbar und können dargestellt werden. Der Stil, wie die Schrift, zeigt das Markenkonzept, Charakter, Kultur und Vision. Schließlich inspiriert der genetische Code, die Wurzel der Marke, die ganze Darstellung. Er ist das Leitprinzip. Es existiert also eine enge Beziehung zwischen stilistischem Code und Markenidentität. Bei Volkswagen ist Humor die Konsequenz aus Solidarität, denn er verhindert die Klassifizierung der Autofahrer nach ihren Fahrzeugen.

Dieser Aufgliederung des Markenkonzeptes in Ebenen oder Strata deckt sich mit dem Modell „Markeninhalt" von Sorgem und der „Tabelle der zukunftsorientierten Analyse" von BVA (Ville, 1986). Die Marke soll von der ständigen Wiederholung desselben Themas in der Kommunikation befreit werden. Bei der Wahl des Themas müssen die Kontingenzen der Temporalität berücksichtigt werden: Soll das Thema sich auf die Produkte oder Dienstleistungen beziehen? Soll der Segmentanteil gesteigert werden? Diese Kriterien müssen noch der Beachtung der Markenidentität hinzugefügt werden. Eine Marke kann nicht allein dadurch aufgebaut werden, daß ausschließlich Verbrauchererwartungen und -verhalten unter die Lupe genommen werden. Kommunikationsthemen sollen den Markenwert steigern und müssen miteinander übereinstimmen.

Die Kommunikation kann also variieren. Der Lebenslauf einer Marke beginnt mit dem Produkt und führt über die Akzeptanz schließlich zum kulturellen Aspekt. In den Werbespots der Marke Orangina wurde zunächst nur die Flasche gezeigt, mit der Aufforderung, sie zu schütteln, damit sich das Fruchtfleisch verteilen kann; dann hat man die Werbespots modernisiert und mehr Dynamik hineingelegt. Und schließlich hat man in der Kommunikation von Orangina südliche Länder (Assoziation der Orange) mit ihren Vorteilen dem amerikanischen Norden (von Coca-Cola) gegenübergestellt. Diese Entwicklung der Markenkommunikation ist überall anzutreffen.

Das pyramidenförmige Modell ist darauf zurückzuführen, daß man heute versucht, zeitlich bedingten Veränderungen auf neue Art gerecht zu werden. Kommuniziert das Werbethema die Markenwerte nicht mehr, dann muß es modifiziert werden. Jedes Thema nützt sich ab, und die Konkurrenz bleibt nicht untätig. Der stilistische Code, Ausdruck von Charakter und Kultur der Marke, muß stabilisiert werden, denn er ermöglicht den Übergang von einem Thema zum anderen. Den genetischen Code verändern heißt eine andere Marke schaffen, die zwar mit ihrer Vorgängerin homonym, aber in der Identität verschieden ist. Auch wenn die Marke Evian im Laufe der Zeit immer wieder anders dargestellt wurde, vom Wasser für Babys über Wasser aus der gesunden Bergwelt der Alpen bis hin zum Wasser der vernünftigen Lebensführung, so ist doch die Markenidentität unverändert geblieben. Evian war immer ein natürliches und beliebtes Wasser, eine vitale Quelle. Auch das gleichbleibend rosafarbene Etikett hat seine Bedeutung: Diese Farbe ist symptomatisch für die unterschwellige Markenidee.

Und schließlich gestalten die drei verschiedenen Ebenen Marken mit umfangreicherem Produktprogramm flexibler. Die Kommunikation dieser Marken muß die spezifischen Vorteile wiedergeben und verschiedene Produktaussagen unter einen Hut bringen und dabei trotzdem demonstrieren, daß eine Inspirationsquelle dahintersteht. Hier funktioniert die Marke wie eine Superstruktur. Nach diesem Prinzip arbeiten die Dienstleistungsmarken und die sog. Dachmarken.

Ist man sich über die Bedeutung dieser genetischen Codes im klaren, ist der nächste Schritt, den Code zu finden. Nicht jede Marke hat automatisch einen solchen Identitätshintergrund, manche haben nur Kommunikations- oder stilistische Codes. Wenn man also sagt, die Marke Cacharel stehe für Romantik, dann spricht man von einer Darstellungsweise; zwischen den Produkten Anaïs Anaïs, Loulou, Herrenparfum und kurzärmeligen Blusen wird ein Zusammenhang hergestellt. Cacharel ist tatsächlich nicht mehr als eine romantische Ummäntelung, während die Produkte dieser Marke ein sehr präzises Leitmotiv haben. Die wirklich starken Marken sind hier Anaïs Anaïs und Loulou. Cacharel selbst verfügt nicht über autonome Substanz (vgl. hierzu S. 198).

Verbraucher, Kunden und auch Manager sind sich nur selten des Markenleitmotivs bewußt. Sie registrieren nur die sichtbaren Facetten und Codes, bis zum eigentlichen Markenprogramm dringen sie nicht vor. Nicht einmal der Schöpfer einer Marke kennt ihr Programm, aber da er die Marke geschaffen hat, formuliert er ihr Konzept unbewußt in Handlungen und Entscheidungen. Nach dem Tod von Robert Ricci im Sommer 1988 hat sein Nachfolger eine Identitätsanalyse der Marke Nina Ricci in bezug auf den Parfum-Bestseller L'Air du Temps vornehmen lassen. Die Marke wurde eigentlich erst wahrgenommen, als der Markenschöpfer nicht mehr da war. Um aus Nina Ricci eine echte Marke zu machen, mußte zunächst das Markenkonzept klar definiert werden. Die Identitätsanalyse zeigte den ursprünglichen Aufbau der Marke und die mit ihr verwobenen Mythen. Die symbolischen Produktionen der Marke sind durch die Zeit hindurch spürbar: Aus welchem unbewußten Programm sind sie entstanden? Weshalb sind die traumhaften Haute-Couture-Abendkleider von Nina Ricci ein Spitzenprodukt der Marke? Was hat Robert Ricci an der fotografischen Art der Darstellung von David Hamilton so begeistert, daß er mit diesem einen langfristigen Exklusivvertrag abschloß? Welcher Zusammenhang besteht zwischen den Abendkleidern, dem Parfum L'Air du Temps und dem Fotografen Hamilton? Führt man sich die glorreiche Zeit der Marke Ricci vor Augen, dann erscheint das Problem, den Hamiltonschen Stil abzulösen, weniger dringend. Da aber die Kommunikation dem Zeitgeist angepaßt werden muß, ist ein Wechsel unvermeidlich, wobei aber unbedingt die Markenidentität berücksichtigt werden muß.

Ein klassischer Fehler bei der Markenführung ist folgender: Man glaubt, nur Oberflächlichkeiten zu ändern, verändert jedoch die Marke an sich. Hier ist der Fall Fidji beispielhaft. Dieses im Jahre 1966 kreierte Parfum gehörte zu den fünf meistverkauften Parfums der Welt, neben Anaïs Anaïs von Cacharel und L'Air du Temps von Nina Ricci. Jahrelang wurde der Slogan „la femme est une île, Fidji est son parfum" („die Frau ist eine Insel und Fidji ihr Parfum", Anm.d.Ü.) lanciert. Dann glaubten die Verantwortlichen von L'Oréal, das Thema modernisieren und ihn dem modernen Bild der aktiven, emanzipierten Frau anpassen zu müssen. Die neue Markenaussage sollte statt „der Situation entfliehen" der „Instinkt" sein. In der Werbung sah man nun eine Schlangenfrau abgebildet, mit dem neuen Slogan „le parfum des paradis retrouvés" („das Parfum des wiedergefundenen Paradieses", Anm.d.Ü.). Der Absatz ging von 7 280 000 im Jahre 1980 auf 6 730 000 1981, 6 052 000 1982 und 5 216 000 1984 zurück. Diese Entwicklung konnte glücklicherweise durch eine Preissteigerung ausgeglichen werden. Die Idee Natur war von der Schlange ersetzt worden, und man hatte so die Exotik erhalten, die sich bei der geschichtlichen Analyse des Parfums als signifikant erwiesen hatte. Zur selben Zeit, 1965, war der Club Méditerranée in

Mode gekommen und damit die Idee, in tropische Länder zu „entfliehen", was L'Oréal dazu bewogen hatte, das Parfum Fidji zu nennen. Man hatte damit die Exotik zum Ausdruck der Markenidentität gemacht. (Persönliche Mitteilung von M.-C. Sicard, Marketing-Direktor bei Rodier.) Aber der Identitätskern der Marke, die Basis für ihren Erfolg, war wahrscheinlich auch den Schöpfern der Marke entgangen. Indem sie Schlange und Orchidee in die Werbung aufnahmen, schufen die Nachfolger, ohne es zu wissen, eine andere Marke. Sie hatten die Möglichkeiten von Fidji nicht erkannt und zerstörten die Markensubstanz, obwohl doch die mythische Bedeutung der Insel allgemein bekannt ist (daher auch der weltweite Erfolg)! Leider hatte man sich aber auf Fidji und Exotik konzentriert, zwei Elemente, die hier doch offensichtlich zweitrangig waren. Schlange und Orchidee, die als Symbole für Verführung unentbehrlich sind, waren auf der Insel Fidji deplaziert.

Die Kenntnis des Markenkerns verhindert stilistische Entstellungen. Nichts ist der Marke Citroën fremder als das Tier. In ihrem ganzen genetischen Programm meidet die Marke den Bereich der Tierwelt. Die Darstellung von Pferden in der Markenwerbung widersprach völlig den Werten der Marke. Der Gleichklang der Worte (chevaux – chevrons) im Französischen und die Metapher von der Leistungsstärke der Autos änderten daran nichts. Die Wahrheit der Marke liegt in ihr selbst. Die genaue Kenntnis der Markenidentität kann nicht durch kreative Zufälle ersetzt werden. Eine Marke kann sich entwickeln, darf sich aber nicht verleugnen.

Die Wiederbelebung von Marken

Häufig begegnet man „wiederbelebten" Marken (Berry, 1988; Saporito, 1986), eine Methode, die leider bei Talbot, Sunsilk und Cémoi angewandt wurde. In den 60er Jahren war Sunsilk ein bekanntes Shampoo, Ende der 70er Jahre wurde das Produkt vom Markt genommen. Die Société Française de Soins et Parfums beschloß 1988, ein komplettes Produktprogramm mit dem Namen Sunsilk einzuführen. Cémoi, eine Schokolade, an die sich nur noch die über 40jährigen erinnern, wurde 1989 von Cantalou wieder neu auf den Markt gebracht. Cantalou belieferte bis dahin exklusiv Handelsmarken mit Schokolade. Da auch diese Methode praktisch bei Null ansetzt, gleicht sie in gewisser Weise der Kreation und Neueinführung einer Marke.

Anders sieht es im Fall „geschwächter" Marken wie Audi, Citroën oder Atari aus. Die „Wiederbelebung" dieser Marken beginnt mit dem Verständnis ihrer Fundamente, die ja die neuen Mauern stützen sollen. Die Markenidentität ermöglicht die Ausnutzung offener Möglichkeiten. Da der Verbraucher sich noch an die alte Marke erinnert, darf man sie nicht einfach unter den Tisch fallen lassen. 1984 kaufte Jack Tramiel Atari (die bekannte Marke für Computerspiele) auf. Die Firma war völlig pleite. Tramiel wollte den Namen Atari dazu benützen, in der Mikrocomputerbranche im privaten und industriellen Bereich wieder Fuß zu fassen. Im Grunde ist das ein Markentransfer, eine Vergrößerung des ursprünglichen Einsatzbereiches. Da aber dank der schon vorhandenen Bekanntheit der Marke nur wenig geworben werden mußte, wurde automatisch die alte Identität, der Markenkern, übernommen. Die Markenerneuerung muß, um effektiv zu sein, diese Basis als Sprungbrett benutzen, als Träger der ursprünglichen Bedeutung. In der Mikro-Informatik sind – mehr noch als anderswo – die Produkte nichtssagend: Man wirbt in dieser Branche mit der außergewöhnlichen Leistungsfähigkeit von Hard- oder Software, aber das übergroße Angebot an Produkten und Werbung verwirrt den Verbraucher. Um das Angebot zu strukturieren und die Transparenz zu erhöhen, sind die Marken notwendig. Der Identitätskern der Marke Atari mußte also definiert werden. Bis dahin waren Videospiele das einzige Produkt der Marke und sie trugen – nach dem hier entwickelten stratifizierten Bild der Marke – die Markenattribute in sich. „Wargames", das spektakulärste der Videospiele, ist sicher das Aushängeschild der Marke, deren Name mit japanischem Klang an einen Kampfesruf erinnert. Man könnte Atari mit einer Waffe vergleichen, d.h. einer Marke, die sich dem Wettbewerb und der Konkurrenz stellt. Die Kultur von Atari ist anders als die von Apple oder IBM. Das ist um so mehr die Chance der Marke, als dieser Gesichtspunkt der Marke Legitimität und Daseinsberechtigung im industriellen Informatiksektor verleiht. Die Tatsache, daß der Identitätshintergrund Waffe ist, impliziert nicht unbedingt einen violenten stilistischen Code! Im Gegenteil, denn bei den japanischen Kampfsportarten ist die Kraft verinnerlicht, sie liegt in der Konzentration.

Die Rückkehr zum Ursprung ist also Voraussetzung für die Wiederbelebung einer Marke. Nachdem Citroën in der Kommunikationspolitik jahrelang ein falsches Konzept verfolgte, zog erst der Erfolg des XM eine Wiederbelebung der Marke Citroën nach sich. Die hydraulische Aufhängung des Fahrzeuges hatte eine unvorhergesehene imaginäre Wirkung. Sie spiegelte die Markenabsicht und den Identitätskern wider und aktualisierte die Marke dabei und gab dem XM das Image eines „intelligenten" Autos. Damit wurden die Fahrzeuge von Citroën von den Kraftmodellen der Schwesterfirma Peugeot (GTI) oder dem „cocooning" der Firma Renault distanziert. Es wäre falsch, diese Methode nur auf ein einziges Argument zu beschränken, nämlich die Aufhängung, so wie andere sich auf Sicherheit oder Motorisierung ihrer Fahrzeuge konzentrieren. Die besondere Aufhängung ist in diesem Fall ein ins Auge fallender Faktor und transportiert die Markenabsicht. Der XM zeigte, daß die Marke Citroën immer noch gut im Geschäft ist.

116

Die Aktualisierung der Marke durch ihre Produkte

Eine Marke wird nicht durch die Kommunikation, sondern durch ihre Produktionen aktualisiert. Das jahrelange Werbespektakel bei Citroën begeisterte zwar Werbefans und einen kleinen Prozentsatz der Verbraucher, wirkte sich jedoch nicht positiv auf das Markenimage aus. Die Werbung blieb oberflächlich, d.h., die Markenidentität wurde außer acht gelassen. Durch sein Design und die Fahreigenschaften tradierte der XM das Ideal des echten Citroën-Fahrzeuges. Die Aktualisierung der Marke vollzieht sich durch Produkte und Symbole. Es ist frappierend zu beobachten, daß zwei todgeweihte Marken wie Lancia und Audi früher dieselbe Idee verfolgten. Heute scheint Audi von der Idee besessen, den technischen Fortschritt zu nutzen, auf den man zuversichtlich baut. Die Markenerneuerung ruhte hier auf zwei Säulen: dem außergewöhnlichen Audi Quattro (das erste Fahrzeug mit Vierradantrieb) und den Autorennen (die im allgemeinen von Audi gewonnen wurden). Daraufhin akzeptierte der Kunde die Forschrittsidee und auch die Ästhetik der Modelle 100 und 80, die auf der technischen Analyse des CX von Citroën basierte. Außerdem achtete die Firma darauf, ihre Wagen angemessen zu motorisieren und die fortschrittliche Leistung transparent zu machen. Diese Methode wurde auch bei Lancia angewandt: Die italienische Herkunft und eine innovative Technologie wurden in den Vordergrund gestellt, und auch Lancia beteiligte sich an Rallyes.

Ganz allgemein demonstriert eine Marke ihre Aktualisierungsfähigkeit, wenn sie versucht, den Markterfordernissen gerecht zu werden und ihren Abnehmerkreis ständig erneuert.

- Monoprodukte reagieren auf Produktlinien (Line Extensions), auf Änderungen in Geschmack und Bedarf. Die Marke La Vache qui Rit wollte mit dem Produkt Apéricube auf dem Markt für Snacks Fuß fassen. Damit sollten die Marke modernisiert und neue Kunden gewonnen werden. Apéricube war ein leichtes, modernes Produkt. In dieser Hinsicht ist es auffallend, daß sich die Philosophie des unantastbaren Monoproduktes offensichtlich überlebt hat. Die Coca-Cola Corporation hatte das Produkt Tab (heute Coca-Cola intact) eingeführt, um der Nachfrage nach Diätprodukten ohne Zucker Rechnung zu tragen. Aber Marke ist nicht gleich Produkt. Soll das aktuelle Coca-Cola-Image aufrechterhalten werden, muß man das Produkt weiterentwickeln (und zwar wegen der neuen Verbrauchererwartungen), aber gleichzeitig müssen Geschmack und Konzept der Marke beibehalten werden. Coca-Cola light und das Coca-Cola ohne Koffein zeugen von der ewigen Jugend der Marke, die fähig zur Erneuerung ist, ohne dabei ihre Identität zu gefährden.

Demgegenüber schadete das Experiment mit New Coke und Classic Coke (zwei Geschmacksrichtungen, eine Marke) der Markenidentität und wurde wieder eingestellt.

● Mit ständiger Produktverbesserung dehnte Franco-Russe sein Produktsortiment auf Kekse und mikrowellengeeignete Produkte aus. Bis dahin enthielt das Markenportfolio schnell zuzubereitende Kuchen, Eclairs mit Schokoladenfüllung oder bayerische Creme. Dann entschied man sich für Produkte, die nicht authentisch waren, und nahm moderne, unbelastete Produkte ins Programm auf. Mehr als 16% der modernen Haushalte sind mit Mikrowellengeräten ausgestattet, also die ideale Zielgruppe für die Marke. Schnelle Küche und das tiefgefrorene Produkt haben hier schon Einzug gehalten. Kein Werbespot hätte es geschafft, hier mit einzusteigen, aber die neuen Produkte verfügten über das notwendige Potential. Sie sind symbolhaft für die Kreativität der Marke.

● Durch ständige Produktverbesserung demonstriert die Marke auch ihre Fähigkeit, neue Verbrauchererwartungen an die Produktanwendung zu erfüllen. Procter & Gamble gibt dem Produkt Ariel die Spitzenposition im Waschmittelsektor. Es findet sich in diesem Produkt also jeder technische Fortschritt, solange er zuverlässig und signifikant ist. Deshalb gibt es Ariel als Flüssigwaschmittel und als Pulver. Die Marke demonstriert ihr Umweltbewußtsein durch das Weglassen von Phosphaten und durch Nachfüllpackungen (so werden Berge von Plastikflaschen, die schwierig zu entsorgen sind, umgangen).

● Und schließlich gibt es auch noch die Möglichkeit, daß die Marke sich durch Produkte aktualisiert, die ihren ursprünglichen Kompetenzbereich überschreiten. Um Meccano zu aktualisieren, beschlossen die Markenmanager, Fahrräder und ein Bekleidungssortiment für Jugendliche auf den Markt zu bringen. Die Marke Lacoste beschränkt sich nicht mehr nur auf Tennis, sondern hat jetzt auch im Golfsport Fuß gefaßt. Buitoni, ursprünglich Marke für Tomatensaucen und italienische Nudeln, vertreibt jetzt erfolgreich auch französische und andere Fertiggerichte (Gratin dauphinois), ja sogar exotische Gerichte (Curryhuhn, Couscous und Gulasch). Diese allgemeine Entwicklung, Markentransfer genannt, hat Vorteile, birgt aber auch höhere Risiken. Sie rechtfertigt eine genaue Analyse und eine ganz besondere Beachtung. Im nächsten Kapitel soll diese Entwicklung analysiert werden.

Kapitel 6
Ausdehnung einer Marke

Die Markenausdehnung wird in der Praxis immer mehr angewandt. Unternehmen, die an neuen Märkten interessiert sind, versuchen dort mit bereits existierenden Marken Fuß zu fassen und nicht mit extra für diesen Zweck neu entwickelten Marken. Diese Tendenz läßt sich mit Zahlen belegen. Nach Nielson Company waren in den USA von 1977 bis 1984 40% der Produkte, die in Supermärkten neu eingeführt wurden, Markendiversifikationen. Die Tendenz hat sich seither verstärkt, auch in Europa.

Dennoch ist die Markendiversifikation keine neue Methode (Gamble, 1967). In der Luxusbranche ist diese Methode schon längst gang und gäbe. Marken aus der Haute Couture wurden ausgedehnt auf Accessoires, Lederwaren, Schmuck, Uhren, Tischdekoration und Kosmetik. Auch die ersten Handelsmarken (Coop, Beaumont, Codec, St. Michael) überspannten verschiedene Produktkategorien in ihrem Sortiment. Selbst Herstellermarken wurden über das Anfangsprodukt hinaus ausgedehnt: Bei Siemens, Philips und Mitsubishi ist die Markendiversifikation schon lange eine bewährte Methode.

Die Gründe für eine Markenausdehnung

Neu ist also nicht die Markenausdehnung an sich, sondern das Interesse, das dieser Methode entgegengebracht wird. Denn heute ist die Markenausdehnung notwendig geworden, was auf zwei Gründe zurückzuführen ist:

- Die Unternehmen haben gelernt, daß die Markenidentität sich nicht auf Kommunikation oder eine grafische Darstellung auf der Packung beschränkt, sondern daß sie in Wirklichkeit eine Art Verhaltensweise ist. Eine Marke bleibt nur dann lebendig und ihrem Konzept treu, wenn sie sich ständig selbst übertrifft und ihre Produkte auf dem neuesten Stand hält. Durch Innovationen bleibt die Marke aktuell und demonstriert die Absicht, ständig dem wechselnden Geschmack und sich ändernden Erwartungen des Verbrauchers gerecht zu werden. Die Marken, die sich nur auf ein Produkt spezialisierten und nur auf Kommunikation bauten, um ihr Image zu aktualisieren, haben an Bedeutung verloren. Heutzutage heißt modern sein, sich dem Trend von Verhaltensmustern und Methoden anzupassen. Das bedeutet z.B. für eine Marke aus der Lebensmittelbranche, Produkte anzubieten, die den Trend zur individuellen Struktur der täglichen Mahlzeiten und zu kleineren Portionen berücksichtigen. Neue Technologien müssen miteinbezogen werden, solange sie zu einem Fortschritt in Organoleptie, Geschmack und Konservierung führen (tiefgefrorene, vakuumverpackte, frische Produkte). Gehen die Marken nicht auf diese Entwicklungen ein, indem sie ihr ursprüngliches Kompetenzfeld ausdehnen, riskieren sie, vom Markt verdrängt zu werden.

- Der zweite beschleunigende Faktor sind die Kosten der Werbung. Die Markenpolitik ist wettbewerbsorientiert. Der Wettbewerb zwingt zu ständigen Produktivitätssteigerungen und Einsparungen. Dies ist nur dadurch möglich, daß der Marktanteil von lokaler auf nationale und schließlich auf internationale Ebene ausgedehnt wird. Nur so können die wachsenden Kosten für Forschung und Entwicklung und Investitionen in die Produktion amortisiert werden bei gleichzeitiger Beibehaltung niedriger Produktpreise. Die Werbung bietet die Möglichkeit, die immer größere Gruppe potentieller Käufer zu erreichen. Ein Unternehmen muß einen ausreichenden Share of Voice finanzieren können. Diese Entwicklung erklärt die dramatische Aufwärtsentwicklung der Werbekosten. Diese Kosten sind die sichtbare Folge aus Investitionen in Forschung, Differenzierung, in qualitativen Fortschritt und höhere Leistungsfähigkeit im Vergleich zu den Produkten der Konkurrenz. Die Kosten der Werbung machen es künftig auch unmöglich, gleichzeitig mehrere Marken zu unterhalten, deshalb müssen die Mittel auf wenige, starke Marken konzentriert werden. Die meisten Unternehmen analysieren gegenwärtig ihr Markenportfolio und entscheiden sich dafür, nur noch für einen kleinen Teil von ihnen zu werben. Solche Marken bereichern den Markt mit vielseitigen Innovationen und beweisen so ihre Gültigkeit und Aktualität.

Die Markenausdehnung resultiert also aus der Konzentration auf wenige Marken. Was früher unter eigenem Namen eingeführt worden wäre durch die Entwicklung einer neuen Marke, wird künftig einer schon existierenden Marke zugeordnet, die strategischen Wert für das Unternehmen hat.

Die wachsende Bedeutung der Markenausdehnung ist also ein neues Phänomen, zurückzuführen auf Zwänge und Dynamik des technischen Fortschritts, der die Fokussierung der Mittel auf Entwicklung und Forschung, Produktion und Werbung erfordert. Eine Analyse der Synergien hat dazu geführt, daß die Unternehmen versuchen, die Auswirkungen der Innovationen zu kapitalisieren, indem sie sie unter einer etablierten Marke anbieten. Nach Überprüfung der Produktivitätsgewinne wird klar, daß es am besten ist, das Markenkapital auszunutzen, das der Name im Laufe der Zeit angesammelt hat. Deshalb steht Marken wie Sony, L'Oréal, Danone, Nestlé und Alcatel jede Möglichkeit offen, denn sie verfügen bereits über ein hohes Qualitätsimage. Markennamen sind Versprechen und Garantie. Unternehmen versuchen natürlich, Kapital aus der Marke zu ziehen, indem sie neue Produkte in das Programm einfügen.

Der momentane Aufschwung der Markenausdehnung ist jedoch nicht allein auf technologische Faktoren zurückzuführen. Lange wurde er durch die klassische Markenkonzeption gebremst.

Die klassische Konzeption der Marke

Diese Konzeption beruht auf folgender Gleichung:

1 Marke = 1 Produkt = 1 Produktaussage oder -versprechen

Bei Procter & Gamble bekommt jedes neue Produkt einen eigenen Namen, der mit den schon vorhandenen Namen keine Gemeinsamkeit hat. Ariel enthält ein bestimmtes Produktversprechen, Dash ein anderes und Vizir wieder ein anderes. Meister Proper ist ein Haushaltsreiniger, das ist alles. Vergleichen wir diese Markenpolitik mit der von Colgate Palmolive: Palmolive ist Zahnpasta, Seife, Rasierschaum und Flüssigwaschmittel. Ajax ist Scheuerpulver, Haushaltsreiniger und Glasreinigungsmittel.

Die klassische Konzeption der Marke führt zur Vermehrung der Marken, denn ist eine Marke nur auf ein Produkt und eine Produktaussage zugeschnitten, kann sie prinzipiell nicht für andere Produkte verwendet werden. In diesem Konzept nimmt die Marke einen festen Platz ein, ist Eigenname (vielleicht vergleichbar mit dem Namen „Aristoteles", der den berühmten griechischen Philosophen meint) (O.Cabat, 1989). Die Marke beschreibt eine bestimmte Realität, so wie ein Firmenname ein Unternehmen oder eine Körperschaft bezeichnet.

In dieser Konzeption der Marke gibt es nur wenig Ausdehnungsmöglichkeiten, denn die Marke definiert ein bestimmtes Problem. Es ist nur eine begrenzte Ausdehnung möglich, d.h. eine Variation um das zentrale Thema:

- entweder durch die qualitative Verbesserung der Produktleistung. In diesem Fall kann man dem Markennamen beispielsweise eine Nummer beifügen (Dash 1, Dash 2, Dash 3);

- oder durch veränderte Packungsformate, um sich an das neue Verbraucherverhalten anzupassen (im Paket, im Faß, im Minifaß);

- schließlich durch mehr Varianten (Woolite für Wolle und synthetische Textilien).

121

Die klassische Konzeption der Marke wirkt einengend, denn die Markengeschichte wird mit der Markenrealität verwechselt. Natürlich beginnt der Lebenslauf einer Marke mit einem Monoprodukt, einem Verfahren des Unternehmens. 1821 gründete Jean Fischer seine erste handwerkliche Brauerei im Herzen von Straßburg. 1850 gründete Charles Gervais, ein junger Mann, der bis dahin in einem Handelskontor angestellt war, sein Unternehmen. 1858 kaufte Jean Baptiste Alphonse Leroux ein kleines Unternehmen auf, das 1840 gegründet worden war und Zichorienkaffee, Schokolade, Senf und Tapioka herstellte. 1925 gründeten Pierre Fleury und Gustave Michon im Vendée ein Unternehmen, das spezialisiert war auf das Schlachten von Schweinen und den Handel mit Schweinefleisch. Die Marke Lesieur geht auf die Idee von Monsieur Lesieur zurück, der begann, Öl abzufüllen, das bis dahin offen verkauft worden war.

Fleury Michon und Gervais sind Familiennamen, die zu Firmennamen wurden. Der Einfachheit halber spricht man vom Öl Lesieur (anstatt Öl von Lesieur) oder vom kleinen Gervais (anstatt vom kleinen Viereckkäse von Gervais). Wenn das Wörtchen „von" verschwindet, wird die Marke aus ihrer lokalen Verwurzelung und damit auch aus der Rigidität der beschreibenden Funktion gelöst.

Im großen und ganzen heißt das: Erst wenn ein Name seine rigide Bestimmung völlig verliert, wird er zur Marke im eigentlichen Sinn des Wortes. Heute bezeichnet La Vache qui Rit außer dem Ursprungsprodukt (Schmelzkäse in Dreieckform) auch andere Produkte, inzwischen ein ganzes Käsesortiment. Die Basis der Produkte ist immer noch der Schmelzkäse, der aber in Verpackung, Größe und Geschmacksrichtung variiert (Apéricube, Toastinette). Die Marke hat eine zweite Stufe erklommen und ist zur Know-how-Marke geworden, die jetzt ein ganzes Produktprogramm enthält.

Aufgrund der Kommunikation (Packung, Werbung usw.) bekommt die Marke im Laufe der Zeit einen eigenen Charakter und ein besonderes Image. Die Marke geht also von einer ursprünglichen Aufgabe (Firmenmarke) oder Absatzstelle (Handelsname) aus und wird mit der Zeit zum Symbol für immaterielle Elemente, die in der Produktion (Produkte) und Darstellungsweise (Werbung, Logos, visuelle Identitätssymbole) wurzeln. Die Beziehung zwischen Marke und Produkt wird umgekehrt: Die Marke ist nicht mehr Produktname, sondern das Produkt wird zum Markenträger – soweit die äußeren Symbole von der Markenidee ausgehen. Die Marke impliziert dem Produkt ihre Idee und transformiert das Produkt, indem sie es mit objektiven und subjektiven Elementen ausstattet.

In dieser umgekehrten Perspektive hängt die Ausdehnungsmöglichkeit einer Marke nur noch davon ab, ob sie sich in einer neuen Produktkategorie durchsetzen kann, und zwar in physischer und psychologischer Hinsicht.

Die klassische Konzeption der Marke ist nominal, d.h., die Marke ist Produkt-name. Transzendiert man das Produkt oder fragt man sich, welche Idee es ver-sinnbildlicht, dann gelangt man zum eigentlichen, ethymologischen Sinn der Marke (das „brandon"), d.h. dem Zeichen der Transformierung und des Mar-kenkonzepts.

In diesem Sinne würde nichts dagegen sprechen, daß die Marke La Vache qui Rit einen Gruyère oder Roquefort in ihr Programm aufnimmt. Damit würde die Marke sich zusätzlich die organoleptischen und psychologischen Qualitäten dieser Produkte zu eigen machen. Die Marke ist autonom und kann deshalb je-den beliebigen Weg einschlagen, d.h., sie bestimmt ihre Ziele selbst. Trotzdem unterliegt sie dem Rentabilitätskriterium und muß deshalb zuerst prüfen, ob sie die Produkte erfolgreich vertreten kann. Außerdem muß die Suggestivkraft eines solchen Transfers auf den Verbraucher getestet werden. Wie sollte ein Roquefort von La Vache qui Rit schmecken, beschriftet und farblich gestaltet sein? Ist das neue Angebot so erfolgreich, daß die Markenausdehnung wirt-schaftlich gerechtfertigt ist?

Die Geschichte der Markenausdehnungen trägt dazu bei, daß die Bedeutung der Marke den Verantwortlichen bewußter wird. Das Markenverständnis geht vom reinen Produktnamen über das Markenzeichen zum Markenimage (Sym-ptome einer inneren und äußeren Transformierung). Die ersten Etappen wer-den eher vorsichtig realisiert, man orientiert sich an den bestehenden Produk-ten des Unternehmens. Die Marke Président hat nicht mehr nur Camembert im Programm, sondern jetzt auch Brie und Weichkäse. Die Firma Fleury Michon hat ihr Aktivitätsfeld vom reinen Metzgerbetrieb auf den Handel erweitert, was wiederum die Ausdehnung der Marke von Straßburger Würstchen zu frischen Fertiggerichten legitimiert. Eine dritte Ebene sprengt den traditionellen Pro-duktbezug und versorgt alle Produkte mit der gleichen Identität, die berück-sichtigt werden muß.

Welcher Zusammenhang besteht zwischen dem Rasierschaum und der Seife oder dem Flüssigspülmittel von Palmolive? Ein gemeinsames Produktverspre-chen, die milde Zartheit. Nach dieser Logik dehnt die Marke sich aus und rich-tet sich immer nach dem Basiswert, den sie stark und kompetent ausdrückt. Bic ist nicht lediglich eine Marke für Kugelschreiber. Das Markenkonzept ist die Vereinfachung von Gebrauchsgegenständen, gekennzeichnet durch das Attri-but „wegwerfbar". Abgesehen von Kugelschreibern hat die Marke auch Feuer-zeuge und Rasierer in ihr Programm aufgenommen (bei Surfbrettern und Par-fums war sie nicht erfolgreich, aber das soll später erläutert werden). Die Mar-kenkompetenz von Gillette geht über das eine Produkt, den Rasierer, hinaus und umfaßt alles, was der moderne Mann im Bad braucht. Für den Hersteller hervorragender Rasierklingen ist eine Markenausdehnung in den „femininen" Bereich wie Eau de toilette oder Pflegelotions nicht möglich. Erst durch Transformierung der Identität wird auch dieser Bereich für die Marke zugänglich. Im letzten Stadium der Ausdehnung steht die Marke für ein gemeinsames Konzept, ein gemeinsames Ziel und gemeinsame Werte. Welchen anderen Zusammenhang kann es sonst zwischen der Haute Couture von Nina Ricci und den Krawatten von Monsieur Ricci geben?

Der Markensinn

Die klassische Konzeption der Marke betrachtet also die Geschichte der Marke als ihre Realität. Hier muß aber berücksichtigt werden, daß eine Marke zwar von einem Produkt ausgeht, aber nicht Produkt, sondern Produktkonzept ist.

Produkte an sich sind nichtssagend. Eine Büchse Cassoulet ohne Markenangabe verwirrt den Verbraucher, denn wie soll er beurteilen, ob das Produkt seinen Erwartungen entspricht? Welche Assoziationen soll das Produkt hervorrufen: Tradition, perfekte Arbeit (in diesem Fall das Kochen), moderne Geschmacksrichtungen, gelungener Kompromiß zwischen den beliebten fetthaltigen Lebensmitteln und Diätzwängen?

Die Marke kann sich nicht in jede Richtung ausdehnen. Der Kurs, die Leitidee werden von der Marke definiert, sie ist genetisches Programm. Sie trägt bereits den Code für Produkte in sich, die später ihren Namen tragen werden.

Was ändert dieses neue Verständnis der Marke am Prozeß der Markenausdehnung? Bei der klassischen Konzeption geht die Ausdehnung kaum über die technologische Kompetenz der Marke hinaus. Das Schlüsselkonzept liegt in ihrer „Berufung", d.h., man fragt sich, ob das neue Produkt sich mit der Markenlogik vereinbaren läßt. Dabei wird aber das Wesen, die Identität der Marke, mißverstanden.

Die erweiterte Konzeption der Marke führt zu einer Ausdehnung über die ursprüngliche Idee hinaus. Die Marke ist nicht technologisches Know-how, sondern bietet Möglichkeiten, Produkte umzuformen, um ihnen einen gemeinsamen Sinn zu geben.

Das Beispiel Lacoste zeigt die Auswirkung der beiden verschiedenen Markenkonzepte. Der Erfolg der Marke ist auf das Ursprungsprodukt, das kurzärmelige Polo- oder Netzhemd, zurückzuführen. Logischerweise kann die Marke sich auch auf andere Produkte dieser Art ausdehnen, wie T-Shirts, Sportkleidung und Textilien ganz allgemein. Schuhe und Lederwaren sind eigentlich ausgeschlossen (außer Tennisschuhen), denn da handelt es sich um ein anderes Know-how. Erweiterte Konzeption der Marke gibt Lacoste aber die Möglichkeit, auch legere Freizeitmode zu vertreiben, nach dem Motto „Lacoste macht es möglich, entspannt die Freizeit zu verbringen und dabei doch gut angezogen zu sein". Die Marke ist keinem Modetrend unterworfen, denn sonst könnte sie sich nicht von anderen Marken dieser Branche abgrenzen. In diesem Zusammenhang kann Lacoste auch gut Schuhe und Lederwaren in sein Sortiment aufnehmen, solange nur die Markenoriginalität gewahrt bleibt, nämlich keine schon dagewesenen Produkte zu vertreten. Außerdem dürfen nur Produkte aufgenommen werden, die die Idee der Marke annehmen können: Flexibilität, Entspannung, beste Verarbeitung, Langlebigkeit, Abheben von den Modetrends, tragbar auch mit anderen Marken usw. Was ein Lacoste-Produkt ausmacht, ist nicht das reine Know-how (das auch bei Lizenzprodukten angewandt wird), sondern die Produktzugehörigkeit zur Kultur von Lacoste, dem zentralen Markenwert.

Betrachtet man das Problem im Hinblick auf Know-how, Technologie und „Job" der Marke (um mit den Worten von Boston Consulting Group und strategischen Unternehmensberatern zu sprechen), dann wird übersehen, daß Markenlogik nicht gleich Produktlogik ist. Soll die Marke ausgedehnt werden, muß umgedacht werden, und neue Entscheidungen sind notwendig. Es stellt sich nun die Frage, welches Produkt dazu beiträgt, die Marke wiederzubeleben und zu regenerieren.

Im Interesse der Erhaltung und Steigerung des Kapitals Marke müssen auch die Möglichkeiten ihrer Ausdehnung über den „Job" hinaus untersucht werden. Neue Produkte, die neue Ideen und Aussagen symbolisieren, beleben den Markeninhalt, entwickeln ihn weiter und aktualisieren ihn. Markenlogik ist tatsächlich additiv. Die Marke ist die Summe aus ihren Attributen, sie wird in ihren Produkten transparent. Deshalb werden nur Produkte ausgewählt, die der Markenidentität entsprechen. Geschichtliche Tatsachen dürfen zukünftige Möglichkeiten jedoch nicht einschränken. Um aktuell zu bleiben, muß die Marke sich weiterentwickeln, was sie mit der Aufnahme neuer Produkte in ihr Programm tut. Solche Produkte eröffnen neue Perspektiven und bereichern so den Markensinn. Als die Marke Abeille – bekannt für ihr Wachs und Holzpflegemittel – auch staubabweisende Sprays in ihr Programm aufnehmen wollte, geschah das natürlich, um den Absatz in diesem wachsenden Segment zu vergrößern. Und außerdem sollte das Image von Abeille verbessert werden, und zwar mit Hilfe eines modernen Produktes, das dieser traditionellen Marke eine aktuellere Note geben konnte.

Da die Marke Lesieur nicht von Anfang an die Möglichkeiten der Sonnenblume erkannt hatte, litt sie lange unter ihrem traditionellen und überholten Image. Das Problem gesunde Ernährung wurde nicht klar erkannt, und somit ging das

Markenangebot an der prinzipiellen Nachfrage moderner Haushalte vorbei. 1972, als die Firma Lever das Produkt Fruit d'Or auf den Markt brachte, steckte der Markt für Sonnenblumen noch in den allerersten Anfängen. Die damaligen Manager sahen die Zukunft der Marke Lesieur allein in der Erdnuß. Sie blieben dem klassischen Markenkonzept treu und hielten sich an das Basisprodukt der ursprünglichen Idee, das Erdnußöl. Später wurde dann auch Sonnenblumenöl angeboten, aber nicht unter der Bezeichnung Lesieur Sonnenblumenöl, sondern unter dem neuen Namen „Aurea". Zwar wurden mit dem Produkt „Aurea" ähnliche Absatzzahlen erreicht wie mit „Fruit d'Or", aber es war unsinnig, die Marke Lesieur nicht mit der neuen, modernen Nachfrage zu verbinden. Junge Hausfrauen assoziierten die Sonnenblume mit Gesundheit und moderner Ernährung und wandten sich von Produkten aus Erdnuß ab.

Als man bemerkte, daß sich der Marktanteil für Sonnenblumenprodukte beträchtlich vergrößerte, wurde die Markenposition leicht verändert: Aurea wurde zu Aurea von Lesieur und später zu Lesieur Sonnenblumenöl. Da aber der Name Lesieur im Laufe der Jahre nur in Verbindung mit der Erdnuß genannt worden war und man dann den neuen Name Aurea benutzt hatte, hatte die Marke eine negative Konnotation bekommen. Die Namensänderung führte zu einem Absatzrückgang des neuen Produktes. Aurea hat also der Marke Lesieur geschadet, und Lesieur hat gleichermaßen dem Umsatz von Aurea geschadet. Es wäre besser gewesen, sich auf die Steigerung des Absatzes zu konzentrieren und den Namen Aurea beizubehalten. Andernfalls hätte man die Risiken für das Kapital Marke voraussehen und Lesieur im neuen Segment positionieren müssen.

Verschiedene Arten der Markenausdehnung

Welche verschiedenen Ausdehnungsmöglichkeiten gibt es? Bevor wir dies analysieren, muß darauf hingewiesen werden, daß die Markenausdehnung über die Ausdehnung der Produktlinien hinausgeht. Letztere meint nur die verschiedenen Varianten desselben Produktes:

- neue Verpackungsarten (die Entwicklung einer Spendertube anstatt der traditionellen Schuhcremedose gab der Marke Baranne einen modernen Impuls)

- verschiedene Größen (Familienpackung usw.)

- verschiedene Geschmacksrichtungen (Variationen von Oasis-Getränken).

Die Markenausdehnung gleicht einem Sprung aus der ursprünglichen Technologie heraus. Wichtig ist zu unterscheiden, ob die Marke in demselben Produktbereich ausgedehnt werden soll oder in einem ganz neuen. Eine Marke für

Zündkerzen kann beispielsweise auf Accessoires für das Auto (Batterien, Ent-eiser usw.) ausgedehnt werden, wie Bosch und Valéo. Eine Marke optischer Produkte kann sich auf Fotokopiergeräte ausdehnen, wie Canon, Minolta, Ricoh, Kodak und Agfa. Eine Sportmarke kann alle Sportartikel in ihr Sortiment auf-nehmen (Adidas). Wird die Marke in einen ganz neuen Bereich ausgedehnt, dann ist das echte Diversifikation. Ein Beispiel ist die Marke Yamaha: Sie markiert Zweiräder, aber auch namhafte Klaviere. Handelsmarken decken den gesamten Verbrauchsgüter- und zum Teil auch den Gebrauchsgütermarkt ab.

Folglich ergeben sich zwei Spektren: Entweder ein enges Markenspektrum (Spezialmarken) oder ein weites Markenspektrum (Philips und General Elec-tric). Welches Spektrum bietet nun mehr Möglichkeiten? Diese Frage kann nicht ganz allgemein beantwortet werden. Wie wir wissen, hat eine Marke einen willkürlichen Charakter, im Grunde kann sie jeden Weg einschlagen. Entschei-det die Geschäftsleitung der Firma Bic, Surfbretter ins Programm aufzuneh-men, spricht zunächst einmal nichts dagegen. Zielt die Unternehmensstrategie darauf ab, die Synergien der Bekanntheit zu nutzen und Werbekosten zu spa-ren, wird sie ein weites Spektrum befürworten. Valéo hat alle aufgekauften Spezialmarken (Ferodo, Marchal) durch eine einzige Marke ersetzt. Auch Phi-lips und Siemens wenden diese Strategie an.

Normativ kann man dagegen anführen, daß jede Art von Ausdehnung Marke und Markenkapital anders beeinflußt. Manche Methoden nutzen das Kapital Marke, d.h., das Produkt verkauft sich wegen der Marke. Das ist wichtig, wenn sich ein Produkt kaum von Wettbewerbsprodukten unterscheidet: Die Marke wirkt nicht transformierend, sondern läßt das Produkt von ihrer Suggestivkraft profitieren. Wird diese Methode aber zu oft angewandt – z.B. bei Lizenzpro-duktionen –, erschöpft sich das Markenkapital, und die Marke wird nur noch im Zusammenhang mit immer banaleren Produkten gesehen.

Andere Ausdehnungen können das Kapital Marke zerstören, z.B. dann, wenn die Marke sich nach „unten" ausdehnt. Die Marke Flaminaire wollte drei hier-archisch gegliederte Märkte abdecken: den der Spitzenprodukte (um mit den Marken Dupont und Dunhill zu konkurrieren), den der Mittelklasse und den der unteren Qualitätskategorie (das Wegwerffeuerzeug von Bic). Heute ist die Marke komplett vom Markt verschwunden. Die Ausdehnung der Marke nach unten vernichtet die Legitimität für obere Produktkategorien, die hohe Erträge bringen. Glücklicherweise hat die Firma Porsche ihre 924er Reihe wieder ein-gestellt. Diese Autos rechtfertigten die Preisdifferenz, verglichen mit den Gti-Modellen der Konkurrenz, nur durch den berühmten Namen. In das Modell 924 war kein einziger objektiver oder subjektiver Wert von Porsche eingebaut, weder der maskuline Auftritt noch erstklassige Technik oder Superleistung.

Damit schien das Ende des Porschemythos besiegelt zu sein. Gleichzeitig konnte die Marke auch im Formel-1-Rennen nicht mehr von sich reden machen und verlor das 24-Stunden-Rennen von Mans. Die einzige Art der Kommunikation war die Werbung, und hier nahm der 924er einen weiten Raum ein. Um sein früheres Image wieder zu erreichen, stellte Porsche die Produktion des 924 und auch des 944 in der Grundausstattung ein!

Es gibt Ausdehnungsarten der Marken, die das Kapital Marke überhaupt nicht beeinflussen. Das Produkt ist kohärent und gliedert sich in das Produktangebot der Marke problemlos ein. Witzigerweise werden im Bereich Haushaltsgeräte den Marken mehr Produkte zugeordnet, als sie wirklich im Programm haben. In Umfragen wurde Brandt als Hersteller von Öfen und Kochplatten genannt, obwohl die Marke diese Produkte gar nicht herstellt. Würde man nun beschließen, die Marke auch in diesen Markt einzuführen, würde dies das Markenimage in keinster Weise verändern. Dieses Beispiel zeigt uns wieder, daß der Verbraucher von der Marke ein völlig anderes Bild haben kann als die Markenverantwortlichen selbst, denn er gesteht der Marke einen viel weiteren Kompetenzbereich zu.

Andere Methoden erweitern das Markenkonzept: Nimmt Rossignol auch Tennisschläger in sein Programm auf, dann ändert die Marke ihren Status und gilt als weniger stark spezialisiert. Aber auch hier läßt sich ein Zusammenhang erkennen: In beiden Sportarten wird der Mensch mit Mitteln ausgestattet, die seinen Körper „verlängern" und ihm Vergnügen und Leistung ermöglichen. Wenn Technal (Aluminiumbaumaterial) in sein Programm drahtlose Alarmsysteme aufnimmt, modernisiert es sich und erhält einen neuen Sinn: eine Marke, deren erklärtes Ziel es ist, Schönheit und Technik im Haus zu verbinden.

Manche Arten der Ausdehnung wirken wie eine Frischzellenkur, d.h., sie revitalisieren die Marke und ihren Kern und bringen die Basiswerte der Marke neu und verstärkt in Erinnerung. So ist der klassische grüne Blazer ein Produkt für die Marke Lacoste. Er verkörpert eine seltene Symbiose der Grundideen von Lacoste: Konformität, Diskretion, Soziabilität, aber auch Distanz. Der grüne ersetzt den blauen Blazer (für Lacoste zu uniform) und erinnert an das „green", den ursprünglichen Tennisplatzbelag. Dieses Produkt reaktualisiert und demonstriert die Wurzeln der Marke Lacoste.

Obwohl die Marke Meccano bekannt ist für ihre Spiele, läuft die Revitalisierung ihres Markenkapitals außerhalb dieses ursprünglichen Segments ab. Die Marke braucht Produkte, die als Sinnträger eingesetzt werden können, die das Wertesystem von Meccano transparent machen. Ausdehnungsmöglichkeiten für Meccano sind z.B. Kinderkleidung, Schreibwaren, Cross-Räder, Uhren und Kindermöbel. Es geht weniger darum, wirtschaftlichen Gewinn zu erzielen, als neue Wege zu suchen, wie die Marke ihre Kompetenz und ihre Werte am besten darstellen kann. Ein Bekleidungssortiment wäre ganz „Meccano", bunt und in der Form wie die Mechanikeranzügen der US-Navy oder der US-Air Force (wie in dem Film „Der Stoff, aus dem die Helden sind").

Abschließend kann man sagen, daß auch Ausdehnungen notwendig sind, die von der Marke selbst gar nicht angestrebt werden, wie technische Diversifikationen zum Schutz und zur Verteidigung des Kapitals Image. Vor allem soll vermieden werden, daß ein Dritter den Markennamen in einer anderen Produktkategorie benutzt. Die Marke Cartier hat auch Textilien und Tischdekoration in ihrem Angebot. Eigentlich möchte Cartier diesen Bereich nicht ausbauen, aber man will verhindern, daß z.B. ein italienisches Unternehmen den Markennamen für Textilien international eintragen läßt und benutzt. Dasselbe gilt für die Tischdekoration. Durch diese taktische Diversifikation wendet die Firma Cartier die mißbräuchliche Verwendung des Markennamens ab.

Die Markenausdehnung und ihre Grenzen

Nicht jede Marke eignet sich dafür, ausgedehnt zu werden. Manche Marken verfügen über ein ganz konkretes Know-how und sind in Segmenten angesiedelt, wo der Verbraucher hohe Leistung und technische Perfektion erwartet. Manche Marken gehen das Risiko der Begrenzung ein. Das trifft z.B. auf Kosmetikmarken zu, wie Jeanne Piaubert, Clarins, Roc, Vichy. Sie können nur im pflegenden Bereich der Kosmetik benutzt werden, wo Wissenschaft und Schönheit zusammentreffen. Andere Marken wecken Assoziationen: Dim steht symbolisch für die französische Frau, die junge, saloppe Pariserin. Soll die Marke auf Herrenkleidung ausgedehnt werden, dann muß das Bild, das die Marke von ihrer (männlichen) Zielperson aufbaut, zu dem femininen Pendant passen.

Es gibt auch Marken, die Ähnlichkeiten mit einer Sekte aufweisen oder quasi „religiösen" Prinzipien folgen. Ein Beispiel: Saint Michael, die Marke von Marks & Spencer, bietet Lebensmittel, Textilien, Spielzeug und sogar Medikamente an. Saint Michael demonstriert die Konformität der Produkte mit der Ideologie von Marks & Spencer. Als eine Art „Schutzengel" transformiert die Marke ihre Produkte und wertet sie auf.

Ein Unternehmen kann strategisch entscheiden, daß die Marke bereinigt wird und zur Spezialmarke mit ganz genau definiertem Kompetenzbereich wird. Als Beispiel kann man hier die Gruppe L'Oréal anführen. Sollte die Marke auch andere Produkte als Kosmetika in ihr Programm aufnehmen wollen, dann muß gut überlegt werden, ob dies wirklich erfolgversprechend ist. Denn häufig gerät eine Marke durch solche Ausdehnungen unter Druck, und viele Marken können diesem Druck nicht standhalten. Der Verbraucher denkt oft nicht, daß es sich um ein und dieselbe Marke handelt, er glaubt eher an eine zufällige Namensgleichheit. Ist die Firma Bosch, die Haushaltsgeräte herstellt, identisch mit dem Unternehmen Bosch, das Autozubehör verkauft? Gehören die elektrischen Werkzeuge von Peugeot tatsächlich zu derselben Marke wie die Peugeot-Autos? Viele Heimwerker, die noch Neulinge auf diesem Gebiet sind und ein wesentliches Abnehmerpotential ausmachen, sind der Meinung, es handele sich um Homonyme (genauso wie es Ariel-Zigaretten und das Waschmittel Ariel gibt oder Mazda-Batterien und Autos, die Mazda heißen).

Will man verhindern, daß die Marke zerfällt und dem Verbraucher inhaltlos erscheint, müssen die Grenzen der Markenausdehnung definiert werden. Je mehr neue Produkte vom Ursprungsprodukt entfernt sind, umso wichtiger werden das Konzept und die Identität der Marke, was natürlich voraussetzt, daß diese auch vorhanden sind. Ist dies nicht der Fall, dann verliert die Marke und wird degradiert auf den einfachen Rang einer Beschriftung. Sie ist dann nur noch ein leeres Symbol.

Abbildung 12 soll die Bedingungen für eine Markenausdehnung zeigen. Jeder Grad der Entfernung von der ursprünglichen Idee ändert den Sinn der Marke,

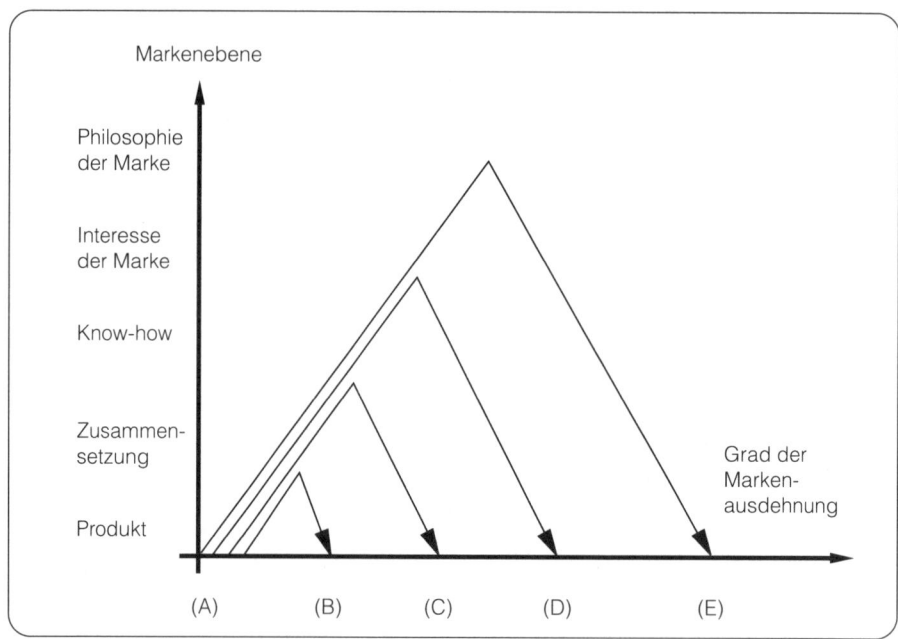

Abb. 12: *Markentyp und Ausdehnungsmöglichkeiten*

130

ihren Status. Die horizontale Ausdehnung der Marke (B) entspricht der reinen Markenidee: Lesieur kann außer Erdnuß auch Raps und Olive in sein Programm aufnehmen, denn diese Produkte verändern weder wirklich noch imaginär die Grundidee und die verschiedenen Werte der Marke. Eine etwas weitere Ausdehnung (C) entspricht einer Kompetenz-Marke: Palmolive verleiht allem Sanftheit. Bic vereinfacht bis zum Extrem und schafft so Wegwerfprodukte, die sehr billig sind (vom Kugelschreiber bis zum Feuerzeug). Die letzte Ausdehnungsmöglichkeit (D), die noch Kohärenz mit dem Ursprungsprodukt (A) aufweist, setzt eine Marke voraus, die durch ein zentrales Interesse, einen Fokus, definiert ist. Die Marke Technal dehnt ihr Angebot auf das gesamte Haus aus, nicht nur auf den Baustoff Aluminium (hervorragend geeignet zur Herstellung von Veranden, Türen und Fenstern): Die Markenidee ist, Technik und Schönheit im Wohnbereich verbinden. Sony war ursprünglich nur im Hi-Fi-Sektor tätig, und nach einigen Jahren ist die Marke auch in den Fernseher- und Videomarkt eingestiegen und hat so Image und Bekanntheit weiterentwickelt. Die zentralen Werte von Sony bleiben jedoch Technik, Sensibilität und Innovation. Die weiteste Ausdehnung einer Marke (E) erfordert eine starke Markenphilosophie. Die Firma General Electric ist in der Atomindustrie tätig und vertreibt gleichzeitig unter ihrem Markennamen Toaster für den Haushalt. Manche Marken vereinen Produkte aus der Haute Couture und Porzellan in ihrem Programm, als ob es nichts Natürlicheres gäbe, was zeigt, daß sie die Produkte hervorragend transformieren können. Dies geht offenbar so selbstverständlich vor sich, daß nur wenige wissen, daß die Schokolade Lanvin nichts mit der Modemarke Lanvin zu tun hat. Für den Verbraucher handelt es sich um ein und dieselbe Marke.

Eine Marke kann nur dann verschiedenen Produkten einen gemeinsamen Sinn geben, wenn sie souverän ist: Um immer weiter divergierende Produkte in Zusammenhang zu bringen, muß die Marke von der rein physischen Beschaffenheit abgehen und sich auf Inspirationsquelle und Wertesystem stützen, die in ganz verschiedenen Bereichen wurzeln können. Dies ist die Strategie von Nestlé, einer Marke mit sehr breitem Spektrum. So bleibt die Markenidentität erhalten, und nur so können auch völlig andersartige Produkte ins Sortiment aufgenommen werden. Je präziser die Markenidentität definiert ist, umso positiver wirkt sich das auf die Produkte aus (von A nach E).

Wie ein Gummiband, das zu weit gedehnt wird, nachgibt und reißen kann, wird auch eine Marke geschwächt, wenn sie über ihre Möglichkeiten hinausgeht. Konkret heißt das, daß Marken ohne Konzept und echte Identität weite Ausdehnungen nicht überstehen. Denn dann verfallen sie und werden zurückgesetzt in ein Vor-Marken-Stadium: d.h. die reine Fabrikmarke zur einfachen Ursprungsgarantie. Sie werden schwach und gleichen Nummern (Abb. 13).

Ein Beispiel dafür ist Mitsubishi. Die Marke funktioniert nicht föderativ, sondern ist Firmenname oder Fabrikbezeichnung. Das einzig Besondere ist die japanische Herkunft. Deshalb haben die Automobile von Mitsubishi keine übergreifende Idee, die sie mit anderen Produkten wie Fernsehern oder Werkzeugmaschinen teilen. Dasselbe gilt für die Marke Philips.

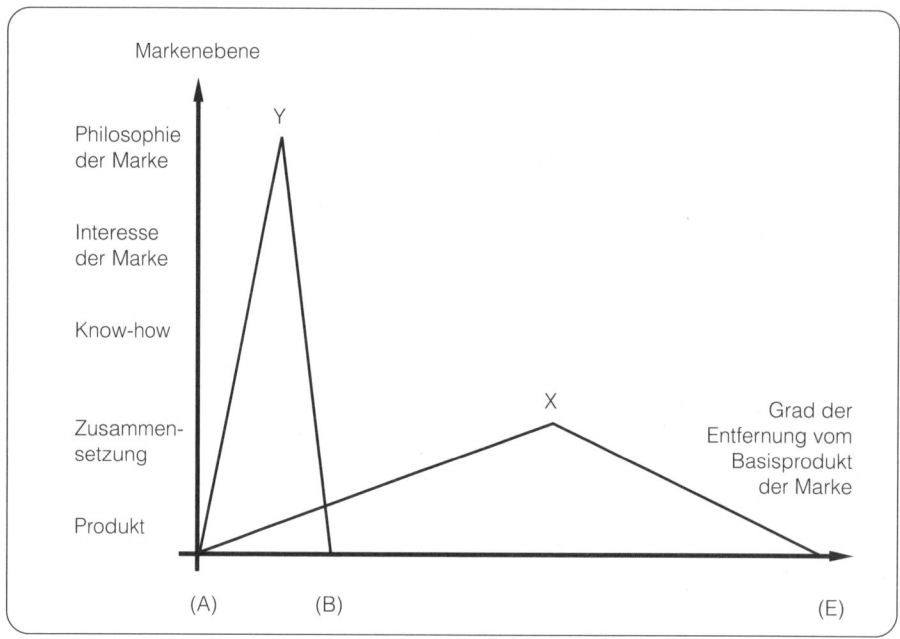

Abb. 13: *Über- und Unterbewertung des Kapitals Marke*

Historischer Basiswert von Philips ist die Kompetenz für Produkte wie Fernseher, Videogeräte und Hi-Fi. Die Marke tradierte jedoch keinen anderen Sinn und wies weder ein gemeinsames Ideal noch einen Wert oder eine Inspirationsquelle auf. Die Ausdehnung von Philips auf Haushaltsgeräte einerseits und Waschmaschinen und Trockner andererseits ging über die Möglichkeiten der Marke hinaus, was Umfragen bestätigten: In Frankreich erklärten 80% der befragten Verbraucher, daß Philips Spezialist für die Unterhaltungselektronik sei, dies sei der Kompetenzbereich der Marke. Nur 60% sprachen von Kompetenz für die Herstellung von Rasierapparaten und Haushaltsgeräten, und nur 40% betrachteten die Marke als kompetent für die Herstellung von Waschmaschinen und Trocknern. Der Name Philips diente nur noch als Garantie. Weil man sparen wollte, hat man nur eine einzige Marke, nämlich Philips, aufgebaut.

132

Nun stand man vor dem Problem, daß die Marke eine doppelte Aussage hatte, je nach Produkt: „Morgen ist schon heute" und „Zeit zu leben". Eine Marke darf keinen doppelten Slogan haben, sonst verliert sie ihre Glaubwürdigkeit.

Dieses Problem war symptomatisch für den Druck, der auf der Marke lastete, die vergeblich einen einigenden Pol suchte. Zuletzt hat man, was vorauszusehen war, auf den einzigen starken Markenpfeiler zurückgegriffen und 1989 die Produktion und den Vertrieb von Waschmaschinen und Trocknern an Whirlpool abgegeben.

Es gibt aber auch das Phänomen, daß die Möglichkeiten einer Marke unterschätzt werden (Abb. 13). Dies gilt für Marken, die ein kleines Programm haben und über eine Markenidentität verfügen, die ein weiter gefächertes Produktsortiment rechtfertigen würde. Die Markenaussage von Carrefour, die sich zunächst nur auf Lebensmittel beschränkte, wurde im Laufe der Zeit immer mehr ausgedehnt auf Textilien, Taschen und Koffer und sogar Bankgeschäfte. Auch das soziale Ideal von Casino (das den Markenkern ausmacht) läßt eine weitere Ausdehnung der Marke zu. Diese Marken beruhen auf einem Selektionsprinzip. In Carrefour- oder Casino-Geschäften gibt es nur Produkte dieser Marken, häufig handelt es sich um Imitationen großer Marken. Hier wird die Freiheit der Wahl eingeschränkt, aber das ist klar, wenn die Marke einen fast religiösen Charakter hat. Bei der finanziellen Bewertung einer Marke müssen solche latent vorhandenen Möglichkeiten, die jederzeit aktualisiert werden können, berücksichtigt werden. Die Marke La Roche-aux-Fées könnte leicht Kinderkleidung, eine Bücherkollektion oder gar einen Verlag in ihr Programm aufnehmen. Das Imagepotential der Marke erlaubt ihre Ausdehnung in Produktkategorien, die für Kinder angeboten werden, und kann als Richtlinie für Produktion, Stil, Kommunikation und Gestaltung benutzt werden.

Der italienische Industrielle Carlo de Benedetti hat Buitoni aufgekauft, denn er erkannte, daß die Marke über ein Potential verfügte, das bisher nicht genutzt worden war (daher der niedrige Übernahmepreis). Bis dahin war Buitoni eine italienische Know-how-Marke und verkaufte nur Nudeln und Tomatensaucen. Benedetti machte daraus eine „Marke des Südens", was die Ausdehnung in Richtung exotische, würzige Gerichte (Curryreis, Couscous) und auch Fertiggerichte (Gratin dauphinois) möglich machte. Er hatte erkannt, daß der Identitätshintergrund nicht Italien, sondern, viel abstrakter, der Mythos Sonne war, und deshalb konnte Benedetti das Markenspektrum ohne Risiko weit ausdehnen.

Die Reaktion des Verbrauchers auf die Ausdehnung von Marken

Man kann von einem Markenparadoxon sprechen. Da die Marke im Prinzip frei gestaltbar ist, steht ihr theoretisch jeder Weg offen. Nichts hindert Président daran, Emmentaler oder eine andere Käsesorte in sein Programm aufzunehmen. Nichts hindert Lacoste daran, Jeans herzustellen, und William Saurin kann genausogut Tiefgefrorenes oder vakuumverpackte Fertiggerichte anbieten. Theoretisch wäre es auch möglich, daß Alcatel in die Informatikbranche einsteigt. EDF braucht nicht nur Lieferant von Starkstrom bleiben, sondern kann auch Kabel oder Schwachstrom anbieten.

In diesem Zusammenhang gibt es aber ein Problem: Trotz hoher Werbeaufwendungen für Brie oder Weichkäse bleibt Président dennoch eine auf Camembert spezialisierte Marke, jedenfalls in den Augen des Verbrauchers. Bis heute gilt William Saurin lediglich als Marke für Fertiggerichte in Dosen. Offensichtlich verleiht die Meinung des Verbrauchers einer Marke die notwendige Legitimität, um diese oder jene Produkte anzubieten. De facto muß die Marke ihre Grenzen managen. Sie kann ihren Kunden und Abnehmern nicht alles aufzwingen. Markenmutationen sind gefährlich, sie haben ihre Grenzen.

Erhält ein Produkt einen Markennamen, so werden dadurch „Erwartungen" bei den potentiellen Kunden geweckt. Der Kunde erwartet nun, im Produkt die Idee der jeweiligen Marke wiederzufinden. Stellen wir uns vor, ein Unternehmen würde – in Lizenz – ein Sortiment an Waschmaschinen und Kochherden mit dem Namen Mercedes auf den Markt bringen. Sofort würden beim Verbraucher ganz spezifische Vorstellungen über Qualität und Eigenschaften dieser neuen Maschinen entstehen.

Bekommt ein neues Produkt einen etablierten Markennamen, dann sollte die Absatzförderung vor der Kostenreduzierung Priorität haben. Der Markenname soll dem neuen Produkt den Einstieg erleichtern, d.h. eine positive Einstellung dem Produkt gegenüber bewirken. Wovon hängt diese Einstellung ab? Welche Faktoren tragen dazu bei, ob die Ausdehnung sich positiv oder negativ entwickelt? Mehrere empirische Untersuchungen haben in jüngster Zeit speziell diese Fragen behandelt (Aaker and Keller, 1990; Mac Innis und Nakamoto, 1990) und beschreiben psychologische Prozesse, die die Akzeptanz der Ausdehnung erhöhen.

Welche Faktoren erklären am ehesten die potentielle Azeptanz einer Markenausdehnung? Abbildung 14 zeigt, daß der wichtigste Faktor das Gesamtimage der Marke ist, die ausgedehnt wird, und hier zeigt sich, daß starke Marken weit mehr Möglichkeiten bieten. Das soll natürlich nicht heißen, daß nur starke Marken ausgedehnt werden können. Es kann im Gegenteil auch für eine Marke mit durchschnittlichem Image absolut positiv sein, Produkte ins Programm aufzunehmen, die die Marke mit neuer Kraft versorgen und revitalisieren. In diesem Fall verkauft nicht die Marke das Produkt, sondern das Produkt wirkt sich positiv auf die Entwicklung der Marke aus.

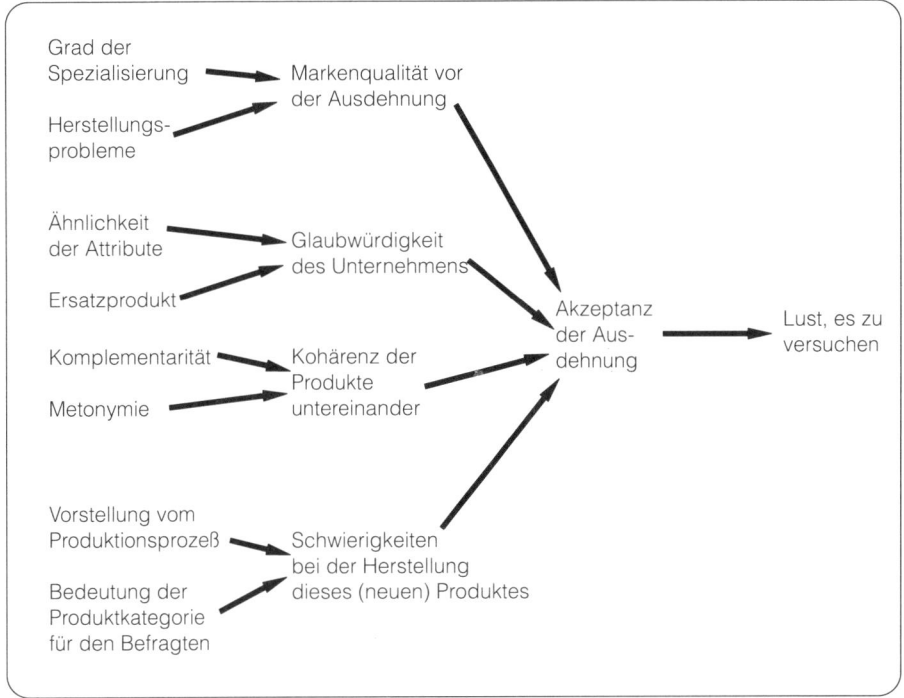

Abb. 14: *Faktoren, die die Akzeptanz einer Markenausdehnung beim Verbraucher beeinflussen*

Der zweite Faktor, unabhängig vom ersten, ist die Glaubwürdigkeit, die der Verbraucher dem Unternehmen als Hersteller des neuen Produktes zubilligt. In diesem Zusammenhang ist interessant, ob das Unternehmen über das notwendige Know-how verfügt und die entsprechenden finanziellen und personellen Ressourcen mobilisieren kann. Aber es geht hier nur um Glaubwürdigkeit und nicht um tatsächliche Fähigkeiten! So kann der Verbraucher die Schwierigkeit entweder unter- oder überschätzen. Im allgemeinen wird der Aufwand an Forschung, Technologie und unantastbaren Prinzipien, der für die Serienfertigung von Verbrauchsgütern nötig ist, unterschätzt (wer kann sich schon vorstellen, wie lange 3M gebraucht hat, um das Produkt Post'it zu lancieren). Zur Bewertung der Glaubwürdigkeit setzt der Verbraucher Kriterien ein, wie etwa: Teilt das neue Produkt die konstituierenden Attribute der aktuell unter der Marke angebotenen Produkte? Ist Le Chat spezialisiert auf „grünes" Marketing, d.h. auf die Vermarktung von ökologischen Produkten, dann ist die Glaubwürdigkeit breit gefächert. Kann Bic das Prinzip Kugelschreiber vereinfachen und anwendungsfreudiger gestalten, dann kann die Marke dies auch mit Feuerzeugen oder Rasierklingen. Ist das neue Produkt Ersatz für die bereits eingeführten Markenprodukte, wird die Glaubwürdigkeit noch verstärkt. Das Unternehmen demonstriert nicht nur Kompetenz, sondern auch das Interesse, dem Verbraucher Vorteile zu bringen. Der Kaugummi Fluocaril wird dargestellt als Alternative zur Zahnhygiene, eine Alternative, die fast die Zahnbürste ersetzen kann.

Der dritte Faktor, der dazu beiträgt, daß der Verbraucher die Markenausdehnung akzeptiert, ist eine wahrnehmbare Verwandtschaft des neuen Produktes mit den bereits eingeführten Produkten. Dies ist ganz typisch bei komplementären Produkten: Der Skihersteller Rossignol vertreibt auch Skianzüge, Anoraks und Brillen, was jedem völlig normal erscheint. Der Eindruck von Artverwandtschaft kann auch durch Metonymie entstehen: Die Biermarke Heineken könnte ebenso gut Popcorn (natürlich nicht jede Sorte) oder in weiterer metonymischer Ausdehnung Gläser ins Programm aufnehmen. Wenn jedoch die Attribute, die die Stärke der Marke ausmachen, den Absatz des neuen Produktes einschränken, wäre dies inkohärent. Die organoleptische Stärke des Bieres Heineken liegt im raffinierten und leicht bitteren Geschmack. Hätte gesalzenes Popcorn keinen spezifischen Affektionswert, würde sich diese Ausdehnung übel auswirken.

Die Untersuchung zeigt, daß auch noch ein vierter Faktor für die Akzeptanz der Markenausdehnung entscheidend ist: Die Vorstellung, die der Verbraucher von der Schwierigkeit der Herstellung des neuen Produktes hat. Manche Produkte erwecken den Eindruck, daß die Produktion einfach ist. Deshalb sieht der Verbraucher kaum Qualitätsunterschiede zwischen einem Spitzenprodukt und einem weniger guten Produkt innerhalb dieses Marktes. Taschentücher, aber auch Kühlschränke (die man heute schon wie Schränke kauft, man interessiert sich nur noch für die Maße) sind solche Produkte. In anderen Produktkategorien scheint die Herstellung viel schwieriger, und so sind auch vermeintliche Qualitätsunterschiede größer, z.B. Informatik, Versicherungen, Touristik und das Produkt Champagner. Aaker und Keller (1990) haben gezeigt, daß eine nicht lineare Beziehung zwischen diesen nur wahrgenommenen Schwierigkeiten und der Ausdehnungsakzeptanz besteht. Sieht der Verbraucher kaum Schwierigkeiten bei der Produktherstellung, dann hat die starke Marke einer eher schwachen Marke gegenüber keine nennenswerten Vorteile. Die Fernseh-

136

geräte von Thomson profitieren kaum von dem starken Image, das die Marke in Elektronik, Rüstungsindustrie und Videoübertragungen hat. Das Markenspektrum reicht nicht aus, um die Produktion von Fernsehern zu legitimieren und positiv umzusetzen. Stellt der Verbraucher fest, daß die Marke ihren Namen dazu benutzt, „schwache" Produkte mitzuziehen, wehrt er sich gegen diese Art der Ausdehnung (das ist anders bei Produkten bekannter Signaturen oder Luxusmarken).

Eine starke Marke kann die Akzeptanz kaum beeinflussen, wenn der Verbraucher glaubt, daß es sehr schwierig ist, das neue Produkt herzustellen. Der Name Yamaha ist keine Garantie für die erstklassige Qualität von Klavieren, denn die Herstellung dieser Produkte wird als Kunst betrachtet. Im Extremfall denkt der Verbraucher, die Marke Yamaha, die Zweiräder produziert, sei eine andere als die, die die berühmten Musikinstrumente herstellt. Nur wenn der Verbraucher glaubt, die Herstellung sei von mittlerem Schwierigkeitsgrad, kann eine starke Marke die Akzeptanz beeinflussen und damit die Produktlancierung unterstützen.

Bleibt diese Problematik immer dieselbe, ganz gleich, um welchen Verbraucher oder Abnehmer es sich handelt? Die Akzeptanz, die eine Markenausdehnung erfährt, gehorcht denselben Gesetzen wie die Sensibilität auf die Marke (Kapferer und Laurent, 1989). Letztere kommt nur dann zur Geltung, wenn der Käufer sich im Angebot der Produktkategorie einigermaßen auskennt. Hält er Schlüssel und Code in der Hand, kann er die subjektiven und objektiven Attribute einer Marke herauslesen, was ihm bei der Entscheidung hilft (Rangaswamy und Burke, 1990).

Die Forschung kann also dazu beitragen, Schlüsselfaktoren, die – in psychologischer Hinsicht – die Akzeptanz der Ausdehnung beeinflussen, zu finden. Diese Faktoren sind Gegenstand von Analysen, die ein Unternehmen durchführt, um die Ausdehnungsmöglichkeiten seiner Marken zu bewerten.

Eine Anleitung zur Markenausdehnung

Wird vor der Markenausdehnung eine entsprechende Studie durchgeführt, dann verläuft diese in zwei Phasen: In der ersten Phase sollen Möglichkeiten geprüft werden, d.h., man versucht festzustellen, was der Verbraucher mit der Marke assoziiert. Basierend auf dieser Analyse können Produkte aufgelistet werden, die die Marke zusätzlich in ihr Programm aufnehmen könnte (sei es, indem sie ihnen die eigenen Attribute gibt, sei es, daß die Marke selbst von Substanz und Qualität der Produkte profitiert). Als nächstes ist der Absatzmarkt

Gegenstand des Interesses, die Aufgabe der zweiten Phase: Die Produktideen müssen überprüft werden. Die externen Informationen alleine genügen für die Entscheidungsfindung nicht, denn die Markenausdehnung ist eine strategische Wahl. Sie schließt Faktoren ein, die die Synergie von Produktion und Vertrieb, Finanzmittel und personellen Einsatz betreffen. Außerdem gibt es natürlich immer ein Restrisiko bei der Markenausdehnung. Keine Studie kann vorher die Wirkung der Ausdehnung auf die Marke im Zeitablauf verläßlich bewerten. Inwieweit werden also Positionierung, Konzept und Kapital der Marke betroffen sein?

Die wichtigste Voraussetzung für die Ausdehnung – man kann es nicht oft genug betonen – ist eine gute Kenntnis der Markenidentität. Welches sind die Besonderheiten der Marke? Welchen Charakter hat sie? Welche Absicht verfolgt die Marke? Was ist der Markenkern, und welche Werte verkörpert die Marke für Käufer und Verbraucher? Welches sind ihre latenten Möglichkeiten? Zur Beantwortung dieser Fragen sind allgemeine (um die Popularität und das Image der Marke in Erfahrung zu bringen) und spezifische Analysen, die ganz konkret die Zielgruppe betreffen, notwendig. Eine einfache Aufzählung von Imagekomponenten vermag weder Dynamik noch Inspiration der Marke zu demonstrieren. Nur in einer qualitativen Analyse können Identitätsprisma und Konzept der Marke definiert werden.

Als nächstes müssen Konsequenzen aus den unterscheidenden Merkmalen der Marke gezogen werden. Die Marke Cadum steht z.B. für Sanftes, also muß man sich fragen, welche Produkte zu diesem Merkmal passen. Die Marke Scof vertreibt Besteck, kann sie aufgrund von Metonymie auch Gläser, Tassen oder Tischdekoration ganz allgemein in ihr Sortiment aufnehmen? Könnte eine Marke wie Rossignol, die auf Skier spezialisiert ist, auch Tennisschläger oder Golfschläger anbieten? Auch eine Metapher kann Inspirationsquelle sein: Die Rasierklinge schneidet Bartstoppeln, das Surfbrett schneidet die Wellen.

Aus dieser ersten Phase kann eine lange Produktliste erstellt werden. Dann wird geprüft, ob die Produktion intern machbar ist. Die daraus resultierende verkleinerte Liste wird der Zielgruppe vorgestellt: Häufig werden hierfür vorformulierte Umfragen eingesetzt. Auf jeden Vorschlag antwortet der Befragte im wesentlichen nach drei Gesichtspunkten: Ist das Produkt „sehr, durchschnittlich oder überhaupt nicht interessant". Aufgrund dieser Befragung kann dann eine „Hitparade" der möglichen Ausdehnungen erstellt werden.

Die Methode hat den Vorteil, einfach zu sein, und sie hat die Genauigkeit einer rechnerischen Überprüfung. Der Nachteil: Sie ist konservativ. Da sie auf einmal zu einer ganzen Reihe von Produkten befragt werden, reagieren die Befragten nur auf Markenfacetten, die ihnen spontan einfallen. Der spontane

Eindruck, d.h. ein Spiegelbild der erkennbaren Markenrealität, wird in diesem Fall vorgezogen. Als die Marke Bic nur Kugelschreiber herstellte, hätte diese Strategie dazu geführt, daß man nur Schreibwaren und Büromaterial zusätzlich in das Programm der Marke aufgenommen hätte. Kein Mensch wäre je auf die Idee kommen, Bic könnte auch Rasierer anbieten.

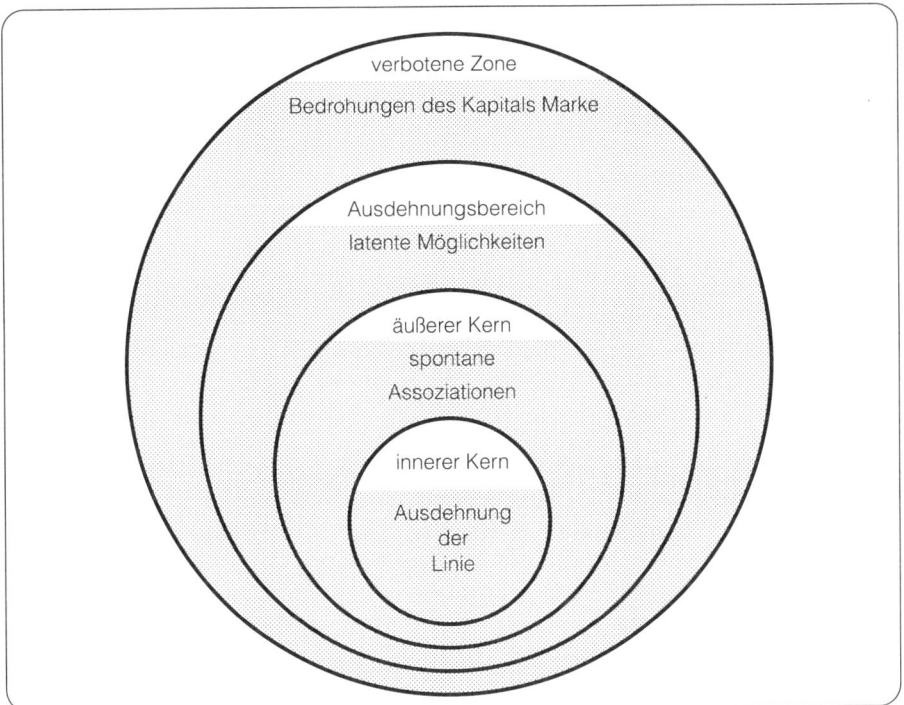

Abb. 15: *Zonen der Markenausdehnung*

Die Engländer (Davidson, 1987) unterscheiden verschiedene konzentrische Zonen: Um das „inner core" (den inneren Kern) findet man das „outer core" (den äußeren Kern), dann die Ausdehnungsmöglichkeiten und schließlich die „verbotenen Zonen" („no go areas"). Ausgedehnte Umfragen informieren über die unmittelbare „Nachbarschaft" der Marke (den äußeren Kern), und dann werden die potentiellen Ausdehnungsmöglichkeiten definiert.

In diesem Zusammenhang sind also auch qualitative Umfragen notwendig, um die latenten Möglichkeiten der Marke zu finden und zu sehen, ob diese mit den Produktideen in Einklang stehen. Nur so kann man beurteilen, ob die Ablehnung eines Produktes in der Umfrage auf die aktuelle Marktkenntnis und die

Schwierigkeit, die die Befragten mit ihrer Vorstellungskraft haben, zurückzuführen ist oder auf die Unvereinbarkeit des Produktes mit der Markenidentität.

Die qualitative Phase ist konstruktiv, denn wenn die Marke eine Produktkategorie transformiert, muß man herausfinden, unter welchen Umständen das anvisierte Produkt der Marke zugeordnet werden kann. Welche objektiven oder subjektiven Attribute benötigt das Produkt, um die Marke repräsentieren zu können?

Es reicht also nicht festzustellen, daß die Marke Lacoste auch Blousons herstellen könnte. Man muß bestimmen, was ein Lacoste-Hemd ist und was nicht. Das Identitätsprisma von Lacoste umfaßt folgende Facetten: die Netzoptik, perfekte Verarbeitung, Langlebigkeit, Diskretion, Ausgeglichenheit, Soziabilität, Konformität und Polysemie. Das berühmte Lacoste-Hemd, das Ursprungsprodukt, ist so bequem wie eine zweite Haut und macht die Distanz, den zentralen Markenwert, transparent. Dieses Produkt enthält die Assoziation an Weiches und stellt eine Verbindung her zwischen dem intimen Körperbereich und der Gesellschaft, zwischen körperlichem und sozialem Wohlbefinden. Die Netzoptik erinnert an Körperporen. Dieses Prisma definiert die Bereiche, die Lacoste verschlossen sind (wenn der Markensinn nicht entstellt werden soll):

- Entsprechend dem sportlichen Ideal ist die Marke Lacoste transversal, d.h., sie umfaßt jedes Geschlecht und Alter. Sie darf keine ausgesprochen femininen Produkte einschließen (die Aerobic-Serie von Lacoste war ein Mißerfolg) und auch keine absolut männlichen Sportarten (wie die Jagd) ausstatten.

- Die Marke läßt sich nicht mit Verführung (z.B. durch auffallende Farben) und Eintagsfliegen der Mode vereinbaren.

- Mit dem Produktimage einer zweiten Haut kann die Marke Lacoste keine auffallenden Kleidungsstücke, die z.B. weit geschnitten sind, anbieten.

Deshalb ist ganz klar, daß Lederblousons nicht ins Sortiment von Lacoste passen. Sie ähneln zusehr „Panzern", sind extrem maskulin und zu modern, überstehen also nur eine kurze Saison. Nur der weiche Wildlederblouson läßt sich ins Programm von Lacoste einreihen.

Die qualitative Phase schließlich erleichtert das Verständnis der Markenfunktionen für den Verbraucher. Ist die Marke Symbol für sich selbst oder für andere? Ginge jemand auf die Piste mit Skiern von Carrefour? Auf welchen Produkten möchte der Verbraucher welche Marke sehen? Diese letzte Information ist entscheidend: Soll ein Lacoste-Blazer das Krokodil auf der Tasche tragen oder lieber die Bezeichnung Lacoste oder Lacoste Club?

140

Grundsätzlich zielt diese Testphase nicht allein darauf ab, zu erfahren, ob die Ausdehnung Kohärenz mit der Marke aufweist; es soll auch herausgefunden werden, ob das Produkt Konkurrenzprodukten überlegen ist und ob die Ausdehnung die entsprechende Nachfrage hervorruft. McDonald's, König des Fast food, könnte in der Fotobranche weder auf Besonderheit noch Überlegenheit zurückgreifen. Aber die Marke könnte sich verwandten Themen zuwenden, denn es gibt eine Idee McDonald's. Die Marke vermittelt eine bestimmte Vorstellung von menschlichen Beziehungen und der Familie; sie überschreitet den Hamburger, die Marke wird mit ihren Restaurants identifiziert. Außerdem muß auch noch das Problem eines möglichen Bumerangeffektes der Ausdehnung auf das Kapital Marke berücksichtigt werden. Hierzu werden projektive Techniken eingesetzt, aber Vorsicht: Das Simulieren von natürlichen und langen Prozeduren ist immer ein methodisches Wagnis und verlangt große Vorsicht bei der Interpretation. Da Risiken des Bumerangeffektes nicht ausgeschlossen werden konnten, entschied sich das Unternehmen Perrier gegen den Namen Contrex für die neuen Desserts und Schokoladencremes ohne Cholesterin. Natürlich gab es starke Beweggründe, den Namen Contrex (leicht in Verbindung zu bringen mit diesen neuen Diätprodukten) auszudehnen, aber es war nicht sicher, ob sich dies positiv auf das Markenimage von Contrex auswirken würde.

Einige klassische Irrtümer

Die Markenausdehnung ist ein strategischer Akt, denn sie betrifft Zukunft und Kapital der Marke. Es ist ein delikates Unterfangen, deshalb werden auch so viele Vorkehrungen getroffen (methodische Planung und Potentialschätzungen). Die Markenausdehnung muß einigen gefährlichen Verlockungen widerstehen. Nachfolgend untersuchen wir mögliche Fehlentwicklungen genauer.

Die verkürzte Sicht der Marke

Viele Unternehmen haben nur eine sehr begrenzte Sicht von ihren Marken und sehen sie nur als Namen. Der genetische Code der Marke reduziert sich in diesem Fall auf wenige Produktvarianten. Wie wir gesehen haben, war es genau diese Konzeption, die die Firma Lesieur davon abhielt, sofort auf den neuen Trend in Richtung Sonnenblumenöl zu reagieren. Da sie an ein rein nominalistisches Konzept gebunden war (Erdnuß = Lesieur oder Lesieur = Erdnuß), wurde die Marke eingeengt und hatte keine Möglichkeit, die Vorteile des Sonnenblumenöls ihrem Imagekapital zuzuordnen. Darunter leidet Lesieur noch heute. Welch ein Unterschied zu Gerblé! Diese Marke hat trotz des Bestandteils „blé" (= Getreide) in ihrem Namen auch Konfitüre und Sojaöl in ihr Programm aufgenommen! Ein anderes Beispiel: Die Seife der Marke Cadum enthielt noch nie Wacholderextrakte, obwohl die Seife nach dem Ursprungsprodukt Cade-pommade in den Markt eingeführt worden war und auf dessen Image aufbaute. Bei der Marke Palmolive findet man nirgends Olivenextrakte, weder in der Seife noch im Rasierschaum oder Spülmittel, genausowenig wie bei der Marke Pétrole (= Öl) Hahn Öl in Lotion, Shampoo oder Spülung zu finden ist.

Und trotzdem hätten diese Marken hundertmal mehr Gründe gehabt, sich auf die rein nominale Facette ihrer Identität zu beschränken als Lesieur, denn die Wörter „blé", „cade" (= Wacholder) und „olive" waren Namensbestandteile. Es war jedoch richtig, dies nicht zu berücksichtigen, denn eine Marke ent-semantisiert die Worte, die ihr als Stütze dienen. Denkt man an Rossignol (= Nachtigall), dann assoziiert niemand diese Marke mit dem Vogel oder den negativen Konnotationen der Umgangssprache („rossignol"= Dietrich).

Das soll nicht heißen, daß der Bestandteil „blé" im Wort Gerblé neutralisiert ist, so wie wenn ein Zahnarzt die Wurzel abtötet. Natürlich entsemantisiert die Marke das Wort, aber der Sinn bleibt erhalten. Das Namenselement bleibt im-mer eine latente Möglichkeit.

Gerblé profitiert sogar von dieser verdrängten Wortbedeutung, denn die Marke stützt sich nicht auf das Produkt Getreide, sondern auf Werte und Ideale, die dahinter stehen. Gerblé ist eine Marke des Lebens, und deshalb ist es nicht ver-wunderlich, daß die Kunden dieser Marke eine fast religiöse Bedeutung bei-messen. Der Markenname Palmolive erinnert an die Olive. Diese Assoziation wurzelt in den objektiven und subjektiven Qualitäten eines jeden Produktes der Marke Palmolive. Dennoch müssen diese Produkte nicht aus Olivenextrak-ten bestehen, denn dann würden sie sogar jede Anziehung verlieren. Es ist die Bedeutung des Wortes Olive und nicht die tatsächliche Verwendung dieser Frucht, worauf das Ausdehnungsprogramm der Marke beruht.

Die Ausgrenzung einer Marke

Als sie feststellten, daß der Markenname Maggi ein etwas altmodisches Image hatte, überzeugten die Leute, die für neue Produkte verantwortlich waren, die Firma Sopad-Nestlé schnell, daß es besser sei, die neuen Instantpürees Mous-line zu nennen. Damit wollte man sich so weit wie möglich vom Namen Maggi distanzieren. Auch der Name Bolino (Fertigsuppen) ist auf diese Überlegung zurückzuführen.

Hier liegt eine Falle, die die Engländer „self-fulfilling prophecy" (sich selbst er-füllende Prophezeiung) nennen. Da man annahm, daß die Marke – altmodisch wie sie war – neue und moderne Produkte nicht aufnehmen konnte, sperrte man sie in eine Art Ghetto und trennte sie von diesen Produkten. Dies aber verstärkte noch ihren altmodischen und unmodernen Charakter und machte eine erfolgreiche Ausdehnung der Marke somit noch unmöglicher. Quod erat demonstrandum.

Um die Marke zu sanieren, setzt man nun auf Werbung und die Berücksichtigung von Modetrends. Eine Marke demonstriert ihre Aktualität aber mit Hilfe der Produkte, die sie entwickelt und in den Markt einführt. Das Problem von Maggi war entstanden, weil man nicht berücksichtigt hatte, daß ja das Unternehmen die Marke aufbaut. Dies ist ein langwieriger Sedimentationsprozeß. Natürlich sollten neue Produkte rentabel sein, aber das langfristige Bestehen eines Unternehmens hängt von den Marken ab. Es dürfen nur wenige sein, wobei jede ein weites Produktprogramm haben kann. Maggi ist eine strategische Spitzenmarke von Nestlé. Wären die Möglichkeiten von Maggi richtig eingeschätzt worden, dann hätte man neue Produkte in das Programm aufgenommen und die Marke auf diese Weise modernisiert und ihren Wert gesteigert. Die Firma Knorr hat sich zum Beispiel für diese Methode entschieden. Neue Pürees wurden unter der Bezeichnung „Knorr Pürees" eingeführt.

Wenn die Vergangenheit die Zukunft steuert

Ein anderer Grund für die extreme Einschränkung einer Marke ist die Fokussierung auf vergangene Entscheidungen. Die Markenpolitik sollte sich aber nicht starr nach Vergangenem richten. Natürlich ist die Marke das „Produktgedächtnis", im Laufe der Zeit erhält sie ihren eigenen Sinn und bekommt ihre eigene Identität. Das heißt aber nicht, daß die Zukunft nur die Verlängerung der Vergangenheit ist. Die Marke findet ihren eigenen Weg, sie hat eigene Kraft und Energie, aber ihre langfristige Entwicklung basiert auf einer strategischen Entscheidung.

Die Entscheidung, ob eine Marke ausgedehnt werden soll oder nicht, hängt auch oft von ihrem bestehenden Produktprogramm ab. Vor der Übernahme durch BSN sagten alle Analysen der Ausdehnungsmöglichkeiten der Marke LU, daß die Marke als „Mutter des französischen Keks" tief in der Geschichte Frankreichs verwurzelt sei und somit auf gar keinen Fall nichtfranzösische Produkte vertreten könne. Pim's und Prince waren wegen ihres englisch klingenden Namens und Sirtaki wegen des griechischen ausgeschlossen. Heute weiß man aber, daß die Marke LU all diese Kekssorten ganz unproblematisch in ihr Programm aufnehmen konnte (vom Ursprungsprodukt „der kleine LU" über Pim's und Prince bis zu den modernen Produkten Mikado und Hello). In diesem Markt ist LU heute eine der stärksten Marken und ist Wegbereiter für BSN beim Einstieg in den europäischen Markt. Natürlich hätte man die Marke LU auf ihre Tradition festlegen können, aber dies wäre eine rein strategische Entscheidung gewesen.

Man beschloß, LU zu der Keksmarke schlechthin zu machen, und zwar in Frankreich und Europa: Die Möglichkeiten der Marke sprachen dafür, auch wenn man sie damals kaum erkannte. Das Herkunftsland der Kekse ist ein rein oberflächliches Merkmal, und die Markenidentität von LU sieht ganz anders aus: Die Marke transformiert und kreiert, aktualisiert Rezepte und verändert Geschmack und Aussehen der Produkte. LU ist Künstler, nicht Handwerker.

Starke Marken überwinden eine oberflächliche Kluft. Deshalb haben Chanel-Produkte für den Mann das Image der Marke Chanel im ganzen keineswegs angetastet. Trotzdem kann man sich vorstellen, welche Diskussionen um die Ausdehnung der Marke in diesen neuen Bereich vorausgegangen sind. Zu oft wird die Markenausdehnung durch eine Überbewertung aktueller Attribute und der äußeren Markendarstellung gebremst.

Die drei ersten obenstehend definierten Argumente unterschätzen das Markenpotential. Im nächsten Abschnitt soll der gegenteilige Effekt analysiert werden. Das Problem ist die zu große Ausdehnung, was die Marke selbst gefährden kann. Häufig ist dies auf kommerziellen Opportunismus zurückzuführen, d.h., das Unternehmen sieht die Möglichkeit, die Produkte abzusetzen, den Markennamen auszunutzen und eventuell Lizenzen zu vergeben und nimmt deshalb kurzfristig neue Produkte ins Markenprogramm auf.

Eine Markenausdehnung, die zerstörerische Folgen haben kann

Da der Markt für Diätprodukte schnell wächst, haben viele Marken sofort die Initiative ergriffen und ihren Namen ausgedehnt, um von dieser Absatzsteigerung zu profitieren. In vielen Fällen war dies aber ein Fehler. Es war vermutlich falsch von der Marke Bridel, das Produkt „Bridel Allégé" anzubieten. Denn das Diätprodukt hat einen der tragenden Pfeiler (ausgezeichneter Geschmack, Authentizität und Natürlichkeit) des Markenkapitals Bridel zerstört in einem Markt, wo es sowieso schon schwierig ist, sich von anderen Herstellern zu differenzieren. Die Marke Président hatte eine solches Risiko vorausgesehen und hielt sorgsam Distanz zwischen dem Markennamen und Produkten der „leichten" Linie: Diese wurde Présilège genannt, auch die Werbung wurde anders gestaltet.

Die Ausdehnung der Teemarke Lipton auf Suppen hat das Markenkapital geschwächt. Die Firma Cadum beging beinahe denselben Fehler, hat sich jedoch wieder gefangen. Nach dem Erfolg der Cadum-Seife (eine Ausdehnung in den Bereich Körperpflege und Schönheit) – aufgebaut auf die Babypflege – dehnte man die Marke auch in den Bereich Haushaltsreiniger aus und brachte den

PEC-Schaum von Cadum, ein Reinigungsmittel, auf den Markt. Während aber eine Seife einen echten Affektionswert haben kann, ist der bei Reinigungsmitteln nicht vorhanden. Außerdem untergrub diese Ausdehnung die Basis der Marke und bedrohte die Assoziation an reine und zarte Babyhaut. Deshalb wurde das Produkt in PAIC umbenannt, ohne irgendeinen Bezug zur Marke Cadum. Das heißt natürlich nicht, daß eine Marke für Seife nicht diese beiden Bereiche abdecken könnte, nur die Marke Cadum ganz speziell konnte dies nicht. Die Marke Le Chat dagegen, deren Ursprungsprodukt die Seife Marseille ist, hat erfolgreich im Waschmittelmarkt Fuß gefaßt: Ein „grünes Produkt" wurde eingeführt, ein ökologisches Waschmittel ohne Phosphat, das dem genetischen Code der Marke entsprach.

Opportunismus und inkohärente Identität

Bekannnt als Marke für Holzpflege, ist Abeille – bisher nicht sehr innovationsfreudig – in den neuen Markt der Spraypolituren eingestiegen, der vom Produkt Pliz (Johnson) aufgebaut und dominiert worden war. Leider mußte Abeille das Produkt nach drei Jahren erfolglosen Marketings wieder vom Markt nehmen, denn die Markenidentität von Abeille ist mit solchen Produkten unvereinbar. Die Aussage des neuen Produktes war: Entspannung, schnelle Problemlösung, Ablehnung der Mentalität einer typischen Hausfrau. Die Marke Abeille jedoch steht für das Gegenteil: möglichst perfekte Erledigung einer Aufgabe, Zeit, den Boden zu wienern, und die Assoziation an die traditionelle Hausfrauenrolle. Die einzige Möglichkeit wäre gewesen, den Anwendungsbereich des Produktes einzuschränken, aber dann hätte das Produkt an Attraktivität verloren, denn die Hausfrau möchte ein Produkt, das vielseitig verwendbar ist.

In der Luxusbranche ist die Markenausdehnung gang und gäbe. Die Vergabe von Lizenzen nimmt schier überhand. In Geschäften der Marke Nina Ricci findet man heute Geschirr und Tafelservice. Aber auch hier sind Irrtümer möglich: Was für die Marke Hermès Gültigkeit hat, muß nicht unbedingt auch für Nina Ricci gelten. Nina Ricci gründet ihre Identität auf dem Übergang vom Mädchen zur Frau (sehr intim und sensibel, symbolisch hier der Schleier = Hymen). Geschirr gehört in den Bereich Soziales und drückt den Status der Hausfrau aus. Eine Marke, deren Inhalt ausdrücklich die soziale Repräsentation ist, wie Hermès oder Dior, und auch eine Marke der „Verführung", wie Saint Laurent, kann die Idee des Produkts Geschirr besser vermitteln. Das Produkt Geschirr liegt nicht in der Markenidentität von Nina Ricci.

Manchmal gibt es auch einen Konflikt zwischen der Marke und absatzbedingten Problemen. Die Marke Raynal et Roquelaure gehört zur selben Gruppe wie Géo und gründet ihre Identität auf der Bewahrung regionaler Gastronomie:

Die Lammkeule mit Bohnen ist berühmt. Als man beschloß, die Marke Géo auf Innovationen im Bereich abgepackter Wurstwaren zu konzentrieren, wurden die anderen Produkte an Raynal et Roquelaure abgetreten. Besonders der „Géo-burger", eine Hackfleischbulette mit Sauce à l'américain ist ein Renner mit stark steigendem Absatz. Jetzt stellte sich das Problem, die Strategie auf dieses Produkt zuzuschneiden, das ja außerhalb der Markenidentität von R & R lag. Es war nicht möglich, auf den Umsatz dieses Produktes zu verzichten, aber auch die Einführung einer neuen Marke war nicht empfehlenswert. Aber auch in das Programm der relativ jungen Marke R & R konnte der Burger nicht ein-gegliedert werden, denn das hätte das Markenkonzept bedroht.

Marken, die Prototypen sind

Es gibt Märkte, wo die Marke eine ganze Produktkategorie verkörpert und Prototyp ist. Coca-Cola ist das Symbol für alle Cola-Sorten. Société ist Refe-renz für jeden Roquefort-Käse. Sidi-Brahim ist der algerische Wein schlecht-hin. Hat ein Unternehmen eine starke Marke geschaffen, die alle kennen und die einen unantastbaren Ruf hat, ist man natürlich versucht, dieses wertvolle Kapital zum Aufbau neuer Produkte zu verwenden. Das Unternehmen läuft aber dann Gefahr, seine Legitimation und Autorität für diese Marke im eigenen Markt zu verlieren.

Der Sidi-Brahim ist sowohl ein „heiliger" wie auch ein „verfluchter" Wein. An-gefüllt mit Sonne und einer jungen, sehr emotionalen Geschichte ist er noch südlicher als andere südliche Weine. Der Name ist eine Referenz, man sagt auch „der Sidi-Brahim". Das Unternehmen W.Pitters konnte der Versuchung nicht widerstehen und brachte ein Weinsortiment mit dem algerischen Sidi-Brahim (Rosé und Rotwein), aber auch einem Sidi-Brahim aus Tunesien (rot) und einem Sidi-Brahim aus Marokko (rot) auf den Markt. Das Unternehmen selbst trat nicht an die Öffentlichkeit, man war sich der möglichen Risiken für die Marke bewußt. Da alle Gegenden des Magreb von der Marke Sidi-Brahim er-faßt waren, wurde ein Handelsunternehmen aus dem Namen, was die Marken-identität veränderte. Die Assoziation zu Babouches und Djellabah wurde ab-gelöst vom europäischen Anzug und Aktenkoffer. Sidi-Brahim wurde verviel-fältigt, um den Absatz zu steigern, es wurde eine Handelsmarke daraus. Die Marke verlor dabei ihre einfache Daseinsform, ihr physisches und soziales Naturell und schließlich auch ihre Identität. Auch wenn der Verbraucher im Grunde genau weiß, daß Sidi-Brahim nicht aus einer kleinen lokalen Produk-tion hervorgeht, lehnt er alles ab, was dagegenspricht.

Auch darf eine Marke, die Prototyp ist, sich nicht in Gebiete vorwagen, wo be-reits ein Prototyp existiert. Die Marke müßte die Autorität der prototypischen

Marke anerkennen, was ihr jedoch schaden würde. Würde also Lacoste – Symbol für Sportswear – Jeans anbieten, dann würde sich die Marke in einem Markt bewegen, der ganz von Levi's geprägt und dominiert wird. Lacoste könnte sich hier nicht durchsetzen, d.h. die Produktkategorie umformen und eigene Referenzen unterbringen. Natürlich kann man auf jede Jeans ein Krokodil aufbringen, das ist nur ein oberflächlicher Akt. Es wird Terrain abgegrast, das schon einem anderen gehört. Die Methode einer Handelsmarke, die vom Absatz anderer profitieren möchte, ist für eine große Marke nicht akzeptabel.

Nichtssagende Produkte

Warum gibt es 1990 noch keinen Emmentaler von Président? Es wäre doch angesichts des Imagekapitals dieser Marke verführerisch gewesen, dieses Produkt ins Programm aufzunehmen und damit die Marke über Camembert, Brie, Weichkäse und Butter hinaus auszudehnen. Das Unternehmen Besnier wußte aber, daß dies falsch wäre. Die Entscheidung für eine Produktkategorie, die zu einfach und nichtssagend ist, behindert die Marke bei der Definition ihres Images. Dies hätte der Marke nur eine zusätzliche Assoziation gegeben und sie nicht von Grund auf modifiziert.

Da es kaum Qualitätsunterschiede bei Emmentaler gibt, wäre es falsch gewesen, dieses Produkt in die Marke aufzunehmen. Kurzfristig könnte dies zwar eine zusätzliche Absatzsteigerung hervorrufen, da der Verbraucher von der vielversprechenden Marke Président (Spitzenmarke) gute Qualität erwartet. Mittelfristig aber wäre die Marke daran kaputtgegangen, und das Vertrauen des Verbrauchers wäre zerstört worden. Das genetische Programm der Marke liegt im Namen: Nur der Beste ist Präsident. Hätte man die Marke mit einem Produkt verbunden, bei dem der Verbraucher nicht sofort merkt, was wirklich besonders daran ist, dann wäre aus der Marke ein Kunstgebilde geworden, ein rein kommunikativer Akt. Bei einer echten Marke ist die Assoziation in den Produktmerkmalen verwurzelt.

Eine nichtssagende Produktkategorie läßt keinen Raum für qualitative Unterscheidungen. Eine große Marke (wie Albatros) scheitert an der Ausdehnung ihres Know-hows. Heineken könnte das Produkt Pop Corn nicht wirklich transformieren. Die Fernsehgeräte von Thomson profitieren nicht wirklich von der offensichtlichen Kompetenz, die die Thomson-Gruppe bei Radar, Rüstung, Elektronik vermittelt. Es sieht so aus, als ob das Fernsehgerät für den Verbraucher ein zu banales Produkt ist, um eine wirkliche Differenzierung zu ermöglichen, denn er kauft ja auch Farbfernseher, die aus Südostasien importiert werden und zu Dumpingpreisen – 400 DM – in Supermärkten verkauft werden. Außerdem ist die Anwendung supermoderner Technik in Thomson-Fernsehern nicht erkennbar.

Luxusmarken

Bringen Chanel-T-Shirts und Cardin-Zigaretten dieselben Probleme für ihre Marken? Signaturen vervielfältigen sich in Lizenzen und können auch ganz nichtssagende Produkte wie Taschentücher, Socken und Zigaretten bezeichnen. Der einzige Unterschied zwischen einem Taschentuch und einem Taschentuch von Cardin ist die Marke. Es gibt jedoch einen strukturellen Unterschied zwischen einem Fernseher von Thomson und einem T-Shirt von Chanel. Der Fernseher ist ein Markenprodukt, eine symptomatische Manifestation der Marke. Das T-Shirt dagegen ist eine Art Abzeichen, der Verbraucher zeigt seine Affektion zur Marke, so wie manche ein christliches Kreuz um den Hals tragen oder bei Wahlkämpfen das Konterfei ihres Kandidaten auf dem T-Shirt zeigen. Deshalb ist auch das Produkt Uhr für jede Marke geeignet; sie hat die Aufgabe, die Zeit anzuzeigen, ist also eine Art Medium.

Die Gefahr für Chanel ist eher langfristig anzusiedeln. Wie wir gesehen haben, hat die Marke additiven Charakter und ist Summe ihrer Merkmale. Das Risiko liegt darin, daß das T-Shirt zum Markenattribut wird. Nun ist dieses Produkt aber nicht nur banal, sondern auch kompromittierend (auch Personen, die nicht zum Idealbild von Chanel passen, tragen es). Da eine Marke auch zuordnet, schadet die extreme Verbreitung des Produktes der avantgardistischen Idee, die einer der Grundpfeiler der Markenidentität von Chanel ist.

Expandiert eine Marke in alle Richtungen und dehnt sich auch auf nichtssagende Produkte aus (Zigaretten, Taschentücher, Krawatten, jede Art von Accessoire), dann setzt sie ihr Kapital aufs Spiel. Cardin ist hierfür ein typisches Beispiel: Da jedes Produkt in das Programm aufgenommen wird, verliert die Marke an Bedeutung. So ist es auch mit der Bezeichnung „Luxus": Heutzutage werden Autos, aber auch eine Flasche Bier zu 1 DM als Luxusprodukt bezeichnet, was das Wort seiner Dimension beraubt.

Manche Probleme, die bei der Markenausdehnung auftauchen, kann man darauf zurückführen, daß die Verbrauchermeinung nicht berücksichtigt wird und eine technologische Konzeption der Marke das Denken beherrscht.

Komplementarität ist keine Garantie

Der „Friedhof" der Markenausdehnungen ist voller falscher Freunde. Die Marke Panzani, die auf Nudeln spezialisiert ist, ist mit dem Versuch, Tomatensaucen zu vermarkten, gescheitert. Trotzdem kann man sich vorstellen, daß die Idee nahelag, alle Zutaten zu einer kompletten Mahlzeit anzubieten. Die berühmte Marke Campbell (Suppen) hat eines Tages eine Spaghettisauce auf den Markt gebracht. Das schien für eine Marke, deren Spitzenprodukt Tomatensuppe ist, leicht möglich zu sein. Es wurde jedoch ein Mißerfolg: Erst mit dem Namen Prégo setzte sich das Produkt durch. Auch die Margarinemarke Astra scheiterte bei der Einführung von „Astra-Öl".

Nicht die Produkte, sondern die Berücksichtigung des zentralen Markenprinzips definiert die Ausdehnungsmöglichkeiten. Was die Marke Panzani nicht schaffte, gelang Barilla (was aber nicht heißt, daß das Management von Panzani versagt hätte). Der besondere italienische Touch der Marke Barilla legitimierte diese Ausdehnung. Dieser Gesichtspunkt erklärt auch das Zögern der Marke Lacoste, Jeans ins Sortiment aufzunehmen. Marktstudien haben ergeben, daß das berühmte Lacoste-Hemd meistens mit einer Jeans kombiniert wird. Für jeden Unternehmer wäre es verführerisch, auch das Komplementärprodukt zu vertreiben. Aber – einmal abgesehen davon, daß ja bereits eine Prototyp-Marke auf dem Markt existiert – dies wäre falsch gewesen. Als Zusatzkleidungsstück zur Jeans ist das Lacoste-Hemd das hervorhebende Element des Trägers. Zeichnet Lacoste aber auch die Jeans, wird die Marke uniform und tritt aus ihrer Identität heraus. Lacoste bietet Tennisschläger an, nicht aber die Bespannung. Bespannungen nutzen sich meist schnell ab, und eine Marke, die die Langlebigkeit ihrer Produkte auslobt, kann es sich nicht leisten, ein solches Produkt anzubieten.

Entscheidend ist die Vorstellung, die der Verbraucher vom Produktionsablauf hat

In der Praxis kann sich – rein vom technischen Gesichtspunkt aus – eine Marke, die spezialisiert ist auf Fertiggerichte in der Dose, ohne weiteres das Know-how für Tiefgefrorenes und für Frischprodukte (vakuumverpackt) aneignen. Dennoch ist es bis heute keiner französischen Marke gelungen, sich in jedem dieser drei Märkte durchzusetzen. Es ist nicht die Technik der Herstellung, die den Verbraucher beeindruckt, sondern die Vorstellung, die er von ihr hat.

Die Marke William Saurin (bekannt für ihre Fertiggerichte in der Dose) hat immer schon die Werte Familie und Teilen vermittelt. Aufgrund der Spitzenprodukte der Marke (Cassoulet, Sauerkraut, Boeuf Bourgignon und Linsen) liegt die Markenidentität in dem Wort „heiß", bei Findus hingegen (Spezialist für Tiefgefrorenes) in dem Wort „kalt". Auch wenn tiefgefrorene Gerichte vor dem Verzehr erhitzt werden, verbindet man damit die Idee „kalt". Kälte ist durchaus kein negativer Wert und erinnert unter anderem auch daran, wie praktisch Tiefgefrieren ist. Solche Vorstellungen setzen Grenzen: Nur Spitzenmarken wie Hediard oder Fauchon könnten sich darüber hinwegsetzen.

Wenn der Verbraucher keine Vorstellung vom Produktionsprozeß hat, setzt er dort keine Grenzen, wo sie der Ingenieur oder Spezialist setzen würde. Wir

Franzosen sind sehr verbunden mit Gebieten, die reinen, natürlichen Wein herstellen. Die Weine sind sehr unterschiedlich von einer Region zur anderen. Für einen Japaner oder Amerikaner, der keine Weinkultur hat, gibt es französischen, deutschen oder italienischen Wein. Er bestellt eine Marke, die mehrere Rebsorten oder Regionen abdeckt, denn für ihn haben diese Unterschiede keine Bedeutung. Es zählen nur das Herkunftsland, die Farbe des Weines und der Markenname.

Das Ausgangs- oder Ursprungsprodukt soll die Vorstellung, die der Verbraucher von der Marke hat, unterstützen und legitimieren, was in technischer Hinsicht das Unternehmen leisten kann. Beispielsweise ist der Aufdruck „Président" oder „Bridel" auf Butter der Spitzenqualität eine Legitimationsquelle, die es den Marken ermöglicht, sich überall dorthin auszudehnen, wo die Bezeichnung „echt" noch einen Sinn hat. Das Ausgangsprodukt stellt eine Quelle von Werten dar, grenzt aber auch den Ausdehnungsbereich ein. Eine Marke, die für ihre Haushaltsgeräte bekannt ist, kann sich trotz eines umfangreicheren Angebotes nicht überall durchsetzen. Die Marke dient als Speicher und enthält Stärken und Schwächen der repräsentativsten Produkte. Der Käufer gibt der Marke eine Legitimation, d.h. einen Kompetenzbereich, der allerdings nicht den Herstellerkonzepten entspricht. Die Marke Laden wird mit Kühlgeräten assoziiert, Brandt mit Waschmaschinen (und damit Wasser) und Thomson mit Fernsehgeräten. Für den Verbraucher hat Thomson keinerlei Berechtigung, über diesen Bereich hinauszugehen.

Genaue Kenntnis der Markenidentität

Die Marke Bic gründete ihren Erfolg ursprünglich auf das Produkt Kugelschreiber, dann kam das Feuerzeug hinzu und schließlich der Rasierer. Mit ihrem Angebot Billig-Parfums für Jugendliche ist die Marke gescheitert. Dennoch war diese strategische Initiative von vielfältigen Studien und Absicherungen begleitet worden. Dieser Versuch war nicht der einzige Mißerfolg. Auch die Idee (eines surfbegeisterten Chefs), Surfbretter zu verkaufen, scheiterte.

Der Mißerfolg bei den Parfums hängt teilweise mit der falschen Einschätzung der Markenidentität zusammen. Die Marke ist ein Prinzip, das die Produkte steuert: Das Prinzip der Marke Bic ist – obwohl es anders aussieht – nicht der Wegwerfartikel. Gegenstände sollen völlig instrumentalisiert und funktionalisiert werden, und der Wegwerfartikel ist nur eine Folge aus diesem Prinzip, nicht das Prinzip selbst, genau wie der niedrige Preis. Nun ist es zwar möglich, Hilfsmittel des täglichen Bedarfs zu instrumentalisieren, bei Parfum geht das aber nicht (auch wenn Bic es versucht hat). Parfum wird mit einer Idee, dem Geist, assoziiert, Bic ist der Körper.

Wird das Leitprinzip der Marke nicht erkannt, hält man den Schein für Wirklichkeit. Die Marke Tahiti gründet ihren Erfolg auf Bade- und Duschseifen. Die Konnotation Vergnügen und Exotik machen die Marke auf den ersten Blick auch für andere Produkte geeignet. Dennoch ist sie bei Produkten gescheitert, die naheliegend schienen wie Deodorant und Eau de toilette. Die Produkte sind zwar artverwandt, widersprechen aber den Markenprinzipien.

Die Steuerung der Kommunikation

Welche Vorkehrungen sind zu treffen und welche Richtlinien einzuhalten, um die Ausdehnung zu optimieren, wenn sie einmal beschlossene Sache ist?

Berücksichtigung der Risiken für die Marke

Verschiedene Ausdehnungsmöglichkeiten tragen Risiken in sich, die man nicht übersehen darf. Deshalb hat die Marke Fisher Price, obwohl es verführerisch war, nicht versucht, in den Markt Pflegeprodukte für Kinder einzusteigen. Solche Produkte könnten eine negative Entwicklung nehmen und andere Aktivitäten der Marke beeinträchtigen.

1989 beschloß die Gruppe Wagons-Lits, erstklassige Reisen für verwöhnte Gäste anzubieten. Die Marke Hermès, die ihren Namen hierfür zur Verfügung stellen sollte, weigerte sich schließlich. Die Unwägbarkeiten der Dienstleistung und besonders der Reise bergen ein bestimmtes Risiko, das die Marke nicht eingehen wollte. Man kann zwar das Geschehen im Geschäft in der Faubourg Saint-Honoré kontrollieren, aber kaum mehr in Hotels in Lhasa.

Berücksichtigung der Risiken für die Ausdehnung

Auf psychologischer Ebene arbeitet die Markenausdehnung mit drei Hypothesen. Erstens: Die positiven Assoziationen der Marke sollen auf das neue Produkt übertragen werden. Zweitens: Die negativen Assoziationen sollen nicht übertragen werden. Und drittens: Ein positives Attribut der Marke soll sich im Zusammenhang mit dem neuen Produkt nicht in ein negatives verwandeln. Analysen sollen diese Hypothesen verifizieren. Die Aufgabe der Kommunikation ist es zu verhindern, daß die zweite oder dritte Hypothese wahr wird.

Die Assoziation eines Kaugummis namens Fluocaril ist spontan die Pharmazie. Dieses Attribut, das im Zusammenhang mit Zahnpasta sehr geschätzt wird, wird beim Kaugummi negativ. Es wäre falsch, die Kommunikation dieser Ausdehnung auf die Zahnhygiene auszurichten, denn das hieße, die negativen Assoziationen zu verstärken. Hier sollte vielmehr das Vergnügen am Kaugummikauen durch den Pfefferminzgeschmack in den Vordergrund gestellt werden. So wird das Risiko abgeblockt, daß negative Attribute der Marke auf das neue Produkt übertragen werden. Das Kapital Gesundheit der Marke Fluocaril ist bereits hinreichend bekannt, es führt zu nichts, erneut darüber zu reden.

Auf diese Weise hat die Kommunikation dazu beigetragen, daß die Sonnenschutzmittel von Lacoste einen besseren Stellenwert bekamen. In diesem Sektor hatte die Marke nämlich ein Glaubwürdigkeitsdefizit, denn sie hatte augenscheinlich keinerlei dermatologisches Know-how, was die Attraktivität dieser Produktserie in den Augen des Verbrauchers stark beeinträchtigte. Deshalb wäre es nicht gut gewesen, diese Serie „Ligne Solaire“ von Lacoste zu nennen. Hier war ein „Eigenname“ notwendig, d.h. eine Zusatzbezeichnung, die dieses Defizit ausgleichen und die Ausdehnung mit der nötigen technischen Glaubwürdigkeit versehen sollte: Die Serie wurde „Sun Technics“ von Lacoste genannt.

Ganz allgemein bedeutet das: Je weiter eine Marke ausgedehnt wird, um so wichtiger ist es, Zusatzbezeichnungen zu finden. So gelangt man schließlich zu einem mehrere Ebenen umfassenden Markenaufbau: die oberste Ebene der Dachmarke, die Ebene der Namen für Produktlinien („Neue Tradition“ bei Findus oder „Atari Business Systems“) oder die Ebene der Produktnamen („Papman“ von Toshiba, „Optane“ von Elf, „Folies“ von Danone). Die Probleme, die sich aus einem unterschiedlichen Markenaufbau ergeben, sollen im folgenden Abschnitt besprochen werden.

Die Versuchung der Einsparung von Etatmitteln

Die Motivation vieler Markenausdehnungen ist ökonomischer Natur. Es ist nicht mehr möglich, viele Marken werblich zu unterstützen, also muß das Markenportfolio reduziert werden. Außerdem liegt es nahe, weniger in die Kommunikation für den schon bekannten Markennamen zu investieren, als man in eine neue Marke investiert hätte. Nun zeigen aber Analysen, die Nielsen unter Leitung von J. Peckham (1981) durchgeführt hat, welche Nachteile diese Methode auf Konsumgütermärkten hat.

Nielsen untersuchte 114 Produkteinführungen in drei Segmenten: Pflegeprodukte, Lebensmittel und Hygieneartikel. Die Ergebnisse zeigen, daß Produkte, die unter einem eigenen Namen eingeführt wurden, nach zwei Jahren einen doppelt so großen Marktanteil hielten wie die Produkte, die unter dem Namen einer schon existierenden Marke eingeführt worden waren (6,7% gegenüber 3,3% bei Pflegeprodukten, 6,5% gegenüber 1,9% bei Lebensmitteln). War die Markenausdehnung hier also ein Fehler?

Eine gründliche Analyse zeigt den wirklichen Grund für diese Diskrepanz. Produkte, die unter eigenem Namen auf den Markt gebracht worden waren, hatten

Budgets zur Verfügung, die doppelt so hoch waren wie die von Markenausdehnungen. Um diese Verzerrung zu überprüfen, wurde der Marktanteil bezogen auf den Share of Voice ermittelt. Es stellte sich heraus, daß dieser bei beiden Gruppen gleich war. Auch stellte man fest, daß bei Hygieneartikeln die Markenausdehnung erfolgversprechender war als ein neuer Produktname. Das hängt möglicherweise mit der höheren Erwartungshaltung zusammen, die dieser Produktkategorie entgegengebracht wird. Die Garantie einer echten Marke ist in diesem Fall notwendig (Kapferer und Laurent, 1984).

Rückbesinnung auf das Markenprinzip

Je weiter man eine Marke ausdehnt und ihre Kommunikation darauf konzentriert, umso bedrohlicher ist das für das Markenkonzept. Deshalb muß man sich auf das Gründungsprinzip der Marke besinnen. Dieses Ziel sollen Markenkampagnen verfolgen.

Die Imagesedimentation ist ein langer Prozeß. Um der Marke einen einheitlichen Sinn zu geben, kann man nicht allein auf Produktkampagnen setzen. Wird hier gespart, dann riskiert man eine Patchwork-Marke, zusammengesetzt aus Einzelteilen ohne Leitfaden, oder eine Puzzle-Marke, deren Bedeutung kaum mehr zu erkennen ist.

Die Werbung für eine Marke stützt sich häufig auf die Ausgangsprodukte, die der Kommunikation als Hintergrund dienen. Das Ziel ist langfristig angelegt, alle Produkte des Programms sollen davon profitieren. Die Kampagne „Geben Sie Ihrem Kind Danone" – Darstellung einer Lebenssymbolik (eine schwangere Frau und ihr Baby) – soll nicht den Absatz von Naturjoghurt steigern, der gezeigt wird, sondern das Produkt hat in diesem Fall Symbolcharakter.

Diese Markenkampagnen werden oft falsch interpretiert. Als feststand, daß die Kampagne von LU für den „Petit LU" („er ist schon hundert Jahre alt und hat noch alle seine Zähne ...") den Absatz des Produktes überhaupt nicht steigerte, kritisierten die Verantwortlichen die Kampage. Aber die Werbung sollte vorrangig die Markenidentität transparent machen, was dem Produkt „Petit LU" hervorragend gelang.

Bei der Markenausdehnung darf also nicht gespart werden, denn sie soll die Marke weiterentwickeln. Die Ausdehnung muß unterstützt werden, und gleichzeitig ist eine Rückbesinnung auf das Konzept der Marke nötig. Seit vielen Jahren wirbt die Marke Elf durch Formel 1, Tankstellen, Schmiermittel und Optan. Was ist aber eigentlich das Leitprinzip von Elf? Das Unternehmen GSI, getreu seiner Aufgabe, das Management zu dezentralisieren, wirbt nur mit seinen verschiedenen Dienstleistungen: GSI-Finanzen, GSI-Transport, GSI-

Wirtschaft, GSI-Personalwesen usw. Aber wo ist GSI selbst? Der Kunde möchte nicht nur die verschiedenen Dienstleistungen kennenlernen, sondern die Marke als Ganzes. Das dezentralisierte Management, das in der internen Organisation gerechtfertigt ist, führt zu einer Kommunikationspolitik, die die Darstellung der Marke nach außen behindert.

Die Marke lebt und aktualisiert sich nur durch ihre Ausdehnungen. Markenführung verlangt eine doppelte Kommunikation: Die offensive Kommunikation (Erweiterung des Markengebietes) und die defensive Kommunikation (Optimierung der schon legitimen Markenbereiche), wo besonders die Basisprodukte einer Marke eingesetzt werden. Bei der Ausdehnung auf neue Produkte, in diesem Fall Artikel für den Golfsport, achtet die Marke Lacoste darauf, gleichzeitig ihre Wurzeln zu reaktualisieren (durch Sponsern des Davis Cup und des Turniers von Roland Garros). Die Werbung stützt sich einerseits auf das symbolische Krokodil und das Piquéhemd und dehnt sich gleichzeitig auf Diversifikationen aus, die aber immer innerhalb des Markencodes bleiben.

Marketing-Mix für die Ausdehnung

Die Markenausdehnung beschränkt sich nicht auf neue Produkte, die die ursprüngliche „Berufung" hinter sich gelassen haben. Oft verlangt sie ein anderes Marketing-Mix.

So beschloß das Unternehmen Armani, eine neue, jüngere Zielgruppe anzusprechen, und zwar mit einem Sortiment, das um 50% billiger war als die anderen Armani-Produkte. Dieses Sortiment wurde Emporio Armani genannt und wird in anderen Geschäften angeboten als die Ausgangsprodukte der Marke.

Als Vuitton Uhren auf den Markt brachte, wurden diese nur in den exklusiven Geschäften dieser bekannten Marke angeboten. Wäre es hier nicht besser gewesen, die Produkte in den besten Uhren- und Schmuckgeschäften in New York, Paris und Tokio anzubieten und ihnen somit eine echte Positionierung zu verschaffen? Dagegen hat die Firma Cartier die Kollektion „Must de Cartier" geschaffen, um von der Bekanntheit der Marke zu profitieren und dem Schmuck den elitären, snobistischen Touch zu nehmen. Außerdem hat man den Preis entsprechend gestaltet und das Vertriebsnetz anders organisiert.

Als Abschluß dieses Kapitels wollen wir den Einfluß des Kapitals Marke auf die Probleme bei der Ausdehnung und Produktdiversifikation betrachten. Manche Ausdehnungen sind zwar kommerziell ein Erfolg, bringen jedoch für die Marke nichts und können sie eventuell sogar schwächen. Andere, mit bescheideneren Ergebnissen, können die Marke dagegen wiederbeleben und künftige Ausdehnungen erleichtern.

154

Kapitel 7
Die Beziehung zwischen Marke und Produkt

In Anbetracht des Erfolges, den der „Cookie" hat, haben verschiedene Markenartikelhersteller diesen Keks in ihr Produktprogramm aufgenommen. LU nennt ihren Cookie „Heilo de LU", die Firma L'Alsacienne ihren „Bougies" und Cadbury gibt dem Cookie keinen eigenen Namen, sondern nennt ihn einfach „Cadbury". Welche Faktoren beeinflussen die unterschiedliche Namenswahl?

Warum nennt die Firma L'Oréal die Kosmetiklinie, die in Supermärkten angeboten wird, „Plénitude de L'Oréal", die Linie Lancôme aber nur „Lancôme"? Warum hat die Banque Populaire für Unternehmen und bedeutendere Kunden eine eigene Marke, BRED genannt, geschaffen und stattet diese mit ihrem Emblem aus (Symbol +X)? Warum wandelt Alcatel seine Markennamen in Opus-Alcatel, Telic-Alcatel usw.? Handelt es sich hier um eine Übergangsphase, die schließlich eine starke Marke oder wie hier eine Firmenmarke produziert, wie Philips, Siemens, AT&T, NEC usw.? Warum zeichnet Carrefour viele seiner Produkte mit seinem eigenen Namen, während Auchan dies gerade vermeidet und statt dessen immer neue Exklusivmarken kreiert, deren Name in keiner Weise auf das Unternehmen hinweist, das dahintersteht? Wer hat recht und wer liegt falsch, und sind für Handelsmarken vielleicht beide Methoden sinnvoll?

All diese Probleme führen zur prinzipiellen Frage nach der Beziehung zwischen Marke und Produkt, der Verknüpfung Marke – Produkt, Produktlinie, Produktsortiment und dem System nominaler und visueller Identitäten.

Jedes Unternehmen ist mit diesem Problem konfrontiert, sobald es mehr als ein Produkt herstellt. Dies trifft ganz besonders auf Großunternehmen zu: Mitsubishi muß zusammenhängend und übersichtlich mehr als 25 000 Produkte in seinem Angebot ordnen. Etwas weniger umfangreich, aber auch schon komplex sieht das Angebot von Diététique et Santé aus: Allein 59 Produkte seiner Marke Gerblé hat das Unternehmen zu führen und dazu noch andere Produkte mit anderen Markennamen (Maître Cornille, NergiSports usw.).

Die Schwierigkeit dieser Aufgabe liegt hauptsächlich darin zu wissen, was eine Marke ist. Die Organisation Mondiale de la Propriété Industrielle (dt.: Internationale Gesellschaft für Patent- und Zeichenschutz, Anm. d. Ü.) definiert die Marke im juristischen Sinn als „ein Zeichen, das dazu dient, Produkte oder Dienstleistungen eines Unternehmens von denen eines anderen Unternehmens zu unterscheiden". So gibt man der Marke ganz allgemein zwei Funktionen:

- die verschiedenen Produkte voneinander zu unterscheiden

- eine Herkunftsangabe zu machen.

Nun wird aber in dem Maße, wie das Unternehmen wächst und das Produktprogramm sich vergrößert, die Koexistenz dieser beiden Ziele zunehmend problematisch. Der Konzern Philips nennt seine Fernsehgeräte einfach Philips, was die Engländer „corporate-branding" nennen. Wie sollen nun die Fernsehgeräte genannt werden, die ebenfalls von Philips hergestellt werden, jedoch ein niedrigeres Qualitätsniveau haben und billiger sind? Um die beiden Typen gut zu unterscheiden, wurde die letztere Gruppe Radiola genannt, und dabei verschwand die Herkunftsangabe. Im Gegensatz dazu hat die Kette Holiday Inn seine First-Class Hotels „Holiday Inn Crown Plaza" genannt und damit der Herkunftsangabe einen besonderen Stellenwert gegeben.

Die Vermehrung von Produkten und Produktprogrammen zwingt dazu, schon von vornherein ein System von nominalen und visuellen Identitäten zu schaffen, um Merkmale und Ausdrucksformen von Namen und Zeichen (Symbole, Farben usw.) steuern zu können. Dieses System muß das gesamte Angebot klar und übersichtlich strukturieren, um dem potentiellen Käufer die Auswahl zu erleichtern. Es muß logisch sein und innerhalb des Unternehmens verständlichen und dezentralisierbaren Regeln folgen. Das System muß dem Verkauf und der Verkaufsförderung kurzfristig Nutzen bringen sowie mittelfristig der Konstituierung des Kapitals Marke dienen. Schließlich muß es zukunftsorientiert sein und jedwede Entwicklung voraussehen, um auf dem neuesten Stand zu bleiben. Jedes neue Produkt muß von diesem System gesteuert werden.

Es gibt verschiedene Modelle der Beziehung zwischen Marke und Produkt. Wir wollen diese jetzt vorstellen, und zwar mit ihren Vor- und Nachteilen. In einer zweiten Phase werden wir in Kenntnis dieser Konzepte und Modelle untersuchen, warum ein Unternehmen sich für dieses oder jenes Modell entscheidet oder gar Mischtypen wählt. Daraus kann man Entscheidungskriterien ableiten. Schließlich werden wir die prinzipiellen Schwächen und Funktionsstörungen in der Beziehung zwischen Marke und Produkt und im Aufbau der Marke aufdekken. Im nächsten Kapitel werden wir dann die Frage angehen, wie viele verschiedene Marken ein Markt oder ein Unternehmen verkraftet.

Die Strategie der Markierung

Die Analyse der Unternehmensstrategien zeigt sechs Markentypen, die zur Steuerung der Beziehung Marke – Produkt (oder Dienstleistung) dienen. Jeder Typus beschreibt eine bestimmte Rolle der Marke, einen eigenen Status sowie eine Verbindung (nominal und/oder visuell) zu den Produkten, die die Marke abdeckt:

- Produktmarke
- Produktlinienmarke
- Produktsortimentsmarke
- Dachmarke
- Ursprungs- oder Muttermarke
- Garantiemarke

Bei allen sechs oben aufgeführten Typen gibt es noch eine Alternative: Müssen Markenname und Name des Unternehmens identisch sein oder sich unterscheiden? Die sechs Typen ermöglichen die Strukturierung von Problemen der Marke in allen Bereichen, ob es sich um Dienstleistung, Industrie, Konsum- oder Luxusgüter handelt.

Die Produktmarkenstrategie

Man weiß, daß die Marke gleichzeitig Zeichen, Wort, Zweck und Konzept ist. Sie ist Zeichen, insofern sie figurative Komponenten wie Logotypen, Embleme, Farben, Formen, Packung und Design umfaßt. Als Markenname ist sie das Wort, das mündliche oder schriftliche Informationen über das Produkt aussendet. Sie ist Zweck, weil sie eine Unterscheidungsfunktion hat, und sie ist schließlich Konzept, weil sie eine übergeordnete Sinneinheit stiftet.

Die Strategie der Einzelmarke besteht darin, dem Produkt einen eigenen, exklusiven Namen zu geben und das Produkt eindeutig im Markt zu positionieren. Folglich erhält jedes neue Produkt einen eigenen Markennamen, der nur für dieses Produkt verwendet wird. Die Unternehmen verfügen somit über ein Markenportfolio, das ihrem Produktprogramm entspricht (siehe Abb. 16).

Diese Markenstrategie wird in der Hotelbranche angewandt. Die Firma Accor hat eine Vielzahl von Marken entwickelt, die alle eine präzise und exklusive Positionierung haben: Sofitel, Novotel, Mercure, Ibis, Urbis usw. Procter & Gamble verfolgt eine ähnliche Strategie: Auf dem Reinigungsmittelmarkt wird die Firma von den Marken Ariel, Vizir, Dash, Bonux vertreten, bei den Seifen von Camay, Zest und Monsavon. Jedes dieser Produkte hat eine genau definierte Positionierung und deckt ein Marktsegment ab: Camay ist eine Seife mit verführerischem Duft, Zest steht für Dynamik und Monsavon für Vertrautes. Ariel beansprucht, das beste auf dem Markt erhältliche Waschmittel zu sein, Bonux ist sowohl Hand- wie Maschinenwaschmittel, und Dash will bei den Mittelklassereinigern an erster Stelle stehen.

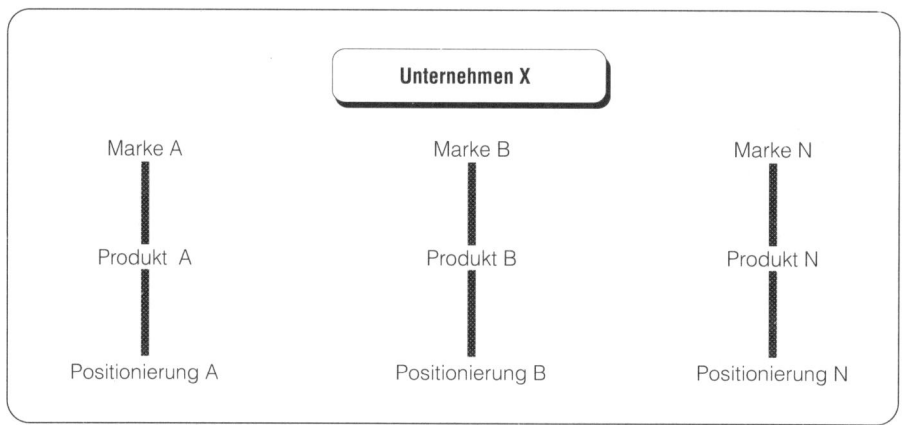

Abb. 16: *Produktprogramm*

Innovative Unternehmen, die in der Lebensmittelbranche tätig sind, bringen Spezialitäten auf den Markt und statten diese mit einem eigenen Produktnamen aus. Deshalb verfügen diese Firmen über ein großes Portfolio an Produktmarken. Bongrain vertreibt St. Moret, Caprice des Dieux, Chaumes usw. Die Société des Vins de France verkauft Bienvenu, Vieux-Papes, Carré de Vigne. Der Mineralwassermarkt enthält nur Einzelmarken: Der Kunde bestellt ein Vittel, Evian oder Contrex. Die Marke ist hier ein genau abgrenzendes Unterscheidungsmerkmal, der Name eines ganz spezifischen Produktes.

Für den Extremfall, daß dieses Produkt so spezifisch ist, daß es keine Äquivalente hat und gleichzeitig Produkt und Produktkategorie ist, hat man den Neologismus „branduit" (Swiners, 1979) eingeführt, eine Teilübersetzung von brand-uct, d.h. die Abkürzung von brand-product. Es kommt tatsächlich vor, daß man ein bestimmtes Produkt nur durch den Markennamen bezeichnen kann: Suze (hier macht der Slogan schon deutlich, daß das Produkt nicht imitierbar ist), Malibu, Tic-Tac, Post'it (Selbstklebeetiketten), Mars, Nuts, Bounty usw. Das Konzept der Einzelmarke wird dieser Problematik gerecht.

Auf welche Weise verändert sich die Beziehung zwischen Name, Produkt und Positionierung im Laufe der Zeit? Zuallererst besteht die einzig mögliche Ausweitung des Markennamens in der Produkterneuerung: So mußte die Formel von Ariel seit der Einführung des Produktes im Jahre 1969 bis heute beträchtlich verbessert werden, um das Produkt auf den neuesten Stand zu bringen und seine Marktposition zu sichern. Ariel bietet den neuesten Technologie- und Chemiestandard, wie übrigens auch Skip, die Konkurrenzmarke von Lever Frankreich (Kapferer und Thoenig, 1989). Manchmal fügt das Unternehmen dem Markennamen eine Nummer an, um Produktverbesserungen zu unterstreichen (Dash, Dash 2, Dash 3). Um der Entwicklung des Verbraucherverhaltens gerecht zu werden, wird das Produkt in verschiedenen Formvarianten angeboten (z.B. die Verpackung: im Paket, im Faß, als Pulver oder Flüssigkeit).

Mit der Zeit müssen die Attribute, die das Produkt in seiner Positionierung halten, verändert werden. Das Produktversprechen von Ariel, einem biologischen Waschmittel, war ursprünglich das Entfernen von Flecken. Die Gewohnheiten haben sich geändert, und Wäsche wird nicht mehr gekocht, also muß man jetzt ein hohes Leistungsniveau auch bei Niedrigtemperaturen garantieren, und die Marke mußte sich anpassen. Dies wiederum spricht für Markennamen, die nicht beschreiben. Denn die Marke muß sich solchen Entwicklungen anpassen und dabei ihre Positionierung halten. Procter & Gamble gibt seiner Marke Ariel einen weichen, femininen Touch und hebt sie damit von harten, technischen Namen der Wettbewerbsprodukte (wie Gamma, Axion, Dash 3, Bonux) ab. Die Symbolik der Vokale (i und e) vermittelt Licht, Helle und Dynamik (L. Collins, 1987), was im Markt von Weißmachern eine wichtige Rolle spielt. Der Name Ariel ist zwar nicht der direkte Ausdruck der Positionierung, eignet sich aber, diese Bedeutung, diese Identität und diesen Sinn anzunehmen.

Welche Vorteile hat die Strategie der Einzelmarke für ein Unternehmen?

- Es handelt sich um eine Offensivstrategie, die Marktanteile für Unternehmen anvisiert, die auf dem Markt bereits präsent sind. Zielt die Unternehmenspolitik darauf ab, wiederholt Produkte in diesem Markt zu plazieren (Procter & Gamble besitzt beispielsweise vier Waschmittelmarken), deckt das Unternehmen verschiedene Segmente funktioneller Erwartungen ab und maximiert so seinen Marktanteil.

- Sind die verschiedenen Segmente ähnlich, dann garantiert die Entscheidung für eine Einzelmarke, daß der Verbraucher die Unterschiede der Produkte erkennt. Dies kann notwendig sein, wenn die Produkte sich äußerlich ähneln. Alle Waschmittel basieren auf denselben Komponenten. Dagegen sind die Dosierungen unterschiedlich, je nachdem, ob vor allem Flecken entfernt werden sollen, ob sich das Waschmittel für synthetische Textilien eignen soll, ob es Farben erhalten oder sich als Handwaschmittel eignen soll. Die Verbindung eines Namens mit einer bestimmten Nachfrage von seiten des Verbrauchers betont den tatsächlichen Unterschied, der zwischen den Produkten besteht.

- Die Strategie der Einzelmarke kommt den Bedürfnissen sehr innovativer Unternehmen entgegen, die sich eine Positionierung sichern wollen. Und tatsächlich, wenn die erste Marke in einem neuen Marktsegment erfolgreich ist, hat sie die Vorteile eines Pioniers: Sie wird zum nominalen Bezug dieser Innovation, wenn nicht sogar zum Bezug überhaupt. Dies ist besonders wichtig auf Märkten, wo der Erfolg eines Produktes Imitate auf den Plan ruft. Bei der Pharmaindustrie, wo viele Produkte derselben Gattung auf den Markt kommen, erhält jede Innovation zwei Namen, d.h. eine Produkt- oder Molekülbezeichnung und einen Markennamen. Auch wenn die Produkte dieselbe Zusammensetzung haben, können sie dann aufgrund der Originalität des Markennamens unterschieden werden (Azantac, Tagamet usw.), der ihnen einen weiten Bereich legaler Protektion verschafft. Denn falls eine rechtliche Handhabe fehlt, entstehen sofort Imitate und Kopien einer Marke, die einen sehr ähnlichen Namen wählen, um vom Erfolg der Marke profitieren zu können. Deshalb arbeitet der Handel oft mit Einzelmarken oder, um genauer zu sein, mit Gegenmarken: Fortini imitiert Martini, Whip Skip, Quickcao Phoscao, usw. Da die Unternehmen fürchten, ihren anderen Marken zu schaden, haben sie bisher gezögert, diese Handelsunternehmen wegen Imitation oder ungesetzlicher Kopie rechtlich zu verfolgen.

- Mit der Einzelmarke braucht ein Unternehmen auch das Risiko eines neuen Marktes nicht zu scheuen. Als die Zukunft für Flüssigwaschmittel noch unsicher war, hat Procter & Gamble eine Einzelmarke eingeführt, Vizir. Wäre Ariel als Flüssigwaschmittel eingeführt worden, dann wäre das Kapital der Marke Ariel bedroht gewesen. Hätte man als erstes das Flüssigwaschmittel Dash eingeführt, wäre ein starkes Konzept an eine schwache Marke gebunden worden und dahinter verschwunden.

- Hinter der Politik der Einzelmarke verbirgt sich also die Tatsache, daß der Name des Unternehmens in der Öffentlichkeit unbekannt bleiben soll. Diese Methode gibt dem Unternehmen die Möglichkeit, sich in jede Richtung neu zu orientieren, insbesondere in Richtung neue Märkte. Procter & Gamble wurde 1882 gegründet, zusammen mit der Markteinführung der Seife Ivory. 1911 hat das Unternehmen das Produkt Crisco auf den Markt gebracht, 1921 das Waschmittel Chipso, 1926 die Schönheitsseife Camay, 1933 das Waschmittel Dreft, 1946 Tide, 1950 das Geschirrspülmittel Joy, dann 1955 Dash und die Zahnpasta Crest, 1956 die Kakaobutter Jif, 1961 Pampers, 1963 den Kaffee Folgers, 1965 das Mundantiseptikum Scope und die Küchenrolle Bounce, 1968 die Chips Pringle, 1974 die Tampons Rely, usw.

- Da jede Marke von den anderen unabhängig ist, wird der Mißerfolg einer Marke die anderen nicht bedrohen (oder auch das Unternehmen, wenn der

Firmenname der Öffentlichkeit unbekannt ist und sich von seinen Markennamen unterscheidet). So hat das Mißgeschick des Produktes Rely zwar dazu geführt, daß das Produkt vom Markt genommen wurde, aber dies hatte keinerlei Auswirkungen auf die Schwesterprodukte.

● Schließlich spricht die Einstellung des Handels für diese Strategie: Die Präsenz (Facing), die der Handel dem Unternehmen zugesteht, hängt ab von der Zahl seiner (starken) Marken. Deckt eine Marke viele Produkte ab, plaziert der Handel nur einige davon. Bei Produktmarken jedoch gibt es pro Marke nur ein Produkt, das höchstens in der Größe variiert.

Die Nachteile von Produktmarken sind im wesentlichen ökonomischer Art. Diese Multi-Marken-Strategie ist nicht für zögerliche Investoren geschaffen.

● Mit jedem neuen Produkt wird gleichzeitig eine neue Marke eingeführt. Angesichts der Media-Einschaltkosten impliziert dies hohe Investitionen in Werbung und Verkaufsförderung. Außerdem akzeptiert der Handel ein neues Produkt mit noch ungewisser Zukunft nur gegen hohe Plazierungsgebühren.

● Die Vielfalt von Einzelmarken innerhalb eines Marktes infolge der immer feineren Marktsegmentierung beeinträchtigt nachhaltig einen schnellen Return on Investment. Das zur Rentabilisierung dieser Investitionen (in Forschung und Entwicklung, in Maschinen und Overheads) erwartete Absatzvolumen macht aus der Einzelmarke eine ideale Strategie für Wachstumsmärkte, wo ein geringer Marktanteil dennoch einem höheren Absatzvolumen entsprechen kann. Wenn die Märkte gesättigt sind, ist das nicht mehr möglich. In einem stabilen Markt ist es wahrscheinlich klüger, existierende Marken zu stärken (indem man ihnen die Innovation überträgt), als zu versuchen, der Innovation den Status einer Einzelmarke zu geben und unter einem neuen Namen auf den Markt zu bringen.

● Die Befürwortung von hermetischen Schranken zwischen den Einzelmarken bewährt sich zwar in Krisenzeiten, aber ansonsten kann das neue Produkt dadurch nicht vom Kapital an Sympathie und Vertrautheit einer schon existierenden Marke profitieren. Der Erfolg der Marke A kommt anderen Produkten nicht zugute, denn ihre Namen B, C, D usw. sind verschieden und deuten überhaupt nicht auf eine Verwandtschaft mit A hin. Wie man sieht, gibt das Unternehmen dadurch der Marke eine rein unterscheidende Funktion und läßt die Herkunftsangabe praktisch völlig unter den Tisch fallen. Die Vorteile, die ein guter Bekanntheitsgrad mit sich bringt, fallen hier völlig weg. Das gilt aber nicht für den Handel, denn der kennt das Unternehmen, das hinter der Marke steht, und seine Erfolge oder Mißerfolge der Produkteinführung. Daher existieren diese hermetischen Schranken für den Handel nicht.

Die Strategie der Produktlinienmarke

1981 haben die Laboratoires Deglaude die Einzelmarke Foltène eingeführt, ein Produkt mit einer ebenso einzigartigen wie spezifischen Aussage (ein Haarwuchsmittel). Fernsehsendungen über dieses Problem ließen den Markt explodieren, und Foltène wurde mit 55% Marktführer mit einem Monoprodukt. So hätte es bleiben können, aber das Verbraucherverhalten hat die Situation verändert. Die angesprochene Zielgruppe erwartete kein einzelnes Produkt, sondern einen umfassenden Service in bezug auf Pflege und Behandlung. Es kamen Anfragen, welches Shampoo mit der Behandlungsmethode Foltène kombiniert werden sollte. 1982 hat Deglaude also ein mildes Shampoo auf den Markt gebracht (je nach Haartyp verschieden aufgebaut) und 1985 eine Tageslotion. Und zwar immer aufgrund der Nachfrage von seiten der Verbraucher (Marketing Mix, Nr. 17, 1987).

1986 hat das Unternehmen Dior „Capture" auf den Markt gebracht, ein umfassendes Pflegesystem gegen den Alterungsprozeß der Haut. Aufgrund des Erfolges dieses Produktes wurde im Februar 1989 ein zweites Produkt eingeführt, „Capture contour de l'oeil", und dann „contour de lèvres, pour le corps" usw. Die Produktlinie Capture war entstanden.

Die Produktlinie ist die Antwort auf die Nachfrage nach einem zusammenhängenden Produktangebot. Mehrere, sich ergänzende Produkte werden angeboten, und zwar alle unter demselben Namen. Der Verbraucher verlangt neue ergänzende Produkte, wie im Fall von „Capture" oder bei Parfums, die als Ergänzung zum Aftershave entwickelt werden. Diese verschiedenen Produkte variieren eine bestimmte Produktidee (wie bei Foltène). Auch „Studio Line" von L'Oréal verfolgt dieses Konzept und bietet den Jugendlichen Gel, Haarlack, Spray usw. an. Dasselbe gilt für „Calgon" (hergestellt von Benckiser): Hier handelt es sich um ein Geschirrspülmittel, das ergänzt wird von Salz und Klarspüler. Es spielt keine Rolle, ob diese Produkte sich in den Augen des Herstellers unterscheiden, denn der Verbraucher betrachtet sie als zusammenhängend.

Das Prinzip der Produktlinie besteht darin, ein Erfolgskonzept auszunutzen. Dabei lehnt man sich jedoch immer eng an das Ausgangsprodukt an (beispielsweise die Pflegeserien „Capture" oder „Foltène"). Manchmal wird die Linie gleich als solche eingeführt und bietet mehrere ergänzende Produkte an, die alle vom gleichen Konzept ausgehen: Mit „Studio Line" können die Jugendlichen ihre Frisur stylen und sich einen bestimmten Look zulegen. Soll die Linie später erweitert werden, dann muß nur noch in Plazierung und Packung investiert werden, Investitionen in Werbung sind nicht nötig. Man muß abwägen, wie viele zusätzliche Kunden durch die Erweiterung der Linie gewonnen werden können. Die Politik der Produktlinien hat also verschiedene Vorteile:

- Sie stattet die Marke mit einer starken Suggestivkraft aus und verschafft ihr ein kohärentes Image.
- Sie erleichtert die Distribution weiterer Ergänzungsprodukte.
- Sie vermindert die Einführungskosten.

Der Nachteil dieser Strategie ist, daß manchmal vergessen wird, daß auch eine Produktlinie Grenzen hat. Es können nur Innovationen oder Produkte eingeschlossen werden, die eng mit dem existierenden Angebot zusammenhängen. Gliedert man eine „starke" Innovation in die laufende Produktlinie ein, kann dies den Erfolg der Innovation mindern. „Capture" ist das Ergebnis von siebenjähriger Forschung in Zusammenarbeit mit dem Institut Pasteur, hat drei Patente erhalten und bietet zudem eine revolutionäre Methode für die Bekämpfung des Alterungsprozesses an. Dennoch hat die Marketingleitung von Dior beschlossen, „Capture" in eine schon existierende Linie – mit derselben Produktaussage – aufzunehmen. Das Produkt erschien also auf dem Markt unter der Bezeichnung „Capture, Principe Anti-Temps de Résultante". Das hat natürlich den Erfolg des Produktes nicht beeinträchtigt, aber anfangs unnütz gebremst. In einem ganz anderen Zusammenhang wäre das so, als ob Sopad-Nestlé sein neues Produkt Bolino (ein gefriergetrocknetes Fertiggericht) in seine Linie von Suppen im Beutel eingegliedert hätte. Damit dem Verbraucher die ganze Neuheit des Produktes bewußt wird, darf man es auf keinen Fall mit einem solch traditionellen und beschreibenden Namen ausstatten.

Die Strategie der Sortimentsmarke

Die Marke Gerblé umfaßt 59 Produkte, vom Weizenkeim bis zum Sojaöl, und alle unter demselben Namen und demselben Produktversprechen: „Besser essen heißt besser leben." 1990 gibt es bei Findus 135 Tiefkühlprodukte, und zwar unter dem Slogan: „Für uns ist nur das Beste gut genug." Sortimentsmarken müssen nicht immer umfangreich sein (die Marke „Clan Campbell" deckt drei Qualitätsniveaus ab: 5jähriger, 12jähriger und 21jähriger Whisky), sie bezeichnen eine Anzahl von Produkten und fördern deren Absatz mit einer für alle Produkte gültigen Aussage. Die Produkte gehören alle in einen gleichen Kompetenzbereich. Bei der Sortimentsmarke behalten die Produkte ihren beschreibenden Namen (Fisch à la provençale, Champignon-Pizza, Schinken-Käse-Crêpes bei Findus). Die Firma Clarins gibt die Funktionen ihrer Produkte durch den Namen präzise an: Reinigungsmaske auf Pflanzenbasis, Frischzellenauszüge, straffendes Multi-Tensio-Gesichtswasser, Tages- oder Nachtcreme, usw.

Der Typ Sortimentsmarke wird in der Lebensmittelbranche (Géant Vert, …), in der Kosmetik- und Textilbranche (Benetton, Kookaï, Rodier usw.), bei Gebrauchsgütern (Moulinex, Seb, Rowenta, Delsey, Samsonite, Vuitton) oder in der Industrie (Facom, Legrand, Merlin Gèrin) eingesetzt. Alle Produkte werden durch eine spezifische Idee, das Markenkonzept, miteinander verbunden (siehe Abb. 17).

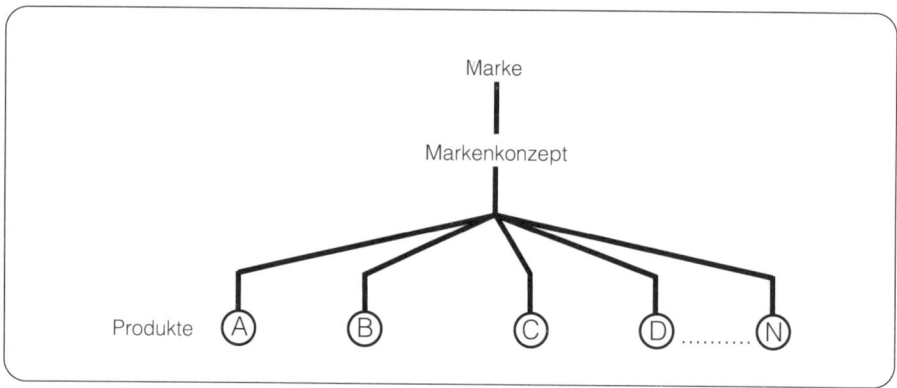

Abb. 17: *Struktur der Sortimentsmarke*

Diese Strukturierung hat folgende Vor- und Nachteile:

- Sie vermeidet die Verzettelung und Fehlstreuung der Werbung, indem sie sich auf einen einzigen Namen – den Markennamen – konzentriert und darauf das Kapital Marke aufbaut. Die Marke ist in dieser Struktur Oberbegriff und kann ihr Konzept weiter ausbauen. Die Sortimentsmarke Fido vertreibt viele Produkte und zeigt im Werbespot einen Hund, der mit der Pfote seine Zustimmung gibt, wenn ihm die Nahrung schmeckt. Dieser Spot macht die Fokussierung der Marke und die Bedeutung des Tieres für die Marke transparent. Eine andere Möglichkeit, das Markenkonzept transparent zu machen, besteht darin, sich auf wenige Produkte zu konzentrieren. Hier eignen sich am besten solche, die Sinn und Konzept der Marke am deutlichsten vermitteln, was sich dann auch auf andere Produkte des Sortiments auswirkt, die nicht beworben werden. Der älteste Whisky von Clan Campbell (mit 21 Jahren) verschafft dem ganzen Sortiment einen höheren Wert.

- Die Sortimentsmarke ist nach dem Bündnisprinzip aufgebaut und kennt ihren Kompetenzbereich, d.h., ihre Legitimität ist genau definiert. Dies erleichtert die Steuerung von Innovationen und deren Zuordnung zu der einen oder anderen Marke. Die Marke Franco-Russe bietet den Hausfrauen Hilfe bei der Zubereitung von Desserts an, aber nur eine Hilfe, die der Hausfrau völlige Entscheidungsfreiheit läßt. Die Marke spricht die Sprache der Zunei-

164

gung, der kleinen Aufmerksamkeiten: Die Eclairs mit Schokoladencremefüllung werden selbst zubereitet, anstatt sie beim Konditor zu kaufen. Das Konzept der Marke macht Pudding, fertige Kuchenmischungen, Sauces Anglaises, Cremeschnitten usw. möglich.

- Wegen ihrer Kompetenz und Ausstrahlung kann die Marke neue, kohärente Produkte leicht in ihr Programm aufnehmen.

- Die Einführungskosten sind für neue Produkte verhältnismäßig niedrig. Außerdem demonstriert beispielsweise die Werbung für fertige Kuchenmischungen von Franco-Russe die Aktualität der Marke und wertet sie damit auf.

Das häufigste Problem bei dieser Strategie ist die Undurchsichtigkeit des Angebots, falls es sich vergrößert. Die Marke Gerblé hat damit nicht allzu viele Schwierigkeiten, denn die meisten Gerblé-Produkte basieren auf dem Weizenkeim und reflektieren die Marke. Gerblé verfügt über ein präzise umrissenes Konzept, eine starke Identität und Energie, die die Produkte positiv beeinflussen. Deshalb läßt sich Gerblé leicht von der Marke Gaylord Hauser (Diätmarke der Hollywood-Stars) unterscheiden, obwohl diese wesentlich mehr Glamour hat. Der Kundenkreis von Gerblé und Gaylord Hauser ist völlig verschieden.

Die Marke Findus vertreibt 135 verschiedene tiefgefrorene Gerichte und ist eine moderne Qualitätsmarke (Spezialist für Tiefgefrorenes). Das Markenprogramm ist umfangreich, es werden die verschiedensten Gerichte angeboten. Im Laufe der Jahre wurden Produktnamen gewählt, die das Rezept beschreiben: Rissolé von pikanten Entenküken, Sauerkraut gekocht in Riesling, Schweinemedaillon in Blätterteig, Hackbraten umgeben mit Kartoffelbrei und im Ofen überbacken. Diese Bezeichnungen sind aber banal, denn jeder Markenname kann Schweinemedaillon in Blätterteig bezeichnen. Um die Marke mit ihren Facetten ausbauen zu können und dem Verbraucher ein klar struktruriertes Angebot der immerhin 135 Gerichte anzubieten, muß ein Unterscheidungssystem zwischen Marke und Produktnamen geschaffen werden. Dazu dienen Produktlinien, wie zum Beispiel:

- „Cuisine Légère" umfaßt 18 Gerichte und ist erkenntlich am weißen Packaging.

- „Traditions" umfaßt 9 Gerichte in bordeauxfarbener Packung.

- „Nature Marine" umfaßt 9 Fischarten und -sortimente (früher wurden diese Produkte einfach nur „Seehechtscheiben" oder „Filets vom Merlan" genannt) in blauer Packung.

Solche Produktliniennamen machen die Produktgruppe transparent und strukturieren das Angebot, wie ja auch ein Händler seine Regale organisieren muß.

Die Kriterien von Marktsegmentierung und Produktähnlichkeit müssen von der Marke definiert werden. Soll man also nach Inhalt (Geflügel, Rindfleisch oder Schweinefleisch wie beim Metzger) oder nach den Produktvorteilen für den Verbraucher (die leichten, die traditionellen, …) unterscheiden?

Die Linie strukturiert das Angebot, indem sie Produkte zusammenfaßt, die zwar heterogen sind, aber dieselbe Produktaussage haben. So ist bei Clarins, einer Sortimentsmarke in der Kosmetikbranche, das Angebot durch Produktlinien strukturiert. Um den Verbraucherinnen den Umgang mit sehr wissenschaftlichen Beschreibungen auf den Beipackzetteln zu erleichtern, bietet die Marke Produktlinien an, wie man ein Rezept beschreibt. Zum Beispiel:

- Die Linie „douceur" für sensible Haut enthält eine Tages- und eine Nachtcreme und eine Wiederaufbaulotion in Ampullen.

- Die Linie „minceur et fermeté" umfaßt eine Rubbelcreme, ein Schlankheitsbad, eine Creme „bio-suractivée" und ein Öl „anti-eau".

Das Angebot von Clarins wurde von der langen Liste der Produktaufzählung umstrukturiert zu kohärenten und klar gegliederten Produktlinien (siehe in Abb. 18).

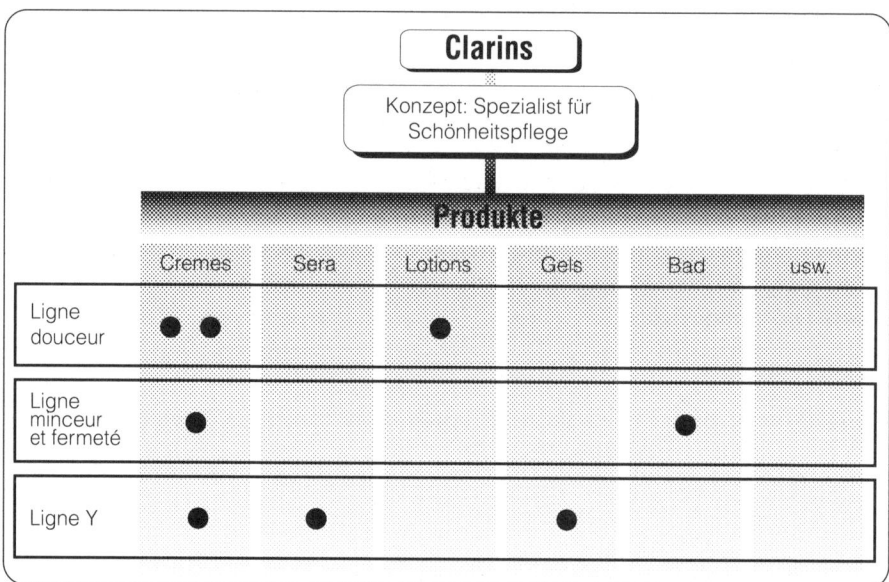

Abb. 18: *Sortimentsmarke, strukturiert in Produktlinien*

Damit die Angebotsstruktur am Ort des Verkaufs erkenntlich ist, d.h. dort, wo es für den Käufer äußerst wichtig ist, gehen große Marken sogar soweit, ein komplett vorstrukturiertes Angebotssystem vorzustellen: beispielsweise das „Regal" von Ducros, das auf geordnete Art und Weise das vielfältige Produktsortiment vorstellt.

Das zweite Problem bei der Anwendung von Sortimentsmarken liegt in der ganzheitlichen Kommunikation. Wie können Kinder wirkungsvoll angesprochen werden, um den Absatz von Fischstäbchen zu steigern? Wenn die zentrale und einzige Aussage von Findus ist „Für uns ist nur das Beste gut genug", wird diese natürlich auch in der Werbung von paniertem Fisch eingesetzt. Kinder werden aber nun einmal von einem solchen Slogan nicht beeindruckt sein und die Komplizenschaft von Captain Iglo vorziehen. Diese Werbung will die Zielgruppe Kinder enger an sich binden.

Die Strategie der Dachmarke

Canon verkauft Fotoapparate, Fotokopierer und Büromaterial unter seinem Namen. Yamaha verkauft Motorräder, aber auch Klaviere und Gitarren. Mitsubishi ist im Banksektor tätig, in der Automobilbranche und im Bereich Haushaltsgeräte. Die Marke Palmolive bietet Reinigungsmittel (Flüssigwaschmittel) und Hygieneprodukte (Seifen, Shampoos für die ganze Familie) an, aber auch Rasierschaum für den Mann. William Saurin wendet alle möglichen Technologien an (Konservieren, Tiefgefrieren, Einschweißen von Lebensmitteln). Alle diese Marken sind Dachmarken, d.h., eine Marke bietet verschiedene Produkte auf verschiedenen Märkten an, und jedes dieser Produkte wird extra beworben und entwickelt eine eigene Produktaussage (und hat oft auch eine eigene Werbeagentur). Außerdem haben diese Produkte oft einen Gattungsnamen: Fotoapparate Canon, Telefaxgeräte Canon, Canon-Drucker. Abbildung 19 demonstriert diese Struktur.

Kapitel 6 haben wir der schwierigen Frage gewidmet, wie die Marke über ihre Ursprungsposition hinaus erweitert werden kann. Ist es richtig, daß Philips unter demselben Namen Hi-Fi-Geräte, Fernseher, Glühlampen, Computer, Elektrorasierer und Elektrokleingeräte vertreibt? Die Entscheidungsparameter wurden bereits dargelegt.

Der Hauptvorteil dieser Strategie liegt in der Synergie. Jede Maßnahme, jedes Produkt, jede Kommunikation ist ein Beitrag zur Bekanntheit von Philips. Selbst ein Mißerfolg hier und da kann den Bekanntheitsgrad der Marke fördern. Folglich kann man einen schon bekannten Markennamen benutzen und vom Goodwill profitieren, um in Märkte einzudringen, in denen das Unternehmen bisher nicht präsent war. Aufgrund seiner Bekanntheit erhält das neue

Produkt praktisch sofort einen Goodwill beim Händler und natürlich auch bei der anvisierten Zielgruppe der Verbraucher.

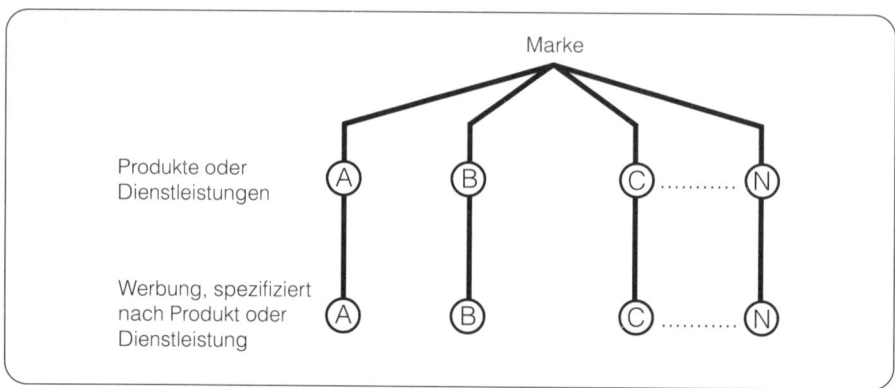

Abb. 19: *Strategie der Dachmarke*

Aufgrund des Bekanntheitsgrades kann man in Bereichen, wo nur wenig in das Marketing investiert wird, von den Vorteilen einer Dachmarke profitieren. Der Bekanntheitsgrad macht Werbung in ganz spezifischen Bereichen sogar überflüssig. Außerdem können beim Einstieg in neue strategische Märkte beträchtliche Einsparungen erzielt werden.

Dieser letzte Punkt sollte in Zeiten der Kommunikationsübersättigung nicht unterschätzt werden. Heute ist es fast unmöglich, einer neuen Marke einen hohen Bekanntheitsgrad zu verschaffen, man muß sich nur einmal vor Augen führen, welche Summen jeder Wettbewerber bereits in Werbung und Verkaufsförderung investiert hat. Dies bewog Jack Tramiel, früherer Chef des Computerherstellers Commodore, 1984 einen sehr bekannten Namen aufzukaufen, nämlich Atari. Obwohl Atari damals in erster Linie Videospiele verkaufte, wollte Tramiel neuerlich in den Markt der Mikro-Informatik im privaten und industriellen Bereich einsteigen. Er zog es vor, das Kapital Bekanntheit zu kaufen (auch wenn der Markenname andere Produkte assoziierte), anstatt eine neue Marke zu schaffen. Das erklärt auch, warum alte Marken wiederbelebt werden, um neue Produkte zu fördern, und dabei spielt es keine Rolle, ob die neuen Produkte ähnlich oder verschieden sind. Die meisten Leute haben die früheren Produkte der Marke längst vergessen, erinnern sich aber noch an den Markennamen. Es ist klüger, vom schon vorhandenen Kapital im Kopf des potentiellen Käufers zu profitieren, als von Null anzufangen (Entreprendre, Nr. 40, 1990). Studien über den Erinnerungswert und die Suggestivkraft von Werbekampagnen haben ergeben, daß der wichtigste Auslöser der Bekanntheitsgrad der Marke ist.

Eine Dachmarke kann man auch mit Hilfe des Images von Produkten ausbauen, die bisher nicht in das Programm integriert waren (siehe auch Seite 124).
Mit dem Einstieg in den Markt für kohlensäurehaltige Fruchtgetränke wie
Orangina, Pschitt, Fanta oder Fruité ist Schweppes, bis dahin Produktmarke,
zur Dachmarke geworden. Die Werbung von Dry Schweppes verringert die
Mondänität der Marke, was hinsichtlich des Sockelproduktes (Indian Tonic)
problematisch war, da ja der Marktanteil erhalten bleiben sollte.

Die Dachmarke behindert Werbung oder Markenpolitik kaum. Jede Unterneh-
menseinheit gestaltet ihre Werbung individuell, um ihren Marktanteil zu optimieren und den Markterfodernissen gerecht zu werden. Toshiba High-Fi und
Low-Fi wendet sich mit dem Slogan „Toshiba ist riesig" an jugendliche Kunden,
und gleichzeitig entwickelt das Unternehmen im Bereich Mikro-Informatik
hervorragende und praktische tragbare Computer und baut das Image der
Fernseher weiter aus. In jedem dieser Märkte gibt es neben der Dachmarke natürlich auch eine oder mehrere Einzelmarken. Der Bekanntheitsgrad der
Dachmarke muß die Relevanz des Angebotes dort transparent machen, wo die
Marke eine dominante Position erreichen will. Die Elektrowerkzeuge von Peugeot profitieren zwar von einem großen Namen, müssen aber den Wert dieses
Namens (der ja schließlich in der Automobilbranche entstanden ist) auch im
branchenfremden Bereich, nämlich dem Heimwerkermarkt, glaubhaft machen. In den Augen des Verbrauchers bedeutet ein bekannter Markenname
nicht ipso facto Legitimität und noch weniger erstklassige Qualität.

Die Probleme, die beim Management einer Dachmarke auftreten, verdrängen
oft die notwendigen Kriterien für den Aufbau der Marke.

- Verschiedene Produkte werden unter einer Dachmarke verkauft. Dabei vergißt man jedoch, daß die Marke für das Unternehmen Geld verdienen soll.
  Dazu genügt der Bekanntheitsgrad alleine nicht, man muß auch finanzielle
  und personelle Mittel einsetzen, um zu beweisen, daß Produkte und Dienstleistungen der Dachmarke besser sind als die von Spezialmarken, was a priori
  nicht selbstverständlich ist. Das gilt für jeden Unternehmensbereich. Eine
  Marke ist in ihrem Kern (in ihren Schlüsselprodukten) stark, jedoch in ihren
  Ausdehnungen schwach.

- Die Dachmarke sollte nicht die Produkte und Dienstleistungen ihres Programms überschatten. Nachdem die Marke GSI in das Unternehmen Alcatel
  eingegliedert worden war, mußte die Marke jahrelang dagegen ankämpfen,
  in das Namenssystem aufgenommen zu werden, das Alcatel (berechtigter-
  weise) für alle seine Filialen aufgebaut hatte (z.B. Telic-Alcatel, SMH-
  Alcatel, Ronéo-Alcatel usw). Denn um glaubwürdig zu wirken, darf eine Be-
  ratungsfirma für Informatik nicht den Eindruck erwecken, an einen Konzern

gebunden zu sein, der Computer herstellt. Hätte man GSI in Alcatel umbenannt, dann wäre das nachteilig gewesen. Zudem kann der Mißerfolg eines Produktes alle Produkte, die unter der Dachmarke zusammengefaßt sind, schädigen (Sullivan, 1988).

- Ein zu sehr gedehntes Gummiband „leiert sich aus". Die Amerikaner nennen dies „rubber effect" (Ries und Trout, 1987) und verstehen darunter, verschiedene Produkte und Dienstleistungen unter einer Dachmarke zusammenzufassen. Je mehr Produktkategorien eine Marke abdeckt, umso mehr dehnt sie sich aus (wie ein Gummi) und gibt nach, d.h., sie verliert an Energie. Sie wird zum einfachen Produktnamen, zur Angabe von Hersteller und Herkunft des Produktes. Der Verbraucher erkennt an der Marke, daß das Produkt qualitativ gut ist, da es in das Programm der Marke aufgenommen wurde. Nur starke Marken, die ein genau umrissenes Konzept haben, können transversal sein und heterogene Produkte abdecken, da sie ihren Sinn auf das Produkt übertragen: Sony ist innovativ, ist Wegbereiter, technologieorientiert und anspruchsvoll. Die Marke kann viele Produktkategorien umfassen, denn das inhaltliche Programm des Images von Sony ist gewinnbringend und passend, auch für heterogene Produkte. Palmolive vermittelt den Eindruck von Milde, was für Produkte, die mit der Haut in Berührung kommen, sehr passend ist. Diese Marke kann auch auf Hygiene- und Schönheitsprodukte für Mann und Frau ausgedehnt werden.

- Die vertikale Ausdehnung schwächt eine Marke mehr als die horizontale, denn Marken können nicht alle Qualitätsniveaus abdecken. Die Übereinstimmung bei Renault und Volvo beweist dies. Der Automobilsektor ist aufgeteilt: untere Wagenkategorie, untere Mittelklasse, obere Mittelklasse und Spitzenklasse, dazu noch Luxus- oder Sportwagen. Das Programm einer jeden Marke ist aber verschieden und kann deshalb auch nicht überall gleichermaßen eingesetzt werden: Die schöpferische Kraft von Citroën zeigt sich besonders im Spitzenklassebereich, aber wenn Autos zu 40 000 Francs produziert werden sollen, verliert die Markenaussage ihre Wirkung. Für die Marke Flaminaire erwies es sich als tödlich, mit Bic und Dupont (Feuerzeug) konkurrieren zu wollen, denn ein Name kann nicht gleichzeitig für triviale und exklusive Produkte stehen. Das war auch der Grund, weshalb Carrefour sein Experiment mit „Flaggenprodukten", „die freien Produkte von Carrefour", wieder abbrach. Und wirklich ähnelten die „freien Produkte" in Packung und weißer Farbe No-name-Produkten von minderer Qualität, was für die Marke Carrefour gefährlich war, denn das Unternehmen wollte zur Marke für Produkte mit höherem Qualitätsstandard werden. Deshalb war es dringend notwendig, den Versuch abzubrechen, um ein schlechtes Markenimage zu vermeiden.

● Der großzügige Charakter einer Dachmarke kann aus ihr eine „Patchwork"-Marke machen. Denn es ist eine Sache, den Salesfolder der Produkte an den jeweilig zuständigen Bereich des Unternehmens zu delegieren, und eine andere, zu viele Abweichungen in Stil und Ton der Markenkommunikation zu akzeptieren (ob von Marke zu Marke oder von Produkt zu Produkt). Der Hersteller kann zwar detaillierte Produktaussagen kommunizieren, entsprechend der Marktsituation; verfügt die Marke aber über eine wirkliche Identität, dann muß die Ausdrucksweise homogen sein, denn der Verbraucher hat einen übergreifenden Eindruck von der Marke insgesamt, d.h., er kennt die Markenprodukte und die -werbung. Die Marke muß dem Verbraucher einheitlich und unteilbar erscheinen, auch wenn sie auf kommerziellem und industriellem Sektor in unterschiedlichen Bereichen organisiert ist.

Die Strategie der Markenfamilie

Diese Strategie entspricht weitgehend der Strategie der Dachmarke, bis auf einen Kernpunkt: Die Produkte erhalten „Vornamen", d.h., sie bekommen keine Gattungsnamen, wie Eau de toilette, Eau de parfum, sondern Eigennamen wie Jazz, Poison, Opium, Nina, Loulou usw. Wir haben hier eine Markenstruktur aufgegliedert in zwei Ebenen (in englisch: „double branding"), siehe Abbildung 20.

Diese Strategie wird oft mit der im nächsten Absatz beschriebenen Strategie der Garantiemarke verwechselt, deshalb soll hier der Unterschied herausgestellt werden. Nennt Nestlé ihre Schokoladentafeln Crunch und Galak, die Riegel Yes, Sundy, Fitness, den Kaffee Nescafé, den Kakao Nesquick usw., dann hat der Name Nestlé Garantiefunktion: Er steht für gute Qualität und assoziiert die kindliche Welt. Nestlé interveniert unterschwellig, das Produkt steht im Vordergrund. Die meisten Käufer von Crunch wissen gar nicht, daß dies ein Produkt von Nestlé ist.

Wenn dagegen Yves Saint Laurent ein Parfumdeodorant Jazz nennt, ist der Name Yves Saint Laurent in diesem Fall weit mehr als einfach nur Qualitätsindiz. Hier ist der Name Leader und verleiht dem Produkt die besondere Note, über die der Produktname allein nicht verfügt. Jazz ist eine Möglichkeit, Zugang zur Markenkultur von Yves Saint Laurent zu finden. Das Problem vieler Marken ist, daß sie von Ursprungsmarken zu Garantiemarken geworden sind. Die Ursprungsmarke ist in einer Markenfamilie organisiert, auch wenn deren Kinder ihre Persönlichkeit mit dem Vornamen demonstrieren. Bei der Marke als Gütesiegel sind die Produkte völlig autonom und haben nur die Garantie gemein. Nun stellt sich die Frage, welche Richtung Marken wie Danone, Gervais oder Yoplait heute einschlagen.

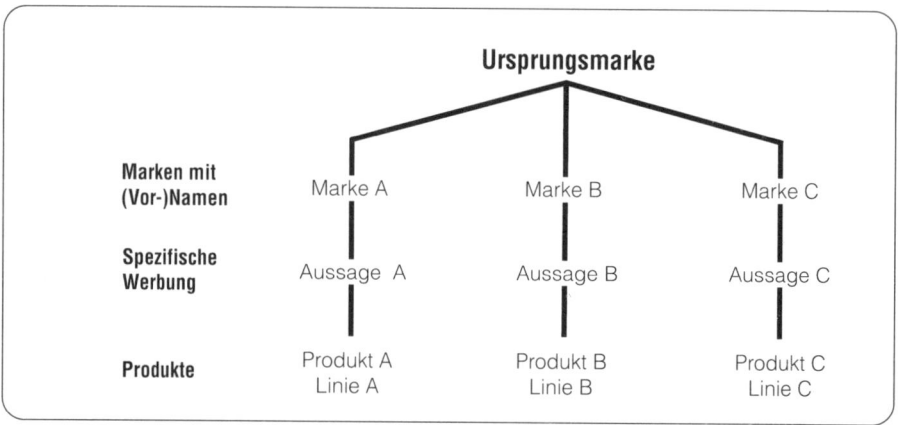

Abb. 20: *Strategie der Markenfamilie*

Das Ziel dieses Markentyps ist es, einerseits differenzieren und andererseits die Markenidentität weiter vertiefen zu können. Es ist wirklich schwierig, ein Angebot oder eine Produktaussage zu personalisieren, ohne ein ganz präzise auf dieses Produkt zugeschnittenes Vokabular zu verwenden. Die Ursprungs- oder Muttermarke stellt Charakter und Identität zur Verfügung, und zwar ausgewogen, modifiziert und angereichert mit einer Tochtermarke. Dadurch soll eine bestimmte Zielgruppe angesprochen werden. „Vorbenannte" Produkte ermöglichen der Marke, deren Kapital bewahrt werden muß, immer wieder andere Verbrauchergruppen anzusprechen und zu gewinnen, d.h., neue Märkte zu erschließen. Die Marke Vandamme war für Kinder nicht interessant, eher für die Eltern. Neben erstklassigen Konditoreiartikeln produziert das Unternehmen aber auch Lebkuchen. Um eine Verbindung zum jungen Verbraucher herzustellen, wurde Prosper, der Bär, erfunden, zunächst nur ein Wortführer der Marke. Damit erhöhte sich generell der Absatz von Lebkuchen, und die Kinder verlangten ganz konkret Prosper-Lebkuchen. So war die Symbolfigur zur Marke geworden, d.h., es war ihr gelungen, die Markenidentität und den -wert transparent zu machen.

Die Grenzen der Ursprungsangabe setzen Bedeutung, Konzept und Identität der Marke. Sie begrenzen die Ausdehnungsmöglichkeit einer Marke, die nicht überschritten werden darf. Nur Namen im Geiste der Ursprungsmarke dürfen an den Markennamen angelehnt werden. Cacharel brachte Anaïs Anaïs auf den Markt und dann Loulou. Diese beiden Parfums spiegeln die romantische Idee wider, die diese Marke von Anfang an vermitteln wollte. Der Typ Garantiemarke bietet viel mehr Möglichkeiten für die Markenführung als die Ursprungs- oder Muttermarke.

Die Strategie der Garantiemarke

Jeder kennt die berühmten amerikanischen Automobilmarken: Pontiac, Buick, Oldsmobile, Chevrolet (oder auch Opel in Europa). Neben ihren Logotypen und den Insignien der jeweiligen Vertragshändler ist noch G.M. auf den Fahrzeugen zu lesen, also General Motors, die Garantiemarke. Welche Beziehung besteht zwischen den Teppichreinigungsmitteln Pliz, Moquett'à Sec, Fée du Logis, dem Duftspender Wizard und der WC-Ente? Es sind alles Produkte der Marke Johnson! Wie hängen der griechische Keks Sirtaki, das englische Pim's, das japanische Mikado und Prince des Goûters zusammen? Ihre Garantiemarke ist LU (der Slogan ist: „LU – beliebt und gut"). Eine Garantiemarke hat ein Programm mit einem breitgefächerten und diversifizierten Angebot. Dieses Angebot ist in Produktmarken, Produktlinien- oder Sortimentsmarken aufgegliedert. Bei LU sind es hauptsächlich Produktmarken: Pailles d'Or, Prince, Figolu, Sirtaki usw. bezeichnen ein Produkt. Was ist Sirtaki? Dies müßte man umschreiben: Sirtaki ist ein einzigartiges und neues Kekskonzept. Kurz, Sirtaki ist Sirtaki. Über die Unterschiede der Produkte hinaus zeigt LU deren hohen Qualitätsstandard, echt und organoleptisch, und deren Erlesenheit. Nachdem dies gesagt ist, kann jedes Produkt frei seine Originalität demonstrieren: daher die verschiedenen Namen innerhalb des Produktprogramms.

Die Abbildung 21 symbolisiert die Strategie der Garantiemarke. Wie man sieht, befindet sich die Garantiemarke unterhalb, denn sie stellt den Sockel, eine Rückversicherung dar. Außerdem, was auch immer der Verbraucher kauft, ob einen Pontiac oder Opel, Pim's oder Sirtaki, Pliz oder Favor, dahinter stehen immer General Motors, LU oder Johnson. Diese Marken agieren jedoch im Hintergrund.

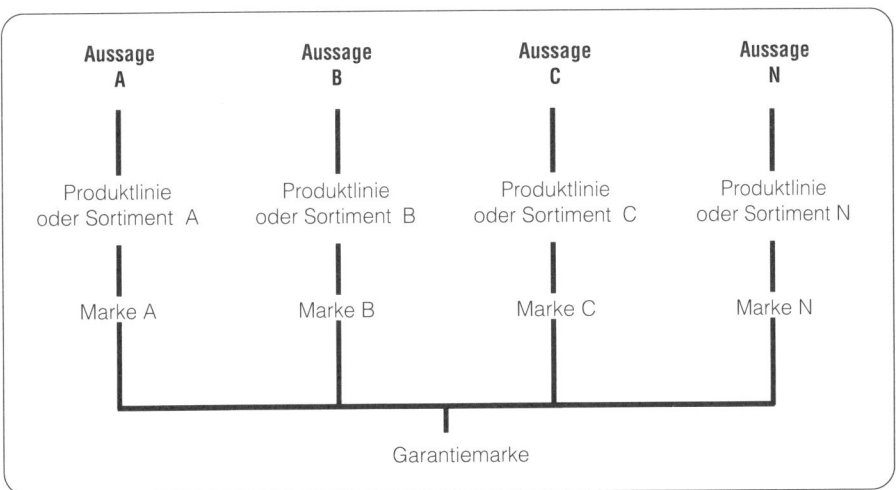

Abb. 21: *Strategie der Garantiemarke*

Die Garantie einer Marke kann auf grafische Art und Weise dargestellt werden, und zwar durch Aufbringen der Garantiemarke neben den anderen Markennamen oder nominal durch eine einfache Aufschrift. So verwendet beispielsweise Casino seine Marke für alle Produkte mit Ausnahme derer, für die das Unternehmen keine Legitimation hat (z.B. Champagner oder Parfum). Letztere sind mit einer kleingedruckten Aufschrift versehen: „sélectionné par Casino". Hier handelt es sich um den Gebrauch der Marke als Qualitätsbürgschaft, eine Variante der Garantiemarke.

Die Identität der Herstellermarke besteht weiterhin, verbürgt durch die Marke des Handelsunternehmens, das die Auswahl getroffen hat.

Der wesentliche Vorteil der Garantiemarke ist der große Handlungsspielraum, den sie einräumt. Die Firma LU kann ihre Kekse so nennen wie sie will. Die Marke LU, einen Moment lang verstanden als Muttermarke mit spezifischem Markenimage (gebunden an französische Tradition und die Wurzeln der kleinen Butterbirne aus Nantes), hätte so nicht das englische Produkt Pim's (oder auch Prince, Mikado und Sirtaki) in ihr Programm aufnehmen können. Also hat Générale Biscuit entschieden, LU zur Garantiemarke zu machen, die für hohen Kreativitäts- und Qualitätsstandard steht. Zwischen Produkten und Marke gab es so keine Imagekonflikte mehr.

Die Garantiemarke profitiert genau wie die Ursprungs- oder Muttermarke von den Vorteilen (vor-)benannter Produkte. Jeder dieser Namen verleiht dem jeweiligen Produkt eigenständige Wirkung und Suggestivkraft, die sich wiederum positiv auf die Garantiemarke auswirken (auf jeden Fall theoretisch, wie wir nachher in der Analyse der Funktionsstörungen der Marke sehen werden).

Die Strategie der Garantiemarke ist eine der günstigsten Möglichkeiten, dem Namen des Unternehmens einen Inhalt zu geben und ihm den Status einer Marke zu verleihen. Auf den Farbtöpfen der Firma Valentine erschien mit einem Mal das Siegel ICI (Imperial Chemical Industries) und auf der Verpackung der Phytosanytaires-Produkte KB der Name Rhône-Poulenc. Diese beiden Unternehmen garantieren mit ihrem Namen den hohen Qualitätsstandard der Marken. Im Gegenzug erwirken diese durch ihren täglichen Gebrauch mehr Vertrautheit und Nähe vom Verbraucher zum Produkt und auch einen höheren Bekanntheitsgrad für ICI. Die Wertschätzung und die technische und wissenschaftliche Garantie werden durch die Garantiemarke transparent gemacht, und KB und Valentine können auf andere Identitätsmerkmale eingehen.

Es gibt also auf jeder Stufe eine Rollenverteilung. Die Garantiemarke übernimmt die Garantie für die Produktqualität. Heutzutage umfaßt eine solche Garantie neben Qualität und wissenschaftlicher Expertise auch soziale Verantwortung für Mensch und Natur. Die anderen Funktionen, wie Identifizierung, Unterscheidung, persönliches Ansprechen der Zielgruppen und manchmal auch die Spielfunktion, werden von Tochtermarken übernommen, dafür eignet sich die Garantiemarke nicht (Kapferer und Laurent, 1989). Manche behaupten auch, daß solche Produktbezeichnungen das Suggestivfeld der Garantiemarke einschränken, das ist die Kehrseite der Offenheit der Garantiemarke.

Die sechs oben aufgeführten Markenstrategien sind Modelle oder Typen. Tatsächlich bedienen sich die Unternehmen bestimmter Mischformen; die Marke ist – je nachdem – Produkt-, Sortiments-, Firmen-, Ursprungs- oder Garantiemarke. L'Oréal ist ganz leicht in dem Produktnamen Floréal wiederzufinden und garantiert die Qualität von Studio Line, Longueurs, Pointes oder Plénitude. Mit den Eigennamen Dop, Darling oder Lancôme würde sie dagegen kaum jemand in Verbindung bringen. Der gemischte Einsatz der Marke L'Oréal manifestiert die Absicht, sich dem besonderen Verbraucherverhalten in den verschiedenen Marktsegmenten anzupassen (Produkte zur Haarpflege, Kosmetikartikel und Parfums) und natürlich auch dem Vertriebsnetz (handelt es sich um Selbstbedienung oder Verschreibung). In einigen Fällen garantiert L'Oréal Seriosität und fachliches Können, und dann wieder versucht die Marke, eine neue Konnotation zu bekommen (Kosmetik), d.h., sie muß den Sprung nach vorne wagen. Es kann klüger sein, die Garantiemarke im Hintergrund zu lassen, um nicht nach unten gezogen zu werden (durch Dop) oder um nicht selbst einige ihrer Prestigemarken (Lancôme) nach unten zu ziehen. Dennoch resultieren die meisten Mischformen auch aus der Sedimentation von punktuellen Entscheidungen, die im Lauf der Zeit zur Unterstützung von neuen Produkten getroffen werden. Wenn nicht von Anfang an daran gedacht wird, einen Gesamtplan der Marken und ihrer Beziehung zu den Produkten zu erstellen, dann ist die Folge eine unzusammenhängende Markenpolitik.

Die Marke 3M liefert ein interessantes Beispiel von differenzierter und strukturierter Markenpolitik und geht dabei sogar bis zu fünf beschreibenden Ebenen (auf englisch: quintuple branding) (siehe Abb. 22). Das Unternehmen konzentriert sich auf Forschung und hohen technologischen Standard für Problemlösungen im industriellen und privaten Bereich, wo es um Haften und Kleben geht. Auf diese Weise kann die Marke eine weite Produktpalette abdecken, von Klebern über Filme, Kassetten, medizinisches Verbandsmaterial bis zu Projektoren. Der Name 3M garantiert Seriosität, Forschung und Entwicklung und erstklassige Leistung, d.h., dem Verbraucher wird der Eindruck von technologischer Sachlichkeit vermittelt. Um eine vertraute Verbindung zwischen den Verbrauchern und solchen Massenprodukten herzustellen, hat man die Marke Scotch geschaffen. Videokassetten, Klebestifte und Klebebänder bekamen den Namen Scotch, und die Spülschwämme bekamen den international gültigen

Namen Scotch-Britt (aus dem englischen bright = glänzend). Um mit dem Äquivalenzprodukt von Spontex konkurrieren zu können (das nur „rauher Schwamm aus Pflanzenfasern" genannt wurde – Gattungsname des Produktes) wurde dem Scotch-Produkt noch der Eigenname „gratton-laveur" gegeben (wie man den kleinen Volkswagen auch Käfer nannte). Diese Beifügung differenziert das Produkt und betont den Vorteil des Produktes für den Verbraucher. Damit bekommt das Produkt einen sympathischeren, vertrauteren Charakter.

Der „gratton-laveur" teilt sich wiederum in verschiedene Typen auf: „gratton-laveur" grün, blau oder rot, je nach Verwendungszweck.

Bei Massenprodukten wie Schwämmen und Klebern wird 3M als Garantiemarke eingesetzt (kleingedruckt auf der Verpackung). Auf den Scotch-Kassetten ist die Bezeichnung 3M aber nicht zu finden. Wahrscheinlich hat man sich so entschieden, um Massenprodukte besser von den professionell genutzten Videokassetten differenzieren zu können, die explizit und exklusiv mit 3M gekennzeichnet sind. Denn während 3M bei den Massenartikeln nur Garant für hohen Qualitätstandard (also Garantiemarke) ist, dient die Marke bei Produkten für den professionellen Gebrauch als Dachmarke. Suggestivkraft und Identität der Marke 3M werden in Produkten wie Fotoapparaten, Projektoren und auch Zahnzement (gehört in den Bereich Gesundheit) transparent. Auch das Produkt Post'it, die bekannten „selbstklebenden Etiketten, geeignet als Gedächtnisstütze oder für Mitteilungen", wurde mit dem Firmennamen 3M versehen. Damit sollte die Innovation geschützt werden, und das neue Konzept konnte so viel wirkungsvoller verständlich gemacht werden als mit der obigen langen Beschreibung.

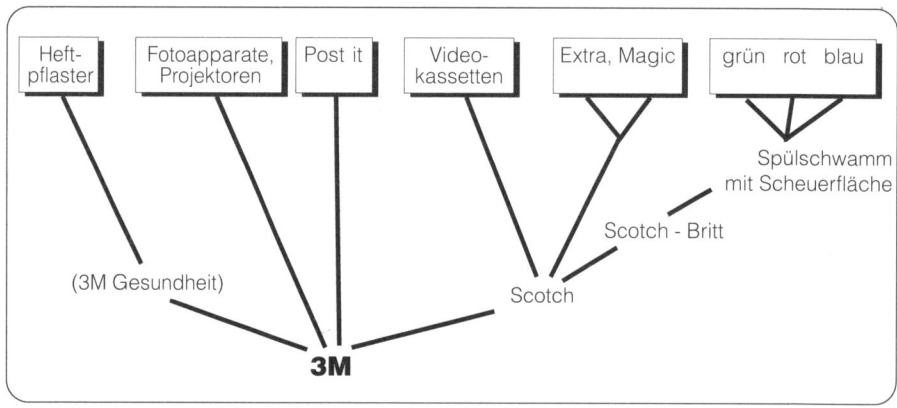

Abb. 22: *Strategien von Markierung und nominaler Identität bei 3M*

Je mehr ein Produkt eine professionelle Zielgruppe ansprechen soll, umso wichtiger sind ein gutes Image, hervorragende Qualität und Leistung. In einem solchen Fall bekommt das Produkt die Unternehmensmarke 3M. Wo nicht, setzt das Unternehmen den Markennamen Scotch ein. Deshalb findet man „3M" nur kleingedruckt auf dem Klebeband „Scotch Magic". Die Kleber für Spezialisten in der Werbung aus Aerosol sind dagegen mit einem großen 3M-Aufdruck versehen, und der Name Scotch spielt hier nur eine untergeordnete Rolle. Die Werbung ist je nach Produkt völlig verschieden (Spülschwamm, Massenartikel Klebeband, Scotch-Kassetten, Post'it). Abgesehen von der Garantiemarke gibt es keine gemeinsamen Codes, Ausdrucksformen oder einheitlichen Muster; jede Produktaussage ist in ihrer Form eigenständig.

Die Marke Chambourcy verfolgt dagegen eine Markierungspolitik mit starkem Integrationswillen, was sich in einem föderativen Stil der Produktwerbung äußert. Als Gegengewicht zu Danone und Yoplait verfügte die Firma Nestlé in Frankreich über zwei Marken, nämlich „La Roche-aux-Fées" und „Chambourcy". Die Intensivierung des Wettbewerbs führte dazu, daß das Unternehmen sich auf eine einzige Marke konzentrierte. Nachdem die beiden Markenpotentiale verglichen worden waren, beschloß man 1986, aus Chambourcy eine Marke für Frischprodukte zu machen, ein Bereich, in dem Chambourcy seine Markenqualitäten voll einsetzen konnte. Man hatte zunächst auch noch eine andere Möglichkeit diskutiert, dann aber wieder verworfen, nämlich den Namen Nestlé als Marke einzusetzen. Außer Nestlé-Milch oder Nestlé-Schokolade hätte man in Frankreich dann auch Nestlé-Joghurt kaufen können. Da zu dieser Zeit sowohl La Roche-aux-Fées als auch Chambourcy über zwei komplette Produktsortimente verfügten, hätte man in jeder Produktkategorie das Produkt mit dem größeren Potential auswählen und schrittweise die alte Marke durch die neue ersetzen müssen (der Fusionsprozeß von Marken wird noch analysiert, siehe S. 225). Dies gab den Anstoß, einmal über die Markierungsstrategie und das Kommunikationskonzept nachzudenken (Abb. 23).

Man beschloß, den Markennamen Chambourcy auf drei Produkte anzuwenden, die als Symbolträger und Pioniere im Bereich Frischprodukte dienen sollten, drei Produkte mit eigener Identität: Naturjoghurt, Fruchtjoghurt und Sahnequark. Der Unterschied zwischen Danone und Chambourcy liegt darin, daß der Name Chambourcy von sich aus schon den Eindruck von Süße und Cremigkeit vermittelt. Entwickelt die Marke aber neue Produkte oder Konzepte, erhalten diese Eigennamen, die die Originalität ihrer Positionierung und ihrer Identität wiedergeben.

Chambourcy versteht sich jedoch nicht als eine einfache Garantiemarke für Marken mit Eigennamen wie Yoco, Viennois, Flanby, Kremly, Sveltesse, La

Laitière. Während Danone offensichtlich zur Garantiemarke wird, sieht sich Chambourcy eher als Ursprungs- oder Muttermarke, d.h. als Quelle von Wert und Sinn. Jedes der oben aufgeführten Produkte hat eine eigene Originalität und Identität, die durch die Markenidentität von Chambourcy ergänzt werden. Um den tieferen Sinn der Marke zu verdeutlichen, verbindet Chambourcy (anders als Garantiemarken) alle Produktaussagen durch eine gemeinsame Musik und Markensprache (die verbindet und trotzdem Produktautonomie ermöglicht).

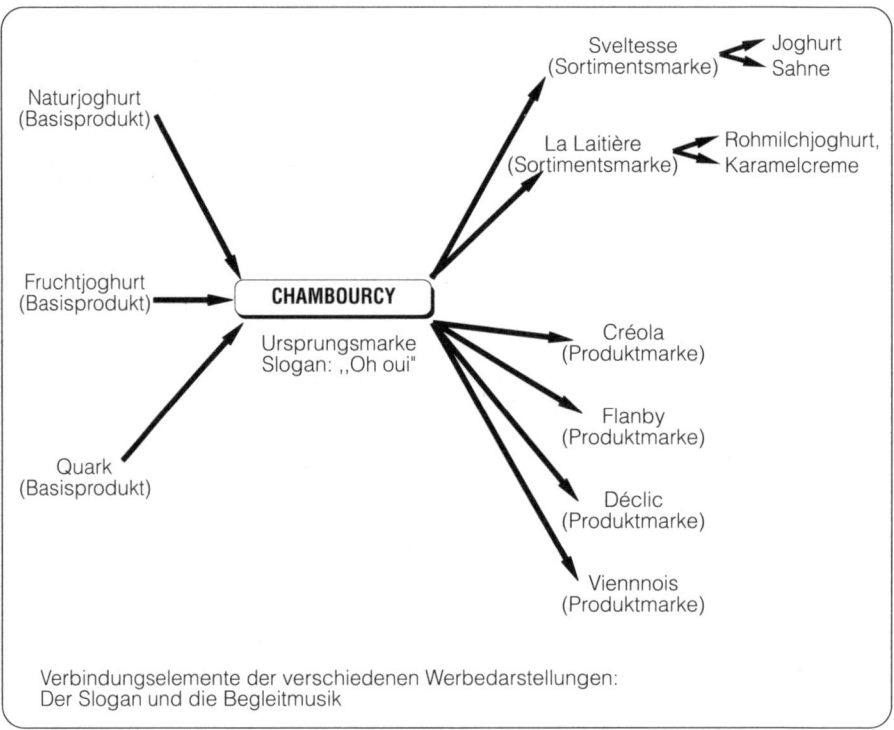

Abb. 23: *Strategie der Markenkommunikation bei Chambourcy*

- Es wird eine Musik gewählt, die dem jeweiligen Produkt angepaßt ist und dessen Identität ausdrückt (kreolisch für Créola, slawisch für Kremly, kindlich für Flancy, sensibel für das Sortiment Sveltesse, usw.).

- Der verbindende Slogan „Chambourcy! Oh oui" ist ein Ruf der Zustimmung des Verbrauchers zur Marke. Er unterdrückt aber andererseits nicht Positionierung und Identität der verschiedenen Produktmarken, sondern er ergänzt sie, indem er ihnen Affektionswert, Natürlichkeit und Authentizität verleiht. Der Slogan wird jedem Werbefilm am Ende beigefügt und dauert drei Sekunden.

178

Dadurch hat die Marke Chambourcy die Synergie ihrer Werbung maximiert. Die Marke macht die Identität ihrer Produkte transparent und bereichert gleichzeitig die Identität der Muttermarke. Der Slogan „Oh oui" hat Schule gemacht. Er dient als Modell und erinnert daran, daß ein Slogan nicht von der Markenpolitik dissoziiert werden sollte. Es wäre also falsch, einen solchen – sehr allgemein gehaltenen – Slogan für ein Produktsortiment (wie Franco-Russe, Findus oder Atari) einzusetzen. Hier muß die Marke ihr Konzept, ihren Leitfaden, ihre Aussage oder ihren zentralen Wert einsetzen.

● Schließlich übernimmt die Marke direkt das Wort und macht ihre Werte transparent, indem sie sich auf Produkte mit Symbolcharakter stützt. Die Werbung für Quark, Frucht- oder Naturjoghurt ist nicht produktbezogen, sondern soll die Marke Chambourcy weiter ausbauen. Das Lied im Werbespot beginnt mit den Worten „Ich sehne mich nach Natur, danach, frei zu atmen …", und damit wird der Wert Natur über das Produkt selbst, also den Naturjoghurt, gestellt.

Die oben beschriebenen Beispiele lassen ein entschiedenes und kohärentes Konzept der Marke und der nominalen Identität und eine auf Produkte und Sortimente abgestimmte Kommunikationspolitik erkennen. Die Richtlinien bei der Entscheidung für oder gegen eine Strategie sind damit erklärt.

Im nächsten Abschnitt sollen die Kriterien erörtert werden, die die Entscheidung für eine Markenstrategie mehr rechtfertigen als jede andere.

Einige Auswahlkriterien

Welche Markenpolitik verspricht den größten Erfolg? Hat die Firma Procter & Gamble als Befürworter von Einzelmarken recht, während ihr Wettbewerber Colgate Palmolive, flexibler in der Sache, unrecht hat? Ist die Markenpolitik von Casino besser als die von Carrefour oder Auchan? Solche Fragen tauchen immer wieder auf.

Jede Markenstrategie hat ihre Vor- und Nachteile. Wir haben dies bereits aufgezeigt. Aber die Aufzählung des Für und Wider liefert dennoch kein allgemein gültiges Auswahlkriterium für eine bestimmte Verfahrensweise und einen bestimmten Markt. Die Auswahl einer geeigneten Markenpolitik ist keine Stilübung, sondern eine strategische Entscheidung über Absatzförderung und langfristige Kapitalisierung. Sie richtet sich nach drei verschiedenen Parametern, die von Produkt/Dienstleistung, dem Kaufverhalten und der Wettbewerbssituation des Unternehmens abhängen. Es ist schwierig, die oben aufgeführten Fragen zu beantworten, denn sie erfordern allgemeine, nicht zeitlich gebundene und absolute Antworten. Markenpolitik ist das Spiegelbild einer Strategie, für die sich ein Unternehmen in einem ganz speziellen Zusammenhang entscheidet.

Das Beispiel Calvet erklärt diese Tatsache. Dieser Händler von Bordeaux-Weinen verfolgt in Frankreich und im Ausland zwei verschiedene Markenpolitiken. In Frankreich ist Calvet ein spezifischer und einzigartiger Bordeaux. Im Ausland bezeichnet der Markenname Calvet viele Produkte und ist Dachmarke. Im Programm sind Bordeaux, Burgunder, Weiß-, Rot- und Roséwein zu finden. Das ist allgemein üblich, denn in Frankreich kann der Verbraucher mit dem Etikett, das durch viele Bezeichnungen den Wein spezifiziert (das Anbaugebiet, die Weinsorte, die Rebsorte, der Jahrgang) etwas anfangen. Er versteht die Angaben und die Garantie des Händlers (falls dieser genannt wird) zu deuten und kann so das Preis- Leistungs-Verhältnis beurteilen. Welche Bedeutung hat der Markenname Calvet in diesem Zusammenhang? Der Markenname hat nur Sinn, wenn er einen zusätzlichen Anhaltspunkt aufzeigt, einen „Pluspunkt", den der Calvet-Bordeaux anderen voraushat. Dies führt natürlich zu einer Markenstrategie, die auf ein Gebiet begrenzt ist. Calvet ist ein Produktname, eine Produktmarke. Im Ausland kennt der Verbraucher keine Weinkultur: Er versteht den Sinn von Ursprungsbezeichnungen, Weinsorten und anderen undurchsichtigen Siegeln nicht. Das ist etwa so, als ob man von Ihnen verlangte, ein japanisches Etikett zu entziffern. Der ausländische Verbraucher strukturiert das Angebot nach Farbe des Weines und Herkunftsland. Er braucht einen Namen für französischen Wein als Orientierungshilfe. In diesem Fall ist die Dachmarke wünschenswert. Calvet deckt die bekanntesten Weine aus französischen Anbaugebieten ab und dient andererseits als Garantiemarke, wenn es um kontrollierte Ursprungsbezeichnungen usw. geht.

Aus welchem Grund benützt die Gruppe Wagons-Lits die Marke PLM Azur als Garantie, die kleingedruckt dem Namen des jeweiligen Hotels (New Cataract in Ägypten, Sahara Palace in Tunesien, Saint-Tropez Beach in Saint-Martin, usw.) angefügt wird? Warum setzt die Marke Pullman ihren Namen an den jeweiligen Namen der neuen internationalen 4-Sterne-Hotels (Pullman Königshof in Bonn, Pullman Part-Dieu in Lyon, Pullman Rotary in Genf, usw.)? PLM Azur ist die (!) Marke für Touristikhotels. Zur Bestimmung seines Urlaubsziels bevorzugt der Verbraucher den Katalog, den er sechs Monate lang immer wieder wälzt. Im Katalog ist jedes Hotel ausführlich beschrieben, einschließlich der Möglichkeiten für den Gast, des Hotelcharakters und des Standards. Außerdem enthält er auch ein Foto des Hotels. Welche Funktion hat die Marke in diesem Fall, wo das Angebot sowieso schon völlig transparent ist? Bei weit entfernten Ferienzielen, wo Realität und Produktaussage weit auseinanderklaffen können, muß dieses Risiko möglichst gering gehalten werden, und der Verbraucher möchte abgesichert sein. Dies ist die Aufgabe der Garantiemarke PLM Azur. Sie hält sich ganz im Hintergrund, nur als Rückversicherung, und der eigentliche Hotelname läßt den Verbraucher in die Traumwelt des Urlaubs eintauchen.

Aber der leitende Angestellte, der für drei Tage nach Ankara muß, um geschäftlich zu verhandeln, legt andere Maßstäbe an. Er weiß, daß seine Aufgabe hart sein wird, und möchte deshalb jeden anderen Streß von sich fernhalten. Dieser Kunde verlangt ein absolut einwandfreies Funktionieren des Hotelservices. Für ihn ist die Marke eine Referenz, das Angebot der Hotelkette muß verläßlich sein und darf nicht von Stadt zu Stadt oder Land zu Land wechseln. Hier ist die Marke Produktmarke, d.h., sie definiert eine präzise Leistung. Pullman möchte jedoch nicht monolithisch sein wie jene Hotels, die für jedes ihrer Hotels dieselbe Zimmeranordnung und sogar dasselbe Mobiliar verwenden (wie Novotel). Deshalb stattet das Unternehmen seine Hotels in der landesüblichen Art aus und zeigt somit, daß man dem jeweiligen Gastland aufgeschlossen gegenübersteht.

Club Méditerranée geht einen dritten Weg und setzt die Strategie der Sortimentsmarke ein. Obwohl das Produktangebot heute aufgegliedert ist (von Hüttendörfern der unteren Preisklasse bis zu Luxushotels für Golfer erstreckt sich das Angebot auf Sommer- und Winterurlaub, und Club Med ist überall auf der Welt zu finden), bezeichnet das Unternehmen all diese Segmente mit derselben Marke und betreibt auch gemeinschaftliche Werbung. Der Kunde muß nur das Ferienziel präzisieren, d.h. den geografischen Namen. Diese Denominativpolitik ist der Ausdruck der Strategie. Das Prinzip, die Methoden und Werte des Club Méditeranée beeinflussen das gesamte Angebot und wandeln es entsprechend um. Die Gemeinsamkeiten der verschiedenen Angebote überwiegen, d.h., die Situation ist genau umgekehrt wie bei den PLM Azur-Hotels. Die einzig bemerkenswerte Entwicklung in der Denominativpolitik war der Übergang zum Markennamen Club Med, da die Bezeichnung Méditerranée in bezug auf die geografische Ausdehnung der Unternehmenstätigkeit veraltet war und Amerikaner, Japaner oder Südafrikaner damit nichts anfangen konnten.

Die Anwendung einer Denominativpolitik wird also nicht von ästhetischen oder formellen Gründen bestimmt, sondern von der Bedeutung der eigentlichen Markenfunktionen für den Verbraucher. Dann erst muß über den „Eigennamen" des Produktes nachgedacht werden, ob es in Sortimenten oder Linien angeboten werden soll, und schließlich über die objektiven oder subjektiven Attribute des Produktes (Packung, Katalog, Werbung, Verkaufshilfen), die auch als Informationsquelle dienen können. Die Funktionen der Marke für den

Verbraucher haben wir schon in anderen Werken vorgestellt und entwickelt (Kapferer et Laurent, 1983; Kapferer et Thoenig, 1989), als da sind: Identifikation des Angebotes, Produktmarkierung, Garantie, persönliches Ansprechen von Zielgruppen, Vereinfachung der Auswahl, Erlebniswert. Auch wenn im Grunde dieselben Käuferschichten angesprochen werden, betreiben zwei Unternehmen doch eine unterschiedliche Namenspolitik und wenden unterschiedliche Strategien an: In der Markierung seines Produktes trifft ein Unternehmen eine markenpolitische Grundsatzentscheidung. Der Vergleich zweier Markennamen in der Kosmetikbranche soll dies verdeutlichen: Lancôme und Clarins.

Auf diesem Markt herrscht ein Überangebot, wissenschaftliche Formulierungen sind häufig, Innovationen obligatorisch, und so entsteht eine gewisse Unsicherheit beim Verbraucher. Die Marken dienen als Orientierungshilfe. Eine oft diskutierte Frage ist: Produktlinie oder Monoprodukte? Beide Alternativen haben Vor- und Nachteile, die wir bereits analysiert haben. Man kann den Schluß ziehen, daß es auf diese Frage keine allgemein gültige Antwort gibt, da sie vom jeweiligen Markenkonzept abhängt.

Lancôme zieht eine Politik der Einzelmarken vor, wobei jeweils nur ein sehr kleines Sortiment dem Produkt-Leader zugeordnet wird (Progrès visage, contour des yeux, intensif-rides, cou,...). 1989 hat die Marke Lancôme drei Monoprodukte für den Körper eingeführt und hat jedes Produkt mit einem eigenen Markennamen ausgestattet: Cadence für den Körper (feuchtigkeitsspendend), Exfoliance (zum Entfernen von Falten), Sculptural (schlank machend). Lancôme ist keine Garantiemarke, das Unternehmen sieht sich eher als Ursprungsmarke und vermittelt eine präzise Idee, in diesem Fall französische Eleganz. Die Markenpolitik muß hier

• die technologische Aktualität und die Leistung der Produkte

• sowie französischen Luxus, d.h. natürliche Eleganz,

zum Ausdruck bringen.

Die Marke Lancôme zeigt ihr Konzept in den Produkten und dem damit verbundenen Service (Erklärung und Beratung durch die Verkäuferinnen). Die Marke beschränkt sich nicht auf Werbung allein, sondern sie strukturiert Beschaffung und Vertrieb, Produktion und Beratung, und damit ist eine selektive Distribution möglich. Lancôme macht eine Markenpolitik, die sowohl der Verbraucherin als auch der Verkäuferin verständlich und zusammenhängend erscheinen soll. Die Verbraucherinnen sind jedoch für vielfältige Produktnamen nur wenig empfänglich, denn sie erinnern sich im allgemeinen nicht an die verschiedenen Produktnamen. Bei Betreten der Parfümerie verlangen sie einfach die Feuchtigkeitscreme von Lancôme. Nun muß die Verkäuferin erklären, daß es zwei verschiedene gibt, nämlich Hydrix und Transhydrix. Die Tatsache, daß jedes Produkt einen eigenen Namen hat, hilft der Verkäuferin, ihre beratende Aufgabe zu erfüllen. Aufgrund der gut differenzierten Produktnamen erlangt die Verkäuferin ein umfassendes Verständnis der Produkte selbst und kann die speziellen Vorzüge, Funktionen und Anwendungen gut erklären. Lancôme gibt also jedem Produkt einen eigenen Namen, der die Produktfunktion (Nutrix nährt die Haut, Hydrix verleiht ihr Feuchtigkeit, Forté-Vital macht die Haut fester) oder die Produktzusammensetzung, wenn diese neu oder revolutionär ist (Niosôme enthält Niosome, Oligo-Majors Oligo-Elemente) beschreiben soll. Die Namenspolitik erleichtert dem Verkäufer, zwischen den Produkten zu differenzieren und verhindert damit Verwechslungen (als wenn die Produkte derselben Linie angehörten und einen gemeinsamen Namen hätten).

Zumindest in der Kosmetikbranche scheint sich die Diskussion um Einzel- oder Produktlinienmarke zugunsten der ersteren zu entscheiden. Bei der Marke Clarins hingegen gibt es im allgemeinen keine Monoprodukte. Die 70 Artikel sind in Produktlinien aufgegliedert. Denn Clarins ist nicht Lancôme, die Marke vertritt ein anderes Ideal, eine andere Identität und ein anderes Konzept: Clarins sieht sich als Schönheitsinstitut, die Funktion Pflege ist hier wesentlich. Dieses Pflegekonzept erfordert die Zusammenfassung mehrerer Produkte in einer Linie mit eigenem Namen, ähnlich wie bei einem Rezept, um ein kohärentes Pflegeprogramm anbieten zu können. Ein Monoprodukt kann nicht alles leisten, deshalb zieht Clarins Produktlinien vor, die in Synergie funktionieren. Getreu der Markenidentität, dem Charakter und der Markenkultur versucht Clarins, stabile Produktlinien zu schaffen, die mehrere Jahre überdauern. Zudem gibt Clarins objektiven Produktaussagen den Vorzug. Der Versuch, sich durch Slogans wie „Besiegen Sie den Alterungsprozeß" gegenseitig zu überbieten, interessiert Clarins nicht. Darauf sind die Produktnamen zurückzuführen, die hauptsächlich die kosmetische Pflege betreffen: Sie beschreiben objektiv die Funktion des Produktes und stellen nicht Imaginäres aus einer Traumwelt dar, wie es die Marke Christian Dior bei der Einführung von „Capture" tat. Clarins stellt jedes Produkt in zwei oder drei Worten vor: „Fluide multi-réparateur restructurant."

Produktname: Autonomie oder Anbiederung?

Fiat gibt jedem Fahrzeugtyp einen eigenen Namen: Panda, Ritmo, Tipo, Regatta. Jahrelang hat Renault seine Autos numeriert: R4, R5, R9, R19, R21, R25. 1990 aber wurde dieses Konzept erneuert, und das Nachfolgemodell von

R5 wurde Clio genannt (der Fuego, bei dem man auch so vorgegangen war, hatte allerdings keinen Erfolg). BMW und Mercedes numerieren ihre verschiedenen Fahrzeugtypen ebenfalls: BMW-Serie 3, 5, 7 und Mercedes 190, 200 usw. Bei Citroën wurde der wachsende technische Fortschritt mit Buchstaben kodifiziert (AX, BX, CX) bis hin zum XM-Modell.

Die Marke Dior nannte ihre Parfums Diorella, Diorissimo, Miss Dior, Poison oder Fahrenheit und die Kosmetikprodukte Capture, Résultante, aber auch Hydra-Dior. Bei ähnlichen Produkten benutzt Lancôme Namen wie „Niosôme oder Noctosôme" und Clarins „Crème Multi-Réductrice oder Multi-Réparatrice".

Im Dienstleistungssektor der Informatik entschied der amerikanische Marktführer ADP sich für die Dachmarke, d.h., die Programme für Personalverwaltung erhielten keinen speziellen Eigennamen: Es gibt ADP „Fastpay", ADP „Interactive Personal Package" oder ADP „Benefit System". In Frankreich nennt CGI (Gesellschaft für Dienstleistung und Engineering im Informatikbereich) seine Programme für den Verwaltungsbereich Ciga Immo, Ciga Compta, Ciga Paie. GSI verkauft Zadig, Clipper, Ressource, Tolas usw. und versteht sich als Garantiemarke. Welche Kriterien sind entscheidend für die Wahl von Namen für Produkte?

All diese Beispiele verdeutlichen, daß zwischen der Marke und ihren Produkten eine Beziehung besteht, nämlich die Wahl zwischen zwei Extremen: komplette Autonomie oder bewußte Anbindung. Hier erkennt man das Grundproblem, das die beiden begleitenden, aber wenig kompatiblen Ziele der Marke aufwerfen: die Produkte unterscheiden – aber gleichzeitig ihren Ursprung beglaubigen. Sieben Formen der Beziehung Marke – Produkt können unterschieden werden, die sich nach dem Grad wachsender Autonomie richten:

- Es gibt Hemden, Socken, Blousons, Pullover, Tennisschläger und Eau de toilette von Lacoste. Die Marke gibt ihren Produkten keine Eigennamen. Sie hat dies nicht nötig, denn die Marke Lacoste kann jedes Produkt umformen. Banales und Allgemeines bekommt einen Flair von Distinguiertheit. Das ist die Haltung einer starken Marke, einer Signatur. Der Pullover braucht nur das Lacoste-Wappen, und schon unterscheidet er sich von allen anderen, und zwar in zweierlei Hinsicht. Er fällt dem potentiellen Käufer nicht nur auf, sondern der Pullover steigt, nur aufgrund des Lacoste-Krokodils, auf ein höheres Niveau. Das Produkt tritt aus dem Massenangebot heraus und wird Träger der Marke. Dies gilt nicht nur für Luxusgüter, sondern für alle Marken, die Produkte im Niveau anheben wollen, also auch für Saint Michael von Marks & Spencer oder für Sony. Schwache Marken, die nicht die Fähigkeit haben, Produkte, die sie zeichnen, Körper und Seele zu geben, sind von dieser Namenspolitik ausgeschlossen.

- Mercedes nennt seine Fahrzeuge 190, 200,..., wobei die Marke die Produkte dominiert. Sie soll unteilbar und in ihrer Gesamtheit hinter jedem Modell stehen. Welchen Wagen er auch kauft, der Kunde soll alle objektiven und subjektiven Merkmale der Identität dieser Marke in ihm wiederfinden. Jedes Fahrzeug führt ihn in das Universum der Marke ein. Der 190er ist keineswegs zweitklassig, sondern der erste in der Reihe. Die Zahlen als Produktname verweisen auf eine Logik von Produkt und stufenweiser Steigerung der Motorleistung, eine Leistungsabstufung, aber nicht eine Abstufung der Marke Mercedes an sich. Porsche beging den Irrtum, diese Denominativlogik außer acht zu lassen. Das Modell 924 war kein Porsche-Fahrzeug mit fortschrittlichem Motor und hatte mit der Marke Porsche eigentlich gar nichts gemein. Die Serie 924 und das Ursprungsmodell 944 hatten von Porsche nur den Namen. Die Marke hatte es nicht verstanden, deutlich ihre Unterscheidung und Überlegenheit in dieser Preisklasse herauszustellen. Diese Politik war enttäuschend und verursachte eine Spaltung in der Marke selbst.

- Die Namen der Dior-Produkte (Diorissimo, Miss Dior oder Diorella) erinnern eindeutig an die Ursprungs- oder Muttermarke. Jedes Produkt ist eine Variation der Markenwerte um den gemeinsamen Kern herum. Diorissimo drückt den Paroxysmus von Dior aus, und Miss Dior soll die junge Dame ansprechen. Aufgrund dieser Strategie der sehr engen Beziehung zwischen Marke und Produkt kann das neue Produkt seine Identität und sein Wertesystem durch kleine zusätzliche Hinweise transparent machen. Wird diese Strategie aber bei zu vielen Produkten angewandt, verkümmmert die Ursprungsmarke zum rein technischen Zusatz, einer einfachen Fabrikmarke, die sehr unterschiedliche Produkte miteinander verbindet. Die immer neue Wiederholung von Dior in den Produktnamen würde den Sinn der Marke erschöpfen und leeren wie bis zu einem gewissen Grad bei der Marke Nestlé. Jeder weiß, daß Nescafé, Nescoré, Nesquick und Nestea aus derselben Marke hervorgehen wie Schokolade oder Kondensmilch, aber dies macht Nestlé zur Marke für eine bestimmte Technik.

- Lancôme nennt seine Produkte Niosôme und Noctosôme und möchte sie so an die Marke binden. Die Marke soll Exklusiveigentümer sein, und Produktinnovationen stellen sich als Suffix heraus. Die Marke möchte von ihren innovativen Produkten profitieren und nicht diese unterdrücken.

- Namen wie „Gel Multi-Tenseur" und „Fluide Multi-Réparateur" von Clarins sind bei weitem nicht nur einfache Bezeichnungen der entsprechenden Produktgattung. Das Wort „multi" ist Bestandteil der nominalen Identität von Clarins, und das aus zwei Gründen. Erstens wird dieses Präfix überall verstanden, und zweitens möchte Clarins den Namen kapitalisieren, auch wenn er nicht zeichenrechtlich schützbar ist und zudem noch in der Pharmazie verwendet wird. „Multi" assoziiert eine umfassende Behandlungsmethode, was der Identität und Idee der Marke Clarins entspricht (eine Produktlinie mit mehreren Pflegeschritten statt Einzelmarken für jede Pflegefunktion).

- Weiterhin verleiht ein Eigenname, der die Dach- oder Ursprungsmarke nur noch als Attribut enthält, dem Produkt Autonomie der Marke gegenüber. In der Luxusbranche sind Capture oder Poison von Dior hierfür Beispiele, und im Bereich Pflege und Wartung kann man Fées du Logis von Johnson anführen. Bestimmt hätte die Marke Clarins niemals den Namen Capture gewählt, denn der Name hat eine irreale, visionäre Bedeutung, was ihn wiederum für Dior akzeptabel macht. Dieser Name, der weder nominal noch semantisch etwas mit Dior zu tun hat, soll die Markenidentität ausbauen, ohne dem Kern zu schaden. Die Beziehung Marke – Produkt verläuft in diesem Fall reziprok, d.h., die Marke profitiert von den Möglichkeiten der neuen Produkte und den Inhalten des neuen Eigennamens; das kann für schwache oder erschöpfte Marken wie ein Therapeutikum wirken. Da sie selbst nicht genug Energie haben, fehlt diese dann auch den Produkten, wenn sie Namen bekommen wie R5, R9, R19, R21, R25. Kann die Marke nicht genug Energie liefern, dann müssen die Produkte mit eigener Energie gedopt werden, d.h., sie brauchen einen eigenen, unabhängigen Produktnamen. Vielleicht hat man deshalb 1990 erkannt, wie wichtig es ist, den Fahrzeugtypen von Renault Eigennamen wie Clio oder Chamade zu geben.

- Die völlige Unabhängigkeit von Dach- oder Ursprungsmarke erhält das Produkt schließlich als Einzelmarke. Beispiele dafür sind die Marken Sidi-Brahim, Varilux (die jede Art von Brillengläser vertreibt), Ariel, Darling usw. Jede Namenspolitik ist also immer Mitteilung und verfügt über eine eigene Rationalität. Die Entscheidung für eine dieser Strategien hängt eng mit der Stärke und Absicht der Marke, ihren Produkten sowie der kommerziellen Strategie zusammen. Andere Beispiele sollen dies erläutern.

Die Wachstumspolitik eines Unternehmens beeinflußt Entscheidungen für oder gegen Produktnamen stark. Es gibt Firmen, die eine extensive Marktanteilspolitik und andere, die eine intensive Marktanteilspolitik betreiben. Im ersten Fall wird Wachstum durch die Akquisition neuer Kunden realisiert, und hier sollen die Produktnamen kein vertrautes Klima herstellen. Daher ist es besser, die Produkte getrennt voneinander zu präsentieren, jedes mit einem eigenen Namen. Procter & Gamble geht bei Waschmitteln (Ariel, Dash, Bonux, Vizir) auf diese Weise vor, und die Produkte decken den gesamten Markt ab. Wenn das Unternehmen sich jedoch für eine intensive Marktanteilspolitik entscheidet, d.h. eine Absatzsteigerung bei gleichbleibendem Kundenstamm, dann müssen die Produktnamen auf einer Basis des Vertrauens aufbauen. Der Kunde, der schon ein Produkt der Marke kennt, soll dazu gebracht werden, auch die anderen Produkte zu kaufen. Der Verbraucher soll denken, daß es sich um ein ganzes Produktsortiment handelt, das die verschiedensten Bedürfnisse befriedigen kann. GSI wurde bekannt für sein Programm „Genius Tolas" (maßgeschneidert für die Organisation des Vertriebs). Deshalb benannte die Firma ihr Programm für die Produktion, das zunächst MS11 und dann Maxime hieß, in „Tolas Production" um, und ein anderes Programm wurde „Tolas Finance" genannt. Das interne Ergebnis dieser Politik war, daß drei verschiedene Vertriebssysteme koordiniert und einander angenähert werden mußten. Bei CGI macht das Namenselement Ciga, das allen Produkten gemein ist (Ciga Immo, Ciga Compta usw.) ein integriertes Angebot transparent, d.h., Grundidee, Operationssystem und Ergonomie sind identisch. Wenn ein Kunde schon zwei Programme der Firma gekauft hat, wird er auch in Zukunft der Marke treu bleiben.

Die Politik des Produktnamens hängt von seiner Originalität ab. Jahrelang hat Nescafé seinen Produkten allgemeine Bezeichnungen gegeben, wie Spezialfilter, koffeinfreier oder gefriergetrockneter Kaffee. Ab 1981 hat man dann spezifische Namen vergeben, wie Alta-Rica, Cap-Columbus, Mokamba. Dieser Wandel wurde von vielen als Werbekunstgriff gedeutet, um eine neue Vorstellung von Nescafé als Marke zu vermitteln. In Wirklichkeit drückte dies jedoch eine entscheidende Neuerung in der technologischen Markenentwicklung aus, denn nun war es möglich, alle 800 Aromata, aus denen Kaffee besteht, zu konservieren (Kapferer und Thoenig, 1989). Der lösliche Nescafé enthielt nun endlich die Intensität des Originalgeschmacks. Die Verwendung von neuen, spezifischen Produktnamen zeigte die qualitative Veränderung der Marke, Ergebnis 50jähriger Forschung und Entwicklung.

Außerdem hängt die Wahl des Namens, wie wir gesehen haben, von der Stärke der Marke ab. Vor 20 Jahren wurden die Fiat-Modelle numeriert. Aber das Image von Fiat war außerhalb Italiens zu schlecht und behinderte den Absatz neuer Modelle. Nun stellte sich die Frage, ob das Image durch Werbekampagnen für die Marke verbessert werden könnte. Ein Stereotyp ist nicht leicht auszuwechseln. Die Strategie war, in Zukunft die Marke über die Produkte zu verkaufen und nicht mehr vice versa. Seither stattet Fiat seine Modelle mit eigenen Namen aus (Tipo, Ritmo, Panda, Regatta, Chroma), um ihre Persönlichkeit zu unterstreichen. Jedes dieser Modelle muß selbst die Kraft aufbringen, sich im Markt zu behaupten. Ganz bewußt unterscheiden sich diese Namen vom Markennamen Fiat. Man hofft, daß die Marke sich langfristig erholt und dann wieder zum Sinnträger wird.

Die Strategie der Handelsmarken

Nichts kann die strategische Dimension der Markenpolitik besser zeigen als ein Vergleich homogener Unternehmen, die in einem Marktsektor miteinander konkurrieren. Dies gilt für Unternehmensmarken des Handels. Obwohl sie mit derselben Problematik konfrontiert sind, wendet jedes Unternehmen eine unterschiedliche Markenpolitik an und beweist damit, daß jede Marke eine andere Identität hat, auch wenn es gemeinsame strategische Standpunkte gibt. Die Markenpolitik des Handels kennt eine eigene Terminologie, und die werden wir nun beleuchten, und zwar im Zusammenhang mit Konzepten und Termini, die wir in diesem Kapitel vorstellen wollen.

Die Handelsmarke ist keine Neuerscheinung. Schon 1869 hat die Firma Sainsbury in England die erste Handelsmarke eingeführt. In Frankreich war dies 1929 der Fall (Coop). Bis 1976 gab es nur wenig Neuerungen. Die Verbraucher waren vertraut mit Marken mit großem Produktprogramm, wie beispielsweise Forza von Prisunic, Beaumont von Monoprix, Kilt (Reinigungsmittel) oder Miss Helen (Kosmetik). Normalerweise waren dies exklusive Dachmarken des Handelsunternehmens, die vielerlei Produktfamilien in einem Bereich abdeckten (Lebensmittel, Reinigungsmittel, Kosmetik). Die Funktion dieser Marken war im wesentlichen defensiver Art, konzipiert für die jeweilige Handelsgruppe. (Wir haben die expliziten und impliziten Motivationen von Handelsmarken bereits in dem Buch „La Marque" analysiert [mit J. C. Thoenig]. Dies wollen wir hier nicht noch einmal wiederholen.)

1976 erschien mit Carrefour als Vorreiter eine neue Form der Handelsmarke, nämlich die sog. „Flaggschiff- bzw. Flaggenmarke" oder das „Flaggenprodukt". Dieses terminologische Floating hängt von zwei Faktoren ab:

- Die Bezeichung dieser Produkte war „freie Produkte" bei Carrefour, „orangefarbige Produkte" bei Euromarché, „weiße Produkte" bei Genty und „Produkte Grande Confiance" bei Casino.

- Im juristischen Sinne sind einige dieser Namen nur Handelsnamen und keine Markenzeichen. Juristisch existiert eine Marke nur, wenn sie im Warenzeichenregister eingetragen ist: Markennnamen wie „freie Produkte" akzeptiert das INPI (Institut National de la Propriété Industrielle, dt. etwa – „Institut für Patent- und Zeichenschutz", Anm.d.Ü.) aber nicht als eintragbar.

Da auch die sog. Flaggenmarke verschiedene Produkte umfaßt, ist sie gleichzeitig Dachmarke. Sie präsentiert sich in bereinigter Packung, ohne Gebrauchsgrafik oder Verzierungen, einfach einfarbig (weiß, orange usw.). Das Handelsunternehmen tritt nicht namentlich in Erscheinung, sondern überträgt seine Garantie durch ein visuelles Symbol (sein Emblem, sein Logo).

Wie der Name schon zeigt, ist die Flaggenmarke ein offensives Banner, ein strategischer Akt der Kommunikation. Dies gab Anlaß zu einer tiefgreifenden Erneuerung der Kommunikation von Unternehmen des Handels, die nach der Spezifizierung der Produkte eine identische Sprache entwickeln konnten. Carrefour wollte seinen Stellenwert als Handelsmarke verbessern und entschied sich deshalb für die Verwendung des Adjektivs „frei" (die Idee war, den Verbraucher vom „Markenzwang" zu befreien). Das erklärte Ziel war einfach: „Genauso gut wie nationale Marken, aber billiger" (−20%). So gaben die Flaggenmarken den Handelsgruppen eine neue Perspektive und einigen auch einen Anfang zur eigenen Identität (siehe Seite 61). Sie beriefen sich nicht mehr nur auf das Verhältnis Preis-Angebot-Qualität-Leistung, sondern betonten nun Kultur, Motivation und Fokussierung ihrer Marke.

Abgesehen vom wettbewerblichen Interesse zwischen den Unternehmen des Handels, hatten die Flaggenprodukte de facto auch einen positiven Effekt auf die öffentliche Meinung und bereiteten den neuen Konkurrenzkampf zwischen Handel und Herstellern vor. Das Image der Supermärkte war nicht ganz ohne Kratzer (wegen der Verdrängung der kleinen Läden in der Nachbarschaft), und deshalb haben die Flaggenprodukte, angeführt von den „freien Produkten" oder No-name-Produkten der Firma Carrefour, in der Presse und im Radio betont, daß Herstellermarken zur Versklavung und Verlockung des Verbrauchers führten und daß es höchste Zeit sei, den Verbraucher davon zu befreien. Was soll man dazu sagen: Da die Hersteller kollektives Vorgehen nicht gewöhnt sind, reagierten sie gar nicht darauf. An diesem Tag verloren sie die argumentative Auseinandersetzung und nährten aufgrund ihres Schweigens auch noch Gerüchte (mehr Details siehe Seite 278).

Die Verschärfung des Wettbewerbs führte zum Erscheinen von No-name-Produkten, die in Supermärkten angeboten werden. Natürlich sind sie von geringerer Qualität als Markenartikel, aber dafür um 30 bis 40% billiger. Man hat diese Artikel in schmuckloser Verpackung (meist weiß) und nur mit Beschreibung des Inhalts (Zucker, Erdnußöl) bedruckt angeboten. Der Verbraucher wurde durch dieses Angebot von Gattungsprodukten, teueren Markenartikeln und Flaggenprodukten verwirrt. Die Flaggenmarken waren aber dazu geschaffen worden, das Image des Handelsunternehmens anzuheben und ihm eine qualitative Dimension zu geben. Da das Angebot aber unübersichtlich geworden war, bestand die Gefahr, die Unternehmensmarke des Handels zu schädigen. Also unterbrach Carrefour das Experiment der No-name-Produkte, überdachte die Markenpolitik und begann verstärkt und gezielt, seine Unternehmensmarke aufzubauen.

Eine Handelsmarke ist eine Marke, deren Name mit der Unternehmensmarke des Handels identisch ist. Während „Beaumont" sich von Monoprix unterscheidet, kann der Name „Monoprix La Forme" seine Vaterschaft nicht leugnen. Die Handelsmarke ist nicht neu: Sainsbury, Migros in der Schweiz, Casino, Coop und Codec verwenden sie schon lange, und sie ist unterschiedlich einsetzbar:

- Die Handelsmarke kann Dachmarke sein, wenn sie eine große Anzahl von differenzierten Produkten abdeckt. Carrefour bietet Cornflakes an, aber auch tiefgefrorenen Fisch, Joghurt, Fruchtgetränke, Sporttaschen, Wagenöl Carrefour usw.

- Als alleiniger Aufdruck auf dem Produkt kann die Handelsmarke auch Produktlinienmarke sein, wenn die verschiedenen Produkte zusammengefaßt und nach einem bestimmten Konzept oder einer Leitidee benannt werden. Beispiele dafür sind die Serien „Monoprix La Forme" oder „Monoprix Vit'Prêt". In der Handelsmarke werden Produktfamilien zusammengefaßt, die einem bestimmten Kriterium entsprechen. Hier funktioniert die Marke als Bürgschaft für Qualität, d.h., sie garantiert, daß das ausgewählte Produkt für Diätzwecke geeignet oder ein schnell zuzubereitendes Fertiggericht ist.

- Als Zusatzbezeichnung zum Produktnamen wird die Handelsmarke zur Garantiemarke. So befindet sich beispielsweise der Name Carrefour diskret rechts unten auf dem Etikett des Champagners F. Delacour. Ebenso erscheint „Printemps" auf seiner Konfektionsmarke „Essentiels". „Printemps" steht sowohl auf den Etiketten als auch auf den Einkaufstaschen.

Die dritte Form der Handelsmarke ist die „Eigenmarke", d.h., sie hat einen anderen Namen als den Unternehmensnamen. So wie M. Jourdain Prosa sprach, ohne es zu wissen, waren Forza, Beaumont und Brummel schon längst Eigenmarken von Prisunic, Monoprix oder Le Printemps. Eigenmarken des Handels können benutzt werden als:

- Produktmarke: die Kaffeemischung „Calicor" von Auchan

- Produktlinienmarke: das Haargel „Micro Line" von Auchan

- Sortimentsmarke: „Tex" für Textilien von Carrefour oder „Tissaia" von Leclerc

- Dachmarke: wie „Forza" oder „Kilt".

Es gibt keine Signaturen unter den Eigenmarken des Handels. Natürlich häufen sich exklusive Marken in der Konfektionsmode, aber ihnen den Status einer Signatur zu geben, entspricht weder der Realität noch dem Ziel dieser Marken. Das Konzept der Signatur hat einen genau definierten Sinn, der beachtet werden muß (Seite 37) und nicht banalisiert werden darf.

Von den frühen „Pionier-Eigenmarken" wie Forza, Kilt und Beaumont unterscheiden sich die neuen Eigenmarken ganz deutlich: Sie sind oft Produkt- oder Produktlinienmarken, und ihr Ziel ist es, Käufer von marktführenden Herstellermarken wegzulocken. Daher auch die Bezeichnung „Gegen- oder Konkurrenzmarken".

Der Hauptvorteil dieser Gegenmarken liegt in der Möglichkeit, sie beliebig zu vervielfältigen: Auchan verfügt über mehr als 100 solcher Marken. Da die Märkte immer mehr segmentiert werden, kann das Handelsunternehmen heute in jedem Segment eine Gegenmarke einführen, was früher mit einem einzigen Namen (Firmenname) nicht möglich war. Auchan benutzt für jede der drei verschiedenen Whiskyqualitäten eine Gegenmarke. Dadurch ist ein Unternehmen flexibel genug, um Marktnischen zu besetzen. Handelsmarken belegen immer mehr (eigene) Ausstellungsflächen und drängen die großen Marken in die Defensive ab, denn sie erleichtern den Preisvergleich der Produkte durch den Verbraucher. Dasselbe kann eine Eigenmarke erreichen, nur diskreter. Der Verbraucher mag sogar denken, daß die Auswahl größer und vielfältiger ist, und die Verdrängung großer Marken wird ihm gar nicht richtig bewußt.

Um den Absatz zu maximieren, werden für die Gegenmarke Markenname, Packung, Design und Farben ausgewählt, die am ehesten an die bekannte Herstellermarke erinnern, was wiederum den Verbraucher verwirrt. Wenn das Handelsunternehmen feststellt, daß eine klassische Marke (Ergebnis von Investitionen in Forschung, Entwicklung, Qualität und Leistung, Marketing) viele Verbraucher gewinnt, lanciert es ein Imitat mit höchstmöglicher äußerlicher Ähnlichkeit. Von der Konkurrenzmarke zur Fälschung ist es nur eine kleine Schwelle, die schon viele Unternehmen des Handels überschritten haben, denn die beste Möglichkeit, Kosten und Risiken zu reduzieren, ist ja wirklich, das Modellmarketing der Herstellermarke zum eigenen Profit zu nutzen. Die Absatzzahlen sprechen für sich. Das Markenrecht kann hiergegen nichts machen. Zu viele Hersteller zögern, gegen den unfairen Wettbewerb vorzugehen, da sie fürchten, daß der Absatz ihrer anderen Produkte darunter leiden könnte.

Wie man sieht, ist es trotz einer spezifischen Terminologie möglich, eine Beziehung herzustellen zwischen den in diesem Kapitel untersuchten Markenstrategien und den besonderen Konzepten der Handelsmarken (Abb. 25). Zwei Unterschiede gibt es dennoch: Die Hersteller haben nicht die Möglichkeit zu kopieren wie die Hersteller von Gegenmarken, da Fälschungen illegal sind und in diesem Fall auch rechtlich vorgegangen wird. Und zudem verbirgt die Handelsmarke den Hersteller, und – abgesehen von wenigen Ausnahmen – es ist nicht möglich, diesen zu identifizieren. Hier taucht übrigens ein neues Problem auf: Es ist schwierig, Handelsmarken zu qualitätsverbürgenden Marken zu machen, denn das Handelsunternehmen kann den Hersteller unbemerkt wechseln.

	„Muß"-Produkt	Produkt mit Affektions-wert	Markenartikel
hoher Stellenwert	Bügeleisen	Hi-Fi	Parfums Konfektionskleidung
niedriger Stellenwert	Wischtücher	Marmeladen	Bier

Abb. 24: *Klassifizierung der Produkte*

Neben den Hauptfunktionen der Marke hängt die Wahl der Markenstrategie von verschiedenen Parametern ab:

- Das Kapital Markenimage des Handelsunternehmens beeinflußt die Auswahl. Hätten Euromarché oder Cora die Operation „No-name-Produkte" glaubhaft machen können, d.h., ist der Bekanntheitsgrad, das Image und die Energie dieser Unternehmen stark genug? Die Handelsmarke setzt voraus, daß ein gewisses Potential an Garantie, Interesse, affektiver Nähe und Vertrautheit vorhanden ist, um den Effekt des Ursprungs der Marke zu maximieren (Kapferer, 1984).

- Die Strategie hängt auch von der Wichtigkeit der Produkte für den Verbraucher ab, die in das Programm der Handelsmarke eingegliedert werden sollen. Nicht alle Produkte haben für den Verbraucher dieselbe Bedeutung, einige sind sehr wichtig, andere absolut zweitrangig. Die Gründe hierfür sind verschieden:

  - „Muß"-Produkte werden gezwungenermaßen gekauft; der Verbraucher erwartet funktionelle Leistung, das ist alles. Das geht von der Küchenrolle bis zum Staubsauger.

  - Produkte mit Affektionswert haben eine hedonistische Funktion. Sie reichen von Karamelcreme bis zur Hi-Fi-Anlage.

  - Markenartikel haben eine gesellschaftliche Funktion. Der Verbraucher kann sich mit diesen Produkten (Zigaretten, Soft Drinks, Biersorten und Konfektionskleidung) ein bestimmtes Image geben.

192

Natürlich können Produkte verschiedene Implikationsquellen haben (Kapferer und Laurent, 1983, 1989). Es ist problematisch, eine Handelsmarke mit einem Produkt, das eine gesellschaftliche Funktion hat, zu verbinden: Wenn das Produkt auf den Tisch kommt, möchte man vor den Gästen nicht unbedingt an das Geschäft erinnern, es sei denn, es handelt sich um so berühmte Geschäfte wie Hédiard, Fauchon, Harrod's, Marks and Spencer, usw. Daß der Name Carrefour zwar diskret, aber dennoch auf dem Etikett eines Champagners zu finden ist, spricht eher für die unternehmerische Absicht als für eine Logik im Verbraucherverhalten. Wenn die Implikation rein funktionell ist, kann die Handelsmarke als Dachmarke in Erscheinung treten, auch wenn verschiedene Qualitätsstufen abgedeckt werden sollen. In diesem Fall ist die Handelsmarke Garant für ein ausgezeichnetes Preis-Leistungs-Verhältnis, was verschiedene Preisniveaus rechtfertigt.

Markeneigner / Hauptaufgabe der Marke	Hersteller	Verteiler
Abwerben des Käuferstammes des Zielproduktes		Konkurrenzmarke
Personalisierung des Produktes	Produktmarke	Eigenmarke
Einfügen des Produktes in ein Programm	Sortimentsmarke Linienmarke	Eigenmarke
Identifikation des Ursprungs	Dachmarke Muttermarke Garantiemarke	(Flaggenmarke) Handelsmarke
Identifikation des Herstellers	Unternehmensmarke	

Abb. 25: *Vergleich von Handels- und Herstellermarken*

193

• Auch die Möglichkeiten des Handelsunternehmens sind entscheidend. Das Management einer Marke beschränkt sich nicht, wie viele glauben, auf Grafik und Kreativität (d.h., einen Namen oder eine ansprechende Verpackung zu finden). Hier entsteht eine neue Aufgabe: Der Verbraucher muß in den Mittelpunkt der Überlegungen gerückt werden, finanzielle und personelle Mittel müssen freigestellt werden. Es ist wichtig, Märkte und Verbraucherverhalten zu analysieren, Forschung und Entwicklung voranzutreiben und Produktspezifikationen zu definieren. Außerdem muß man die Qualitätskontrollen ständig verbessern. Neue Produkte müssen eingeführt werden, wobei Menge und Qualität der Nachfrage entsprechen sollten.

Diese drei Parameter erklären, warum führende Unternehmen des Handels sich nicht auf eine Handelsmarke einlassen wollen, andere diese nur zum Teil anwenden (Carrefour) und wieder andere sie uneingeschränkt verwenden (Casino). Die jeweilige Entscheidung hängt von den Zwängen und vor allem von der Identität des Handelsunternehmens und seiner Marke ab. Von Anfang an hat Casino sich mit Alternativen zu den klassischen Vertriebskreisläufen beschäftigt. Eine Marke des Handels wird beeinflußt von ihrer Geschichte und ihrem sozialen Konzept und soll beste Qualität zum günstigsten Preis anbieten. Um dies zu realisieren, integriert Casino einen Teil der Produktion und verdrängt nationale Marken, wo irgend möglich. Seine Produkte sollen eine Identität aufbauen. Die Marke Casino zeigt sich in ihren Produkten: Sie möchte alle Märkte und Standards abdecken. Deshalb wird die Marke überall als Dachmarke angewendet, und sie scheint fähig, das Niveau der Produkte zu verbessern. Die einzigen Ausnahmen sind sogenannte „Standing-Produkte" mit ausgeprägter Herstellermarke. Die Marke Casio dient solchen Marken als Garantiezusatz.

Monoprix hat seine Identität gefunden, und zwar als Warenhaus. Es wird Konfektionsmode für ein ganz breit gefächertes Publikum angeboten. Die Mode soll demokratisiert werden. Es wird also die Rückkehr zum Ursprung praktiziert, und die Produkte werden entsprechend gestaltet. Dies aber schließt eine Politik der Eigenmarken, der kleinen Exklusivmarken, aus und verpflichtet dazu, jede Änderung der Modetrends und des Lebensstils zu berücksichtigen. So entstehen Produktlinien, die alle dasselbe präzise Konzept verfolgen: beispielsweise ökologisch ausgewogene Ernährung, Fertiggerichte, Diätlebensmittel. Die Bezeichnung dieser Produkte drückt ihre Funktion aus, um das Angebot transparenter zu machen. Aber auch die Unternehmensmarke ist wichtig, damit jeder Pfennig, der in Werbung investiert wurde, maximal kapitalisiert werden kann und so das Markenimage verbessert wird. Deshalb heißen die Marken Monoprix Vert, Monoprix Vit'Prêt, Monoprix La Forme, Monoprix Gourmet. Im Bereich Textilien waren Eigenmarken zwingend notwendig. Mit der eigenen

194

Marke Laurène M. können Verbraucher präzise angesprochen werden. Die verschiedenen Werbekampagnen sind grafisch vereinheitlicht und in vertrautem Ton gehalten, der dem familiären Status der einzelnen Geschäfte entspricht.

Carrefour will die ganz große „Consumerism"-Marke in Frankreich sein. Nach dem Mißerfolg der „freien Produkte" brachte die Firma aufeinander abgestimmte Produkte, stellte vergleichende Analysen an und legte eine eigene konsumethische Identität fest (vgl. auch Seite 61). Die Handelsmarke bezeichnet natürlich Produkte, aber nicht alle, denn ein einziger Markenname könnte den Eindruck von Uniformität und Verlust der freien Wahl hervorrufen. Carrefour setzt den eigenen Markennamen im wesentlichen im Lebensmittelsektor ein, und zwar um sein Image gerade in dem Bereich auszubauen, der den Kern des Supermarktes bildet. Die Positionierung der Produkte soll den Rang der stärksten französischen Marke erreichen, wobei die Markenprodukte natürlich teurer sind. Carrefour zeichnet aber auch Produktneuerungen, was das Image der Marke anhebt. Demgegenüber haben die Textilprodukte ihre eigene Dachmarke (Tex).

Auchan ist in erster Linie warenorientierte Handelsmarke. Darin unterscheidet sich die Marke von Carrefour, Casino oder Leclerc. Sie hat keine Philosophie, keinen Selbstentwurf, keine Vision. Das Unternehmen hat keine eigene allumfassende und fundierte Identität. Auchan verfolgt dafür aber ein Konzept, das die Auswahl an Produkten in den Vordergrund rückt. Werblich macht sich dieses Konzept auf Plakaten bemerkbar, die die „frustrierende Situation" des Verbrauchers anprangern, der in seinem Kaufhaus nur noch die Marke dieses Kaufhauses vorfindet und keine echte Wahl mehr hat. Auchan ist, getreu diesem Konzept, keine Unternehmensmarke, d.h., es gibt keine Produkte mit dem Namen Auchan. Das Unternehmen will seinen Namen nicht an einen Qualitätsstandard binden. Aber dafür hat dieses Unternehmen die meisten Eigen- und Gegenmarken, es gibt keine führende Marke, die nicht auch eine Gegenmarke hätte. Sobald ein neues Produkt erfolgreich ist, bringt Auchan ein Imitat in Form einer Gegenmarke, um mit der visuellen Ähnlichkeit die Verbraucher abzuwerben. So profitiert man von den Vorteilen des führenden Markenproduktes und kann gleichzeitig zu einem günstigeren Preis anbieten. Bei Auchan gibt es natürlich eine größere Auswahl, aber kein Angebot führender Markenartikel.

Die Firma Leclerc verfolgt eine völlig andere Politik. Bis vor kurzem vertrieb das Unternehmen nur große Marken. Die Identität von Leclerc beruht auf einer sozialen Auseinandersetzung (die wir schon auf S. 62 analysiert haben). Anstatt Markenimitate zu niedrigem Preis anzubieten, entschied das Management von Leclerc, große Marken (also das augenblicklich Beste auf dem Markt) zu niedrigem Preis zu vertreiben. Deshalb hat das Unternehmen eine Art Kreuzzug gegen die sogenannten Blockaden wie Großunternehmen und Kartelle geführt. Später werden wir die Kommunikationsstrategie von Leclerc noch analysieren (Seite 279). Im letzten Abschnitt dieses Kapitels sollen die verschiedenen Strategien von Carrefour, Casino, Leclerc und Auchan verglichen werden, und zwar unter Berücksichtigung des engen Zusammenhangs, der zwischen Unternehmensstrategie und Markenpolitik besteht.

Das Scheitern der Beziehung zwischen Marke und Produkt: einige klassische Fehlfunktionen

Der Aufbau der Markenidentität soll in erster Linie das Markenimage steuern. Einmal soll der Imagetransfer von der Marke zum Produkt verbessert werden, d.h., man geht davon aus, daß es erfolgversprechend ist, das Produkt vom Image der Ursprungsmarke profitieren zu lassen. Oder umgekehrt, d.h., die Marke wird vom Image ihrer Produkte positiv beeinflußt. Die dritte Alternative ist, den horizontalen Imagetransfer von Produkt zu Produkt zu fördern, um dem Verbraucher ein ganzes Produktsortiment anzubieten.

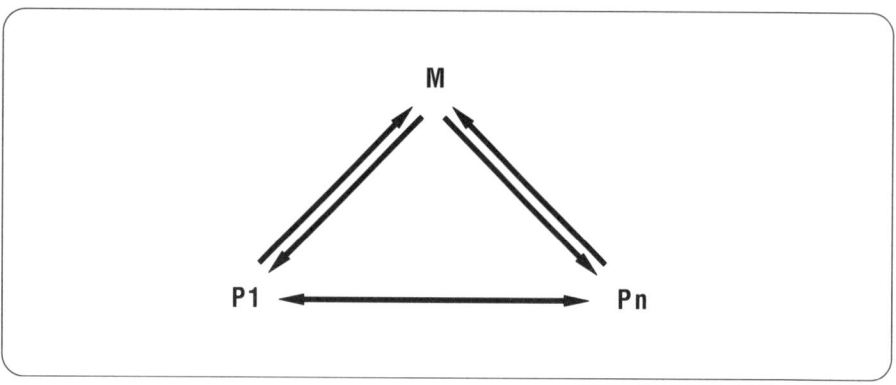

Abb. 26: *Wechselseitige Beziehungen zwischen Marke und Produkten*

Aber nicht alle Wege führen zum erwünschten Ziel, d.h. dazu, ein Kapital Marke aufzubauen und den Absatz zu fördern. Verschiedene Fehlfunktionen sind möglich. Nachstehend sollen die häufigsten genannt werden:

- Das erste Syndrom ist die Überlagerung der Marke durch das Produkt. Die Marke wird ganz einfach von einem ihrer Produkte aufgesaugt, d.h., sie ver-

liert ihre eigene Identität, die von einem ihrer Produkte übernommen wird.
Die zwei Ebenen einer Marke reduzieren sich damit auf eine, die des Produktes, und damit verliert die Muttermarke ihren Sinn. Marken wie Findus,
Justin Bridou, aber auch Nina Ricci (bis 1989) oder Cacharel, Playtex und
viele andere sind von diesem Problem betroffen. Die Gründe für dieses Phänomen sind klassisch. 1986 hatte die Firma Findus großen Erfolg mit dem
Produktsortiment „Cuisine Légère" (dt: leichte Küche, Anm.d.Ü.). Sehr
schnell wurden 80% des Werbeetats des Unternehmens für dieses Sortiment
aufgewendet. Obwohl eine solche Produktreihe auch von anderen Firmen
angeboten wird, hat die Marke Findus seither die Konnotation „leicht", was
den Absatz bremst. Imagestudien bezeugen die anerkannte Qualität der
Findus-Produkte, aber auch die Vorbehalte vieler Mütter, ihren Kindern
diese Gerichte vorzusetzen. Die Marke ist modern und dynamisch, aber es
haftet ihr auch etwas Kühles, Aseptisches, wenig Vertrauenerweckendes an.
Dies ist direkt auf die Werbung für „Cuisine Légère" zurückzuführen, wo individuelle Gerichte in den Vordergrund gerückt werden. Das Sortiment hätte
ein Angebot unter anderen bleiben sollen (Michel Guérard, Nouvelle Tradition usw.), aber statt dessen ist es zum Markeninhalt von Findus geworden.
Wie kam es dazu? Zunächst deshalb, weil der Kommunikationscode auch für
die anderen Sortimente der Marke verwendet wurde, d.h., man hat überall mit dem schlanken jungen Mädchen (aus der Werbung für „Cuisine Légère")
geworben. Dieser Code verwischte die Facetten anderer Produkte und Innovationen und ging nur von einem Produkt aus, nicht von der Marke selbst.
Findus hatte zwar noch ein Image, aber keine Identität, keine psychologische
Tiefe oder Energie mehr. Außerdem hatte die Marke seit langem ihre zentralen Werte und ihren Inhalt nicht mehr transparent gemacht. Seit 1970 war nur
noch für tiefgefrorene Produkte geworben worden, und der Verbraucher
identifizierte die Marke nun mit diesem Sortiment, sie diente ihm als Garant
für Auswahlmöglichkeit und Qualität. Daß das Produktsortiment „Cuisine
Légère" die Marke aufsaugen konnte, liegt daran, daß die Marke kaum mehr
über eigene Identität verfügte. Auch das vielfältige Angebot an tiefgefrorenen Produkten hat nicht gereicht, um der Marke einen neuen Inhalt zu geben.

Dasselbe Mißgeschick passierte Justin Bridou. Der Hersteller von Würstchen
wollte in diesem Markt eine Spitzenposition erreichen. Deshalb mußte mit
einem Markennamen geworben werden, der auf einem Ausgangsprodukt aufbaute, der Hartwurst. Da jedoch das Unternehmen mit Werbevorschlägen, die
in diese Richtung gingen, nicht einverstanden war, wurde die Marke aufgrund
der Persönlichkeit von Patrick Sébastien und des Produktes Bâton de Berger
bekannt. „Bâton de Berger" ist der Prototyp eines Industrieproduktes gewor-

den (alle diese Würste sind millimetergenau gleich), und Patrick Sébastien, dessen Karriere zunächst zögerlich anlief, ist heute sehr erfolgreich. Er hat seinen eigenen Stil entwickelt, der sich mit der Markenwerbung nicht mehr vereinbaren läßt. Die Marke ist jetzt zwar sehr bekannt, aber sie ist nur Trägerin der Facetten des führenden Produktes und des populären Imitators Sébastien. Da die Firma Justin Bridou zu lange gezögert hat, ihr Image transparent zu machen, haben das andere für sie getan. Ebenso wie bei Nina Ricci: 15 Jahre lang war nur für den „Bestseller" der Marke, das Parfum L'Air du Temps geworben worden. Danach hatte die Marke nur noch wenig eigenen Inhalt, der nicht auf dieses Spitzenprodukt zurückging. Diese Situation ist kaum für eine erfolgreiche Markenpolitik geeignet. Natürlich gab es noch latente Ansätze in der Marke, aber diese verlangten dringend nach Wiederauffrischung, damit die Muttermarke ihre Unabhängigkeit und die Möglichkeit, auch andere Produkte zu vertreten, zurückbekam.

- Das zweite klassische Problem ist die Trennung von Marke und Produkt. Wer kennt die Marke Varilux nicht, das revolutionäre Brillensystem, das das Leben aller weitsichtigen Menschen dieser Erde verändert hat? Wer dagegen kennt Essilor? Nur wenige Franzosen und weltweit fast niemand. Dabei ist Essilor weltweit der größte Hersteller von Brillen. Das Unternehmen ist der Vater von Varilux, was aber niemandem bekannt ist, die Öffentlichkeit kann mit dem Namen Essilor nichts anfangen. Da die Firma eine Politik der Produktmarken geführt hat und selbst lieber im Hintergrund blieb, hat Essilor nicht einmal mehr den Status einer Garantiemarke. Sicher gibt es nur wenig andere Marken, die so bekannt sind wie Varilux und die Möglichkeit hätten, ihre Muttermarke ins Rampenlicht zu rücken. Mangels solcher Marken und einer Kommunikation, die den Bekanntheitsgrad von Essilor aufbauen und die Marke als führenden Spezialisten in der Brillenherstellung hätte darstellen können, war die Marke ziemlich hilflos, als so bekannte Marken wie Seiko und Nikon auf den Markt drängten. Hätten Sie lieber eine Brille von Seiko, Nikon oder Essilor? Die ersten beiden Marken haben bereits ein weltweites Markenkapital aufgebaut, das auf Genauigkeit, Präzision, neuestem technischen Stand (und Prestige bei Seiko) beruht. Nikon ist in dieser Sparte für hervorragende Qualität bekannt. Seltsamerweise ist auch Corning von diesem Problem betroffen. Dieses wenig bekannte Unternehmen steht hinter Marken wie Pyrex, Vision und Sunsitive. Diese Marken wurden aber schlecht dargestellt und funktionieren nicht als Marken. Der Verbraucher denkt bei dem Namen Pyrex an ein Material und nicht an ein Markenprodukt. Da sie außerdem formal nur wenig an Corning gebunden sind, bereichern die Produkte weder den Namen des Unternehmens noch seinen Bekanntheitsgrad oder sein Image. Auch wenn das Unternehmen erfolgreich

198

ist, verfügt die Marke Corning über eine schwache Identität. Konfrontiert mit diesem Problem, neigt man häufig dazu, eine institutionelle Werbung zu entwickeln – im Sinne von „wir reagieren sofort auf die Bedürfnisse des Verbrauchers" (also eine Definition der Methoden). Die Markenwerbung sollte sich jedoch nicht auf die Methoden beschränken, sondern die Markenziele und -aussagen formulieren, die ja Existenz und Energie der Marke begründen (vgl. S. 268 hinsichtlich dieser wichtigen Unterscheidung zwischen Marke, Produkt, Unternehmen und öffentlicher Einrichtung).

- Zwischen dem Zurechtrücken von Steinen und dem Bauen einer Mauer liegt ein großer Unterschied. Viele Unternehmen ordnen zwar ihre Produkte, tun aber nichts zum Aufbau der Marke. Dieses Syndrom betrifft auch GSI, einer der Marktführer in der Informatikbranche. Die Identität dieses Unternehmens basiert auf dem Organisationsprinzip: mitbestimmendes und dezentralisiertes Management. So spricht niemand im Namen von GSI, das würde dem Prinzip zuwiderlaufen, sondern die verschiedenen Abteilungen des Unternehmens (Personalführung, Transport, Wirtschaft und Finanzen usw.) sind autonom. Aber die interne Organisation des Unternehmens GSI, ein Mittel zur Verbesserung von Leistung und Dienstleistung, kann nicht sich selbst zum Ausgangspunkt der Markenpolitik machen. Das Unternehmen ist zwar in verschiedene Abteilungen organisiert, die Marke aber muß einheitlich sein. Welche Markenidentität hat GSI? Inwieweit modifiziert der Markenname die Dienstleistung? Wenn sich niemand um dieses zentrale Thema kümmert, bleibt die Marke ein Puzzle, d.h., man kennt zwar die einzelnen Teile, aber das Ganze ist undurchsichtig.

Dies haben auch die Manager von Elf erkannt. Bekannt gemacht haben die Marke Formel 1, ultramoderne Tankstellen, Schmiermittel, das Optan, die Leistung des Dieselkraftstoffs. Aber was ist die Markenidentität von Elf? Der Nachteil der Sedimentationsstrategie ist, daß sie zeitaufwendig ist. Gemeinhin glaubt man, daß eine Marke mit Hilfe des Inhaltes aller ihrer Produkte und Botschaften aufgebaut werden kann. Abgesehen davon, daß dies ein langwieriger Prozeß ist, setzt er außerdem voraus, daß der Verbraucher eine einheitliche Aussage (soweit diese existiert) erkennt. Das ist jedoch keineswegs sicher, denn der Implikationsgrad für den Verbraucher ist oft unzureichend. Dafür müssen Markenkampagnen eingesetzt werden.

- Das Angebot wird undurchsichtig, wenn immer neue Produktnamen eingeführt werden, was den Verbraucher vor zwei Probleme stellt: Einerseits hat er Schwierigkeiten, sich in dem Produktangebot zurechtzufinden, andererseits verdecken die Produktnamen die Marke, und ihr Inhalt wird nicht transparent. Dies hat die Abteilung „Paie et Gestion du Personnel" der Firma GSI bei der Überprüfung ihres Markenportfolios festgestellt. Das Portfolio enthielt fünf Produkte: Zadig, Khronos, Gesper, Clipper und Ressource. Da diese Namen die Produktaussage nicht klar wiedergeben (außer Khronos), mußte für jedes einzelne Produkt intensiv geworben werden. Man entschied sich gegen die intensive Werbung, da sie extrem kostspielig ist, und baute darauf, daß der Verbraucher selbst den Zusammenhang der verschiedenen Produkte erkennt. Die verschiedenen Markennamen geben GSI überdies eher den Touch eines Handelshauses, als daß der Kunde die Marke als Lieferant von intellektuellen Leistungen und Kundenservice ansieht. Das Markensystem von GSI mußte also vereinfacht werden. Ein Rahmen mußte geschaffen werden, der die Einordnung aller zukünftigen Angebote des Bestellers ermöglicht. Eine Strategie besteht darin, die beiden bekanntesten und differenziertesten Produktmarken als Spitzenmarken des Programms hervorzuheben (natürlich mit eigenem Anwendungsbereich) und die anderen Markennamen hintanzustellen.

● Obwohl die Politik der Dachmarke Vorteile hat, kann sie der Klarheit der Produktaussagen auch schaden, Beispiel: die Einführung des Anisgetränks Pacific (alkoholfrei). Die Firma Pernod-Ricard war der Hersteller, und so war es ganz natürlich, daß man sich zunächst einen alkoholfreien Pastis unter dem Getränk vorstellte. Außerdem war das Produkt als „Pacific von Ricard" vorgestellt worden. Leider ist es schwierig, die beiden Ziele zu kombinieren, nämlich das neue Produkt mit Hilfe des Markennamens eines schon eingeführten Produktes bekannt zu machen und ihm trotzdem eine eigene Identität zu geben. Der imaginäre Bezug des neuen Produktes (ausgedrückt im Namen) steht der Produktaussage diametral gegenüber. Pernod-Ricard hat dies noch dadurch unterstützt, daß zwei verschiedene Werbekampagnen durchgeführt wurden. Eine Kampagne hat speziell die Jugend angesprochen (mit dem Slogan „ein Ricard, nichts anderes"), und die zweite Kampagne stellte das Produkt Pacific als eine autonome Produktmarke oder einen neuen Soft Drink vor, ohne auf die Marke Ricard Bezug zu nehmen.

Die Marke Vitos (Textil) ist heute fast völlig vom Markt verschwunden. Manch einer assoziiert damit noch die berühmten Seidenstrümpfe, obwohl das Unternehmen diese schon lange nicht mehr herstellt, klassische und haltbare Strickpullover und (eher biedere) Nachtwäsche. Außerdem wird der altmodische Touch der Marke noch verstärkt durch das äußere Bild exklusiver Absatzstellen. Niemand würde glauben, daß die Badeanzüge von Vitos von demselben Hersteller kommen, denn diese zeigen Dynamik und Mode in Form und Farbe. Sie werden in Sportgeschäften vertrieben und ziehen vor allem jugendliche Käufer an. Die Marke erlag der typischen Versuchung aller „alternden" Marken: Sie versuchte sich zu verjüngen. Leider – wie so häufig – hat man, statt das Markenimage zu erneuern, nur die Bademode der Firma auf ein jüngeres Publikum zugeschnitten. Da man nun vor allem junge Frauen von 25 bis 35 Jahren ansprechen wollte, kreierte die Marke Vitos eine neue Konfektionsreihe, deren Artikel objektiv erfolgreich waren. Die Produktlinie sollte den Einstieg in den Vertriebskreislauf von Multi-Marken wie Caroll, Manoukian, Synonyme ermöglichen. Leider erwies sich dies als kommerzieller Mißerfolg. Das Produktsortiment bekam den Namen „Touareg von Vitos". Dabei hatte man außer acht gelassen, daß der Markenname Vitos sogar bei den Geschäftsführern der anvisierten Boutiquen eine negative Resonanz hervorrufen würde. Eine in ihren Augen aus einer anderen Epoche stammende Marke war nicht erwünscht. Sie nahmen die Produkte nicht einmal in Augenschein. „Touareg" unabhängig zu vertreiben war ebenso unmöglich, denn ohne Werbung wäre der Name nicht zur Marke geworden und hätte in den Boutiquen auch keinen Erfolg gehabt. Inzwischen hat Vitos sich wieder gefangen und die Marke neu aufgebaut: Verschiedene Produkte, die zu weit vom Kern der Marke entfernt waren, wurden aus dem Programm entfernt, und man ging wieder intensiver auf den Kundenstamm ein. Berücksichtigt man die Alterspyramide dieses Landes, dann sollte Vitos für ein erfolgreiches Marketing die reiferen Verbraucher ansprechen, was die Suggestivkraft (die Zuordnung) erneuert, aber nicht die Zielgruppe verjüngt.

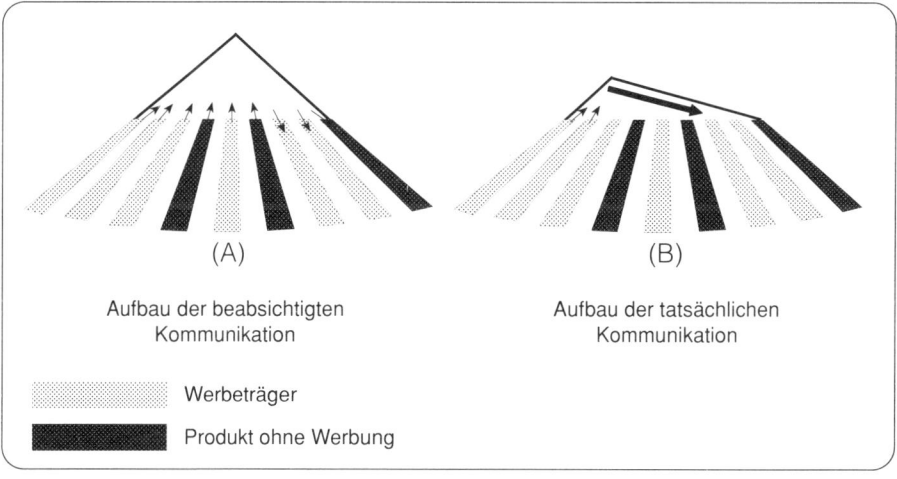

Abb. 27: *Ein klassischer Effekt der Verbuchungsmethodik*

- Diese letztgenannte klassische Fehlfunktion ist auf einen widernatürlichen Effekt der Verbuchungsmethodik zurückzuführen. Wie wir schon auf Seite 30 gesehen haben, kann sie die Markenpolitik behindern. Die Produktaussage von Playtex wird theoretisch dadurch aufgebaut, daß die Markenidentität durch die Produkte gesteuert wird, denn die Marke verfügt über spezifische Produktlinien: die Büstenhalter Cœur Croisé, Super Look, Armagiques, die Hüfthalter 18h usw. Playtex warb für diese Produkte und bekam in den Augen der Verbraucher einen Sinn und ein Konzept (wie Abb. 27 zeigt). Die Marke Playtex könnte die Produktlinien stützen, ohne zu werben.

Leider wurde die vorgesehene Strategie nicht befolgt. Geworben wurde nur für eine oder zwei Produktlinien. Die Identität der Marke Playtex wird also nicht in der Vielfalt des Angebotes transparent, sondern nur in den Produktlinien, für die geworben wird (im vorliegenden Fall Cœur Croisé). Deshalb hat Playtex eine harte und funktionale Konnotation bekommen (zurückzuführen auf die Positionierung des Produktes Cœur Croisé). Außerdem bekommen die anderen Produkte keine Unterstützung durch Werbung und sind auf eine Referenz angewiesen, die anstatt von der Marke Playtex von Cœur Croisé (also nur einem einzigen Produkt) ausgeht. Diese Politik individueller Gewinnrechnung führt dazu, daß der Markeninhalt nicht mehr gesteuert wird, sondern nur durch die Produkte, die das Geld für Werbung verdienen, transparent gemacht werden kann. Um aus dieser Situation herauszukommen, hat die Marke Playtex Europe die Unternehmenskultur revolutioniert. Man hat Werbekampagnen aufgelegt, um die Marke zu aktualisieren, sie attraktiv zu machen und somit auch die Produktlinien aufzuwerten, die nicht beworben werden.

Kapitel 8
Das Markenportfolio

Die Frage, wie viele Marken ein Unternehmen in einem Markt halten soll, ist
für jedes Marketing-Management vorrangig geworden. Die meisten Unternehmen
verfügen über ein großes Markenportfolio, wobei die Marken einen unterschiedlichen Stellenwert haben, der meist auf die geschichtliche Entwicklung
zurückzuführen ist. Im Laufe des Aufbaus eines Unternehmens wurden immer
neue Marken ins Portfolio aufgenommen, je nachdem, in welches neue Marktsegment oder Vertriebsnetz das Unternehmen einsteigen wollte, wobei aber
das Konzept der Basisprodukte nicht angetastet wurde. Außerdem brachten
auch Unternehmensfusionen oder -übernahmen eine ganze Menge Marken,
die ebenfalls in das schon bestehende Portfolio aufgenommen werden mußten
(vorausgesetzt, sie sollten weiterhin eingesetzt werden). Dementsprechend
wuchsen dann die Markenportfolios.

Die Zeiten haben sich geändert, jetzt ist die Stunde des Abspeckens da. Verschiedene Parameter werden künftig zu dieser umgekehrten Tendenz beitragen.

- Die Kosten für den Erhalt einer Marke sind so hoch, daß es nicht möglich ist,
  zu viele Marken im Portfolio zu halten, besonders dann, wenn eine zu weite
  Streuung, die die Marke schwächt, vermieden werden soll. Die Marke hat
  eine andere Funktion als der Produktname, sie soll eine eigene Identität
  aufbauen. Dann ist es Aufgabe der Kommunikation, diese Identität im Bewußtsein des Verbrauchers zu verankern. Mehr Marken verlangen höhere
  Aufwendungen im Share of Voice.

- Die Konzentration im Handel hat die Zahl der Handelsunternehmen verringert und den kleinen Händler zur Bedeutungslosigkeit verdammt. Marken,
  die früher über verschiedene Handelsunternehmen und Vertriebsnetze verkauft wurden, haben heute nur noch einen Käufer (Großhändler oder Ein-
  kaufszentrale), was die Markenzahl reduziert. Der Handel profitiert von
  diesem Zusammenschluß, denn er kann so seine Marken aufwerten; große
  Handelsunternehmen stellen oft viel höhere Werbebudgets zur Verfügung als
  individuelle Marken. Während die Gruppe Thomson 45 Millionen Francs für

die Werbung ihrer Spitzenmarke ausgibt, kann Darty 200 Millionen für die eigene Kommunikation einsetzen. Der Handel hat eine Markenpolitik entwickelt, die auf Marken des Handels zugeschnitten ist. Auf relativ begrenzter Ausstellungsfläche beschränkt die Einführung einer neuen Marke die Möglichkeiten anderer Marken, was ein zusätzlicher Grund für den Rückgang von Marken ist.

- Auch Produktionsunternehmen haben sich zusammengeschlossen. Wichtige Faktoren wie Produktivität und Kosten im internationalen Wettbewerb führen zur Umstrukturierung von Fabriken, Produktionseinheiten und von Forschung und Entwicklung. Ist ein breites Markenportfolio auch dann noch zu rechtfertigen, wenn die Produkte – auch wenn sie verschieden sind – aus derselben Fabrik kommen?

- Der Einfluß des Verbrauchers wird künftig eine größere Rolle spielen. Der Verbraucher beklagt schon heute die Vielzahl von Marken, die der eigentlichen Funktion der Marke (das Angebot transparent zu machen) diametral gegenübersteht. Noch in den 60er und 70er Jahren wurden sehr viele „künstliche" Marken auf den Markt gebracht, die dasselbe Produkt in unterschiedlicher Aufmachung anboten.

Gerade das geänderte Verbraucherverhalten hat eine Reduzierung der Marken durchgesetzt. Sind zwei Produkte eines Unternehmens identisch, dann fühlt sich der Verbraucher düpiert, wenn man ihm beide Produkte mit unterschiedlichen Marken anbietet. Die Hersteller haben mit einer Rationalisierung ihres Portfolios reagiert. Kurioserweise haben dann, als die Hersteller die Markttransparenz erhöht und „künstliche" Marken abgeschafft haben, die Handelsmarken genau den umgekehrten Weg eingeschlagen. Jedes Handelsunternehmen entwickelt seine eigene Marke. Oft kommen die Produkte dieser unterschiedlichen Marken von demselben Lieferanten, was den Preis- und Produktvergleich für den Verbraucher erschwert. Außerdem verlangen die Handelsfirmen vom Hersteller Produkte, die den Produkten der Herstellermarken ähneln und dann unter zwei verschiedenen Marken vertrieben werden (unter der Hersteller- und der Händlermarke). Dadurch wird künstlich ein Preisunterschied geschaffen.

- Ein letzter und sehr wichtiger Faktor ist die Internationalisierung von Marken. Heute verlieren nationale Schranken in den meisten Branchen ihren Sinn. Segmente, Lebensstile und Verbrauchererwartungen sind in den meisten Ländern der europäischen Gemeinschaft ähnlich. Luxusmarken und Großunternehmen arbeiten schon seit langem auf internationaler Ebene.

Nicht jede Marke ist zur Internationalisierung geeignet. Andererseits führt die Tatsache, daß umfangreich investiert werden muß, um eine Marke ständig auf Weltmarktniveau zu halten, dazu, daß nur wenige Marken aktiv geführt werden, manchmal sogar nur eine einzige wie bei Philips, Siemens, IBM oder Alcatel.

Wie viele Marken sollte ein Portfolio also enthalten? Hier gibt es natürlich keine magische Formel oder Zahl. Die Frage nach der Markenanzahl ist nicht zu trennen von der strategischen Rolle und dem Status dieser Marken. Scheint ein Markt de facto dazu geeignet, dann entscheidet sich das Unternehmen für die Verwendung einer einzigen Marke oder vielleicht sogar einer Dachmarke. Die Marke Philips, die jahrzehntelang gleichzeitig Hi-Fi-Geräte, Fernseher, Videorecorder und Waschmaschinen bzw. Wäschetrockner vertrieb, hat diesen letzteren Unternehmenszweig 1988 an die amerikanische Firma Whirlpool verkauft. Soll die Zahl der Marken aber erhöht werden, dann muß sich das Unternehmen für eine Strategie der Produktmarke oder Sortimentsmarke entscheiden. Die Markenzahl hängt also zum Teil auch von der Analyse der Markenfunktionen im jeweiligen Markt ab. Denn jeder Markt ist segmentiert, und zwar nach Produkt, Verbrauchernutzen, Qualität (die der Käufer erwartet) oder auch nach der anvisierten Zielgruppe. Dennoch bedeutet die Aufgliederung eines Marktes in beispielsweise sechs Segmente keineswegs, daß dann auch sechs Marken vorhanden sein müssen, denn die Zahl der Marken hängt völlig vom Markentyp ab (sind Garantiemarken, Dachmarken, Muttermarken oder Produktmarken gefragt?). Auch langfristige Unternehmensziele und Wettbewerbsintensität beeinflussen die Markenpolitik. Die Bestimmung der Markenanzahl gleicht einer mehrstufigen Prozedur, in deren Verlauf verschiedene Szenarien simuliert und bewertet werden. Das Beispiel der internationalen Hotelkette Wagons-Lits macht dieses Vorgehen deutlich.

Markenportfolio und Marktsegmentierung

Im Jahre 1988 zog das internationale Unternehmen Wagons-Lits Konsequenzen aus der Überprüfung seines Markenportfolios (Frantel, PLM, Etap) in der 3- und 4-Sterne-Kategorie.

- Da das Portfolio aus dem Neuerwerb von Marken entstanden war, ergab sich eine Überschneidung zwischen den Hotels dieser drei Marken. Anstatt verschiedene Bereiche abzugrenzen, überdeckten sich die Marken teilweise.

- Innerhalb einer Marke gab es große Qualitätsunterschiede. Die Marke PLM bezeichnete einerseits ein drittklassiges Hotel an der Elfenbeinküste und andererseits das Hotel St. Jacques in Paris.

- Frantel war Novotel angeglichen, die Hotels waren also in gewisser Weise uniform ausgestattet. Der Name war im Ausland relativ unbekannt und klang typisch französisch. Dies war zwar für die Gastronomie vorteilhaft, aber nicht für den Hotelservice.

- Etap war in der Türkei echte Referenz und auch in Holland sehr bekannt. In Frankreich verband man mit der Marke ein 2-Sterne-Hotel oder ein Motel.

Die CIWLT beschloß, ihre Marken zu rationalisieren und eine internationale Hotelkette erster Klasse aufzubauen, die – in Hauptstädten vertreten – in der 4-Sterne-Kategorie gleich nach Hilton oder Sheraton anzusiedeln war. Dabei entstand ein zweifaches Problem: erstens die Bestimmung der Markenanzahl, die zum Abdecken des Marktes von 3- und 4-Sterne-Hotels auf internationaler Ebene notwendig war; zweitens die Wahl eines Markennamens, der eventuell vom vorhandenen Markenportfolio ausgehen konnte.

In der Hotelbranche ist für den Aufbau einer Marke, d.h. einer Hotelkette mit einem gewissen Bekanntheitsgrad, ein inhaltliches Konzept vonnöten, besonders wenn die Kette international anerkannt sein soll. Die Marke muß ein beträchtliches Angebot an Hotels bieten können. Dies spricht für eine reduzierte Markenanzahl. Außerdem wäre ein umfangreiches Markenportfolio schon deshalb unmöglich, weil jede Marke eine Unterstützung kommerzieller und kommunikativer Art braucht. Da die Marke Arcade schon die 2-Sterne-Kategorie abdeckte und an 1-Sterne-Projekten gearbeitet wurde, konzentrierte die Firma CIWLT sich auf den Bereich der 3- und 4-Sterne-Hotels (diese Hotels sollen für den Benutzer vor allem zwei Zwecke erfüllen, sie sollten sich für Geschäfts- oder Urlaubsreisen eignen). Zunächst gab es mindestens acht Szenarien für die Markenpolitik (vgl. Abb. 28): eine einzige Marke (1), vier Marken (2), zwei Szenarien mit je zwei Marken (3 und 5), zwei Szenarien mit je zwei schwächeren Marken (4 und 6) und zwei Szenarien mit je drei Marken (7 und 8).

Das vorrangige Ziel bei der Schaffung einer neuen Luxuskategorie ist die Vermeidung eines jeglichen Risikos, eines jeden Faktors, der die langwierige und progressive Konstitution eines starken Images der Kette bedrohen oder bremsen könnte. Obwohl Hilton unbedenklich Hotels sowohl für Geschäftsreisende als auch für Urlauber zeichnen kann, kam dies für CIWLT während der ersten Jahre des Bestehens der neuen Kette nicht in Frage. Das Serviceniveau kann in Wien, London oder Prag leicht garantiert werden, schwieriger wird es da schon in Nouakchott, Dakar oder Lagos. Um ein Negativimage zu vermeiden, darf die Kette anfangs nur ein komplett kontrollierbares Leistungsniveau anbieten.

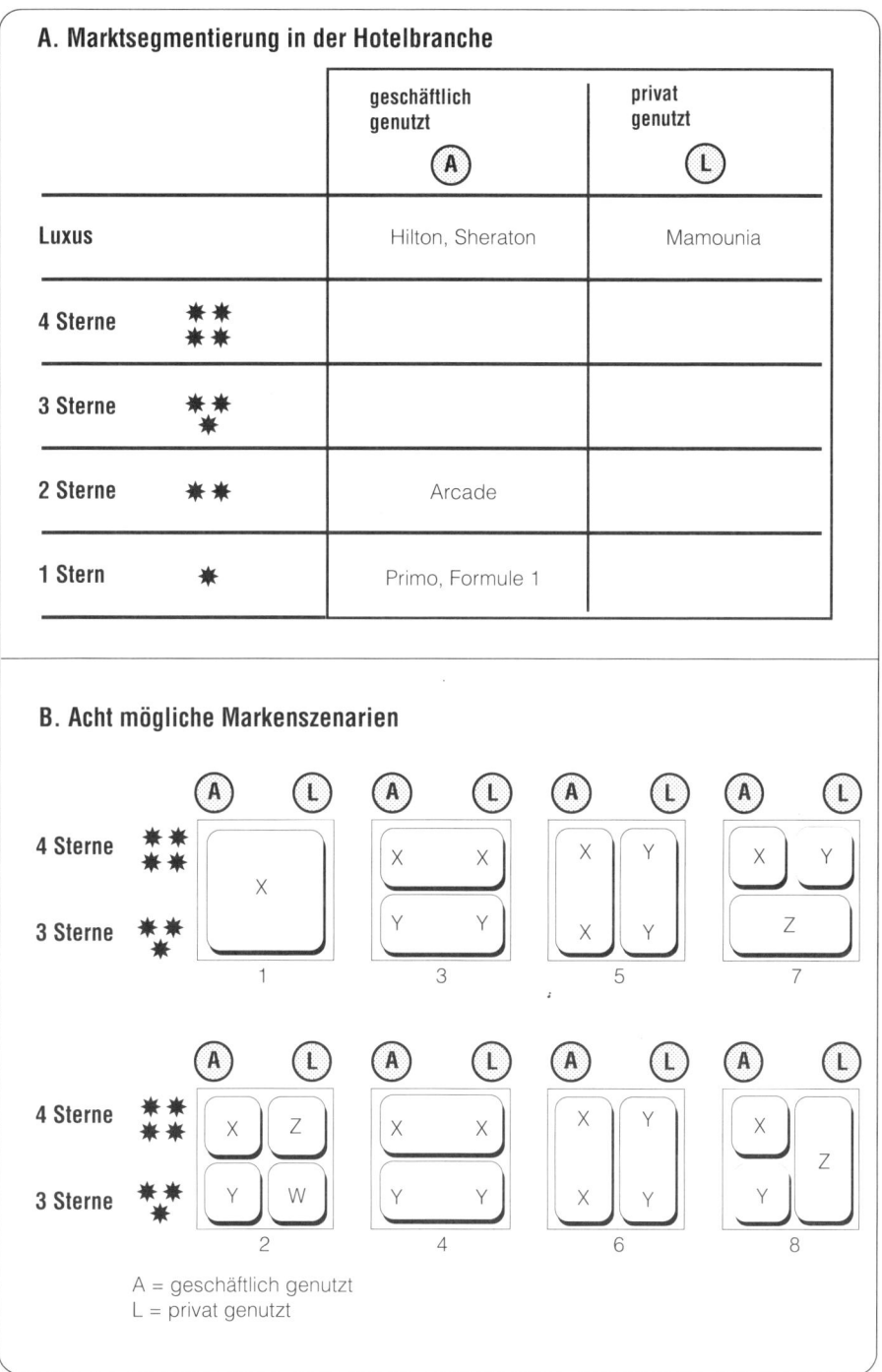

A. Marktsegmentierung in der Hotelbranche

		geschäftlich genutzt (A)	privat genutzt (L)
Luxus		Hilton, Sheraton	Mamounia
4 Sterne	✸✸✸✸		
3 Sterne	✸✸✸		
2 Sterne	✸✸	Arcade	
1 Stern	✸	Primo, Formule 1	

B. Acht mögliche Markenszenarien

A = geschäftlich genutzt
L = privat genutzt

Abb. 28: *Wie groß soll ein Portfolio sein? (Beispiel aus der Hotelbranche)*

Könnte diese Hotelmarke auch für 3-Sterne-Hotels stehen, frei, sie z.B. X Confort zu nennen? Aus den oben beschriebenen Gründen müssen Risiken einer Assimilierung an den niedrigsten Standard ausgeschlossen werden. Der Name X darf wirklich nur Hotels bezeichnen, die effektiv den Standard halten können, den Führungskräfte auf ihren geschäftlichen Kurzreisen erwarten.

Für diese Zielgruppe ist die Marke genauer Indikator. Sie ist Produktmarke und identifiziert eine ganz bestimmte Leistungsgruppe. Bevor er für zwei Tage nach Ankara oder München fährt, möchte der leitende Angestellte jedes Risiko ausschalten und sicher sein, den erwarteten Service zu bekommen (24-Stunden-Service, Klimaanlage, Büroservice usw.). Die Marke steht für die Attribute dieser Kategorie, sie ist für den Kunden einzige Informationsquelle. In ihren Hotels darf es keinerlei Leistungsdiskrepanz geben. Um aber Monotonie zu vermeiden, die durch in jeder Stadt völlig gleich aufgemachte Hotels entsteht, soll das Ambiente ruhig individuell gestaltet werden. Deshalb erhält jeder Name der Kette X eine Zusatzbezeichnung, die das Hotel individualisiert.

Ganz anders sieht es für den Urlaubsreisenden aus (vgl. S. 180). Um sich zu informieren, stehen ihm Kataloge zur Verfügung, die das Hotel mit all seinen Details vorstellen. Die Rolle der Marke wird also begrenzter sein als im vorhergehenden Fall. Der Reisende möchte träumen und seinen Vorstellungen nachhängen. Hier ist ein starker Affektionswert gefragt. Das Hotel braucht also eine Zusatzbezeichnung, die den Urlauber träumen läßt und den Fotos mehr Charme verleiht („Gasthaus zum Alten Turm" oder „Saint Tropez Strandhotel"). Sind in diesem Bereich überhaupt ein oder gar mehrere Markennamen erforderlich? Die Marke dient hier nur als Qualitäts- und Leistungsgarant und gibt die Gesellschaft an, die das Hotel führt oder kontrolliert. Da die Marke hier nur Garantiefunktion hat, kann sie sehr verschiedene Hotels im Angebot haben. Ein Qualitätsunterschied ist in diesem Fall kein Problem, denn er ist aus dem Katalog ersichtlich und ist für den Verbraucher keine Überraschung, sondern sogar Entscheidungshilfe.

Die Firma CIWLT entschied sich für das Szenario 8:

- Eine Marke X für die neue erstklassige Hotelkette, die nur Hotels für Geschäftsreisende anbot. Ausnahmen sind natürlich möglich, wenn ein Ferienhotel in die Luxusklasse eingeordnet werden kann und schon bekannt ist (X-Katarakt in Assuan). Die nominale Identität sieht so aus: X-p, p soll das Hotel individualisieren (X-Astoria in Brüssel). X ist vorrangige Bezeichnung, sie dient als Information und ist wichtig für den Verkauf.

208

- Eine Marke Z als Garant für das breite Hotelangebot in der Karibik, Marokko und Nordafrika. Z dient nur als zusätzliche Bezeichnung zum Eigennamen des Hotels (das Carrayou-Z auf Martinique oder das Marissol-Bas-du-Fort-Z auf Guadeloupe).

- Eine Marke Y, die 3-Sterne-Hotels für die Geschäftsreisenden anbietet und in allen regionalen Metropolen Frankreichs zu finden ist, z.B. das Y Beaune oder das Y Clermont-Ferrand.

Steht der Markenaufbau einmal fest, setzt die Namenswahl (X, Y oder Z) voraus, daß das Konzept aller drei Marken präzisiert ist. Soll der Hotelkette ein französischer Touch gegeben werden, oder möchte man dies gerade vermeiden? Die Gruppe CIWLT war sich über Ziele und Zwänge (ob juristischer oder finanzieller Art) im klaren und nannte Typ X Pullman, Typ Y Altea und Typ Z PLM. Der Markenwechsel wurde in allen Hotels gleichzeitig durchgeführt, nämlich am 25. März 1987. Um den Bekanntheitsgrad der Marke Etap in der Türkei zu schützen, wurde hier eine Übergangslösung gefunden. In der ersten Phase wurden die Hotels Etap zu Pullman Etap Izmir oder Pullman Etap Marmara. Wenn der Imagetransfer vollzogen ist, soll Etap wegfallen.

Ebenfalls mit dem Problem Markenanzahl konfrontiert, entschied sich das Unternehmen SEERI für einen anderen Weg. SEERI ist eine bedeutende Marke auf dem Immobiliensektor. Der Umsatz beläuft sich auf 2 Milliarden Francs, und der Bauträger erstellt 6 000 Wohnungen pro Jahr. Zunächst war SEERI monoproduktorientiert und konzentrierte sich auf den Bau von Hochhäusern in Paris und am Westrand der Stadt. Seither hat SEERI sein Einsatzgebiet auf ganz Frankreich ausgedehnt, und zwar über 10 verschiedene regionale Agenturen. Zudem wurde die Angebotspalette erweitert, beispielsweise auf ein Dorf mit 50 individuell gestalteten Häusern, Ferienwohnungen am Meer und im Gebirge, Wohnanlagen für Pensionäre, außerdem Mehrfamilienhäuser. Waren neue Marken nötig, um diese Segmentierung besser transparent zu machen? Die Gruppe SEERI hätte jetzt als Garantiemarke für folgende vier Marken fungieren können:

- Grand Angle (für durchschnittlichen Wohnstandard)
- Palme d'Or (für Wohnanlagen)
- Carte Blanche (für Luxuswohnungen oder -häuser)
- Open (für Ferienwohnungen oder -häuser)

Trotzdem entschied man sich gegen dieses Konzept. Es wurde statt dessen nur eine einzige Marke beibehalten, nämlich SEERI. Produktmarken hätten keinen Anklang in den technischen Büros der Gesellschaft gefunden. Bei einem Bauunternehmen dieser Größe ist Immobilie gleich Programm, d.h., es wird eine bestimmte Leistung zur festgesetzten Zeit und an einem bestimmten Ort erwartet. Die Produkte ändern sich ständig, kein Programm gleicht dem anderen, jedes ist auf seine Art wieder neu. Eine Produktmarke ist aber das Gegenteil, nämlich ein wiederholbares Industrieprodukt. Auch kann ein Bauträger durch Kommunikation mit vielen Marken sein Angebot nicht transparent machen. Die Marke SEERI sieht sich als Dienstleistungsmarke, die alles anbietet, was der Kunde wünscht, und stattet jedes Programm mit ihrer Erfahrung und ihrem Wissen aus. Anstatt sich in vielen Marken zu verlieren, sollen Investitionen allein in die Kommunikation für den Namen SEERI fließen, der noch 1988 kaum bekannt war (der Bekanntheitsgrad lag damals bei 18%). Die Bedeutung der Marke soll für alle transparent gemacht werden. SEERI baut also eine Dachmarke auf, die jedes einzelne lokale Programm begleitet und beeinflußt. So wird eine Art Garantie geschaffen, was in einem Markt mit hohem Risiko für den Käufer wichtig ist.

Diese beiden Beispiele zeigen bestimmte Parameter, die bei der Entscheidung für die Markenanzahl berücksichtigt werden müssen. Das erste Beispiel bezieht sich auf die Marktsegmentierung und führt zu dem Schluß, daß es keine umkehrbar eindeutige Beziehung zwischen Produkt- und Markenpolitik gibt. Das Produktportfolio kann ohne weiteres mehrere Marktsegmente abdecken, ohne daß genausoviel Marken wie Produkte vorhanden sein müssen. Die Marke ist ein Zeichen. Eine Analyse des Kaufverhaltens und der Informationen, die für die Kaufentscheidung notwendig sind, kann dies präzisieren: ein Zeichen wofür? In der Immobilienbranche sind, unabhängig vom jeweiligen Programm, Garantie, Vertrauenswürdigkeit und Stil des Bauträgers entscheidend, denn meist wird nach Plan gekauft, d.h., das Produkt ist nicht greifbar. Eine Multi-Marken-Politik dagegen kann in einem segmentierten Markt erfolgreich sein, wo die vorrangigen Erwartungen je nach Segment verschieden sind und auch als unvereinbar gelten mit der Vorstellung, die Verbraucher oder Industrieeinkäufer von der Produktion haben.

Denn jeder Käufer hat eine feste Vorstellung von der Produktion, d.h. eine eigene Vision vom Produktionsprozeß und dem Know-how, das für die Erzeugung von Produkten mit den erwarteten Qualitäten notwendig ist. Diese Vorstellung spiegelt aber wie gesagt nur die Meinung des Verbrauchers wider. Bei Umfragen über die Herstellung von Grand Marnier oder Cointreau sind die Antworten sehr unterschiedlich. Bei Grand Marnier stellt sich der Verbraucher eine eingemachte Orange vor, d.h. einen natürlichen und spontanen Herstellungsprozeß, die langsame und progressive Mazeration einer reifen Orange. Fragt man dagegen nach der Produktion von Cointreau, wird geantwortet, daß hier ein Eingriff in den natürlichen Prozeß stattfindet und das Produkt transformiert wird, wodurch es den bitteren und eigenen Geschmack erhält. Grand

Marnier wird so stark mit einem natürlichen Produktionsablauf assoziiert, daß die meisten Verbraucher Grand Marnier im gleichen Atemzug wie die Kiwi nennen. Bei Cointreau dagegen scheint die Produktkategorie transformiert zu werden. Die Cointreau-Flasche verstärkt diesen Eindruck noch, denn sie ist viereckig. Die Grand-Marnier-Flasche ist rund wie die Frucht selbst, als ob das Behältnis identisch mit dem Inhalt wäre.

Braucht die Gruppe Thomson für ihre Fernsehgeräte wirklich alle vier Marken (Thomson, Brandt, Telefunken, Saba)? Abgesehen vom Kapital an Bekanntheit, Image und Mehrwert, über das diese Marken im Vergleich zu Billig-Fernsehgeräten verfügen, liegt die Antwort auf diese Frage in der Marktsegmentierung: In wie viele Segmente ist der Markt für Fernsehgeräte aufgeteilt, und worauf ist diese Segmentierung zurückzuführen? Auf verschiedene Erwartungen der Verbraucher, die Innovation und neueste Technik verlangen, oder Langlebigkeit und störungsfreies Funktionieren des Gerätes oder ein billiges Angebot? Um herauszufinden, ob eine Marke zur Abdeckung dieser verschiedenen Segmente ausreicht, muß die Vorstellung analysiert werden, die der Verbraucher vom Produktionsprozeß hat (ob eine Marke Geräte anbieten kann, die extrem langlebig sind, und auch Geräte, die dem neuesten technischen Standard entsprechen). Hier treffen wir wieder auf die Problematik der Markenausdehnung, die in Kapitel 6 schon besprochen wurde.

Die Rolle der Marke kann sich von Segment zu Segment ändern, wie das Beispiel der Gruppe CIWLT zeigt. Einmal kümmert die Marke sich um das Käuferrisiko, dann versucht sie sich von Wettbewerbsmarken abzuheben. Auch wenn das Mercedes-Modell 190 objektiv weniger leistungsfähig ist als ein Renault 25, wechselt manch einer vom R25 zum Mercedes 190, um sein persönliches Image zu steigern (der Wechsel von einem Modell zum anderen genügt nicht). Das Image von Mercedes und Renault ist unterschiedlich. Dennoch entwickelt sich die Marktsegmentierung ständig: Vor zehn Jahren wäre es noch undenkbar gewesen, Herren- und Damenunterwäsche unter derselben Marke anzubieten. Die Entwicklung der Sitten und des maskulinen Idealbildes hat dies hinfällig gemacht: Dim kann nun diese beiden Bereiche mit derselben Marke abdecken. Dennoch hat Dim die Marke Chesterfield beibehalten, und zwar für Spitzenprodukte für den weiblichen Kundenkreis.

Die Multi-Marken-Strategie

In der Einleitung dieses Kapitels haben wir an die strukturellen Faktoren erinnert, die zur Reduzierung der Markenzahl oder sogar zu einer einzigen Marke geführt haben. Diese Faktoren entsprechen einer unternehmerischen

Strategie des Dominierens und des Wettbewerbsvorteils durch Kosten. Obwohl die Marktsegmentierung bekannt ist, soll darauf in bezug auf die Marke keine Rücksicht genommen werden, sondern nur im Hinblick auf das Produkt.

Die Multi-Marken-Logik paßt strukturell in eine Differenzierungsstrategie mit dem Ziel, die dominante Rolle der Kosten abzulösen, und zwar durch kleinere Produktionsmengen, Spezialisierung der Produktionsmittel und Vertriebsnetze und durch Investitionen in Werbung und Verkaufsförderung. Aber der Preiswettbewerb übt einen solchen Druck aus, daß außer bei den Nischen- oder Luxusmarken ein industrieller Prozeß eingesetzt hat, der darauf abzielt, den Differenzierungsmoment im Produktionsablauf so weit wie möglich hinauszuzögern, um möglichst viel vom Produktivitätsgewinn (der sich aus der Erfahrungskurve ergibt) zu profitieren. Dies gilt für Haushaltsgeräte genauso wie für Lebensmittel und Automobile. Übergreifende Marken sind in der Automobilbranche sinnvoll, denn sie maximieren die Synergie von Produktion und Kommunikation und garantieren die Treue des Kunden, der nur innerhalb der Marke die Modelle wechselt.

Da die Vorteile der Mono-Marken-Politik jetzt analysiert sind, stellt sich nun die Frage, warum manchmal die Multi-Marken-Strategie sinnvoller ist.

- Erstens spielt die Marktentwicklung eine Rolle. Keine Marke kann einen Markt allein ausbauen. Auch wenn sie anfangs 100% des Marktes abgedeckt und den Markt selbst geschaffen hat, muß die Marke sich den Markt später mit anderen Marken teilen, die auch investieren, um sich auf dem Markt eine Stimme zu verschaffen. Die Präsenz vieler Stimmen führt zum Ausbau des Marktes: Die verschiedenen Werbekampagnen kommunizieren die Vorteile der Produktkategorie. Wird zuwenig Werbung betrieben, kann es sein, daß sich der Markt überhaupt nicht entwickelt. Bei Tafelweinen beispielsweise hat nur die Firma Carré de Vigne in Werbung investiert. Alle anderen Unternehmen begnügten sich mit Präsenz am Ort des Verkaufs. Dasselbe gilt für alkoholfreien Pastis: Sobald die Marke Pacific aufhörte zu werben, ging der Absatz dieser Produktkategorie merklich zurück. Für die Erhaltung des Marktes in seiner Gesamtheit sind mehrere Marken notwendig. Philips hat überhaupt kein Interesse daran, daß seine Wettbewerber im Bereich Elektrorasierer vom Markt verschwinden, denn dann würden zuwenig Informationen über die Vorzüge eines elektrischen Rasierapparates verbreitet, was den Absatz mechanischer Rasierer wiederum steigern würde. Das Unternehmen Philips kauft zwar andere Marken auf, aber behält diese dann als Marken bei, um die Marktvielfalt zu erhalten. In der Pharmaindustrie ist es genauso: Entdeckt ein Pharmaproduzent ein neues Molekül, ist er daran interessiert, daß auch andere Pharmaproduzenten in den Markt einsteigen, um die Durchsetzung des neuen Produktes zu beschleunigen, so wie bei dem Pharmazeutikum Aspartam.

- Zweitens optimiert eine Multi-Marken-Strategie die Abdeckung des Marktes. Keine Marke kann einen Markt allein abdecken. Besteht ein Markt länger, dann entwickelt sich ein differenziertes Produktangebot, d.h., der Markt wird segmentiert. So wie ein Adjektiv nicht gleichzeitig verschiedene Merkmale ausdrücken kann, kann die Marke nicht gleichzeitig verschiedene Verbrauchererwartungen erfüllen, denn dann würde der Markensinn verschwinden. Andererseits wehren sich Verbraucher und Handelsunternehmen gegen eine zu weite Markenausdehnung. Der Ski-Produzent Rossignol S.A. verfolgt eine doppelte Markenpolitik:

- Einerseits: Monomarke und Multiprodukte unter der Marke Rossignol. Rossignol vertreibt Skier, Skikombinationen und auch Skischuhe, nämlich die der früheren, von Rossignol gekauften Marke Le Trappeur.

- Andererseits: Eine Multi-Marken-Strategie für eine Produktgruppe: Dynastar für Skier, Kerma für Skistöcke und Lange für Skischuhe.

Mit 20% Marktanteil ist die Marke Rossignol auf dem Skimarkt weltweit führend. In der Spitzenklasse bei den Meinungsführern ist der Marktanteil bei Skiern noch höher, er liegt bei 40% und mehr. Gerade bei diesen muß das Unternehmen sensibel reagieren, man darf nicht erwarten, daß jeder sich von Kopf bis Fuß in Rossignol-Produkte hüllt. Will das weltweit führende Unternehmen expandieren, muß es selbst die Auswahl anbieten, nicht seine Wettbewerber. In diesem Markt liegt der Vertrieb noch weitgehend in den Händen von vielen kleinen Einzelhändlern. Sie fürchten die allzu große Abhängigkeit von einem einzigen Lieferanten, der sie mit allem beliefert, Stöcken, Skiern, Schuhen und Keilhosen. Deshalb hat jede Marke der Gesellschaft ihren eigenen Verkauf, und Ski Rossignol S.A. ist in den USA mit zwei Filialen vertreten: Dynastar Inc. und Rossignol Inc.

- Die Multi-Marken-Politik bietet taktische Flexibilität, die auch die Ausdehnung einer Wettbewerbsmarke einschränken kann. So hat Delsey, europäischer Marktführer für Koffer und Taschen, die Marke Samsonite in die Zange genommen: Delsey hat eine Untermarke geschaffen, Visa, um Samsonite preislich anzugreifen, und hat gleichzeitig den Bereich Spitzenprodukte selbst abgedeckt.

- Die Multi-Marken-Strategie setzt sich oft genau aus diesen taktischen Erwägungen durch. Die Firma Besnier und die Gruppe Bridel konkurrieren in allen ihren Marken gegeneinander: Bridel gegen Président, Le Rustique gegen Le Chatelain, Elle und Vire und Bridel gegen Claudel und Candia gegen

Lactel. Diese Taktik bildet auch den Hintergrund für die Markenimitate (Gegenmarken) des Handels.

- Die Multi-Marken-Logik ist für die Verteidigung einer Referenzmarke unverzichtbar. Die Marke Soupline, Initiator des französischen Marktes für Weichspüler, ist Marktreferenz: Ihr Image und ihre Wirklichkeit entsprechen dem höchsten Leistungsniveau. 1969 brachte die Gruppe Lever das Produkt Confort auf diesen Markt. Confort wies aber verglichen mit Soupline (von Colgate Palmolive) und Lenor (von Procter & Gamble) keinerlei Vorteile auf und verschwand schnell wieder. Die Firma Lever konnte das nicht hinnehmen, wollte so schnell wie möglich wieder auf den Markt kommen und beschloß, die etablierten Marken über den Preis anzugreifen. Im März 1972 kam Colgate Palmolive mit Doulinge. Dieses Produkt sollte die Marke Soupline davor bewahren, ihren Preis senken zu müssen (um wettbewerbsfähig zu bleiben), denn das hätte Image und Ertrag der Marke in Gefahr gebracht. Und wirklich, als im November 1972 Cajoline eingeführt wurde, attackierte Doulinge dieses neue Produkt über den Preis, d.h., Doulinge paßte sich dem Preis von Cajoline an und banalisierte damit das Angebot. Der Verlust der Stückmarge war zwar nicht zu unterschätzen, aber der Marktanteil von Doulinge blieb begrenzt, und so war nur ein vergleichsweise geringes Volumen betroffen. Doulinge begrenzte die Ausdehnungsmöglichkeiten von Cajoline, und damit traf der erwartete Erfolg ein: Der Preis für Cajoline mußte erhöht werden, wodurch sich der Preisunterschied zur Referenzmarke Soupline verringerte.

- Die Bewahrung des Markenkapitals von Société, der Spitzenmarke von Roquefort-Käse, führte dazu, daß die Gruppe Perrier sich zur Entwicklung anderer Roquefort-Marken entschloß. Roquefort wird nur von 46% aller Haushalte konsumiert. Mehrere Faktoren begrenzen strukturell die Ausdehnung dieser Käsesorte: Preis, Geschmack (heute geht die Tendenz eher zu milden Käsesorten) und Figurprobleme, da diese Sorte sehr fetthaltig ist. Repräsentiert man die Referenz einer Produktkategorie, dann müssen Markenausdehnungen sehr vorsichtig durchgeführt werden. Roquefort ist Société, und Société ist Roquefort. Würde man unter dem Namen Société einen leichten oder milderen Käse lancieren, dann würde das Markenimage geschädigt. Diese neuen Geschmacksrichtungen, die ein Teil der Verbraucher wünscht, müssen durch andere Marken als Société abgedeckt werden. Nun verfügte die Gruppe in ihrem Markenportfolio aber noch über zwei „schlafende" Marken, Rigal und Maria Grimal, mit starken Möglichkeiten. Die Analyse ergab, daß diese beiden Marken die neuen Produkte mit der notwendigen Legitimität in ihr Programm aufnehmen konnten.

- Die Tatsache, daß das Kapital Marke geschützt werden muß, erklärt teilweise, warum Disney Corp. für seine Filme verschiedene Marken aufbaut: Buena Vista, Touchstone. Unter diesen beiden Marken kann die Gruppe Filme produzieren, ohne das Spitzenimage der Marke Disney anzutasten. Die Erfolgschancen einer Innovation sind am Anfang noch nicht einzuschätzen. Deshalb hat Procter & Gamble das erste Flüssigwaschmittel unter der Marke Vizir eingeführt und nicht unter der Marke des Marktführers, nämlich Ariel. Die Gruppe Cadbury Schweppes hat ihre neuen kohlensäurehaltigen Getränke nicht mit der Marke Wipps auf den Markt gebracht, sondern als Dry of Schweppes. Die Marke Schweppes hat den Absatz gefördert, und außerdem wurde vermieden, daß Wipps dem Produkt einen altmodischen Beigeschmack gab und so den Markenwert bedrohte.

- Auch der Handel braucht eine Multi-Marken-Strategie, denn jeder Vertriebskanal hat eine spezielle Funktion (Garantie, Beratung, usw.) und wendet sich an eine Zielgruppe, die genau in diesem Geschäft oder Supermarkt kaufen will. Leute, die in einem Reformhaus einkaufen, suchen die sektenähnliche Atmosphäre, die in diesen Geschäften herrscht und sich völlig von der einer „Diät-Ecke" im Supermarkt unterscheidet. Die Identität dieser Geschäfte beruht auf einer Produktauswahl, die bei jedem Geschäft unterschiedlich ist. Deshalb hat die Firma Diététique et Santé verschiedene Verbindungen von Marke und Vertriebsnetz entwickelt:

  - Gerblé beliefert mittlere und große Supermärkte.
  - Maître Cornille vertritt die sogenannten „natürlichen und biologischen" Produkte, die in Reformhäusern angeboten werden.
  - Abbé Bisson wirbt mit traditionsreichen Rezepten und wird auch in Reformhäusern angeboten.
  - Nergi Sports ist eine Spezialmarke, die in Sportgeschäften angeboten wird.
  - Und schließlich gibt es noch die Marke Milical, Diätprodukte, angeboten in Apotheken.

Um die Akzeptanz der verschiedenen Vertriebsnetze zu verbessern, hat die Gruppe Thomson-Brandt ihre Marken spezialisiert. Die Marke Brandt wird nicht über Darty, den Multi-Marken-Anbieter, vertrieben, sondern in Supermärkten (in der Elektrogeräte-Abteilung) eingesetzt und dient als Speerspitze gegen Wettbewerbsmarken. Die Marke Vedette geht auf den Bedarf des Großhandels ein. Auf diese Weise hat die Gruppe versucht, sich aus dem Wettbewerb zwischen den Vertriebsnetzen herauszuhalten. Das Beispiel Nicolas ist bezeichnend: Diese Kette von Delikatessengeschäften in der Innenstadt darf nur Exklusivmarken vertreten, wenn sie überleben will. Supermärkte benutzen große Marken als Lockangebot und verkaufen sie zum Selbstkostenpreis: Das Jahrgangsprodukt Chateau Yquem wird hier für 700 FF verkauft und bei Nicolas für 1 000 FF. Der Supermarkt kann einen Wein mit einer Gewinnspanne gleich null verkaufen, denn der von diesem Angebot angezogene Kunde erledigt dann gleich alle seine Einkäufe im Supermarkt. Bei Nicolas wird das Angebot an Champagner als Dienst am Kunden betrachtet: Das Produkt muß angeboten werden, der Kunde erwartet das vom Delikatessengeschäft. Andererseits gehört Champagner zu den Marken, die bei Discountern gerne als Lockangebot eingesetzt werden. Der Discount ist der große Gleichmacher; der spezialisierte Handel arbeitet an exklusiven Produkten und Marken, die es ihm erlauben, seine Auswahl- und Beratungsfunktion voll auszuspielen. Deshalb muß der Hersteller verschiedene Marken anbieten können. Aber eine Multi-Marken-Strategie bringt auch Zwänge und Verpflichtungen mit sich.

- Auch politische Erwägungen können dazu führen, daß eine internationale Marke durch eine lokale Marke vertreten wird. In der Industrie wird dies häufig gemacht.

Die Zwänge der Multi-Marken-Politik

Ein Multi-Marken-Portfolio hat nur dann Sinn, wenn die Marken langfristig ein eigenes Kompetenzfeld besetzen. Dies ist nicht immer der Fall: Unternehmen schleifen Marken hinter sich her, deren Images zwar ein wenig verschieden sind, deren Identität sich aber insgesamt sehr ähnlich ist. Analysiert man eine Marke gründlich, dann wird man immer irgendeinen Imageunterschied finden. Dies genügt also nicht, um ein allzu umfangreiches Markenprogramm zu rechtfertigen.

Jede der Marken muß einen eigenen Sinn haben. Bei der Verteilung von Innovationen auf die einzelnen Marken muß man sich an strikte Regeln halten. Natürlich ist die Zeit längst vorbei, wo eine Innovation nur ganz allmählich von der teuersten Marke auf die billige transferiert wurde. Man darf aber jetzt auch nicht ins andere Extrem fallen: Um einzelne Verkaufsorganisationen nicht zu verprellen, wird eine Innovation gleichzeitig verschiedenen Marken des Portfolios zugeteilt. Diese opportunistische Haltung ist kurzfristig zwar gewinnbringend, schädigt jedoch den Aufbau des Imagekapitals jeder einzelnen Marke (das haben wir schon auf Seite 35 besprochen). Die Markenpolitik muß geführt werden: Bei der Verteilung von Innovationen muß das Konzept der einzelnen Marken berücksichtigt werden. Wird eine Innovation an alle Marken verteilt, dann kann sich die Marke, die sich für die Innovation besonders eignet, von den anderen (ähnlichen) Marken nicht abheben. Andererseits ist es ein Irrtum, eine Innovation allen Marken zu geben, denn bestimmte Innovationen können von verschiedenen Marken nicht gleich gut dargestellt werden. Im Fall Thomson war es ein Fehler, das gesamte Markenimage von Beginn an auf die Marke Saba zu legen, und die Markenidentität von Saba („eine Technik, die das Leben erleichtert") hat dies auch gar nicht erforderlich gemacht. Und schließlich übernimmt ein Händler ja nicht das gesamte Produktprogramm, sondern nur einen Teil: Dem Hersteller bleibt dann nur, im Geschäft festzustellen, welche seiner Marken die Innovation darstellt. Steuert der Hersteller die Markenpolitik selbst, dann muß er diese Auswahl auch selber treffen. Die Innovation wird dann der Marke zugeordnet, deren Image sich dafür am besten zu eignen scheint.

Die zweite Einschränkung liegt in der Kostendämpfung. Auch wenn die Multi-Marken-Logik nicht auf preislichen Wettbewerb baut, sondern auf die bessere Anpassung an die speziellen Bedürfnissen des Marktes zielt, ist der Preisdruck durch den Wettbewerb doch ein ständiges Problem. Die Produktivitätsforschung ist eine Konstante: Um trotz der Markenvielfalt von den degressiven Kosten einer Mengenproduktion profitieren zu können, homogenisieren die Hersteller die Produkte ihrer Marken soweit wie irgend möglich. Wichtig ist, daß das Ausmaß der Homogenisierung wirklich noch vertretbar ist, denn sogenannte falsche Marken gibt es genug, d.h. Marken, die sich voneinander nur in der Packung unterscheiden, was das Image der Marke und die ehrliche und transparente Strukturierung des Angebotes negativ beeinflußt. Die Produkthomogenisierung darf nicht so weit gehen, daß das Kapital Marke bedroht ist. Das Beispiel PSA zeigt dies.

Dieser Automobilkonzern beschloß, mit zwei Marken zu operieren, um den Markt besser abdecken zu können. Die Fahrer von Mittelklassewagen unterscheiden sich in Motivation, Persönlichkeit und Stil. Sie wollen nicht alle Renault fahren, auch wenn Renault verschiedene Versionen des R19 anbietet (vom einfachsten Modell bis zum sportlichsten mit 16 Ventilen). Deshalb bietet PSA zwei Marken mit unterschiedlichen Ideologien an: Citroën und Peugeot. Die meisten Fahrzeugteile sind aber bei beiden Marken gleich, damit keine höheren Produktionskosten und damit ein höherer Endpreis entstehen.

Es ist bemerkenswert, daß die Gruppe PSA sich dafür entschieden hat, mit zwei „generalistischen" Marken zu operieren. Demgegenüber arbeitet der VAG-Konzern mit drei spezialisierten Marken, die in zwei Ebenen organisiert sind: Seat, Volkswagen und Audi. Die Logik von PSA sagt, daß sich eine „generalistische" Marke nur durchsetzen kann, wenn man zwei davon hat. Um aber alle Produktsegmente von der unteren Kategorie bis zur Spitzenklasse abdecken zu können, sind Fahrzeugtypen notwendig, die sich voneinander unterscheiden, d.h., daß der Verwendung gleicher Teile und der Einsparung aufgrund degressiver Kosten Grenzen gesetzt sind. Auf jeder Ebene müssen folglich ausreichende Mengen abgesetzt werden, d.h., es sind mindestens zwei verschiedene Marken notwendig (zum Konzern PSA gehörten die drei Marken Citroën, Peugeot und Talbot).

Der Vorteil einer „generalistischen" Marke liegt in der Vermarktung. Eine solche Marke profitiert von der Kundentreue, maximiert Synergien im Bereich Werbung und autorisiert die Existenz von zwei verschiedenen Vertragshändlernetzen. Nun ist aber die Markenstrategie nur dann vollkommen, wenn sie Produkte, Dienstleistungen, Kommunikation und Vertrieb koordiniert. Aufgrund von zwei verschiedenen, parallel organisierten Vertriebsnetzen entschied PSA sich für eine Strategie der „generalistischen", alles umfassenden Marken.

Dieser Aspekt der Vermarktung schränkt aber die Realisierbarkeit eines Multi-Marken-Programms auch ein, denn alle Marken müssen beworben werden, um dem Verbraucher Facetten und Identität jeder Marke nahebringen zu können. Dafür müssen langfristig Werbebudgets freigestellt werden, und zwar für jede Marke, was in verschiedenen Bereichen prohibitiv ist und auch nicht in den Möglichkeiten eines jeden Unternehmens liegt (daher auch das Phänomen der Konzentration und der Fusionen durch Aufkauf). Die Firma Bardinet hat die Möglichkeit, ihr Punschsortiment unter dem Namen Old Nick und die Cocktails als Saint Esprit anzubieten. Das junge und dynamische Unternehmen W. Pitters muß dagegen diese beiden Sortimente unter demselben Namen vertreiben: Pitterson. Fleury Michon hat ein breitgefächertes Produktprogramm, und alle Produkte werden mit demselben Markennamen ausgestattet. Eine zweite Marke wäre vielleicht wünschenswert oder opportun, aber sie würde auch zusätzliche eigene Mittel erfordern, was nicht den Unternehmenszielen entspricht.

Großunternehmen des Handels unterliegen diesen Zwängen nicht, im Gegenteil, denn die Plazierung der einzelnen Handelsmarken muß nicht finanziert werden. Die Marken profitieren von dem Handelsunternehmen, das als Garant hinter ihnen steht. Das Werbebudget der Unternehmensmarke des Handels fördert alle Marken gleichermaßen. Da die Marken oft taktische Imitationen (Gegenmarken) sind, stellt sich in diesem Fall das Problem der Abgrenzung nicht. Packaging und Inhalt dieser Marken sind schon durch die Herstellermarke definiert, die detailgetreu kopiert wird, um die Kundschaft abzuwerben (Brodbeck und Mongibeaux, 1990). Diese Taktik ist wirksam: Tachystoskopische Studien zeigen, daß der Verbraucher sich dadurch verwirren läßt. Präsentiert man den Befragten Clair, eine Gegenmarke der Marke Cif, behaupten 42%, die Marke Cif vor sich zu haben (Kapferer, Thoenig u.a., 1991).

218

Anwendung auf Handelsunternehmen

Die Konzepte, Kriterien und Methoden, die in diesem Kapitel vorgestellt worden sind, lassen sich leicht auf die Frage übertragen, wie viele Marken ein Handelsunternehmen haben soll. Hier kommt ein weiterer wichtiger Parameter hinzu: die Fläche der Absatzstellen. Die gleiche Unternehmensmarke des Handels hat es schwer, Absatzstellen sehr unterschiedlicher Größenordnung auszuzeichnen. Die Marke des Handels ist der Dienstleistungsmarke ähnlicher als der Produktmarke (obwohl sie manchmal auch Produkte bezeichnet), denn sie bietet eigentlich Dienstleistungen an. Verschiedene Flächen und Standorte (Stadtmitte oder Peripherie) der Geschäfte erzwingen auch ein unterschiedliches Serviceangebot. Die Gruppe Casino hat das nicht berücksichtigt und den Preis dafür bezahlt.

Aufgrund ihrer Identität und der Unternehmenspolitik hat die Gruppe Casino heterogenen Geschäften denselben Namen gegeben, also den kleinen Selbstbedienungsladen in der Innenstadt genauso Casino genannt wie den Supermarkt im Randbezirk. Nun waren aber aus logistischen Gründen (Transportkosten, Aufgliederung der Lieferungen, usw.) die Produkte in den kleinen Selbstbedienungsläden Casino teurer als in den Supermärkten Casino. Dies führte unweigerlich zu einem Hochpreisimage der Marke Casino und damit auch der Supermärkte. Deshalb wurden im Mai 1990 ganzseitige Anzeigen geschaltet, um den Verbraucher davon zu überzeugen, daß Casino-Supermärkte nicht teurer sind als andere Supermärkte, obwohl dort auch Casino-Qualität angeboten wird. Die Frage war, ob das genügte, um den Supermärkten das Hochpreisimage wieder zu nehmen. Die Gruppe Carrefour hat dieses Problem erkannt und deshalb ihre Geschäfte in der Innenstadt Ed genannt.

Auch der Versuch von Castorama, kleine Geschäfte in der Innenstadt „Casto" zu nennen, war nicht von Erfolg gekrönt. Leider waren hier auch überhaupt keine Attribute der Marke Castorama zu finden, die strukturell an Geschäfte mit riesiger Verkaufsfläche gebunden ist (mehr als 5 000 m²), als da sind: ein breitgefächertes Angebot, Beratung, Übersichtlichkeit, Vergnügen beim Einkaufen und Entdecken und natürlich der günstige Preis. Auch Castorama mußte seine Geschäfte „Casto" schließen. Kürzlich hat Castorama die Gruppe Obi gekauft, und man hat aus der obigen Erfahrung eine Lehre gezogen: Die großen Obi-Geschäfte wurden umbenannt in Castorama, und die kleinen behielten den Namen Obi.

Die Gruppe Darty versuchte diese Schwierigkeit zu umgehen, indem sie die kleinen Geschäfte in der Innenstadt so ausstattete, daß die Identität der Unternehmensmarke, nämlich Preis, Auswahl und Leistung, gewahrt blieb. In Melun,

Meaux und Mantes wurden supermoderne Darty-Geschäfte eröffnet: Es waren kleine Geschäfte (weniger als 100 m²), wo Produkt und Verkäufer durch den Computer ersetzt wurden (Defever, 1989). Der Kunde konnte über diesen elektronischen Umweg das Produkt finden, das genau seinen Auswahlkriterien entsprach. Eine Hostess nahm die Bestellung auf, die am nächsten Morgen ausgeliefert wurde, Vertrauen verpflichtet. Dieses Experiment wurde jedoch bald wieder abgebrochen, denn zum Service von Darty gehörten ein verschwenderisches Angebot, Vergnügen beim Einkauf, ein angenehmes Klima und das Beratungsgespräch. All dies war in den futuristischen Geschäften nicht mehr zu finden. Trotz eines großen Kundeninteresses wurden nicht mehr als 11 Käufe pro Tag getätigt.

Wenn die Gruppe FNAC (frz. Geschäft, das Bücher, CDs, Kassetten und Platten anbietet, ähnlich strukturiert wie der dt. Bertelsmann-Verlag, Anm.d.Ü.) erfolgreich kleine Geschäfte aufmachen konnte, dann nur deshalb, weil diese auf einen einzigen, besonderen Service spezialisiert waren: Entwicklung und Verkauf von Filmen, was einer ausgelagerten Abteilung entsprach.

Die problematische Ausdehnung einer Unternehmensmarke des Handels auf heterogene Absatzstellen läßt sich erklären, wenn man die Ethymologie des frz. Wortes „enseigne" für Unternehmensmarken des Handels anschaut (O. Cabat, 1989): „insignum", d.h. „eine Bezeichnung des Inhaltes". Eine Unternehmensmarke des Handels hat also eine ganz konkrete Bedeutung, sie ist ein von einem Zeichen eingegrenzter Raum.

Markenfusionen

Wir leben in einer Zeit der Markenfusionierung. Wenn auch Fusionen und Aufkäufe von Unternehmen nichts Neues mehr sind, so doch die Fusionierung von Marken. Die Rationalisierung der Markenportfolios entspricht dem Gebot der Stunde, z.B. verpflichtet der europäische Markt. Bis jetzt haben multinationale Unternehmen differenzierte Unternehmensstrategien – und damit auch Marken – entwickelt, um den jeweiligen Markterfordernissen gerecht zu werden. So wird dasselbe Produkt der Firma Johnson in England unter dem Markennamen Pledge, in Frankreich als Pliz und in Italien und der Schweiz als Pronto verkauft. Der Übergang zu einer einzigen Marke X führt automatisch zur Fusion zwischen X und den beiden anderen Marken.

Markenfusionen sind auch auf Firmenübernahmen zurückzuführen. Nachdem die amerikanische Firma Whirlpool die Kontrolle über den Bereich Waschmaschinen und Trockner von Philips übernommen hatte, bekam Whirlpool kurzfristig das Recht, den Markennamen Philips weiter zu gebrauchen, und zwar so lange, bis die Übernahme von Verbraucher und Handel bewußt registriert wurde. Nachdem die Gruppe BSN Belin aufgekauft hatte, mußte die Firma diese Marke in ein vernünftiges Verhältnis zu den Marken Vandamme, LU und Alsacienne bringen. Einige Kuchen von Belin haben Ähnlichkeit mit Produkten von Vandamme. Der Markentransfer auf diese Produkte mußte gesteuert werden.

Die Schwierigkeit liegt darin, daß bei Marken mit einem eigenen Konzept ein Markenwechsel dieses Konzept verändert. Im Bereich Dienstleistungsmarken ist das Problem noch viel auffälliger. Verkündet ein Werbeplakat, daß ein Restaurant die „Direktion" gewechselt hat, soll man dies dann so verstehen, daß das Management (der Direktor) ausgewechselt wurde oder daß tatsächlich die erklärte Absicht dieses Dienstleistungsunternehmens verändert wurde? Manche Markenänderungen vollziehen sich ohne Verlust der Kundschaft, andere lassen den Marktanteil zurückgehen, was entweder auf das Verbraucherverhalten oder auf den Handel zurückzuführen ist. Es muß also zwischen den beiden Entscheidungsebenen bei der Markenänderung unterschieden werden. Die eine betrifft Aktionen bei Produkten und Marke, die andere auch die Beziehungen der Unternehmen untereinander, die Ebene zukünftig zu erbringender Dienstleistungen und kommerzieller Entscheidungen. Zwei Beispiele sollen diesen Prozeß der Markenänderung näher erläutern: General Electric/Black and Decker und Chambourcy/La Roche-aux-Fées.

Im April 1984 übernahm die Gruppe Black and Decker Manufacturing Company den Unternehmensbereich für kleine Haushaltsgeräte von General Electric, und zwar zu einem Preis von 300 Millionen Dollar. General Electric war damals nicht nur Marktführer, sondern auch die bekannteste Marke mit langer Vorgeschichte, fast eine Institution der amerikanischen Kultur. Durch den Aufkauf dieses Unternehmensbereichs von GE gelang Black and Decker das, wovon alle Akteure dieses Marktes träumten, nämlich die Nummer eins auszuschalten.

GE verkaufte, denn dieser Bereich hatte keine strategische Bedeutung mehr und trug nur wenig zum Gesamtimage des Unternehmens bei. Black and Decker dagegen sah nach dem Erfolg seines kleinen kabellosen Staubsaugers eine positive Entwicklung vor sich, d.h., das Produktsortiment konnte über Elektrogeräte auf kleine Haushaltsgeräte ausgedehnt werden.

Black and Decker sah sich im Besitz eines Programms von 150 Produkten mit dem Markennamen GE. Aber der Countdown hatte begonnen: Nach dem 1. April 1987 durfte die Gesellschaft den Namen GE nicht mehr benutzen. Die Markenfusion mußte spätestens nach drei Jahren beendet sein. Innerhalb dieser kurzen Zeitspanne mußten

- eine neue Positionierung und eine neue Identität für Black and Decker aufgebaut werden,
- die treuen Kunden von GE dem Unternehmen erhalten werden
- und alles vermieden werden, was das Kapital der Marke in dem bedeutenden Marktsegment der Elektrowerkzeuge mindern konnte.

Auf operativer Ebene warf dies verschiedene Fragen auf: Welche Namen sollten GE ersetzen? Sollte die Marke Black and Decker ausgedehnt werden oder lieber eine neue Marke X eingesetzt werden? Was konnte man mit dem Image und Bekanntheitsgrad von GE während der dreijährigen Übergangsphase anfangen? War es klüger, damit zu operieren oder es lieber zu verschweigen? Welcher Zeitplan sollte eingehalten, wie die Übergangszeit geregelt werden? War ein brutaler Bruch nach Art plötzlicher Elektroschocks vorzuziehen oder ein allmählicher Übergang? Sollte jedes Produkt oder jede Produktgruppe einen eigenen Namen oder alle 150 Produkte einen gemeinsamen Markennamen bekommen?

Um das positive Image des Namens GE nicht zu gefährden, aber auch um eine Irreführung der Verbraucher zu vermeiden, beschloß die Gruppe Black and Decker schneller vorzugehen und den Übergang in weniger als drei Jahren zu vollziehen. Die Marke Black and Decker wurde auf elektrische Haushaltsgeräte ausgedehnt. Dieser Name verfügte bereits über eine breite Bekanntheit und profitierte von zwei entscheidenden Produktvorteilen, die auch Produkte der Marke GE aufwiesen, nämlich Qualität und Langlebigkeit. Dagegen verfügte Black and Decker nicht über dasselbe innovative Image wie GE. Also startete die Gruppe Werbung im Wert von 1 Million Dollar, um die Bekanntheit von Black and Decker in diesem neuen Marktsegment zu fördern und das Unternehmen zu repositionieren. Aus der Black and Decker Manufacturing Company wurde Black and Decker Corporation. Der Markenslogan wurde „ideas at work", um das innovative Image anzuheben und auf Haushaltsgeräte und Heimwerkerartikel zu übertragen.

Jedes Produkt wurde in einer 140 Stufen umfassenden P.E.R.T.-Studie (Program Evaluation and Review Technique) analysiert und definiert. Die erste Phase der Markenfusionierung betraf:

- die Produkte von GE, die über ein echtes Plus gegenüber dem Wettbewerb verfügten, und neue Produkte;

- die Produkte mit schwacher Markenabhängigkeit, d.h., wo der Einfluß der Marke nur gering war. In einem Werbeblock wurde zweimal derselbe Spot ausgestrahlt: einmal mit der Marke GE und dann als Black and Decker;

● Produkte mit Eigennamen, d.h. mit eigener Identität, ausgedrückt durch eine Produkt- oder Sortimentsmarke (hier hat der Markenname GE nur Garantiefunktion).

So endete die neue Werbung des Sortiments „Spacemaker" in dem Satz „Spacemaker, jetzt von Black and Decker".

In der zweiten Phase wurde die Markenänderung auch auf Produkte ausgedehnt, die stark von der Marke abhängig waren. Bügeleisen von GE hatten einen guten Ruf, der von der Mutter auf die Tochter weitergegeben wurde. Dieses „Markenerbe" konnte man nicht ignorieren und mußte deshalb versuchen, den Namen nach und nach sehr vorsichtig durch Black and Decker zu ersetzen. Auch bezog sich die Werbung zwar ausdrücklich auf die neuen Produkte, endete aber mit: „Die Vorgängermodelle trugen den Namen GE ... Meine Mutter hat mir immer geraten, niemals etwas anderes als GE zu kaufen, deshalb habe ich Black and Decker gekauft."

Um die Markenänderung glaubwürdig zu machen, stützte sich das Unternehmen in weitem Umfang auf eine Offensivstrategie für die neuen Produkte und Serviceleistungen. Black and Decker relaunchte die 150 Produkte praktisch so, als ob sie tatsächlich neu wären, d.h., es wurden z.B. Farbe und Griff des Gerätes abgeändert und auch größere Innovationen eingebracht. Außerdem wurde die Garantiezeit von ursprünglich einem auf zwei Jahre verlängert.

Black and Decker unternahm auch bedeutende Anstrengungen, um den Handel zu beeinflussen, der bis dahin Produkte der Marke GE denen von Black and Decker vorgezogen hatte. Wegen der offensichtlichen Inflexibilität und des schlechten Kundendienstsystems hatte Black and Decker ein relativ schlechtes Image. Da der Wettbewerb die Gelegenheit wahrnahm, verstärkt Promotions und Sonderangebote im Handel zu plazieren, wurde es lebensnotwendig, die profitablen Produkte des Programms zu schützen. Das Unternehmen stützte also die am meisten bedrohten Produktlinien, ohne aber preisliche Konzessionen zu machen. (In den Vereinigten Staaten ist diese Praxis möglich, weil die Beziehungen zwischen Handel, Hersteller und Verbraucher ausgeglichen sind.) Dafür startete die Gruppe dann aber ein sogenanntes „Service-Plus"-Programm, das die Möglichkeit bot, für Produkte und Handelspartner in denselben Spots zu werben und dadurch dem Handel entgegenzukommen.

Am Fall der beiden Marken Chambourcy und La Roche-aux-Fées lassen sich die Probleme, die bei der Fusion zweier kompletter Sortimente entstehen, gut demonstrieren. 1985 kaufte Nestlé Unilever das europäische Geschäft mit Frischeprodukten ab. Nestlé war zwar weltweit für seine Milchprodukte bekannt, aber hatte im Bereich gekühlter Milchprodukte nur wenig Erfahrung.

Dieser Kauf warf in Frankreich auch das Problem der Koexistenz zweier quasi identischer Marken auf: Chambourcy (Nestlé) und La Roche-aux-Fées (ehemals von Unilever). Beide Marken hatten einen äquivalenten Marktanteil (je 11%). La Roche-aux-Fées war genau wie Chambourcy eine Sortimentsmarke (sieht man einmal von den Eigennamen Créola, Yoco und Felicie ab). Beide Marken deckten zahlreiche Marktsegmente ab, und zwar dank des kompletten Produktsortiments (99 bei La Roche-aux-Fées und 74 bei Chambourcy).

Im Hinblick auf Kapital und Möglichkeiten beider Markennamen und der Marke Nestlé selbst wurde beschlossen, nur die Marke Chambourcy weiterzunutzen. Deshalb mußten die beiden vormals existierenden äquivalenten Produkte in jedem Subsegment auf eines reduziert werden, trotzdem sollte die Gesamtmenge möglichst beibehalten werden. Dies erforderte Entscheidungen über eventuelle Eigennamen, Geschmack, Format der Packungen und Becher, Packaging und Preisniveau. Die Schwierigkeit lag in der unterschiedlichen regionalen Ausbreitung beider Marken. Das Wegfallen des „Bulgar-Joghurts" von La Roche-aux-Fées (5 000 t) zugunsten von „Kremly" von Chambourcy (12 000 t) barg das Risiko, die 5 000 t da zu verlieren, wo Kremly nur wenig bekannt war. Und wirklich verteilten sich die o.g. Mengen – trotz einer sehr aufwendigen Werbung – auf beide Marken. Da der Handel die Regalfläche zwischen den beiden Marken aufgeteilt hatte, war es nach dem Verschwinden einer Marke (La Roche-aux-Fées) nicht mehr möglich, das Facing beider Marken zu halten. Dabei ist in diesem Markt der Marktanteil extrem von der Präsenz am Ort des Verkaufs abhängig.

Mußten Produkte mit zwei Markenebenen (Eigenname und Marke) fusioniert werden, dann geschah dies in einem Prozeß „allmählicher Verschmelzung". Die Existenz einer Produktidentität erleichtert den Markentransfer. Bei einem Produkt verzeichneten beide Marken dasselbe Absatzvolumen mit je 6 000 t: Créola von La Roche-aux-Fées und Chamby von Chambourcy. Man entschloß sich dazu, das Sortiment provisorisch zu verdoppeln, um eine progressive, allmähliche Fusion durchzuführen und den treuen Kundenkreis zu halten. Der Prozeß wird in Abbildung 29 bildlich dargestellt.

Kinder sind Fans von Créola oder Chamby, für sie ist also die visuelle Identität der Produkte wichtig. Créola wird mit einem Papagei identifiziert, Chamby mit dem Bild von zwei Kindergesichtern. Es war nur in einem allmählichen Prozeß möglich, das Produkt Chamby vom Markt zu nehmen, vorher mußte die visuelle Identität von Chamby mit der von Créola kombiniert werden. Also ersetzte man die Kindergesichter durch den Papagei. Créola behielt das visuelle Identitätssymbol, und das Logo La Roche-aux-Fées wurde durch Chambourcy ersetzt (in der Übergangsphase wurde einfach der Name La Roche-aux-Fées zusätzlich aufgedruckt). Das Endprodukt hatte das Becherformat von Créola, enthielt das bessere Rezept (für Vanille das von Chambourcy, für Schokolade und Karamel das von La Roche-aux-Fées), bekam den Namen Créola (der in einem Test als der bessere ermittelt worden war), das Dekor von Créola und natürlich die Marke Chambourcy. In diesem Fall konnte das gesamte Absatzvolumen erhalten werden, die Operation war ein Erfolg: Trotz der Sortimentsfusionierung, die zum Verlust eines Drittels der Produkte führte (von insgesamt 173 bei beiden Marken waren schließlich noch 111 Produkte übrig), sank der Absatz im Jahr 1986 nur um 13% und erholte sich dann wieder.

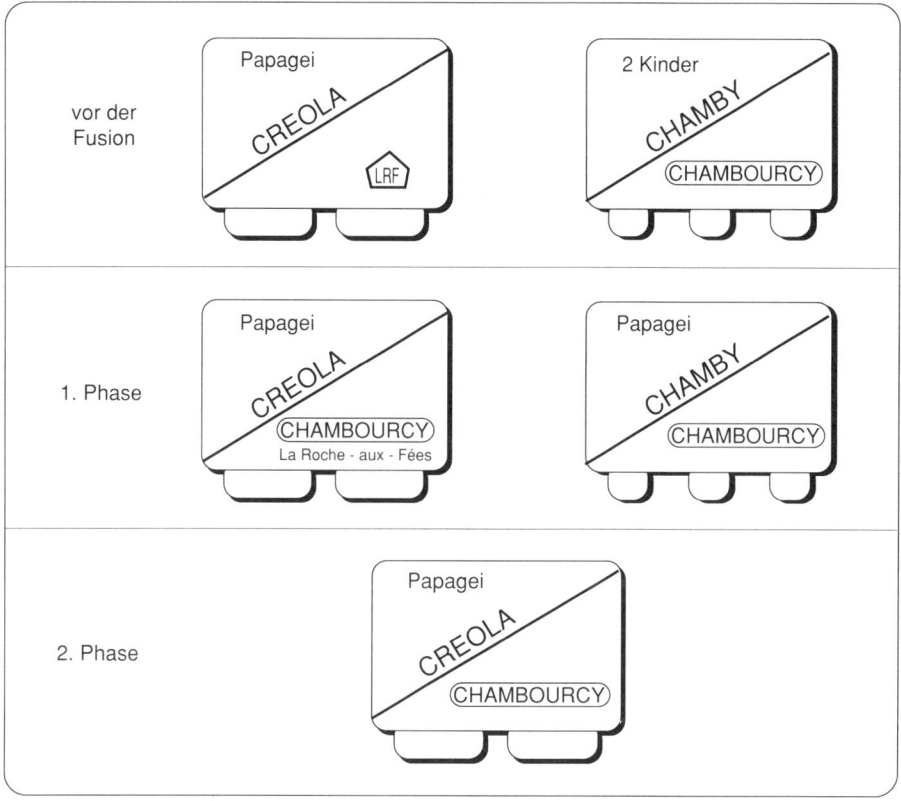

Abb. 29: *Beispiel für die Fusion von Marken und Produktkonzepten*

Die Strategien der Markenänderung

Die Beispiele Black and Decker und Chambourcy zeigen zwei Möglichkeiten der Markenfusionierung, es gibt aber auch noch andere. Man kann eine Bestandsaufnahme von den Strategien machen, die in ähnlichen Fällen angewandt

225

worden sind. Der Schlüsselparameter ist – wie wir oben gesehen haben – die Zahl der Markenebenen: Marken, die in verschiedene Ebenen aufgeteilt sind, sind flexibler und ermöglichen weitgehend schmerzlose Fusionierungsprozesse.

Bei Marken mit verschiedenen Ebenen (Garantie- oder Muttermarke) wird eine Marke ganz einfach durch die andere ersetzt, ohne Übergangsphase.

$$Ax \rightarrow Ay$$

Ein Beispiel dafür ist die Marke Belin (Konditoreiwaren). Da die Marke von Nabisco an BSN verkauft worden war, ähnelten die Produkte von Belin natürlich denen von Vandamme, der bekanntesten Marke der Gruppe BSN. Die Kuchen von Belin wurden als Produktlinienmarke „Les Parisiennes" (dt. die Pariserinnen) angeboten, mit vier bedeutungsreichen Produktnamen wie „Königin von Saba" usw. Im Frühjahr 1990 wurde die Bezeichnung Belin-Nabisco auf den ansonsten unveränderten Packungen durch Vandamme und sein visuelles Symbol (ein Band) ersetzt.

Die Fusion von Créola und Chamby zeigt einen Prozeß „allmählichen Verschmelzens", dazu werden die verschiedenen Markensymbole (Name, Logotyp, visuelles Emblem) benutzt. Dies kann symbolisch so dargestellt werden:

Ax   A x
  ——————————→   ——————————————→   A y
B y   B y

Die Internationalisierung der französischen Keksmarke LU machte es notwendig, in Belgien die Strategie der „allmählichen Verschmelzung" anzuwenden, wo LU-Produkte unter dem Namen der Garantiemarke De Beukelaer verkauft wurden, aber mit denselben Produktnamen wie in Frankreich. Um den Namenstransfer zu erleichtern, gewöhnte man den Verbraucher allmählich an das Logo LU, wie die nachfolgende Darstellung zeigt. Die progressive Annäherung von Logos und Farbcodes ist häufig, wenn zwei Industriemarken fusionieren müssen.

Eine dritte grafische Lösung ist die Umkehrung des hierarchischen Stellenwertes beider Marken. Das hat man bei der Gestaltung von Valéo gemacht, damit die bekannten Markennamen Marchal, Cibié und Ferodo erhalten blieben. Ein anderes Beispiel ist Valentine. Die Marke wurde von der Firma ICI gekauft, deren englische Führungsmarke Dulux heißt. Seit neuestem kann man Dulux (klein) unter dem Namen Valentine lesen. Irgendwann wird dann Valentine verkleinert und der Name Dulux hervorgehoben werden.

$$A \longrightarrow X$$
$$x \qquad\qquad a$$

Eine vierte Lösung besteht darin, jede Marke mit demselben Prä- oder Suffix auszustatten. Später werden dann die Markennamen weggelassen und nur Prä- oder Suffix bleiben erhalten.

$$
\begin{array}{l}
A \qquad A\text{-}X \\
B \qquad B\text{-}X \\
\qquad \longrightarrow \qquad\qquad \longrightarrow \quad X \\
C \qquad C\text{-}X \\
N \qquad N\text{-}X
\end{array}
$$

Diese Strategie hat auch das Unternehmen Schlumberger mit seiner Fülle unbekannter Marken (Flonic-Schlumberger, Enertec-Schlumberger) angewandt. Die Marke Alcatel befindet sich noch im Stadium der Fusionierung (Telic-Alcatel, Opus-Alcatel usw.), bis schließlich nur noch eine einzige Dachmarke übrig bleibt. Als die Compagnie Internationale des Wagons-Lits ihre Hotels umbenennen wollte (vgl. S. 207), mußte sie sich in der Türkei, wo der Name Etap eine echte Referenz ist, erst einmal gedulden: Dort wurde der Name zunächst mit dem Präfix der zukünftigen Marke versehen: Pullman Etap Marmara.

Hat die Marke nur eine Ebene, wird die Markenänderung natürlich deutlicher sichtbar. Der Übergang von Datsun auf Nissan konnte nicht so unbemerkt wie der von Matra auf Simca und dann Talbot realisiert werden. Die Taktik besteht also darin, eine zusätzliche Markenebene zu schaffen, z.B. indem ein neues Produkt eingeführt wird, dessen Eigenname später Markenname wird.

$$A \rightarrow A \quad \text{präsentiert} \quad x \rightarrow X \quad \text{von} \quad A \rightarrow X$$

Das tat auch die Firma Unisabi, um ihre Marken, d.h. in erster Linie die nominale Identität, zu europäisieren. Die französische Marke Pal wird in England Pedigree genannt. Um Pal ganz allmählich auslaufen zu lassen, brachte das Unternehmen 1989 ein neues Produkt, das Pedigree hieß, auf den Markt. In der Einführungswerbung wurde das Produkt als Pal Pedigree bezeichnet. Einige Monate später las man auf Plakaten den Namen Pedigree Pal. Hier gibt es auch noch eine andere Möglichkeit: Man kann aus der vorhergehenden Marke eine Garantiemarke für das neue Produkt machen.

A → Xa → X

Diese Variante wurde im Herbst 1982 von der Société des Vins de France aufgegriffen; der Tafelwein Le Bienvenu wurde eingeführt als Ersatz für Préfontaines
in der Pariser Gegend und Kiravi im übrigen Frankreich. Von heute auf morgen
wurden die Einliterflaschen Préfontaines und Kiravi (je nach Gegend) ersetzt
durch Le Bienvenu. Noch zwei Jahre lang waren aber die früheren Marken
ebenfalls auf das Etikett aufgedruckt, damit der Stammkunde erhalten blieb.
Die Operation war erfolgreich: Das Absatzvolumen von SVP war vorher jährlich um 15% zurückgegangen, und nun stoppte die Änderung der Marke (und
des Produktes) diesen Abwärtstrend.

Anmerkung: Diese Strategie wurde auch bei der Zeitschrift Tertiel angewandt:
Der Name wurde in A (für Affaires, also Geschäfte) abgeändert, aber Tertiel
wurde weiterhin mit genannt.

Ist die Schaffung einer zusätzlichen Markenebene nicht möglich, dann wird die
klassische Strategie der Doppelmarkierung angewandt. 1989, einige Monate nachdem Whirlpool den Bereich Haushaltsgeräte von Philips gekauft hatte, wurde in
der Werbung und auf Produkten die Doppelmarke Philips-Whirlpool gezeigt.
Auch der Übergangsname Siemens-Nixdorf wird später zu Siemens werden.

X → X-A → A

Die letzte Art der Änderung, die einfachste, ist die Ersetzung einer Marke
durch die andere, ohne Übergangsphase. Da die inneramerikanische Fluggesellschaft Allegheny aufgrund des regional gebundenen Namens in ihrem
Wachstum eingeschränkt war, wurde sie am 28. Oktober 1979 umbenannt in
USAir. Über Nacht wurde jeder Hinweis auf den früheren Namen, Flugzeuge
eingeschlossen, beseitigt.

Am 25. März 1987 hat man quasi über Nacht alle Frantel-, PLM- und Etap-
(außerhalb der Türkei) Hotels umbenannt, entweder in Pullman, Altéa oder
PLM. Am 18. September 1989 wurde CGEE Alsthom umbenannt in Cegelec,
so wie aus Sperry und Burroughs Unisys und aus C2II Honeywell Bull wieder
Bull wurde (wobei das visuelle Symbol Baum erhalten blieb).

Eine Namensänderung muß um so sorgfältiger erklärt werden, je radikaler sie
ist. Sie muß erklärt und vorbereitet werden, um entsprechende Akzeptanz zu
finden. Das erfordert beispielsweise:

- eine vorherige Ankündigung für Verbraucher oder Einkäufer der Industrie.
  Die Société des Vins de France fügte allen Flaschen Préfontaines und Kiravi
  ein kleines Etikett bei, und zwar vier Monate vorher, um auf die Einführung

von Le Bienvenu vorzubereiten. Das Versprechen war, daß der Verbraucher in dieser neuen Marke die Qualität der vertrauten Marken wiederfinden werde. Der Kaffee Jour et Nuit (dt: Tag und Nacht) machte dieselben Angaben, um auf die Einführung der englischen Bezeichnung „Night and Day" vorzubereiten, was die Marke europäisieren sollte.

- die Namensänderung intern zu erklären, besonders wenn Markenname und Name des Unternehmens identisch sind. Ein neuer Firmenname führt nicht automatisch einen Wandel im Unternehmen herbei, sondern kündigt diesen an und kann ihn beschleunigen. Es ist nicht ratsam, intern über den neuen Namen des Unternehmens zu beschließen, denn meist stehen mehrere Namen zur Debatte, und die Entscheidung für einen Namen frustriert dann die Befürworter anderer Namen.

- die Namensänderung dazu zu nutzen, diesen Akt der Erneuerung zu kommunizieren. Dies ist Sache von Öffentlichkeitsarbeit, Pressearbeit und Werbung.

- im Industriemarketing die Kunden davon zu überzeugen, daß Mitarbeiter und Dienstleistungen die gleichen bleiben.

Kapitel 9
Die Markenpolitik auf internationaler Ebene

Die geografische Ausdehnung liegt in der Logik der Marke. Sie ist Voraussetzung für das Wachstum, die Erneuerungsfähigkeit und den Wettbewerbsvorteil der Marke. Es ist also nicht mehr die Internationalisierung an sich, die die Marketing-Manager beschäftigt, sondern deren Modalitäten: Welche geografische Ausdehnung soll man wählen? Soll die Marke über den europäischen Binnenmarkt hinaus zur Weltmarke gemacht werden? Wie können globales Marketing, das sich über kulturelle Barrieren hinwegsetzt, und multinationales Marketing kombiniert werden? Was kann globalisiert werden, und was muß in der Markenpolitik flexibel bleiben? Welche Konsequenz hat der Übergang von Hunderten von lokalen Marken auf eine kleine Anzahl globaler Marken? Die Rationalisierung des Markenportfolios erfordert natürlich, daß viele lokale Marken vom Markt genommen werden, die im Ausland einen identischen Gegenpart haben. Auch dieser Übergang muß gemanagt werden, was wir schon im vorigen Kapitel gesehen haben.

Die Internationalisierung – eine Notwendigkeit

Die Logik der Marke führt natürlich zur Expansion der Absatzmärkte. Eine Marke kann nur dann überleben, wenn sie ihre Produkte ständig aktualisiert und immer besser wird. Der Verbraucher gewöhnt sich sehr schnell an den neuesten technischen Standard, den er dann als selbstverständlich voraussetzt. Um nicht ins Abseits zu geraten, versuchen Wettbewerbsmarken, sich diesem Niveau anzupassen und es, wenn möglich, noch zu übertreffen. Will die Marke Ariel ihre Positionierung aufrecht erhalten (als Spitzenprodukt im Waschmittelsektor), erfordert dies die kontinuierliche Modifizierung der Zusammensetzung des Produktes, um den Fortschritt in der Chemie zu integrieren und den neuen Erfordernissen der modernen Haushalte gerecht zu werden. Apple, die Marke, die die Beziehungen zwischen Mensch und Informatik modifiziert, wird sich nicht auf ihren Lorbeeren und dem Erfolg ihres Produktes Mac ausruhen können. Nachdem sie neue Standards geschaffen hat, mußten auch IBM, Atari und Amstrad eigene Grenzen überschreiten.

Forschung und Entwicklung sind entscheidend für die funktionierende Marke. Hinter all den großen Herstellermarken – es scheint alles spielerisch und wie von selbst zu laufen – stehen große Abteilungen für Forschung und Entwicklung. L'Oréal beschäftigt mehr als 1000 Wissenschaftler, 3M mehr als 3000 und Unilever mehr als 4000. Erscheint eine Innovation vielversprechend, dann muß erheblich investiert werden, um die Neuerung in die Produktion zu übernehmen. Es ist heute nicht mehr möglich, eine Innovation allmählich zu verbreiten nach dem klassischen Abschöpfungsmodell: Die Innovation wird zunächst eine Zeitlang teuer verkauft und dann auf andere Segmente ausgedehnt. Um wettbewerbsfähig zu bleiben, muß die Marke Innovationen zu einem günstigen Preis anbieten. Die Grenzkosten der Innovation erhöhen sich jedoch ständig, denn um innovativ zu sein, müssen ganze Legionen von Wissenschaftlern beschäftigt werden. Die Kosten für Produktion und Forschung müssen mit immer niedrigeren Erlösen finanziert werden: Durch ihr Kapital und ihren Bekanntheitsgrad ermöglicht die Marke dem Unternehmen den Zugang zu immer größeren Absatzmärkten, ohne die solche Investitionen ökonomisch nicht zu rechtfertigen wären. Die Herstellermarke macht Fortschritt möglich, den sie gleichzeitig demokratisiert.

Degressive Kosten sind wegen der offensiven Preispolitik, die sie ermöglichen, ein bewährtes strategisches Mittel im Wettbewerb. Die Entwicklung eines Autos, das dann in hohen Auflagen für den Weltmarkt hergestellt wird, verschafft dem Unternehmen einen wesentlichen Vorteil gegenüber einem anderen Hersteller, der nur lokale Erfordernisse berücksichtigt: Auch wenn auf diese Weise Autos angeboten werden, die dem exklusiven Geschmack der Franzosen entgegenkommen, läßt der Preisunterschied zu einem japanischen Fahrzeug, das für den Weltmarkt konzipiert und produziert wird, natürlich auch den größten Chauvinisten zögern.

Das nationale Unternehmen hat, auch wenn es sich in eine Marktnische positioniert, keine andere Möglichkeit, das Preishandicap wettzumachen, als seine Absatzmärkte auszudehnen. Die Internationalisierung ist sine qua non eine Überlebensbedingung.

Jetzt wird deutlich, daß Internationalisierung bedeutet, Produkte in hohen Stückzahlen bei gleichzeitiger Kostendegression herzustellen. Es bleibt dann aber immer noch die Möglichkeit, dieses Produkt unter Markennamen zu vermarkten, die von Land zu Land unterschiedlich sind: In Europa heißt das Produkt Ariel, in den USA Tide und in Japan Cheer. Die Fotokopierer von Ricoh heißen in den USA Savin und in Europa Nashua. Jede dieser Marken hat in ihrem regionalen Gebiet eine Bekanntheit und ein Interessenkapital, die Investitionen in Forschung und Entwicklung und Produktionsmittel rechtfertigen, und zwar aufgrund der Gesamtheit dieser Absatzmärkte. Das globale Produkt impliziert so nicht automatisch die globale Marke. Der Übergang zwischen globalem Produkt und globaler Marke verlangt nach einer anderen Argumentation.

Die globale Marke – ein Vorteil?

In manchen Bereichen ist die Einheitlichkeit der Marke eine Notwendigkeit, in anderen wird sie vereinheitlicht, um von den neuen Möglichkeiten in der Kommunikation profitieren zu können.

Immer dann, wenn der Käufer selbst international ist, muß die Marke einheitlich sein. Pariser Unternehmen, die mit IBM- oder Bull-Produkten ausgerüstet sind, würden nicht verstehen, warum ihre Niederlassung in Bogota oder Kuala Lumpur dieselben Produkte, aber mit anderen Namen kauft. Das gilt auch für die meisten technologisch orientierten Industrien. Caterpillar, Sumitomo, Schlumberger, Technip und Alcatel sind notwendigerweise Weltmarken (abgesehen davon, daß sie auch Weltunternehmen sind).

Eine einheitliche Marke empfiehlt sich auch immer dann, wenn sie von einem individuellen Markenschöpfer geschaffen wurde. Dies trifft für die Luxusbranche zu. Cardin ist Cardin so wie St.Laurent St.Laurent ist. Die Produkte werden weltweit gekauft, weil sie die Signatur des Markenschöpfers tragen (der für die zentralen Werte und die Legitimität garantiert). Ob dieser noch lebt und die Produktgestaltung beeinflußt oder nicht, ändert nichts an der Regel: „Für eine Quelle einen einheitlichen Namen."

Darüber hinaus entsteht eine einheitliche Marke auch aus dem Bedürfnis heraus, neue Möglichkeiten zu nutzen:

- Je mehr der Tourismus sich entwickelt, umso bedauerlicher ist es, daß einige Produkte von Land zu Land andere Namen haben. Das erschwert dem Touristen, die ihm bekannte Marke im Ausland zu finden. Das zeigt auch die Tatsache, daß Touristen, egal woher sie kommen, viel eher bei McDonald's Schlange stehen als bei Quick oder Free Time. Dennoch betrifft dieses Argument manche Branchen mehr als andere (z.B. die Lebensmittelbranche mehr als die Produktkategorie feiner Wäsche). Der Hauptvorteil liegt jedoch in der Synergie: Ein Amerikaner, der in Europa ein Nashua-Gerät sieht, kann diese ihm unbekannte Marke nicht mit Savin (USA) in Verbindung bringen (obwohl es sich um denselben Hersteller handelt). Der junge Franzose, der in England seine Englischkenntnisse perfektionieren soll, sieht in Fernsehspots ein Produkt namens Pledge ohne zu wissen, daß es sich dabei um das französische Pliz handelt. Hätte diese Marke von Johnson Products einen einheitlichen Namen, würde auch die territoriale Ausdehnung der Marke eindrucksvoller deutlich, und die Marke würde zusätzliche Suggestivkraft gewinnen. Deshalb produzierte Ariel 1989 den ersten Werbefilm, in dem Hausfrauen verschiedener europäischer Länder gezeigt wurden.

- Je weiter sich die internationalen Medien entwickeln, umso mehr faßbare Vorteile hat die einheitliche Marke. Schon seit langem trifft dies auf die traditionellen Medien zu: Es ist bekannt, daß die frankophonen Belgier, genau wie Schweizer oder Algerier, französische Fernsehprogramme anschauen und damit auch französische Werbespots. Nach dem Muster von Sky Channel entstehen immer mehr Sender, die international einheitlich konzipiert sind. Berücsichtigt man jedoch Sprachbarrieren, die auf die mangelnde Kenntnis der englischen Sprache zurückzuführen sind, dann kann sich dieses System gegenwärtig nur bedingt durchsetzen. Die Agentur Lintas hat diesbezüglich eine interessante Entdeckung gemacht. Eine repräsentative Gruppe von Erwachsenen aus sechs europäischen Ländern wurde gebeten, folgenden englischen Satz zu übersetzen: „I think that films and series should be viewed in their original language rather than with a translation." Der Prozentsatz einer richtigen Übersetzung verteilte sich wie folgt: 46% der Holländer, 46% der Flamen, 31% der Deutschen, 7% der Spanier, 6% der frankophonen Belgier, 4% der Franzosen und 3% der Italiener! Eine echte Chance für globale Markenkommunikation liefert die weltweite Ausstrahlung des Grand Slam, der Tour de France, des Fußballweltcups, der olympischen Spiele, der Formel 1 usw. Da die Gruppe BNP das Turnier von Roland Garros gesponsert hat, ist die Marke bis nach Kalifornien bekannt geworden, wo man dieses Turnier sogar „BNP-Turnier" nennt (vgl. den „Volvo Grand Prix"). Diese Sendungen werden von einem internationalen Publikum gesehen. Deshalb ist es völlig unsinnig, hier für regionale Marken zu werben, denn nur ein Bruchteil der Zuschauer würde dadurch angesprochen.

- Die Internationalisierung einer Marke kann von der Internationalisierung des Handels profitieren, d.h., entweder expandieren französische Handelsorganisationen auf ausländische Märkte oder ausländische Vertriebsfirmen steigen in den französischen Markt ein. Auch die Konzentration des europäischen Handels und die Bildung europäischer Einkaufszentralen gehen in diese Richtung.

- Außerdem hängt die international einheitliche Marke untrennbar mit der Ausdehnung der Marke auf viele Produkte zusammen. So kann das Kapital Markenname schneller ausgebaut werden: Der Name erhält einen international verbreiteten Bekanntheitsgrad und, wenn Produkte oder Dienstleistungen gut sind, auch einen entsprechenden Ruf. Der Goodwill, der so entsteht, liefert eine unersetzliche Möglichkeit, in andere Märkte einzusteigen. Dies ist die Methode japanischer Unternehmen: Sie investieren langfristig und weltweit in Bekanntheit und Ruf, ohne kurzfristige Erfolge oder eine schnelle Rentabilität dieser Investitionen zu erwarten. Dieser Goodwill baut auf einem bestimmten Sektor auf, spricht aber dann ein Publikum an, das weit über diesen ursprünglichen Sektor hinausgeht. Er ermöglicht den Einstieg in völlig andere Märkte, was die Hersteller dort völlig unvorbereitet trifft. In diesem Zusammenhang soll das Beispiel Brillenglas angeführt werden. Der Marktführer in diesem Bereich ist ein französisches Unternehmen, nämlich Essilor. Alle nennenswerten Innovationen bei Brillenglas gehen auf dieses Unternehmen zurück, wie z.B. die berühmte Marke Varilux, ein Brillenglas, das sich hervorragend gegen Weitsichtigkeit einsetzen läßt. Die Marke hat ihren weltweiten Marktanteil auf Forschung und Entwicklung und die Unterstützung durch Optiker aufgebaut. Bisher war für den Absatz von Brillen nicht die Herstellermarke wichtig, sondern der Rat des Optikers. Aus diesem Grund hat Essilor versäumt, seinen Namen als Ware und als Unternehmen beim Verbraucher bekannt zu machen.

● Heute modifizieren strukturelle Faktoren die Logik dieses Marktes grundlegend: Optiker, die beratend tätig sein sollten, werden immer mehr zu Verkäufern, und so sind heute bekannte Marken auch in diesem Bereich notwendig. Vor allem Marken wie Nikon und Seiko werden hier erfolgreich sein, und zwar wegen ihres Bekanntheitsgrades, den sie allmählich in anderen Branchen aufgebaut haben. Nikon ist bekannt für optische Produkte (was mit demselben zu tun hat) und Seiko für Uhren (was den Eindruck von Präzision und Genauigkeit vermittelt). Künftig werden Optiker den Kunden diese Frage stellen: Hätten Sie gerne Gläser von Nikon, von Seiko oder von Essilor? Von heute auf morgen beeinflussen die Marken Nikon und Seiko entscheidend einen Markt, auf dem sie vordem nicht einmal präsent waren. Dagegen ist Essilor dem Verbraucher weitgehend unbekannt, es ist ein starkes Unternehmen, aber eine schwache Marke. Gegenüber den beiden neuen Markteinsteigern hat Essilor den Nachteil, daß diese bereits seit über zwanzig Jahren einen international einheitlichen Markennamen aufgebaut haben und dank der Markenausdehnung künftig davon profitieren können.

Der Weg zur globalen Marke

Wie weit soll die Globalisierung gehen? Wieviel Entscheidungsfreiheit soll den lokalen Marketingteams überlassen werden? Sollen Positionierungen, kreative Konzepte und sogar kreative Umsetzungen homogenisiert werden? Es scheint tatsächlich erwiesen, daß ein einheitlicher Name oft Vorteile mit sich bringt. Deshalb ist eine Diskussion über Markenstrategie und Markeninhalt entbrannt. Für die einen ist die grundsätzliche Aufgabe des Marketings, die eigene Marktposition zu festigen. Für die anderen gibt es zu den Vorteilen, die ein globales Marketing hat, keine Alternative.

Vor der Analyse der Argumente müssen die Begriffe präzisiert werden. Das Konzept des globalen Marketings will in ganzen Weltregionen, sogar weltweit den gleichen Marketing-Mix einsetzen. Außerdem kann mit Hilfe des globalen Marketings die Marktposition eines Unternehmens in einem Land aufgrund seiner Position in anderen Ländern verbessert werden.

Die globale Strategie entspricht den Erfordernissen einer international erweiterten Wettbewerbssituation. Die Marketingziele werden nicht mehr von der lokalen Niederlassung allein, sondern unter Berücksichtigung der weltweiten Wettbewerbssituation definiert. Während die Filialen ihre Aktivitäten früher auf die lokalen Markterfordernisse abstimmten, wird nun in globalen Zusammenhängen gedacht:

- Manche Länder übernehmen die Aufgabe, einen Marketing-Mix für ein neues Produkt zu entwickeln und diesen auszutesten (das Land dient hier als Testmarkt), bevor die Vermarktung auch auf andere Länder ausgedehnt wird. Was hier getestet wird, ist kein auf die regionalen oder nationalen Verhältnisse optimal zugeschnittener Marketing-Mix, sondern einer, der in erster Linie die Ansatzpunkte zur Globalisierung im Auge hat. Heutzutage darf man sich nicht mehr auf die Beobachtung des Wettbewerbs in einem bestimmten Land beschränken, sondern es müssen alle Länder erfaßt werden.

- Andere Länder sollen ein Know-how über eine der Marken oder einen Produkttyp entwickeln, um dann Führung und Koordination der anderen zu übernehmen.

Im Gegensatz zu einer globalen Annäherung entscheiden sich viele internationale Unternehmen für eine „multilokale" Philosophie, d.h., sie versuchen sich immer wieder den Zwängen und Besonderheiten jedes lokalen Marktes anzupassen. Die Positionierung einer Marke ist von Markt zu Markt verschieden, wie auch das Preisniveau und die Werbung. Coca-Cola betreibt ein globales, Nestlé dagegen „multilokales" Marketing. Maggi führte seine portionierten Fertiggerichte folgendermaßen ein:

- In Deutschland wurde das Produkt 1981 unter dem Namen „5-Minuten-Terrine von Maggi" eingeführt und als nahrhaftes Lebensmittel, praktisch zuzubereiten, für Verbraucher zwischen 30 und 40 Jahren positioniert.

236

- In Frankreich bekam das Produkt den Namen „Bolino" („von Maggi" war kleingedruckt), und wurde als Fertigsnack für junge Singles angeboten.

- Und in der Schweiz wurde es als „Quick Lunch" positioniert und sollte als schnelle Mahlzeit auch die Zustimmung von Müttern finden.

In allen drei Ländern erreichte die Einführung den erwarteten Umsatz. Es wäre also nicht richtig, globales und multilokales Marketing nur im Hinblick auf Akzeptanz und Absatzvolumen miteinander zu vergleichen. Die Maximierung des Absatzes ist nicht das einzige Ziel des Unternehmens: Die Globalisierung des Marketings bringt Gewinn.

- Einmal verhindert die Globalisierung des Marketings doppelte Anstrengungen, d.h., anstatt in jedem Land einen anderen Werbefilm zu schaffen, produziert und adaptiert das Unternehmen nur einen Film. Berücksichtigt man die augenblicklichen Herstellkosten für einen Werbefilm (von 2 bis zu 5 Millionen Francs), kann man ermessen, welche Einsparungen hier gemacht werden können. Die Agentur McCann-Erickson kann sich zugute halten, in den letzten 20 Jahren für die Gruppe Coca-Cola 90 Millionen Dollar Produktionskosten eingespart zu haben, und zwar dank der Herstellung international einsetzbarer Werbefilme.

- Wird ein Produkt gleichzeitig und einheitlich eingeführt, dann ist garantiert, daß es bei der Einführung keine Verzögerungen gibt, die auf regionale Zwänge zurückzuführen sind. Dadurch bekämen Wettbewerber die Möglichkeit, Innovationen, die sie woanders gesehen haben, regional selbst vorwegzunehmen.

- Das globale Marketing ermöglicht die Ausnutzung guter Ideen, egal woher diese kommen. Da solche Ideen rar sind, müssen die Chancen, sie zu finden, maximiert werden. Gibt man verschiedenen Ländern dasselbe Problem zur Lösung, dann ist ein globales ausbaufähiges Ergebnis viel wahrscheinlicher: Eine kreative Idee wie „Pack den Tiger in den Tank" machte so weltweit die Runde.

- Außerdem kann durch die Globalisierung dem Druck der großen Handelsunternehmen begegnet werden, deren kommerzielle Ziele eher die dominierende Marktposition begünstigen, als zu echten Dienstleistungen für den Lieferanten zu führen. Die regionale Marke hat nur wenig Lösungen parat: Der Handel ist derart konzentriert, daß die Marke auf ihn angewiesen ist, um an den Verbraucher zu kommen. Eine internationale Marke ist lokalem Druck wesentlich weniger ausgeliefert.

Die Argumente gegen eine Globalisierung berufen sich auf die Besonderheiten eines jeden Marktes und dem je nach Produkten unterschiedlichen Lebenszyklus einer Marke. Es gibt auch wirklich genug Beispiele für Mißerfolge, die auf zu hastig (ohne die notwendigen Vorbereitungen) erzwungenes internationales Marketing zurückzuführen sind.

So hat die französische Niederlassung von Procter & Gamble im Januar 1984 das Antischuppen-Haarshampoo Head & Shoulders auf den Markt gebracht und wendete dabei das Marketing und die Positionierung an, die in England und Holland den Erfolg des Produktes ausgemacht hatten. Ende 1989 stagnierte der Absatz des Produktes in Frankreich immer noch mit etwa 1% Marktanteil. Eine Besonderheit des französischen Marktes, die es woanders nicht gibt, war nicht berücksichtigt worden. Der Verbraucher kauft Antischuppen-Haarshampoos entweder in der Apotheke (da hat er mehr Vertrauen in die Wirksamkeit des Präparates), oder er nimmt das entsprechende Produkt aus dem Angebot seiner Marke im Supermarkt (Dop-Antischuppen, Palmolive-Antischuppen usw.). Zwischen diesen beiden Möglichkeiten ist kaum Platz für ein Produkt, das wirksam sein soll und dennoch im Supermarkt verkauft wird, wenn auch viel teurer als die gewohnten Marken. Leider konnte auch der Kommunikations-Mix die Situation in keiner Weise verbessern:

- P & G beschloß, den Namen nicht zu verändern. Das hatte in Holland gut funktioniert. Führt man sich nun aber vor Augen, daß Holland das EG-Land (mit Ausnahme von England) ist, wo am besten Englisch gesprochen wird, kann man das Risiko ermessen, das eine Ausdehnung auf ein Land wie Frankreich mit sich bringt.

- P & G verwendete für die Einführung den englischen Werbespot, wo ein in zwei Hälften geteiltes Gesicht gezeigt wird, um die Wirkung des Präparates zu verdeutlichen. Der Spot sagte: „Schuppen auf dem Rücken schaden Ihrem Auftreten." In Frankreich wird dieses Problem jedoch als sozial aufgefaßt; hier darf nicht der Finger beschuldigend erhoben werden, sondern der betreffenden Person soll geholfen werden. Der Ton des englischen Werbespots traf vielleicht holländisches Empfinden, nicht aber das der Franzosen.

Das Produkt Head & Shoulders macht die je nach Markt unterschiedliche Sensibilität und Wettbewerbssituation transparent, die monolithische, globale Strategien gefährlich machen. Die unterschiedlichen Lebenszyklen der Produkte sind ebenfalls Ursache für den Mißerfolg einer überstürzten Globalisierung. Polaroid hat zur Einführung in den französischen Markt ein führendes Produkt seines Programms gewählt: Swinger, die erste Polaroid-Kamera, die in den USA preislich unter 20 Dollar und in Frankreich unter 100 FF liegt. Da die Marke international ist, arbeitete man mit derselben Werbung wie in den USA: „Eine Polaroid-Kamera für nur 99 FF!". Die Einführung wurde zum kommerziellen Mißerfolg. Das Polaroid-System war in den USA und in England schon gut bekannt, nicht aber in Frankreich. Die Werbung hätte sich also an die spezifische französische Marktsituation anpassen und den Verbraucher zunächst über das Sofortbildverfahren von Polaroid aufklären sollen (anstatt den günstigen Preis des Modells Swinger in den Vordergrund zu stellen).

Solche Negativbeispiele sprechen aber nicht generell gegen die Globalisierung von Marken, wie der weltweite Erfolg von Marlboro, Coca-Cola und Mars zeigt. Denn heute geht die Tendenz zu globalen Marken, auch wenn die Realisierung je nach Markt, Zielgruppe und Unternehmen unterschiedlich lang ist und einige sehr sensible Marken auf den lokalen Bereich begrenzt bleiben werden. Eine Analyse des Verbraucherverhaltens liefert den Grund für diesen Trend und zeigt die Gründe auf, die für oder gegen eine globale Marke sprechen.

Die Reaktion des Verbrauchers

Die globale Marke resultiert aus der Pflicht des Managements zur Rationalisierung und nicht aus einer Nachfrage im Markt. Der Verbraucher kauft keine globale Marke, sondern ganz im Gegenteil individuelle Marken, die genau seinen Bedürfnissen entsprechen. Auch wenn die Marke international ist, wird sie doch als individuelle Marke gekauft. In Frankreich wird Meister Proper nach einem Vergleich mit Ajax und anderen lokalen Wettbewerbsmarken gekauft. Die französische Käuferin hat keine Ahnung, daß Meister Proper auch in anderen Ländern angeboten wird und dort dieselbe Positionierung und dieselbe Produktaussage hat. Sie ist genauso empfänglich für das Image der Marke wie die Käuferinnen in anderen Ländern. Wenn also in mehreren Ländern Käufergruppen empfänglich scheinen für die Vorteile eines Produktes und dieselben Erwartungen an das Produkt haben, ist dies eine Chance für die globale Marke. Zu Recht hat man von „coincidence of globalisme" gesprochen: Diese Chance ist eine Vision des Herstellers, aber dabei muß man berücksichtigen, daß in jedem Land – trotz anderslautender Marktstudien – die Wahl der Marke persönlich und individuell bleibt (Buzzell und Quelch, 1988).

Europäische Studien lenken die Aufmerksamkeit immer wieder auf neue globale „Koinzidenzen". Sowohl die Untersuchung der europäischen Lebensstile der CCA als auch die der soziokulturellen Tendenzen der Cofremca (frz. Organisation zur Arbeitsbeschaffung, Anm.d.Ü.) (durch das System Risc) weisen auf eine Annäherung der unterschiedlichen Lebensstile hin. Zwischen deutschen und französischen Führungskräften gibt es weniger soziale Unterschiede als zwischen französischen Führungskräften und französischen Angestellten. In allen Ländern findet man eine wachsende Sensibilität, natürlich in unterschiedlichem Ausmaß. Den europäischen Verbraucher schlechthin gibt es nicht, wohl aber Segmente, die sich in jedem Land gleichen. Man sollte also eher von Euro-Segmenten oder Euro-Typen sprechen. Diese Analyse könnte über den europäischen Kontinent hinaus ausgedehnt werden, und zwar auch auf die nordamerikanischen Länder.

Die Existenz von Euro-Typen allein genügt nicht, um eine Politik der globalen Marke zu rechtfertigen, die überall mit demselben Markennamen, derselben Positionierung und derselben Werbung operiert. Die Wettbewerbssituation muß von Markt zu Markt untersucht werden: Der Mißerfolg des Produktes Head & Shoulders hing ja damit zusammen, daß die Wettbewerbssituation auf dem französischen Markt falsch eingeschätzt worden war. Und zudem machen Psycholinguistik und kulturelle Unterschiede eines deutlich: Symbole können in verschiedenen Ländern unterschiedliche Bedeutungen haben.

Es ist bekannt, daß ein Wort überall eine andere Bedeutung haben kann. Dies ist eines der Haupthindernisse der Internationalisierung von Namen, ja sogar für deren Europäisierung. 1991 brachten die Laboratoires Glaxo ein revolutionäres Medikament auf den Markt und wollten daraus das führende pharmazeutische Produkt auf dem Weltmarkt machen. Es war diesem Labor tatsächlich gelungen, eine neues Molekül zu entwickeln, genannt Sumatriptan, das gegen Migräne eingesetzt werden konnte (bisherige Medikamente halfen wenig). Der internationale Markenname war „Imigran". Wie der geneigte Leser sicher schon ahnt, mußte der Name in Frankreich aufgrund des Protestgeschreis der Ärzte und wegen der problematischen Bedeutung des Wortes Emigration abgeändert werden in „Imigrane".

Die Internationalisierung von beschreibenden Namen ist fast nicht möglich, denn diese – sind sie erst einmal sinnentstellt – verlieren in anderen Ländern ihre Aussage, erweisen sich als unaussprechlich und klingen „importiert". Deshalb der Trend zu desemantisierten Namen, die a priori überhaupt keinen Sinn haben. Außerdem muß verifiziert werden, ob die Namen überall eintragungsfähig sind. Dies ist nun aber selbst in Europa eine sehr langwierige und kostspielige Prozedur. Bis es einmal die europäische Marke und das europäische vereinheitlichte Verfahren von Anmeldung und Eintragung gibt, können Warenzeichenrecherche, Anmeldung und Eintragung der Marke in europäischen Ländern mehr als sechzehn Monate dauern. Unter Umständen entdeckt man dann auch noch, daß der Markenname in einigen Ländern bereits von anderen besetzt ist.

Eine Idee kann sich in unterschiedlichen Ländern durchaus in unterschiedlichen Symbolen darstellen. Die paradoxe Folge daraus ist, daß man sich durch Nutzung eines gleichen Namens in verschiedenen Ländern weit vom Konzept entfernen kann, das man gerade vereinheitlichen wollte. Das Konzept von Cif wird daher in Deutschland eher durch den Namen Viss wiedergegeben, genau wie ausländische Hähne „kikeriki" machen und nicht „cocorico" wie die französischen. Der lokale Name kann dann durch einen internationalen ersetzt werden, wenn er das Produktkonzept nicht deutlich wiedergibt. Hat der Name aber einen starken Bezug, dann wird ein Grundelement der Identität erschüttert, wenn man ihn ersetzt. Unter Umständen steigt die Akzeptanz von Produkten, wenn sie je nach Markt einen anderen Namen haben. Deshalb verfolgt Playtex eine modulierte Politik: Der Name Playtex ist international, die Produktnamen werden aber dem Markt angepaßt. Playtex vermarktet nur internationale Produktkonzepte. Die Marketingstrategie ist innerhalb geografischer Zonen homogen (Europa, USA usw): „Cœur Croisé" hat überall dieselbe Positionierung, den gleichen Verbrauchernutzen, dasselbe Werbethema und dasselbe Aussehen. Das Produkt paßt sich lokalen Markterfordernissen in bezug auf Material (z.B. höherer Baumwollanteil in Italien) und Packaging (entsprechend den verschiedenen Distributionssystemen) an. In England heißt das Produkt „Cross Heart" (das entspricht der wörtlichen Übersetzung), in Spanien aber „Crusado Magico" (hier wird der Name leicht abgeändert). Um das globale Konzept zu bewahren und dieses möglichst gut zu transportieren, zögert Playtex nicht, die Produktnamen, wenn nötig, zu ändern oder sie zumindest zu übersetzen.

- Die Produktlinie der Büstenhalter ohne Metallstäbchen heißt in den USA „WOW!" („without a wire") und in Frankreich „Armagiques".

- Die Hüfthalter-Range soll langen Tragekomfort garantieren und heißt deshalb „18 h", was in jede Sprache übernommen werden kann.

- Eine Range von Büstenhaltern nennt sich „Super Look", ein Name der natürlich nicht übersetzt werden muß.

Bei der durchaus legitimen Globalisierung müssen Unterschiede in Kultur und Wahrnehmung berücksichtigt werden. Deshalb erlaubt Procter & Gamble für Meister Proper in jedem Land unterschiedliche kommunikative Umsetzungen, wobei aber das gemeinsame Konzept (Glanz) überall respektiert werden muß. Das Markenkonzept wird in Frankreich durch den Vergleich mit einem Spiegel („Man kann sich darin spiegeln") und in den USA durch die Assoziation mit Nässe („Ist das naß? Aber nein, es glänzt so, als ob es naß wäre!") ausgedrückt. Camay gilt weltweit als Seife der „Verführung", das war schon immer die konzeptionelle Strategie von Procter & Gamble. Denn der Gebrauch dieses Produktes und die Erwartungen, die die Verbraucherin damit verknüpft, sind überall gleich; aber die Art und Weise, eine Frau auf diesen intimen Bereich anzusprechen, ist von einem Kulturkreis zum anderen unterschiedlich.

- In Frankreich zeigte die Werbung von Camay (1965 bis 1985) eine Frau, die sich im Bad für ihren Mann verschönt, um die Idee der Verführung auszudrücken. Der Erfolg des Werbefilms brachte die Japaner auf die Idee, ihn auch zu verwenden. In Japan löste der Spot jedoch ein Protestgeschrei aus, da man es als Beleidigung ansieht, wenn ein Mann das Badezimmer betritt, während seine Frau sich dort schön macht.

- In Italien zeigt man eine angepaßte Frau und den Mann als Macho.

- In Österreich entschied man sich für das Symbol Paris, um die Idee der Verführung zu verdeutlichen.

- In Griechenland ging man noch sinnlicher vor und benutzte das Klischee des „Vamp".

Diese flexible Kommunikation für das Produkt respektiert kulturelle Archetypen und ermöglicht die Anpassung an den unterschiedlichen Stellenwert, den das Produkt Camay in den verschiedenen Ländern hat. In Frankreich ist Camay mit 10% Marktanteil führend in seinem Segment. Das Produkt verfügt über einen treuen Kundenstamm, der noch aus dem Jahre 1958 herrührt, Leute, die heute zwischen 50 und 60 Jahre alt sind. Die Marke muß sich heute bemühen, jüngere Käufer anzusprechen, ohne dabei aber den alten Kundenstamm zu verlieren. In Griechenland ist die Marke noch jung und hat daher keinen traditionellen Kundenstamm.

Wegen des Ethnozentrismus können sich französische Käuferinnen von Camay natürlich nicht vorstellen, daß die Werbung für Camay woanders verschieden sein kann. Sie denken de facto an eine überall gültige Kommunikation, die auf der Verführung à la française beruht. Diese gedankliche Internationalisierung der Marke führt im Modell zu einem neuerlichen Etablieren des lokalen Wertesystems. Dasselbe gilt für Verbraucher aus anderen Ländern. Praktisch bedeutet dies, daß eine Werbung – auch wenn sie international aufgebaut ist – nicht „exportiert" erscheinen darf. Statt dessen sollte der Eindruck entstehen, daß ein Werbespot eigens für den Bildschirm des lokalen Verbrauchers konzipiert ist, ob in München, Glasgow oder Barcelona. Coca-Cola hat dafür gesorgt, daß der internationale Charakter der Werbefilme nicht gleich ins Auge springt, während die Martini-Werbung in den französischen Kinos direkt aus den USA importiert scheint (obwohl es sich ja eigentlich um eine italienische Marke handelt). Da die Marke die Verbraucher aller Länder gleichzeitig ansprechen will, verliert sie an Suggestivkraft auf den individuellen Verbraucher.

Günstige Bedingungen für globale Marken

Die folgenden Faktoren erleichtern die Globalisierung von Marke und Kommunikation: Entweder bringt die Marke ihr eigenes Wertesystem mit, oder sie bezieht ihre Kraft aus dem kollektiven Unbewußten.

Soziale und kulturelle Veränderungen liefern einen idealen Nährboden für globale Marken. Wenn sich nämlich ein Teil der Verbraucher nicht mehr mit den ererbten und lokalen Werten identifizieren kann, sucht er nach neuen Möglichkeiten zur Definition seiner Identität. Werden die internen Werte uninteressant, dann öffnet der Verbraucher sich für Werte aus dem Ausland. Mit Coca-Cola wird auch amerikanischer Mythos konsumiert, d.h., das Produkt wird mit einem aufgeschlossenen, sprühenden, jungen und dynamischen Amerika identifiziert. Die Jugend ist eine Zielgruppe, die strukturell auf der Suche nach Identität ist und deshalb eigene Orientierungen sucht: Man versucht, sich abzugrenzen und schöpft aus kulturellen Modellen, wie sie die Medien verbreiten, eigene Identifizierungsmöglichkeiten. Die Marke Levi's wird assoziiert mit der Mythologie des Abenteurertums, des Einsamen auf der Straße, halb Dean und halb Kerouac, mit einem Touch des nordamerikanischen Eldorados. Das Image von Benetton entspricht einem grenzüberschreitenden Lebensgefühl der Jugend und wendet sich bewußt gegen nationale Grenzen von Rasse und Kultur. Auch brechen Frauen in vielen Ländern immer wieder mit überkommenen Denkmodellen: Das Idealbild, das die Marke Dim von der modernen Frau vermittelt (frei, unabhängig und verführerisch) kann Sprungbrett für die Globalisierung der Marke sein. Marken, die neue Eßgewohnheiten aufgreifen, wie Gaylord Hauser und Gerblé, können Verbraucher für sich gewinnen, die Veränderung suchen. Die Marke macht sich dadurch zum Wortführer für eine soziokulturelle Veränderung.

Jungfräuliche, neue Märkte verfügen noch nicht über ein traditionelles Wertesystem. Alles muß neu geschaffen werden, und dies kann die Marke selbst. Deshalb steht der Globalisierung von Marken im High-Tech, in der Informatik, der Elektronik und Telekommunikation nichts im Wege. Bull darf und muß sein Markensymbol (den Baum) überall verbreiten, denn auf diesen Märkten haben die Marken als Anhaltspunkt für die Auswahl eine hohe Bedeutung. Nur das Thema der Werbekampagnen darf variieren, um der wirtschaftlichen Situation des jeweiligen Landes gerecht zu werden. Auch neue Dienstleistungssektoren haben eine globale Dimension: Hertz, Avis, Europcar haben ihre Dimension internationalisiert, und zwar mit dem Stereotyp des eiligen Geschäftsmannes. Sicher identifiziert sich der italienische Geschäftsmann eher mit einem Geschäftsmann als mit einem Italiener.

Die technische Kultur standardisiert die Welt. Die Produkte gehen nicht aus regionalen Kulturen hervor, sondern gehören zu unserer Epoche. Sie sind Früchte der Wissenschaft und des Zeitgeistes. Deshalb sind sie auch keinen kulturellen oder regionalen Zwängen unterworfen, was die Kommunikation auf internationaler Ebene beeinträchtigen könnte.

Generell kann man sagen, daß die Globalisierung von Marken dort möglich und sogar wünschenswert ist, wo der zentrale Wert die Mobilität ist (Telematik, Hotelwesen, Autovermietung, Fluggesellschaften, aber auch Bild- und Tonübertragung). Nicht allein die Tatsache, daß sie international ist, verleiht der Marke Legitimität in Aussage, Kompetenz und Erfahrung. Darüber hinaus müssen in Bereichen, wo Raum und Zeit, also auch Tradition und regionale Verbundenheit, keine Rolle mehr spielen, die Marken selbst eine neue Ordnung etablieren. Sie müssen ihr Wertesystem entwickeln, das angesichts einer mobilen Käufergruppe weltweit einheitlich sein muß.

Produkte, die aufgrund ihrer „Exotik" oder „Fremdartigkeit" gekauft werden, sind theoretisch standardisierbar. Kaffeemarken zu internationalisieren ist verhältnismäßig einfach, denn der Kaffee nimmt unter den europäischen Lebens- bzw. Genußmitteln einen besonderen Platz ein. Es ist bekannt, daß Eßgewohnheiten stark von der Kultur abhängen. Dies gilt jedoch nicht in demselben Maß für Kaffee, denn dieses Produkt hat in keinem europäischen Land nationale Legitimität und gilt hier überall als Importprodukt. Es besteht ein kollektives Produktimage, das Südamerika oder Afrika assoziiert.

Globalisierung ist auch dann möglich, wenn die Marke sich völlig einem kulturellen Stereotyp verschreibt. AEG, Bosch, Siemens, Mercedes, BMW ... schließen sich zusammen im „made in Germany" und können ihre Werbung internationalisieren: Das Stereotyp „made in Germany" ist de facto kollektiv, nationalitätenübergreifend. Überall steht es für Qualität und Leistung. Die Marke Barilla benutzt die klassischen Italienklischees und steht in den Köpfen der Verbraucher stellvertretend für Italien und damit Lebenslust, Lieder und Sonne.

Manche Marken verwenden Archetypen. Die Marke Cajoline setzt überall dasselbe Konzept um: den süßen Geschmack (was an sich nicht originell ist) und vor allem dieselbe Vorstellungswelt, nämlich die Rückkehr zur Kindheit, symbolisiert durch den kleinen Bären. Deshalb wird der Name überall so übersetzt, daß die Idee von „kuscheln, zärtlich sein, liebkosen" transparent wird (Snuggle in den USA, Kuschelweich in Deutschland, Yumos in der Türkei, Mimosin in Spanien und Cocolino in Italien). Die Marke La Vache qui Rit entspricht dem Archetyp der Mutter als Ernährerin und drückt dies in ihrem Namen – auch in der Übersetzung – aus („Die lachende Kuh" oder „The laughing cow"). Marlboro drückt die Rousseausche Vorstellung vom einsamen und unabhängigen Menschen aus, die in der Werbung mit Hilfe des Westerns (der Sage von der Eroberung des Wilden Westens) modernisiert und populär gemacht wird. Drakkar Noir hat das Image, ein Produkt für den universalen Macho zu sein.

Die weltweite Verbreitung von französischen Luxusmarken und Signaturen erklärt sich aus einigen der oben genannten Faktoren. Zum einen bauen diese Marken auf einen Urheber auf, d.h., der Schöpfer der Marke drückt eigene Werte aus. Diese Methode resultiert nicht aus Marktforschung oder einer Analyse regionaler Erwartungen. Die Identität des Urhebers führt dann natürlich zu einer weltweit identischen Markenaussage. Zweitens kann man hinter jeder Luxusmarke und jeder Signatur ein Markenkonzept ausmachen, ein Verhaltensmodell und manchmal sogar einen Archetyp. Cacharel und Nina Ricci assoziieren den Übergang vom Kind zur Frau, der verbunden ist mit geheimen und schamhaften Gefühlen. Yves St. Laurent stellt weibliche Unabhängigkeit und den Bruch mit Konventionen in den Vordergrund. Und schließlich sind diese Marken auch Träger von kulturellen Stereotypen, die verbunden sind mit „made in France" und vor allem dem Mythos Paris. Aus diesen Gründen können diese Marken ihr Weltbild regionalen Vorstellungen erfolgreich gegenüberstellen. Bekennermarken glauben wie Religionen an ihre Aussage und verbreiten diese möglichst weit.

Hindernisse für die globale Marke

Solche Hindernisse können von außen kommen, aber auch innerhalb der Organisation des Unternehmens liegen. Wir haben bereits die Probleme analysiert, die mit den strukturellen Unterschieden des Marktes oder des Verbraucherverhaltens in den einzelnen Ländern zusammenhängen. Da Exportprodukte meist auch preislich von Land zu Land differieren, ist es wichtig, auch die Werbung entsprechend zu differenzieren und auf diese Problematik einzugehen. Als Beispiel kann man in diesem Zusammenhang die Marke Perrier anführen. Der hohe Preis pro Flasche in amerikanischen Geschäften (in einem Land, wo man nicht gewohnt ist, für Wasser überhaupt etwas zu bezahlen) gibt der Marke in den USA einen ganz anderen Status als in Frankreich. Außerdem ist im Ausland bekannt, daß die Marke de facto „made in France" ist. Dasselbe gilt für Evian oder Barilla (eine populäre Marke in Italien, Premium-Marke im übrigen Europa).

Die Globalisierung einer Marke geschieht aus freiem Willen. Oft zeigt sich, daß die Organisation des Unternehmens gar keine internationale Marke zuläßt. Théodore Levitt hat gesagt: „Ich weiß, daß die Erde rund ist, aber aus praktischen Gründen betrachte ich sie lieber als flach" (1983). Mit der Globalisierung möchte ein Unternehmen so viel wie möglich von den Konvergenzen und den Ähnlichkeiten zwischen Ländern profitieren. Manche Unternehmen eignen sich besser, andere schlechter für die Globalisierung ihrer Marken, das hängt von ihrer Kultur und ihrer Organisation ab.

Unternehmergeführten Unternehmen fällt es leichter, diesen Weg einzuschlagen, z.B. Luxusgüter und berühmte Modeschöpfer von J. Perrin bis Benetton: Die Aussage des Markenschöpfers, des physischen und spirituellen „Vaters" der Marke wird in jedem Land beibehalten. Mars ist eine Weltmarke, und dafür gibt es einen guten Grund: Das Unternehmen wird von der Familie Mars geführt. Die Entscheidungen sind zentralisiert. Mars, das sind sie selbst. Die Einheitlichkeit, die auf universellen Themen wie Energie und Sportlichkeit basiert, geht auf den willensstarken Entscheider zurück. Das konnte man in Frankreich beobachten, als die Marke Treets vom Markt genommen und durch M & M's ersetzt wurde. Die Absicht der Brüder Mars war, aus M&M's die weltweit führende Schokoladenmarke zu machen. Alle regional begründeten Argumente dagegen, z.B. die Tradition von Treets, der Bekanntheitsgrad und Affektionswert der Marke, wurden angesichts der unternehmerischen Zielsetzung und des Willens, der dahinterstand, unwichtig. Im Falle Jacobs-Kaffee bedurfte es der ganzen Autorität von Herrn Jacobs, deutsche Bedenken zu zerstreuen, den koffeinfreien Kaffee „Night and Day", „Nacht und Tag", zu nennen. Da ein Hauptanteilseigner mit entsprechender Entscheidungsbefugnis da war, konnte der Marketing-Mix von „Nacht und Tag" in Deutschland durchgesetzt werden (übrigens ein erfolgreiches Konzept). Später beschloß Jacobs, den Kaffee überall „Night and Day" zu nennen.

Demgegenüber haben dezentralisierte Gesellschaften, wo die Entscheidungsgewalt bei den Niederlassungen liegt, schon größere Probleme, ihre Marken zu globalisieren. Der Führungsnachwuchs einer solchen Niederlassung möchte regionaler PDG (= Président Directeur Général – dt. etwa: geschäftsführender Direktor, Anm. d.Ü.) werden und versucht deshalb, in seinem Gebiet besonders kompetent zu sein und alle regionalen Besonderheiten aller Produkte zu kennen. Für die Globalisierung von Marken ist aber eine andere Einstellung notwendig: Manager für Produkt und Marke müssen länderübergreifend denken. Dezentralisierte Strukturen produzieren also genau das, wozu sie geschaffen wurden, nämlich Spezialistentum, Ethnozentrismus und die allzu bekannte Einstellung „not invented here".

Außerdem ist es durchaus möglich, daß man mit dieser Haltung nur versucht, regionale Organisationsstrukturen zu verteidigen, und nun gar nicht die tatsächliche Marktsituation berücksichtigt. 1987 hat Toshiba Corp. seine französischen Niederlassungen überall in der Werbung aufgefordert, systematisch den

Slogan „In touch with tomorrow" einzufügen. Die Verantwortlichen antworteten, da Frankreich ein besonderes Land sei, könne man einen solchen Slogan nicht ohne vorherige Prüfung einsetzen, besonders deshalb, weil die Wettbewerbsmarke Philips schon mit dem Slogan „Heute ist schon morgen" werbe. Die Werbeagentur Equateur, spezialisiert auf das Problem Marke, wurde beauftragt, eine Studie über die Möglichkeiten der Marke Toshiba auszuarbeiten. Konform mit der Logik der Markenidentität (wonach die Wahrheit der Marke in ihr selbst liegt) wurden alle kommunikativen Vorstellungen und Umsetzungen des japanischen Managements analysiert, um ein Identitätsprisma für Toshiba zu erstellen. Das Ergebnis waren fünf Kommunikationsachsen, jede mit anderen Slogans. Insgesamt wurden etwa 40 Slogans getestet. Der Slogan, der übereinstimmend gut bei Industriekunden, Mitarbeitern und auch beim Verbraucher ankam, war „Toshiba, die Marke von morgen". Dies ist nun aber genau die Übersetzung des internationalen Toshiba-Slogans (In touch with tomorrow). Das ethnozentristische Verhalten der Organisation hatte die lokale Relevanz des internationalen Slogans aufgezeigt!

Um eine Marke zu internationalisieren, müssen die Entscheidungsprozesse und im allgemeinen auch die Strukturen modifiziert werden.

Ohne das Unternehmen Mars, das die Funktion des regionalen Marketingleiters ganz gestrichen hat, als Vorbild nehmen zu wollen: Die Globalisierung bindet das Marketing, das bisher – im Gegensatz zu den Unternehmensbereichen Unternehmensplanung, Forschung und Entwicklung und Finanzwesen – stark dezentralisiert war, wieder enger an die Unternehmenszentrale oder zumindest an ein überregionales Zentrum (z.B. Europa) an. Die Niederlassungen konzentrieren sich auf Verkauf, Vertrieb, Verkaufsförderung und Adaption der Markenkommunikation. Um die negativen Auswirkungen einer solchen Struktur auf Motivation und Loyalität der Marketing-Manager auszugleichen, haben Unternehmen mit internationalen Marken Pläne für multinationale Karrieren entwickelt. Das Problem ist, das lokale Management zu ent-„ethnozentrieren". Heute wird versucht, auf dem internationalen Markt Mitarbeiter zu finden, länderübergreifend vorzugehen. Auch werden bevorzugt Personen ins Marketing aufgenommen, die eine ganz andere Ausbildung haben, denn eine spezielle Marketingausbildung lenkt den Blick zu einseitig auf spezifische Erwartungen anstatt auf verbindende und länderübergreifende Elemente. Was das Budget betrifft, so bleibt ein bedeutender Teil unter lokaler Verwaltung, um eine gewisse Entscheidungsfreiheit zu garantieren und damit das Interesse der Mitarbeiter an ihrer Aufgabe zu erhalten.

Um Marken globalisieren zu können, muß die Werbung in einem einheitlichen System koordiniert werden, was die kreative Homogenität, den Austausch von

Informationen und Menschen und die Bildung eines zirkulierenden Know-how fördert. Hier können verschiedene Methoden zur Anwendung kommen:

- Es werden mehrere Agenturen beauftragt, eine Kampagne auf der Basis derselben Vorgaben auszuarbeiten. Die besten werden dann in jedem Land getestet. Das Ergebnis wird dann entweder unter Druck eingeführt oder zumindest den einzelnen Niederlassungen nahegelegt, die sich natürlich immer noch dagegen entscheiden können. Die Durchführung einer internationalen Kampagne kann sowohl zentralisiert sein, was Einsparungen maximiert (Coca-Cola), es ist aber auch möglich, sie zu dezentralisieren. Marken, die ihr Image auf berühmten Starrepräsentanten aufbauen, werden also je nachdem von Weltstars (Tina Turner, Michael Jackson für Pepsi Cola, Borg für JVC) oder von regionalen Stars (Schauspielerinnen des Landes für Woolite) präsentiert.

- Es wird nur eine Agentur beauftragt, und zwar entsprechend der Bedeutung des jeweiligen Marktes (Leadagentur im Network).

Auf jeden Fall braucht selbst eine dirigistische Internationalisierung Strukturen und Abläufe, die Überzeugungsarbeit, Abstimmung und Zustimmung organisieren. Europäische Firmen bauen heute alle multinationale Teams auf, in denen europäische Manager einer Marke mit einem Teamchef arbeiten. In diesem Zusammenhang darf man nicht vergessen, daß die Internationalisierung von Marken nicht nur wirtschaftliche Gründe hat, sondern daß sie auch dazu beitragen soll, die besten Ideen zu finden und diese dann in einem möglichst weiten Bereich einzusetzen. Die Idee, den Fruchtzwerg von Gervais mit der Nahrhaftigkeit eines kleinen Steaks zu vergleichen, stammt ursprünglich aus Brasilien und wurde dann auf Europa ausgedehnt. Die Globalisierung darf die kreative Arbeit nicht verwässern. Europäische Markenmanager glauben, daß der europäische Binnenmarkt für die Kommunikation negative Folgen haben könnte: 46% der befragten Manager (siehe nachstehend aufgeführte Studie) denken, daß, „wenn Werbekampagnen europaweit vereinheitlicht werden, gute, kreative Ideen verloren gehen können". Das Ziel einer „gesunden" Internationalisierung sollte aber sein: gute Marketingideen zu finden und diese dann auf alle Länder zu verteilen.

Die Auswirkung des europäischen Binnenmarktes

Wir alle erwarten, daß der europäische Binnenmarkt viele Änderungen für Güter- und Dienstleistungsmärkte innerhalb der Europäischen Gemeinschaft mit sich bringt. Aber bis zu welchem Ausmaß? Wie kann man sich darauf am besten vorbereiten? Und welche Konsequenzen hat der Binnenmarkt für Marken, Marketing und Kommunikation?

248

Dieses Thema war Gegenstand einer paneuropäischen Befragung, die der Autor und G. Laurent zusammen mit Lintas bei Managern (die international operieren), bei Geschäftsführern und Marketing-Managern großer europäischer Werbetreibender durchgeführt hat. 500 Fragebogen wurden in alle europäischen Länder, einschließlich Skandinavien, geschickt. Je nach Bestimmungsland waren die Bogen in englisch, französisch, deutsch, spanisch, finnisch, holländisch und italienisch verfaßt. 147 Fragebogen kamen zurück und wurden analysiert, was einer Quote von fast 30% entspricht und zeigt, daß Unternehmen sich ernsthaft mit dieser Problematik auseinandersetzen. Die Fragebögen wurden im Land übersetzt und von Lintas auf dem Postweg verschickt. Zu 23 Fragestellungen, die mögliche Auswirkungen des europäischen Binnenmarktes 1992 auf Werbung und Markenmanagement betrafen, wurde die Meinung der europäischen Führungskräfte erfragt. Bei jedem Punkt (z.B. daß 1992 viele kleine lokale Marken verschwinden werden) wurde auf der Antwortseite angeboten:

- Denken Sie auch, daß 1992 tatsächlich solche Auswirkungen auf Marketing und Werbung zu erwarten sind?

- Sind Sie und Ihr Unternehmen persönlich von einer solch möglichen Konsequenz betroffen?

Wo erwarten europäische Marketing- und Werbemanager nach 1992 Änderungen? Um diese Frage zu beantworten, wurden verschiedene Möglichkeiten in einer Rangfolge aufgelistet (siehe Abb. 30).

1. Aus der Umfrage ging hervor, daß fast alle Unternehmen (fast 80%) das Entstehen eines neuen Rahmens für das Marketing erwarten. Einmal wird sich das legale Umfeld grundlegend ändern. Das bekannte Urteil zum Cassis de Dijon zeigt schon, daß die Gemütlichkeit vorbei ist, wenn Märkte, die bis jetzt durch restriktive nationale Gesetzgebung geschützt sind, für den Wettbewerb aus anderen europäischen Ländern geöffnet werden. Dieser juristische Protektionismus ist überholt und wird das Eindringen ausländischer Marken nicht verhindern können, was bisher aufgrund solcher Winkelzüge ausgeschlossen war. Auch die Tatsache, daß der Einflußbereich der Medien heute weit über politische Grenzen hinausgeht und diese Tendenz sich nach Meinung der Befragten noch verstärken wird, erleichtert es ausländischen Marken, den Markt zu betreten und impliziert gleichzeitig eine Rationalisierung des Markenportfolios.

2. Außerdem wird der europäische Binnenmarkt die Unternehmen zwingen, ihre Entscheidungen und Strategien der Kommunikationspolitik zu vereinheitlichen. Dennoch dürften nicht alle strategischen Entscheidungen gleichermaßen betroffen sein. 86% der Befragten glauben, daß die Vereinheitlichung für die „corporate identity", die Identität des Unternehmens, absolut notwen-

dig ist: Chamäleon-Unternehmen, die in jedem Land einen anderen Namen haben, wird es nicht mehr geben. Das klassische Argument, der Firmenname müsse in Spanien spanisch, in Deutschland deutsch und in Frankreich französisch sein, ist überholt. 1992 wird auch zur Vereinheitlichung der Markennamen führen (dies glauben 78%). Ein Produkt, das in England Pledge heißt, kann dann in Frankreich nicht mehr Pliz oder in Italien Pronto heißen. 72% der Befragten glauben, daß der Trend in Richtung einer einheitlichen Positionierung der Marke geht, und 69% denken, daß auch das Packaging vereinheitlicht werden muß. Produkte wie Pouss Mouss (für Kinder in Frankreich) und Douss Douss (für italienische Frauen) können dann nicht mehr nebeneinander existieren. Auch Camay muß ihre englische Positionierung (mild auf der Haut) der internationalen (Seife der Verführung) anpassen, was wiederum zu einer europaweit einheitlichen Werbekampagne führen wird (dies glauben 65% der Befragten). Hier zeigt sich also eine globale Tendenz, alles zu vereinheitlichen, wobei aber länderspezifische Situationen durchaus berücksichtigt werden sollten.

3. Außerdem glauben die Befragten an eine Intensivierung des Wettbewerbs, d.h., es wird mehr investiert werden müssen, um den Share of Voice zu halten (70%). Die Profitabilität einiger Marken wird sich verringern (64%), denn neue Marken werden auf den Markt drängen (64%). Für kleine lokale Marken dürfte dies fatal sein (60%), die Situation verlangt mehr Verkaufsförderung beim Handel und beim Verbraucher (60%). Nun wird klar, warum nur 50% der Befragten Optimismus zeigten und erklärten, daß die Öffnung des europäischen Marktes gewinnbringend sein wird (nachher werden wir noch sehen, daß die pessimistischen Ansichten auf ganz bestimmte Länder verteilt sind).

4. Der europäische Binnenmarkt wird auch die Organisation der Arbeit beeinflussen. Andere Möglichkeiten werden sich auftun, z.B. die zentralisierte Produktion von Fernsehspots (64%), der zentrale Media-Einkauf (50%). 60% erwarten zentrale Entscheidungsinstanzen zur Werbung. Schließlich glaubt jedes zweite Unternehmen, daß das Jahr 1992 die Konzentration auf eine Agentur oder ein Agentur-Network mit sich bringt.

Wir wollten damit einen Querschnitt von Meinungen ermitteln, eine Synthese aus allen Antworten. Aber vor lauter Wald darf man die Vielfalt der Bäume nicht aus den Augen verlieren. Aus der typologischen Analyse geht hervor, daß die Befragten sich in drei Gruppen aufteilen und drei sehr unterschiedliche Ansichten über die Auswirkung des europäischen Binnenmarktes ab 1992 vorhanden sind. Nachstehend soll dieses Phänomen illustriert werden. Zwei fundamentale Faktoren strukturieren die Vorstellung der Marketing- und Werbemanager in bezug auf 1992: einerseits ein wachsender Wettbewerb und andererseits ein zentralisiertes Vorgehen.

Denken Sie, daß dies eintreten wird? (sicher oder wahrscheinlich)

1. Dieselbe „corporate identity" Ihres Unternehmens europaweit   86%
2. Eine rechtliche Struktur, die in allen europäischen Ländern
   gilt (Rechtsprechung von „Cassis de Dijon")   85%
3. Die Einführung vieler neuer paneuropäischer Regelungen
   in Ihrer Branche   83%
4. Verstärkte grenzübergreifende Medienwirkung   82%
5. Europaweit derselbe Markenname für Ihre Produkte   78%
6. Trend zu einer europaweit einheitlichen Produktpositionierung   72%
7. Bedarf an höheren Investitionen in die Werbung, um den
   Share of Voice zu halten   70%
8. Standardisierte und mehrsprachige Packung und Etiketten
   Ihrer Produkte für alle europäischen Länder   69%
9. Europaweite Vereinheitlichung der Werbekampagnen   65%
10. Zentralisierte Produktion von Fernsehspots   64%
11. Das Entstehen vieler neuer Wettbewerbsmarken in Ihrer
    Branche   64%
12. Der Wettbewerb veringert die Rentabilität Ihrer Marken
    und erhöht die Marketingausgaben   64%
13. Die Werbeagenturen sind vorbereitet auf die neue Situation
    1993   62%
14. Viele kleine lokale Marken werden verschwinden   60%
15. Ansteigen der Aktivitäten im Promotionbereich
    (Verkaufsförderung und Plazierungskosten)   60%
16. Europaweite Zentralisierung des Media-Einkaufs   60%
17. Europaweite Entscheidungsinstanz über Werbung
    in Ihrem Unternehmen   60%
18. Händler, die Ihre Marken direkt über die Grenzen hinweg
    importieren und damit Ihrer Kontrolle entziehen   56%
19. Die Organisation Ihres Unternehmens wird sich ab 1992
    ändern   54%
20. Eine Agentur (egal wo) entwickelt europaweite Werbung   52%
21. Für jede Ihrer Marken ein einziges, europaweites
    Agentur-Network   51%
22. Ihr Unternehmen wird mittelfristig, aufgrund der Öffnung
    des europäischen Marktes, höhere Gewinne erzielen   50%
23. Werden die Werbekampagnen europaweit vereinheitlicht,
    gehen dabei eventuell gute Ideen verloren   46%

Abb. 30: *Auswirkung des europäischen Binnenmarktes (Pan European Survey Kapferer-Laurent-Lintas) (Basis: N = 147)*

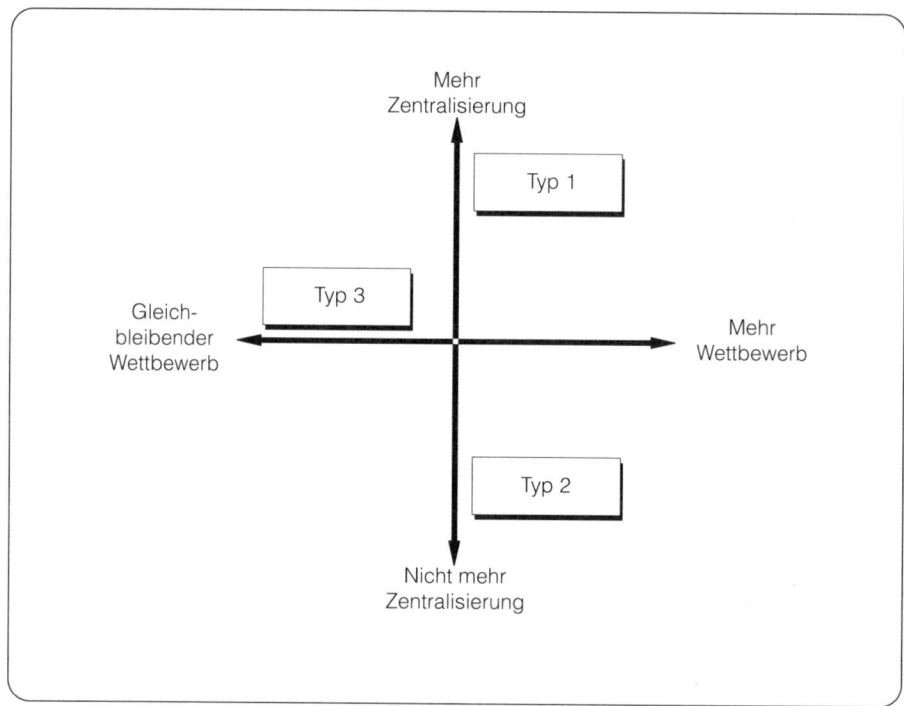

Abb. 31: *Typologie der Ansichten über den europäischen Binnenmarkt*

a) Der erste Typ repräsentiert 42% der befragten Unternehmen. Man kann sie als „Voluntaristen" bezeichnen. Einerseits erwarten sie eine Intensivierung des Wettbewerbs (mehr Marken in ihrem Markt, höhere Ausgaben werden notwendig). Gegen diese stürmische Veränderung, die sie kommen sehen, organisieren sie sich. Sie fragen sich, ob die gesamte Strategie vereinheitlicht werden soll oder nur teilweise und ob sie das Unternehmen intern neu organisieren sollen, und zwar mit dem Ziel zentralisierter europäischer Entscheidungen. Hier bleibt noch anzumerken, daß dieser Typ an eine positive Entwicklung ab 1992 glaubt (61%).

b) Die Unternehmen des zweiten Typs machen 36% der Befragten aus. Auch sie sehen eine Intensivierung des Wettbewerbsdrucks kommen (allerdings in schwächerem Ausmaß) und fühlen sich davon auf ihrem Markt direkt betroffen. Aber sie glauben nicht, daß ab 1992 mehr Zentralisierung bei der Gestaltung der Werbung in Europa notwendig wird (oder eine Homogenisierung der Kommunikationsstrategien). Obwohl man eine möglicherweise entscheidende Veränderung kommen sieht, wird lieber abgewartet. Auf keinen Fall etwas in Richtung Zentralisierung und/oder Homogenisierung unternehmen.

c) Die Unternehmen des dritten Typs (22% der Befragten) denken, daß das Jahr 1992 ihren Markt überhaupt nicht beeinflussen wird. Dieser Typ umfaßt wahrscheinlich zwei Unternehmensmodelle:

- die, die schon seit langem „europäisiert" (oder international) sind und für die 1992 schon gestern war,

- und die, die glauben, daß 1992 eher Symbolbedeutung und eher politische Dimensionen als konkrete Auswirkungen auf die wirtschaftliche Situation hat: Sie glauben nicht, daß sich die Wettbewerbssituation durch den europäischen Binnenmarkt grundlegend verändert.

Nun stellt sich noch die Frage, ob die Antworten sich länderspezifisch unterscheiden. Obwohl in dieser Studie viele Länder berücksichtigt worden sind, ist die Zahl der beantworteten Fragebogen pro Land doch zu verschieden, um statistisch signifikante Schlüsse ziehen zu können. Aber man kann die Antworten der Unternehmen aus dem angelsächsischen Raum denen aus Deutschland oder Frankreich gegenüberstellen. Die Sprache des Fragebogens ist hier Kriterium. 43 der zurückgesandten Fragebogen waren in französischer Sprache verfaßt, das bedeutet, daß etwa 30 aus Frankreich kamen und der Rest aus Belgien und der frankophonen Schweiz. Die deutschen Fragebogen kamen aus Deutschland und der deutschsprachigen Schweiz. Englische Fragebogen kamen aus England und von amerikanischen oder skandinavischen Firmen mit Sitz in Europa. Der Vergleich zeigt kulturell fundierte Ansichten, die politische Grenzen überschreiten.

Es besteht eine eindeutige Gegensätzlichkeit zwischen den deutschen und französischen Antworten, während die englischen eher zwischen beiden anzusiedeln sind.

- Es ist bezeichnend, daß die französischen Antworten im Hinblick auf die ab 1992 zu erwartenden Gewinne extrem pessimistisch sind! Diese Unternehmen erwarten auch eine Vereinheitlichung der Kommunikation (und zwar was Namen des Unternehmens, Markennamen, Positionierung, europäisierte Packung usw. betrifft).

- Die deutschen Antworten zeigen eine völlig gegensätzliche Einschätzung der Situation: 61% erwarten nach 1992 höhere Gewinne und stufen eine vereinheitlichte Kommunikation (die wahrscheinlich schon seit einigen Jahren in die Wege geleitet ist) als nicht so dringlich ein.

- Die englischen Antworten zeigen, daß man hier am meisten mit einer Zentralisierung von Entscheidungen und Organisation (Media-Einkauf, Network) und der Anpassung der Agenturen an das 1992 entstehende neue Umfeld rechnet. Man muß in diesem Zusammenhang berücksichtigen, daß die meisten europäischen Networks englischen und US-amerikanischen Ursprungs sind.

Wege zur Kohärenz

Es ist eine Sache, die Kommunikationspolitik für ein Produkt zu homogenisieren (z.B. der Marsriegel oder das Poliermittel Pliz), aber eine ganz andere, das Image internationaler Dachmarken, Multiprodukt- oder Multimarkt-Marken homogen zu führen. Marken wie Bull, IBM, GSI oder Alcatel bieten viele Produkte an und sind auf verschiedenen Märkten präsent. Auch das internationale Management von Sortimentsmarken, die zahlreiche Produkte mit unterschiedlichem Charakter umfassen (Beispiel: Automobilmarken), erweist sich als schwierig. Viele dieser Marken haben ihre Kommunikationspolitik bereits vereinheitlicht, und zwar mit Hilfe eines Manuals, das die Regeln für Typografie, Gestaltung des Logos, Farbcodes und den Aufbau des Layouts festlegt. Dies ist sicher ein Schritt in die richtige Richtung, wobei aber sicher der Hintergrund und der Inhalt des so vereinheitlichten Images noch außer acht gelassen sind.

Um ein einheitliches Erscheinungsbild der Marke zu vermitteln, gibt es verschiedene Methoden. Einmal kann man Werbekampagnen für internationale Marken zentral organisieren. AT&T oder Alcatel kommunizieren die Werte ihrer Namen in internationalen Medien. Um regionalen Erfordernissen Rechnung zu tragen, schlägt die Firma AT&T jedem Land verschiedene Alternativen (z.B. mehrere Anzeigen) innerhalb derselben Kampagne vor. Die lokale Niederlassung kann dann selbst wählen.

Marken, die ausschließlich über Produkte kommunizieren, müssen Konzept und Inhalt in der Produkt- oder Dienstleistungswerbung transparent machen. Als Minimum wird die systematische Präsentation der Marke verlangt. Deshalb muß die Werbung der Marke Toshiba weltweit den internationalen Slogan (zumindest in der Übersetzung) „In touch with tomorrow" einschließen; darüber hinaus ist den Niederlassungen jedoch völlige Handlungsfreiheit gegeben. Eine zweite Möglichkeit besteht darin, ein Manual mit Richtlinien für den Markenauftritt herauszugeben: Hier sind dann die Schlüsselworte zu finden, die grundlegenden Kommunikationselemente sowie stilistische Empfehlungen. Auch eine Auflistung der Verbote ist manchmal dabei, obwohl die meisten Marken es vorziehen, Verbote nicht beim Namen zu nennen. Jede Werbung für die Marke Porsche muß zuerst der Unternehmenszentrale in Stuttgart vorgestellt werden. Möglicherweise wird die Empfehlung abgelehnt, weil sie nicht die Idee wiedergibt, die Porsche von Porsche hat. Anstatt eine Negativliste aufzustellen, die vielleicht zu vieles ausschließt oder auch zu wenig, werden Verbote nicht ausdrücklich genannt. Die Kriterien einer Ablehnung werden nur am konkreten Beispiel verständlich.

Um dem Verbraucher Markeninhalt und -werte nahezubringen, hat die Gruppe GSI einen originellen Weg eingeschlagen: Anstatt ein Glossar von Schlüsselworten, ein verbales Repertoire, zu liefern, erhalten die verschiedenen Bereiche ein Angebot an Bildern. Diese zeigen Personen, Orte, Büros, Symbole, Dekors usw., die alle einen ganz besonderen Stil haben. Jeder Bereich oder jede Niederlassung kann die Werbung individuell zusammensetzen, muß aber diese visuellen Bausteine verwenden. Der Unterschied zwischen verbalen Vorgaben und Bildern ist ganz wichtig. Oft werden die verbalen Vorgaben als Zwang erlebt, sie spezifizieren Worte zur Verdeutlichung von Charakter und Kultur der Marke. Die Bilder aber vermitteln ein Gefühl der Entscheidungsfreiheit. Die Niederlassung oder Division von GSI benutzt das Angebot, um das gewünschte Thema oder die gewünschte Mitteilung transparent zu machen. Worte und Ausdrücke können frei gewählt werden, nur die visuellen Bausteine (die übrigens weltweit gleich sind) müssen entsprechend zusammengesetzt werden. Natürlich richtet sich die Wahl der Bilder aus diesem Angebot nach dem Konzept und der Identität der Marke. Die Methode geht auf die Organisation des Unternehmens zurück. GSI wird auf partizipative, autonome und dezentralisierte Art und Weise gemanagt (Crozier, 1989) und lehnt deshalb restriktivere Richtlinien für die Kommunikationspolitik ab. Außerdem schadet es dem Markenimage mehr, wenn die Marke keine Identität vermittelt, als wenn die Worte zur Marke in der Kommunikation nicht völlig übereinstimmen. GSI homogenisiert die Darstellung der Marke.

Das Unternehmen Bull, das zentraler organisiert ist (naturgemäß und auch aus der Not heraus), muß seine Marke global und kompromißlos in allen Ländern und Aktivitäten führen. Deshalb setzt die Marke ihr visuelles Symbol, den Baum, ein, und zwar in allen Werbekampagnen (ob sie nun für die Marke, Produkte oder Märkte konzipiert sind). Jedes Land kann dieses Symbol individuell einsetzen, aber es muß in allen Kampagnen erscheinen. Die Entscheidung für eine internationale Kommunikation muß also immer im Zusammenhang mit Organisation und Managementstil des betreffenden Unternehmens gesehen werden.

Die Steuerung der Übergänge

Bis heute verfolgen die meisten Unternehmen eine multilokale Strategie, d.h., sie verfügen über eine Art Patchwork regionaler Marken, wenn nicht gar ein wahres Marken-Durcheinander. Unilever benutzt in Frankreich die Marke Captain Iglo für Tiefgefrorenes. In England heißt das Produkt Captain Bird's Eye und in Italien Captain Findus; hier benutzt die Unilever gar einen Namen, der überall sonst dem Wettbewerber Nestlé gehört! Nestlé bietet in Frankreich Gervais-Eis an, obwohl Gervais eine führende Marke des Wettbewerbers BSN ist. Solcher Wirrwarr muß eine Ende haben. Der Übergang zu einer einheitlichen Marke bedeutet mathematisch gesehen, daß Dutzende von lokal sehr bekannten Marken verschwinden werden: Pedigree wird Pal in Frankreich ersetzen, Dulux wird vielleicht Valentine ersetzen, im Juni 1988 ist Nacht und Tag zu Night & Day geworden, Treets wurde durch M&M's und Raider durch Twix ersetzt.

Welche Kriterien sind entscheidend bei der Beurteilung, ob eine Marke vom Markt genommen werden soll oder nicht? Alle Marken verfügen über einen regionalen Bekanntheitsgrad, und deshalb müssen das internationale Potential eines jeden Markennamens und die Risiken, die entstehen, wenn man eine bekannte Marke durch eine unbekannte ersetzt, analysiert werden. Ganz allgemein kann man sagen, daß beschreibende Namen keine gute Ausgangsbasis für die Internationalisierung sind. Procter & Gamble mußte die deodorierende Seife Safeguard vom französischen Markt nehmen, denn der Name war für den Durchschnittsverbraucher nicht nur unaussprechlich, sondern er war außerdem nicht zu übersetzen. Amerikaner lieben direkte Namen, die ohne Umwege den Produktnutzen beschreiben, siehe Head & Shoulders (Antischuppen-Shampoo) und Safeguard (eine Seife gegen Transpiration). In den romanischen Ländern können solche intimen Probleme jedoch nur andeutungsweise und indirekt angesprochen werden. Aufgrund der Internationalisierung werden Namen, die keine beschreibende Funktion haben (Ariel, Dash, Skip, Kodak, Agfa), in den Vordergrund treten oder aber solche, deren ursprünglicher Sinn nicht mehr zu erkennen ist (Bull, Tide, IBM). Beschreibende Namen haben auch noch den Nachteil, daß sie „fremd" klingen (wenn sie exportiert werden). Deshalb mußte Mr. Clean in Meister Proper umgewandelt werden. Der Kaffee Nacht und Tag konnte jedoch problemlos in Night & Day umbenannt werden, denn das Produkt Kaffee mutet de facto überall „fremd" an. Jacobs wird sich entscheiden müssen, wie sie den Namen Carte Noire internationalisieren soll: Black Card hat auch in englisch keine Bedeutung. Für die Beibehaltung des Namens in Frankreich spricht, daß Kaffee auch in Frankreich ein „fremdes" Produkt ist. Von beiden Übeln scheint das erste kleiner zu sein.

Es wird nicht immer rational vorgegangen, wenn sich ein Unternehmen entscheidet, eine Marke vom Markt zu nehmen. In Europa wird mehr Pal verkauft als Pedigree in England; dennoch entschied man sich für den englischen Markennamen, obwohl dieser in Europa unbekannt war. Geschieht dies aus Ethnozentrismus? Außerdem wäre hier auch noch zu bedenken, daß Pedigree einen international verständlichen Sinn hat und daß dieser Name eng mit einem kreativen Konzept zusammenhängt (das Produkt wird als von Hundezüchtern empfohlen beworben). Bei Johnson kann man sich fragen, welcher der drei Namen (Pledge, Pliz, Pronto) zum europäischen Markennamen wird. Wie auch immer die Entscheidung ausfallen wird, die Übergangsphase muß gesteuert werden, denn die Namensänderung darf Marktanteile und lokale Besitzstände nicht gefährden. Bisher gibt es drei Strategien: die progressive Verschmelzung, den informationsgestützten Übergang oder den glatten Bruch.

Die progressive Verschmelzung bietet die Möglichkeit, die zukünftige einheitliche Marke als neuen Produktnamen einzuführen. Mit der Zeit wird dann der Produktname vorherrschend, und die alte Marke verschwindet. Pedigree wurde 1989 als Pedigree von Pal auf dem französischen Markt eingeführt. Während einer Übergangsphase baute Pedigree einen Bezug zum Verbraucher auf, und Pal diente als Garantie. Andere sanfte Übergangsmethoden wurden bereits im vorigen Kapitel analysiert (siehe S. 225).

Der Fall Night & Day demonstriert den informationsgestützten Übergang. Dies wollen wir im Detail erläutern. 1976 wurde das Sortiment von Jacques Vabre mit drei Produkten in Frankreich eingeführt: Nectar, Régal und Nuit et Jour. Ende 1976 wurde Nuit et Jour zum meistgekauften koffeinfreien Kaffee (nach Sanka), und zwar dank einer originellen Positionierung (ein Vergnügen für den ganzen Tag) und, verglichen mit Sanka, hohen Investitionen in der Werbung. Die Marke entwickelte sich positiv: 1985 hielt Nuit et Jour 42% des Marktes. Bestärkt von dem Erfolg, führte Jacobs, Hauptaktionär des Unternehmens, dieses Produkt auch in anderen Ländern ein und paßte es den jeweiligen regionalen Bedingungen an: Das Produkt hieß in Deutschland, Österreich und der Schweiz Nacht und Tag, in den USA und Kanada Night and Day. Diese Art der Internationalisierung entspricht eher dem flexiblen Export eines bewährten Konzeptes als einer methodischen und kohärenten Internationalisierung. Das Ausgangskonzept wurde überall der lokalen Marktsituation angepaßt.

Anfang 1987 beschloß Jacobs jedoch, eine internationale Marke für Spitzenkaffee aufzubauen, genannt Jacobs. Dieses Spitzenprodukt sollte auf führenden Produkten alter Marken aufbauen. In Frankreich standen Nuit et Jour und Carte Noire zur Verfügung, die zwar marktführend waren, aber relativ unabhängig von ihren Muttermarken (im ersten Fall Jacques Vabre, im zweiten Grand-Mère). Jacobs entschied sich für Night & Day als internationalen Markennamen und engagierte eine Werbeagentur, die in 40 Ländern vertreten ist. Bei der Einführung der neuen Marke wollte man von dem neuen, verbesserten Verfahren der Entkoffeinierung profitieren. In Frankreich wurde der Übergang im Juni 1988 eingeleitet, mit zwei Kommunikationsstufen:

• Vor dem Monat Juni wurden alle Packungen mit einem Etikett ausgestattet, das die Namensänderung ankündigte („Bald wird Nuit et Jour Night&Day heißen").

- Ab Juni wurde der Übergang auf der Rückseite einer Übergangspackung erläutert: „Ihr koffeinfreier Kaffee Nuit et Jour wird künftig Night & Day heißen. Der Name wird geändert, damit der Kaffee auch in anderen europäischen Ländern die Genießer von koffeinfreiem Kaffee begeistern kann. Night & Day wird durch ein natürliches Element, nämlich klares Wasser, entkoffeiniert und hat deshalb das ganze Aroma und den Reichtum eines großen Kaffees."

- Parallel dazu informierte im Juli 1988 Rundfunkwerbung über die Namensänderung („Night auf englisch heißt Nacht, und Day, nun, das bedeutet Tag. Night & Day von Jacobs: Kaffee, den man Tag und Nacht genießen kann. Welch fabelhafte Lösung für das Europa von morgen").

Jacobs hatte also beschlossen, den Verbraucher vorzubereiten und die Internationalisierung aufzuwerten, indem er die Namensänderung für alle sichtbar gestaltete.

Die Gruppe Mars wandte eine ganz andere Methode an. Ohne weitere Vorankündigung wurde das Produkt Treets im Dezember 1986 vom Markt genommen. M&M's wurde quasi als neues Produkt eingeführt, mit dem berühmten Werbeslogan von Treets (schmilzt im Mund, nicht in der Hand). Man nutzte die Möglichkeiten der alten Marke kaum aus, auf Packung und in Werbespots wurde lediglich angegeben: „Vom Treets-Hersteller". Drei Jahre später hatte sich die Situation noch immer nicht gebessert: In Frankreich konnte der frühere Marktanteil mit Mühe und Not wieder erreicht werden (und zwar mit zwei Produkten statt wie früher mit einem). In Deutschland liegt der Marktanteil noch immer hinter dem früheren zurück. Der Mißerfolg dieser Strategie ist damit zu erklären, daß die Erwachsenen sich noch aus ihrer Kindheit an die Marke Treets erinnern. Wenn die Zielgruppe nur aus Jugendlichen bestanden hätte, wäre die Strategie erfolgreich gewesen, aber M&M's verfügt noch nicht über dasselbe Markenkapital wie Treets. An dieser Stelle ist daran zu erinnern, daß das Endziel einer Markenpolitik nicht Einsparungen sind, sondern höhere Erträge für das Unternehmen. Globalisierung um jeden Preis muß unter Umständen teuer bezahlt werden. Pragmatismus ist hier angebracht.

Teil 3

Die Perspektiven der Marke

Kapitel 10
Marke, Produkte, Unternehmen und Institution

Die Marke vereinigt nicht alle kommunikativen Aktivitäten eines Unternehmens auf sich. Davon zeugt die Vielzahl von Unternehmensberatungen, die im Bereich Kommunikation für das Unternehmen, für eine Institution, auf internationaler Ebene oder im finanziellen Bereich und Personalwesen tätig sind. Neue Anbieter außerhalb der traditionellen Werbeagentur beweisen, daß es eine Kommunikation des Unternehmens gibt: Die Marke ist nur eine Art, in der Unternehmen kommunizieren.

Diese neue Angebotssituation schafft ein zweifaches Problem, nämlich konzeptioneller und praktischer Art. Das konzeptionelle Problem entsteht aus der terminologischen Konfusion aufgrund der vielen neuen Formen der Kommunikation. Viele PDG (dt. – Manager, Geschäftsführer, Anm.d.Ü.), die den Unterschied zwischen Marke und Produkt erfaßt hatten, stehen ratlos vor der Vielzahl von Kommunikationskonzepten, die eine Institution oder ein Unternehmen auf regionaler und internationaler Ebene darstellen sollen. Außerdem weisen diese Konzepte nicht immer einen präzisen Bezug zur Kommunikation der Marke auf. Dieses Durcheinander ist auf drei Faktoren zurückzuführen: Einerseits sind verschiedene Konzepte anglo-amerikanischen Ursprungs, d.h., sie haben in anderen Sprachen gar kein Äquivalent. Die „corporate communication" ist beispielsweise so ein Anglizismus; viele denken dabei an jede Art von Kommunikation, die nichts mit Produktwerbung zu tun hat. Nun unterscheidet sich jedoch die Marke vom Produkt, und deshalb sollten die beiden Gebiete voneinander abgegrenzt werden. Um den englischen Begriff zu übersetzen, werden auch andere Umschreibungen gebraucht: Man spricht in diesem Zusammenhang (corporate: d.h., man bezieht sich auf den Körper des Unternehmens) auch von institutioneller oder Unternehmenskommunikation. Werden diese Begriffe der Sache wirklich gerecht? Dieses Durcheinander, das genährt wird durch eine Terminologie, die von Berater zu Berater unterschiedlich ist, hat die schlimme und paradoxe Folge, daß Kommunikation auch innerhalb des Unternehmen eine ziemlich undurchsichtige Sache wird!

Ein zweiter verwirrender Faktor ist die Tatsache, daß oft Marke, Produkte und Unternehmen denselben Namen haben! Henkel und ICI gelingt es relativ einfach, die spezifischen Funktionen und Bereiche der „corporate communication" und der Markenkommunikation zu unterscheiden. Henkel ist der Körper (das Unternehmen) und Le Chat, Persil usw. sind die Marken. Das Unternehmen ICI hat neben Dulux und Valentine noch viele andere Marken. Bei IBM, Bull, Renault, BMW oder Essilor liegt der Fall anders (Beispiel: Bull-Produkte heißen alle Bull). Diese Methode erfreut sich immer größerer Beliebtheit. Wie wir gesehen haben, wurden viele japanische Unternehmen umbenannt und bekamen den Namen ihrer Spitzenmarke. Man nennt dieses Verfahren fälschlicherweise „corporate branding", denn augenscheinlich handelt es sich um ein „brand corporating": Tokyo Tsuhin Kogyo (Tokyo Telecommunications Industry Co.) wurde umbenannt in Sony Inc., da die Marke Sony sich international durchgesetzt hatte (M. Yoshimori, 1989). In Frankreich wurde die Gesellschaft CGE am 1. Januar 1991 in Alcatel-Alsthom (die beiden Spitzenmarken der Firma) umbenannt; künftig werden also Marke, Produkte und Unternehmen denselben Namen tragen. Das ist auch die Praxis von Canon, Shell oder Carrefour (dessen Firmenname gleichzeitig Marke für bestimmte Produkte ist). Die Identität des Namens erfordert dringend eine konzeptionelle Klassifizierung zwischen den verschiedenen Formen der Kommunikation, ihren Zielen, ihrer Legitimation und ihren konkreten Modalitäten.

Im Dienstleistungssektor ist dieses Bedürfnis deutlich spürbar, denn Marken- oder Produktkonzepte sind hier unbekannt. Das Produkt ist hier immateriell, unsichtbar, abstrakt. Vergleichen wir Apple mit Cap Sogeti oder GSI: Apple verkauft Macintosh, GSI verkauft Softwareprogramme, also die Zeit seiner Mitarbeiter. Außerdem hat die Dienstleistungsindustrie sich immer mit ihren Firmennamen identifiziert: GSI, Barclay's Bank oder Axia sind Firmennamen. Man hat immer spontan nach der Dichotomie entschieden: institutionelle Kommunikation oder Dienstleistungskommunikation. Jetzt stellt man fest, daß die Namen auch wie Marken funktionieren. So schreibt B. Thiolon (1990), Generaldirektor des Crédit Lyonnais, daß „die Bank die Anfänge der Marke erlebt".

In diesem Kapitel sollen nicht nur Konzepte erläutert werden, sondern das hier Gesagte ist für strategische Grundsatzentscheidungen wichtig. Kommunikation gliedert sich in verschiedene Typen auf: Neben den traditionellen Werbeagenturen, die sich mit Marken- und Produktwerbung befassen, sind nun auch Agenturen entstanden, die „corporate", institutionelle, unternehmerische, internationale usw. Kommunikation gestalten. Jedes Unternehmen muß aber den passenden Typ selbst definieren, denn sonst liefert jeder Spezialist eine andere Diagnose, die seiner Weltanschauung und seinem Spezialgebiet entspricht. So war es im Sommer 1990 bei Essilor, einem Unternehmen, das auf dem Markt für Brillengläser weltweit führend ist. Angesichts bedeutender Veränderungen des Marktes – in der Distribution wie auch im Verbraucherverhalten – und einer Wettbewerbssituation (siehe S. 235), überlegte Essilor, ob sie zukünftig mit ihrem eigenen Namen werben sollte und nicht mehr mit den verschiedenen Produktnamen wie Varilux usw. Aber jeder diesbezüglich konsultierte Experte gab eine andere Diagnose: Der Spezialist für institutionelle Kommunikation gab die Empfehlung, mit dem Spitzenprodukt der Marke, der Brille für Weitsichtigkeit, zu werben. Der Spezialist für Unternehmenskommunikation empfahl eine Werbekampagne mit der Aussage, daß Essilor auf diesem Markt weltweit führend sei. Der Spezialist für die Markenkommunikation sprach sich für eine Werbekampagne mit dem Thema „High-Tech" aus. Wem sollte man nun glauben? Das Beispiel zeigt, daß die Unternehmen künftig selbst überall Einblick haben müssen, um den richtigen Spezialisten anzusprechen. Sie selbst müssen eine Diagnose stellen, und das setzt voraus, daß sie die Funktionen eines jeden Kommunikationstyps und die Beziehung der verschiedenen Typen untereinander verstehen.

Kommunikationsstrategien

Im Bereich Kommunikation müssen vier Ebenen unterschieden werden, die alle ein anderes Konzept, eine eigene Zielgruppe sowie einen unterschiedlichen Stil haben: die Kommunikation für das Unternehmen, für die Institution, für die Marke oder für die Produkte.

Die sogenannte Unternehmenskommunikation soll das Unternehmen für den Verbraucher transparent machen. Sie informiert über die Organisation des Unternehmens, dessen personelle, technologische und finanzielle Mittel, sowie über ihre wirtschaftlichen Ziele und Möglichkeiten. Der Inhalt dieser Kommunikation ist ökonomisch und beruht auf Fakten (Krief, 1986; Schwebig, 1988): Die Kriterien sind Genauigkeit und Wirklichkeitsnähe. Das heißt jedoch nicht – wie oft angenommen wird –, daß der Stil eintönig und rein verstandesmäßig ausgerichtet sein muß. Jedes Unternehmen hat einen eigenen Charakter, der auch in der Kommunikation zum Vorschein kommt. Die Zielpersonen dieser Kommunikation sind in der Regel die Mitarbeiter des Unternehmens, die Aktionäre, externe Lieferanten, Meinungsführer und Leute, die die wirtschaftliche, finanzielle und soziale Situation des Unternehmens analysieren wollen. Diese Kommunikation kann sich aber auch direkt an den Verbraucher richten, denn die Gesundheit eines Unternehmens und die Ressourcen, die hinter einer

Marke stehen, sind wichtig für die Kaufentscheidung. Wenn Renault oder Bull ihre Gewinne der Öffentlichkeit zugänglich machen, gehört dies in den Bereich der Unternehmenskommunikation. Wirbt Renault mit Automatisierung und technischem Fortschritt, dann soll damit das Image eines Technologie-Unternehmens aufgebaut werden, das wettbewerbsfähig ist. Dazu dient auch der Unternehmensbereich Renault Automation: Dieser Name soll dem Image Renault die Kompetenz von High-Tech geben, selbst wenn dafür ein hoher Preis bezahlt werden muß, denn dieser Unternehmensbereich stattet Peugeot und Citröen zwar mit Industrierobotern aus, kann aber aufgrund des Namens die Produkte nicht auszeichnen.

Einige Unternehmen weisen ein starkes Defizit in der Unternehmenskommunikation auf: Man weiß entweder nichts von ihnen oder jedenfalls nicht genug über sie. Wer weiß denn außer den Mitarbeitern und den Finanzexperten von Essilor, daß dieses Unternehmen in Forschung und Herstellung von Brillengläsern weltweit führend ist? Hier geht es nicht darum, Narzißmus oder Chauvinismus zu pflegen. Im Zeitalter des internationalen Wettbewerbs und konfrontiert mit dem leistungsstarken Image von japanischen oder deutschen (Zeiss) Unternehmen, ist es unbedingt nötig, daß Essilor der immer größer werdenden Gruppe von Verbrauchern seine Möglichkeiten, Tradition und Aktivitäten vorstellt. Dies bedeutet jedoch nicht ipso facto, daß hier eine großangelegte Werbekampagne durchgeführt werden muß: Die Werbung ist nur ein möglicher Faktor im Kommunikations-Mix. Andererseits würde eine derartige Aussage weltweit vielleicht nur Optiker, Ophtalmologen oder Optometristen beeindrucken.

Die sogenannte „institutionelle" Kommunikation stellt die Werte des Unternehmens vor und vermittelt die „Seele", die Aufgabe des Unternehmens. Nicht von ungefähr weist diese Form der Kommunikation eine steigende Tendenz auf. Nicht nur Verbraucher verlangen von großen Unternehmen, daß sie ihre Aktivitäten legitimieren. Wirtschaftliche und finanzielle Effizienz genügen nicht mehr, die Unternehmen müssen ihre soziale Berechtigung unter Beweis stellen. Je bedeutender ein Unternehmen ist – ob multinationales Unternehmen oder kleiner bzw. mittlerer Betrieb auf regionaler Ebene –, umso mehr muß es sich um die institutionelle Kommunikation kümmern, um seine Eingliederung in die Gesellschaft, um seinen ethischen und moralischen Wert im weitesten Sinn. Die institutionelle Kommunikation demonstriert, welchen Wert ein Unternehmen für die Gesellschaft hat. Es geht darum, sich nicht nur an Banken, Mitarbeiter, Verbraucher oder Lieferanten zu wenden, sondern auch an den Bürger in jedem von ihnen. Der Inhalt dieser Kommunikation ist moralisch, politisch oder philosophisch. Wirbt Rhône-Poulenc mit dem Slogan „Willkommen in einer besseren Welt" (es wird ein Baby gezeigt, das gerade geboren ist), will man damit sagen, daß das Unternehmen eine Institution ist, einer der wesentlichen Akteure der Gesellschaft im Dienste des humanen Fortschritts. Die Gruppe Leclerc hat die institutionelle Kommunikation weit ausgebaut: Auf ganzseitigen Anzeigen in Le Monde kritisiert Leclerc ganze Branchen, wie Banken, pharmazeutische Industrie und Buchhandel, und propagiert einen völlig freien Handel (nachstehend werden wir das strategische Interesse der Kommunikation von Leclerc analysieren): Solchermaßen macht die Firma die Werte transparent, die für dieses große Handelsunternehmen entscheidend sind.

Auch hier ist die Werbung nur ein Faktor der institutionellen Kommunikation. Der Geschäftsführer ist Wortführer der Institution: Er legt die Werte und den Sinn der Aktivitäten dar und bezeugt die Legitimität. Mäzenatentum und Stiftungen haben sich auch der sozialen Eingliederung verschrieben. Die institutionelle Facette muß immer im Auge behalten werden, sobald die Aktivität des Unternehmens in die öffentliche Diskussion gerät. Jetzt wird auch klar, warum die chemische Branche (Bayer, ICI, Rhône-Poulenc usw.), die Erdölbranche (Shell, Elf usw.) und der pharmazeutische Sektor als erste institutionelle Kommunikation betrieben haben. Diese Bereiche beinhalten ein hohes technisches Risiko: Jeden Tag kann sich ein neues Seveso, ein neues Bhopal oder Amoco-Cadiz ereignen, und man wird andere Unternehmen als Hoffman-Laroche, Union Carbide oder Amoco verantwortlich machen. Deshalb ist es – neben drakonischen Sicherheitsmaßnahmen vor Ort – sehr wichtig, daß die Unternehmen dieser Branchen mit strukturellem Risiko ihre Legitimität präventiv in Erinnerung rufen, was sie bereits ausgiebig tun.

Der regionale Einfluß eines kleinen oder mittleren Unternehmens bringt ebenfalls institutionelle Probleme mit sich: Er erfaßt das soziale Leben und führt zu Spannungen und Abhängigkeiten. Das lokale Sponsoring und das Mäzenatentum sind Träger der Entspannung und Integration. Die Immobiliengesellschaft SEERI hat nicht von ungefähr eine bessere Position als ihre Wettbewerber: Das Unternehmen betrieb bis 1988 als einziges institutionelle Kommunikation. Dieser Bauträger (beteiligt an der Firma SAARI, die das Büroviertel der Défense (frz. Verteidigungsministerium, Anm.d.Ü.) gebaut hat, möchte so bei regionalen Volksvertretern, wirtschaftlichen Entscheidungsträgern und institutionellen Investoren sein Image verbessern, obwohl die Firma selbst mit Immobiliengeschäften befaßt ist. So hat sie die Möglichkeit, die besten Grundstücke zu erhalten. Man hat SEERI zunächst in 10 regionale Gesellschaften aufgegliedert (Grund: Bürgernähe). Außerdem ist SEERI einer der 10 wichtigsten französischen Kultursponsoren. SEERI sponsert das Jazz-Festival in Juan les Pins, hat die Wanderausstellung der 26 größten Impressionisten finanziert, die 1985 durch viele Provinzstädte ging („Orsay bevor das Orsay-Museum überhaupt öffnet"), usw. Das Ziel all dieser Aktivitäten ist, zu demonstrieren, daß Seeri nicht nur Wohnhäuser baut.

1990 entschied sich auch Toshiba, wie alle anderen japanischen Unternehmen, die Märkte dominieren, für institutionelle Kommunikation in Europa. Bis dahin hatte Toshiba nur für die Marke („Die Marke von morgen") oder ihre Produkte (tragbare Computer, Fernseher usw.) geworben. Trotz des Sponsorings eines französischen Radteams bei der Tour de France, litt Toshiba unter demselben Negativimage (das übrigens immer mehr zunimmt) wie alle japanischen Firmen. Der Grund ist die Aggressivität und die rücksichtslose Markteroberung, die man in Frankreich und ganz Europa japanischen Herstellern zum Vorwurf macht. De facto zeigt die Präsenz japanischer Unternehmen tatsächlich eine steigende Tendenz, und zwar durch die vielen Neugründungen von Produktionsstätten, die Verteilung der Marktanteile oder auch durch Erwerbungen, die stark symbolischen Wert für die Bürger haben, wie der Aufkauf von Grundstücken und Hochhäusern in Paris (oder des Rockefeller Centers in New York). Die Unternehmensleitung von Toshiba beschloß also, der institutionellen Kommunikation in England, Deutschland und Frankreich strategische Priorität zu geben.

Wie wir wissen, macht die Kommunikation der Marke den Produktsinn transparent. Die Marke prägt die Produktkategorie und stattet sie mit eigenen Werten aus: Das Produkt bekommt funktionelle Vorteile und einen höheren Stellenwert, die Marke garantiert kontinuierliche Qualität. Die Kommunikation soll das Konzept und die Identität der Marke transparent machen. Als Coca-Cola überall bekanntgab: „Coca-Cola is it", war es Aufgabe der Markenkommunikation, das „it" zu erläutern. Dieses Wort steht für Frische und Spritzigkeit, aber auch für eine Gemeinsamkeit zwischen Menschen, Rassen, verschiedenen Altersgruppen und Nationen. Auch als Renault einen Werbefilm schaltete, der Konzept und Identität der europäischen Marke kommunizieren sollte („Autos zum Leben"), handelte es sich um Markenkommunikation. Alle Fahrzeugtypen sind an diesem Konzept beteiligt und werden entsprechend konzipiert. Mangels passender Termini ist die Markensprache oft symbolisch: Die Marke demonstriert ihr Ideal und ihre Inspiration, wenn Produkte gestaltet oder Dienstleistungen erdacht werden sollen. Der Adressat der Markenkommunikation ist der potentielle Käufer: Er ist noch nicht mit dem konkreten Vergleich (Punkt für Punkt) zwischen den Produkten befaßt, sondern strukturiert zunächst das Angebot und die Hauptakteure, die das Angebot gestalten. Wie wir bereits in Kapitel 7 gesehen haben, kann entweder ausdrücklich mit den Werten der Marke geworben werden oder aber mit speziell ausgewählten Produkten, also Trägern des Markenkonzeptes. Benetton wirbt für seine Marke mit „United Colors of Benetton", eine Botschaft von Ökumene und Freundschaft zwischen den Völkern. Auch Vuitton gehört in diese Gruppe mit dem Slogan „Die Kunst zu reisen" oder Bull: Der Baum ist Symbol für Anpassungsfähigkeit und Leben, das Unternehmen wirbt damit in Zeitschriften wie Times, Newsweek, Spiegel oder Kapital. Das Kriterium, nach dem diese Aktionen beurteilt werden müssen, ist nicht der Wahrheitsgehalt: Die Frage nach der Echtheit des Baumes von Bull ist völlig sinnlos. Vielmehr soll dieses Symbol das Markenkonzept ausdrücken, das in den Leistungen (Produkte und Service) des Unternehmens zu finden ist. Eine solche Marke bezeichnet man als autolegitim.

Die Kommunikation von Produkten und Dienstleistungen schließlich soll den effektiven Käufer ansprechen, d.h. die Person, die die Qual der Wahl hat und über Kriterien froh ist, nach denen das Angebot aufgeschlüsselt werden kann (wie Gebrauchsmöglichkeit, Preis usw.). Die Kommunikation von Coca-Cola für das Light-Getränk oder die koffeinfreie Cola, die New oder die Classic Coke in den USA, ist Produktwerbung (die Herstellerfirma ist aufgrund ihres Codes präsent). Das Unternehmen Findus hat nie explizit Markenkommunikation betrieben, sondern sich mit Hilfe seiner Produktsortimente dargestellt (Cuisine Légère, Nouvelle Tradition, Les Panés Dorés). Das gilt auch für die Volkswagen-Gruppe (in der Werbung wurden die Besonderheiten der Modelle Polo, Golf, Passat, Jetta oder Scirocco umgesetzt). Die Marke Audi, die zur Gruppe VAG gehört, geht etwas anders vor: Die Darstellung eines Modells in der Werbung wirkt mehr wie ein Alibi, um das Markenkonzept auszudrücken.

Abbildung 32 demonstriert die vier Kommunikationsregister. Wie das Beispiel Renault zeigt, gibt es auch Arten der Kommunikation, die dem Unternehmen und seinem Kommunikationsmanagement entgehen. Zur Verdeutlichung: Jedesmal, wenn die Belegschaft von Boulogne Billancourt in Streik tritt, schadet dies dem Unternehmensimage. Auch die Ermordung des Président Directeur Général (entspricht hier dem dt. Vorstandsvorsitzenden – Anm.d.Ü.) von Renault, Georges Besse, durch Terroristen rückte die institutionelle Dimension der Gruppe in den Vordergrund; das Unternehmen stellt einen der Hauptvertreter des Staatskapitalismus dar und wird nicht nur vom Vorstandsvorsitzenden (der durch den Staat ernannt wird) geleitet, sondern auch vom Premierminister oder Wirtschaftsminister Frankreichs.

Obwohl jedes Register seinen eigenen Bereich hat, kommt es vor, daß die eine oder andere Aussage bewußt auf verschiedene Register verteilt ist. Benetton nimmt beispielsweise bewußt ein fast institutionelles Register in seine Markenkommunikation auf: Hinter der Darstellung einer weißen Frau, die einem schwarzen Baby die Brust gibt, steht eine politische und philosophische Aussage, die einer aufgeschlossenen jugendlichen Kundschaft entgegenkommt und die bunte Welt der Benetton-Produkte transparent macht.

	Coca-Cola	Renault	Nestlé
Institution	Triumph des Kapitalismus Coca-Cola in Peking und Moskau	Verstaatlichtes Unternehmen „Soziallabor" der Nation Exporteur Nr. 1 Frankreichs	Archetyp des multi-nationalen Konzerns Verursacher sozialer Probleme in der Dritten Welt
Unternehmen	Atlanta, weltweit verteilte Niederlassungen	Streiks starke gewerkschaft-liche Organisation rückläufige Erträge	Firmensitz Vevey in vielen Märkten engagiert führende Marke im Bereich Lebensmittel
Marke	„Coca-Cola is it" oder „Diese Sensation heißt Coke"	„Autos zum Leben"	Mutter und Ernährerin
Produkte oder Dienst-leistungen	Coca-Cola Diätcoke Cola ohne Koffein Classic Coke	Clio R 5, ... R 25 Espace, Alpine	adaptierte Baby-nahrung Cornflakes Schokolade Kaffee usw.

Abb. 32: *Die vier Register der Kommunikation*

Internationales Kommunikationsmanagement

Die Unterteilung in vier Register soll Diagnosen und die Entscheidung für diese oder jene Kommunikationsmethode erleichtern. Mit Hilfe einer Diagnose muß Essilor bestimmen, welche Imagefacette ihre Position im weltweiten Wettbewerb am meisten schwächt: Ist es die Tatsache, daß Essilor weitgehend unbekannt ist und damit auch die Leistungen des Unternehmens in Forschung und Produktion? Oder hat die Institution Essilor zu lange geschwiegen und ihren entscheidenden Beitrag für die Allgemeinheit nicht genügend transparent gemacht? Ist der Schriftzug Essilor auf einem Brillenglas oder -gestell nur eine Ansammlung von Buchstaben für den Käufer, ohne besonderen Sinn oder Charakteristik? Sind es die Produkte, die unbekannt sind oder zumindest nicht Essilor zugeordnet werden (die Firma hat sich bisher immer sehr erfolgreich hinter ihren Produktmarken wie Varilux versteckt)? Wir ziehen diese Unterscheidung von Problemkreisen und verschiedenen Registern in der Kommunikationspolitik dem zu allgemeinen Einheitsbegriff „corporate communication" vor. Dieser Begriff kommt aus England, und da wird in der Theorie kaum zwischen Marke und Produkt unterschieden.

268

Dennoch wäre es falsch, diese vier Register als getrennte Bereiche zu sehen, auch wenn ihre Darstellung in der vorliegenden Tabelle der Abbildung 32 dies suggeriert. Der Verbraucher läßt sich nämlich nicht festlegen oder einteilen: Sein Verhalten wird sowohl von der Institution als auch von der Marke und den Produkten beeinflußt. Will er etwas kaufen, dann beschränkt der Verbraucher sein Interesse nicht auf Marke und Produkte, sondern integriert auch seine Ansicht von den wirtschaftlichen Möglichkeiten und der sozialen Verantwortung des jeweiligen Unternehmens in den Entscheidungsprozeß. In die Unternehmensleitung von Danone sind heute BSN und Riboud involviert, der Vorstandsvorsitzende ist Wortführer. In Frankreich hat man in den letzten Jahren die Eingriffsmöglichkeiten des Staates wieder eingeschränkt und damit eine Aufwertung der Privatwirtschaft erreicht. Deshalb erwartet die Öffentlichkeit, daß die Unternehmen handeln. Die Unternehmenskommunikation soll Rolle und Aktivitäten der Unternehmen demonstrieren. Kauft der Verbraucher ein Produkt, dann spielt auch die soziale Verantwortung des Herstellers bei der Entscheidung eine Rolle. Beim Boykott seiner Marken in den USA und in England hatte Nestlé genau damit Schwierigkeiten. Die staatsbürgerliche Haltung von Riboud macht aus Danone eine fleckenlose Marke.

Das Interesse des Verbrauchers, der alle Facetten in seinen Entscheidungsprozeß integriert, zeigt, daß man die vier verschiedenen Typen der Kommunikation nicht getrennt betrachten darf (wobei jeder Typ eine andere Zielgruppe im Auge hat), sondern als Synergie. Die vier Register müssen aufeinander abgestimmt werden, wobei aber trotzdem die unterschiedlichen Zielsetzungen berücksichtigt werden müssen.

Künftig müssen die vier Kommunikationsregister miteinander verzahnt werden. Es ist möglich, die institutionelle Kommunikation mit Markenwerbung zu durchsetzen: Verschiedene Marken aus der Lebensmittelbranche demonstrieren soziale Verantwortung dadurch, daß sie humanitär tätig sind und dies auf Etikett oder Packung zum Ausdruck bringen (z.B. durch Spenden an den Tierschutz, an das Rote Kreuz oder eine humanitäre Vereinigung). Diese Unternehmensmarken vertreten eine klare Trennung von Marke und Unternehmen. Andere Unternehmen entscheiden sich dafür, ihren Namen auf die Packung der Produkte aufzudrucken. Rhône-Poulenc, ein internationaler Konzern der chemischen und Pflanzenschutzmittel-Industrie, markiert auch Produkte der Gartengerätemarke KB. Dadurch wird dieser Marke in den Augen des Kunden ein technologisches Know-how gegeben, das sie vorher nicht hatte. Hier entspricht die Unternehmensmarke (Rhône-Poulenc) einem zusätzlichen Wert für das Produkt. Das amerikanische Großunternehmen 3M (vgl. S. 176), setzt viele verschiedene Symbole oder Namen ein, die alle über einen eigenen Sinn und eigene Werte verfügen. Der blaue Schwamm mit Scheuerfläche von Scotch-Britt (3M) kommuniziert vier verschiedene Aussagen: 3M steht für Leistung und Forschung und für Aufgeschlossenheit gegenüber neuen Lösungen. Die Marke Scotch-Britt steht für Vereinfachung, Bequemlichkeit und Glanz. „Schwamm mit Scheuerfläche" erklärt den Verwendungszweck, und die Farbe Blau gibt dem Produkt einen besonderen Stellenwert im Sortiment. Viele Unternehmen ziehen dieser doch recht komplizierten Methode einen einheitlichen Namen für Unternehmen und Marke vor. Entweder statten sie ihre Produkte mit dem Namen des Unternehmens aus, der so zum Markennamen wird, oder sie nehmen den Namen ihrer Spitzenmarke an und profitieren so vom Erfolg der Marke. Was die Engländer und Amerikaner „corporate branding" nennen, soll all diese Synergien ausnutzen, d.h. das Produkt mit allen Vorzügen der Institution, des Unternehmens und der Marke ausstatten.

Wenn Institution, Unternehmen, Marke und Produkte denselben Namen haben, vermischen sich die vier Register in den Augen des Verbrauchers unter Umständen sogar so sehr, daß man wahlweise von einer institutionellen Facette des Unternehmens oder der Marke sprechen kann. Erhält das Unternehmen oder die Marke einen philantropen Touch, wenn Toshiba sich als Kunstmäzen betätigt? Da alle Kommunikationsmethoden integriert sind, hat diese Frage für den Verbraucher kaum Bedeutung.

Mißverhältnis in der internationalen Kommunikation: Das System U.I.M.P.

Die Ermittlung der vier Kommunikationsregister liefert einen systematischen Rahmen von Diagnose und Entscheidung für die Kommunikationsstrategie. Deshalb ist es besser, die deskriptive Klassifizierung (Abb. 32) durch eine systematische Betrachtung dieser Typen zu ersetzen, wie Abbildung 33 zeigt.

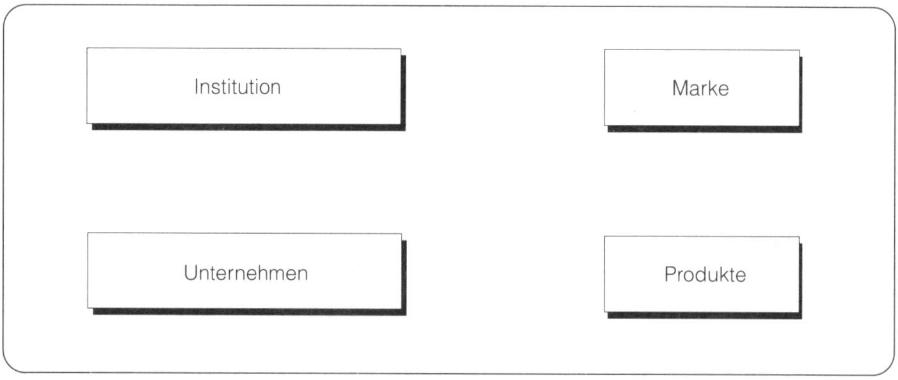

Abb. 33: *Das System U.I.M.P.*

270

Das Marketing-Management muß nun herausfinden, in welche Register massiv investiert werden soll (der Einfachheit halber nennen wir diese U, I, M, P), und es muß die Interferenzen und Synergien zwischen diesen Typen steuern. Ideen, die mit der Institution oder dem Unternehmen assoziiert werden, können eventuell auf die Marke abfärben. Abbildung 34 zeigt den Imageaustausch innerhalb des internationalen Kommunikationssystems von Renault. Das Markenimage von Renault weist schlechtere Qualität und Produktlanglebigkeit auf als das von Peugeot. Ist das auf eine Produktrealität zurückzuführen, die in den Modellen des Produktprogramms selbst zu finden ist? Historisch vielleicht, denn einige Modelle beeinflussen das Markenimage nachhaltig (so leidet die Marke Citroën noch immer unter dem Image des 2CV, der Dyane, des Ami 6 und des Visa). Das Markenimage, das der Nicht-Kunde allgemein von der Marke Renault hat, wird durch die institutionelle Facette der Firma stark beeinflußt: Jedesmal, wenn der französische Finanzminister erklärt, daß Renault unter staatlicher Verwaltung steht, oder die CGT (Confédération Générale de Travail – Allgemeiner Gewerkschaftsbund in Frankreich – Anm.d.Ü.) fordert, daß an dem öffentlichen Status des Konzerns nicht gerüttelt wird (der andere Werte als Wirtschaftlichkeit und Wettbewerbsfähigkeit in den Vordergrund stellt), hat dies entsprechende Auswirkungen auf das Markenimage. Auch der Ordnungsruf der europäischen Gemeinschaft reaktualisiert diese institutionelle Facette und prangert die Verstaatlichung von Renault an. Bei den seltenen Gelegenheiten, wo man von der Organisation des Renault-Konzerns hört, handelt es sich um schlechte Nachrichten (Streiks, Demonstrationen) oder administrative Erwägungen (ob die staatliche Verwaltung beibehalten oder abgeschafft werden soll). Die Marke wird auf diese Weise in einem negativen Sinne populär, d.h., der Kunde hat keine Möglichkeit, sein persönliches Image durch den Kauf eines Renaults aufzuwerten. Hinter der Marke Renault steht eine egalitäre Tendenz, die von der Institution Renault ausgeht und Produkte und Zielgruppen segmentiert. Aus diesen Gründen ist es nicht verwunderlich, daß Renault trotz des hohen Preisunterschiedes und der wirklich vorhandenen, unleugbaren Qualität der Fahrzeuge nur einige Dutzend R25 in der Version Luxuslimousine verkaufen konnte.

Offensichtlich funktioniert der Imagetransfer Produkt – Marke im Fall Renault nicht richtig. Da die Fahrzeuge Renault 5, 21 oder 25 genannt werden, übernehmen sie automatisch das Negativimage der Marke, sobald sie in die Luxusklasse des Modellprogramms aufsteigen (egal wie gut das Fahrzeug auch sein mag). Glücklicherweise verfügt das Unternehmen über eine ebenso tiefe wie breite Präsenz in der Distribution, und zwar dank seiner vielen Vertragshändler, Repräsentanten und regionalen Wiederverkäufer. Dies ist der Schlüssel des Marktanteils von Renault.

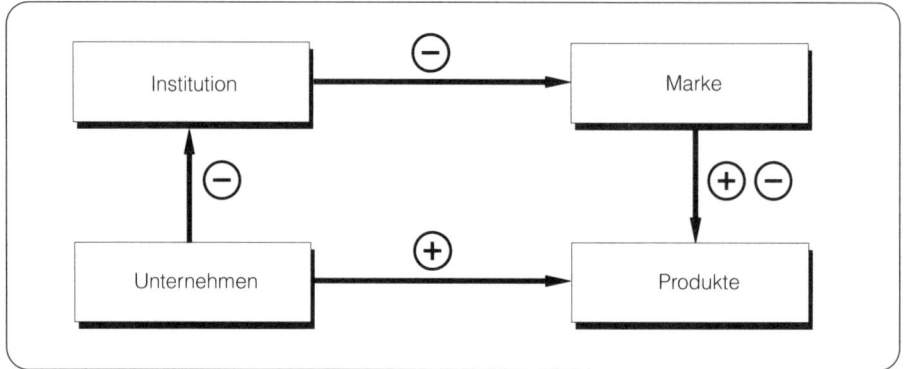

Abb. 34: *Das System U.I.M.P. bei Renault*

Wie reagiert nun das Marketing-Management in so einem Fall? Stellt man fest, daß das Markenimage den Produkten schadet und daß kein positiver Einfluß von den Produkten auf die Marke auszumachen ist, dann gestaltet das Unternehmen die Fahrzeugtypen autonomer, indem sie ihnen unabhängige Namen und eine eigene Identitätsquelle gibt (Espace, Clio). Die Beteiligung an der Formel 1 dynamisiert die Marke auf internationaler Ebene (hier ist das „made in France" wichtiger als das negative Bild einer staatlichen Verwaltung) und schafft auf institutioneller Ebene eine positive und wiederholbare Wechselwirkung: Renault gewinnt und wird mit dem Sieg Frankreichs über das japanische Modell Honda assoziiert. Solchermaßen werden die Produkte mit einer Vitalität ausgestattet, die das eigentliche Programm der Marke nicht beinhaltet (denn der Slogan „Autos zum Leben" weist nicht auf eine hervorragende Motorausstattung hin). Die Formel 1 stellt die technische Seite der Marke in den Vordergrund. Außerdem zeugen Aufschriften wie „Renault ist der wichtigste Exporteur Frankreichs" auf den Renault-Lkws von Kommunikation zugunsten des Unternehmens und der Institution.

Das U.I.M.P.-System beschreibt Kommunikationssysteme und deckt Fehlfunktionen beim Imagetransfer auf. Nachstehend sollen einige davon identifiziert werden.

Die Dominanz der Institution und das mangelhafte Eigenprofil der Marke

Um als Marke zu gelten, genügt es nicht, Produktname zu sein. Dieser Name muß außerdem einen Sinn haben. 1984 stellte C_2I Honeywell Bull dies fest. Welche Vorstellungen wurden damals mit der Gesellschaft C_2I-H-B verbun-

272

den? Erstens ein institutioneller, historischer Hintergrund, der darauf zurückzuführen ist, daß Frankreich sich als Vorreiter in der Informatik sehen wollte.
Zweitens ein Patchwork-Unternehmen (wie auch der Name leider schon deutlich ausdrückt), zusammengesetzt aus drei verschiedenen Partnern (es war keine Strategie zu erkennen und vielleicht auch gar keine vorhanden). Drittens
Produkte, die wie alle Produkte in dieser Branche den Nachteil haben, kaum
unterscheidbar zu sein und nach außen hin stark dem großen Wettbewerber
IBM zu ähneln. C_2I-H-B gab zwar an, woher die Produkte kamen (also einen
Herstellerhinweis), aber es war kein Markenkonzept zu erkennen. Die Produkte mit ihrer schwachen Markenidentität wurden mit Hilfe der Unterstützung
durch die Institution und durch eine energische und effektive Verkaufspolitik
besonders an staatliche Betriebe verkauft.

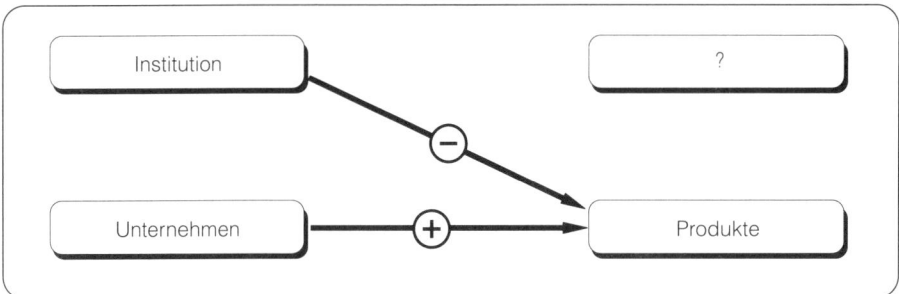

Abb. 35: *Situation der Firma C_2I-H-B im Jahr 1983*

Periodisch wurde nun aber in der Wirtschaftspresse daran erinnert, daß das
Unternehmen Verluste verzeichnete: Dies ließ auf den Mißerfolg der institutionellen Kommunikation schließen. Es wurde eine Diagnose erstellt (Abb. 35):
Die Produkte waren von der institutionellen Facette loszulösen, die immer
wieder zu Zweifeln geführt hatte, und außerdem in einer Marke zusammenzufassen, die über eine unabhängige Kommunikation verfügte. Von 1984 bis 1989
war die Strategie, diese Marke aufzubauen und sie mit einem starken Konzept
(der Flexibilität) auszustatten. So wurde einerseits die Flexibilität der Kunden
erhöht und andererseits die eigene Flexibilität demonstriert, und zwar durch
ein Angebot anpassungsfähiger Lösungen. Das Symbol dieser „Flexibilität"
war der Baum, Bestandteil des Logos, der zum Hauptelement der internationalen Markenwerbung wurde. Um die Marke von dem Miasma des Unternehmens
zu lösen, wurde C_2I-Honeywell Bull in Bull umbenannt – nachdem die Akzeptanz dieses neuen Namens weltweit getestet worden war.

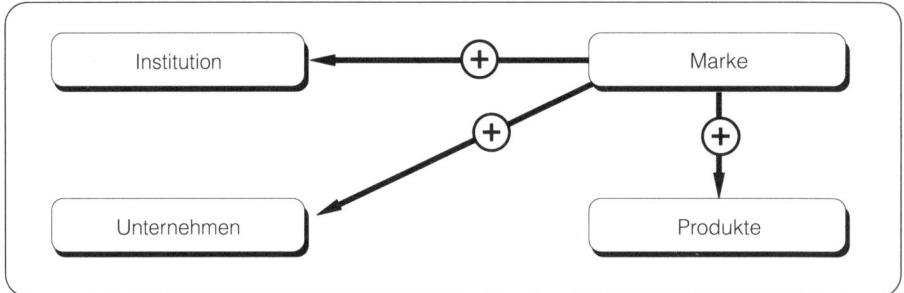

Abb. 36: *Die Kommunikationsstrategie von Bull*

Die Gruppe Bull beschloß, das Kommunikationsbudget auf die Marke und ihr Identitätssymbol zu konzentrieren und kehrte so den Imagetransfer des U.I.M.P.-Systems um (Abb. 36): Die Marke erhielt endlich ein Konzept, das sich positiv auf die bisher nichtssagenden und schlecht kommunizierbaren Produkte auswirkte. Auf diese Weise dynamisierte die Marke das Unternehmen und konnte schließlich Bull vom Negativimage einer Institution befreien.

Von 1986 an verfolgte auch die französische Post diese Strategie. Am 14. April erschien ein erstaunlicher Werbespot auf den Fernsehschirmen: Die Post präsentierte sich in einer Art Oper, 60 verblüffende Sekunden lang, in der alle Assoziationen an die Post aufgegriffen wurden (der Brief, der Postbote, das Postscheckkonto, die Postkarten usw.). Das Ganze wurde von ultramodernen Klängen begleitet. So entstand die Marke Post, es wurden Ideen und Codes dieser Marke präsentiert, die später dazu dienen sollten, die Werbung für die verschiedenen Produkte und Dienstleistungen der Post zu strukturieren.

Dieser Werbespot wurde von vielen kritisiert, und man wies darauf hin, daß die Schlangen vor den Postschaltern immer noch gleich lang seien, das Lächeln bei den Beamten rar und die Streiks häufig und dies alles der Darstellung in der Werbung widerspräche. Dieses klassische Argument weist aber einen Widerspruch in sich selbst auf: Eine wahrheitsgetreue Darstellung würde die Post nur noch enger in ihre institutionelle und administrative Facette einbinden. Die erklärte Strategie der Agentur Equateur war es, eine Idealvorstellung der Marke Post zu präsentieren. Um auf diesem Gebiet eine Änderung einzuleiten, sind Richtlinien aus dem Ministerium nicht geeignet. Eine dynamische Veränderung der internen Organisation muß von außen nach innen wirken. Der Werbespot transportierte die Idee der Marke und ihrer Besonderheiten (Beweglichkeit und Gleichbehandlung), der Slogan war „Bewegen Sie etwas mit der Post!". Man kann eine Kommunikation, die auf der Realität aufbaut, in Zweifel ziehen, nicht aber eine, die die Werte einer Marke aufzeigt! Würde es jemanden einfallen, die Marlboro-Werbung zu kritisieren, weil der Cowboy nicht echt ist? Das Kriterium ist hier nicht wichtig. Um den Willen zur Änderung zu demonstrieren, sponserte die Marke sportliche Wettbewerbe (mit Nicolas Hulot, einem Auto mit selbsttragender Karosserie beim Rennen um die Welt, einem Wettkampf des Abenteuers).

1988 zeigten sich erste Ergebnisse. Das Image der Post, das seit 10 Jahren unverändert gewesen war, hatte sich verbessert. Bei Befragungen stellte sich heraus, daß die Allgemeinheit der Post plötzlich die Fähigkeit zugestand, flexibel zu sein und sich anpassen zu können. Die wirtschaftlichen Ergebnisse übertrafen alle Erwartungen. In Zeiten, als die Post nur mit ihren Produkten (CCP, SICAV, Kreditkarten usw.) warb, stagnierte der Umsatz. Gestützt auf ein echtes Markenimage konnten die Produkte ihre Inspiration aus der Marke ziehen, und die Produkt-Werbekampagnen hatten ungeahnten Erfolg: Die Eröffnung von sogenannten Odysseus-Konten stieg von 4 158 im Dezember 1986 auf 132 208 im Juli 1988 an. Dasselbe Phänomen war bei den Cartes Bleues festzustellen, die von 468 446 im März 1986 auf 1 192 570 im September 1988 anstiegen, was zu einem Marktanteil von 11,2% im Jahre 1988 führte (gegenüber 6,13% in 1985). Mit den Postscheck-konten konnte die Post die besten Ergebnisse der letzten 10 Jahre erzielen. Aber leider, da es sich um Geld des öffentlichen Dienstes handelte, führte eine veränderte parlamentarische Mehrheit dazu, daß die Agentur trotz der günstigen Testergebnisse und Erträge das Budget verlor (was leider in Frankreich häufig der Fall ist).

Ein anderer Grund für den notwendigen Aufbau eines Markenimages für die Post war, daß alle Produkte unter dem Sammelnamen „Post" vereinigt waren. Es wurden also Produkte mit einer Marke verkauft, die noch gar keine war und deshalb zur Marke werden mußte. Die Strategie bestand darin, eine Markenidentität aufzubauen, um dann für die Produktwerbung daraus Nutzen zu ziehen. Die Gruppe RATP, Gesellschaft für den innerstädtischen Transport in Paris, ging von derselben Überlegung aus und beschloß, über ihre Produkte zu kommunizieren. Die Produkte werden unaufhörlich modernisiert, und außerdem entwickelte man besonders ein Produkt, das Moderne und Affektivität kommunizieren sollte: die neuen praktischen Chic-Ticket-Choc-Métrokarten.

Wenn das Produkt die Marke „verschlingt"

Eine andere klassische Fehlfunktion der Marke liegt darin, daß der Markeninhalt durch den Inhalt eines ihrer Produkte ersetzt wird. Dann kann die Marke nicht mehr als Ursprungs- bzw. Muttermarke fungieren. Ein Beispiel hierfür ist die Marke Nina Ricci, die 1988 nach dem Tod von Paul Ricci, dem Sohn der Firmengründerin, von G. Fuchs übernommen wurde.

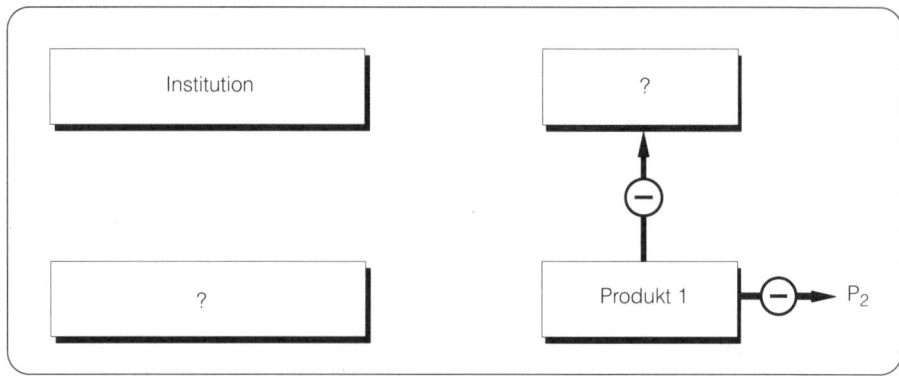

Abb. 37: *Nina Ricci im Jahr 1988*

Nina Ricci als Marke gab es nicht mehr. Der Absatz zeigte zwar weltweit steigende Tendenz, dies hatte aber andere Ursachen. Nina Ricci war weiterhin eine Institution der Haute Couture. Das Haus beteiligte sich an den rituellen Präsentationen neuer Kollektionen und demonstrierte mit seinen fantastischen Abendkleidern seine Zugehörigkeit zu den wenigen Pariser Spitzenfirmen. Der Name Ricci hat immer noch hohes Ansehen, steht aber hinter Dior, Chanel und Yves St. Laurent zurück und ist eigentlich eher auf der Stufe von Balmain, Balenciaga oder Lanvin anzusiedeln. Der Markeninhalt von Nina Ricci existierte nicht oder war vielmehr vom Starprodukt „L'Air du Temps" aufgesogen worden, ein weltweiter Bestseller (als erstes Parfum für junge Mädchen oder nicht mehr ganz so junge, nostalgische Frauen). So wie Anaïs Anaïs die Identität von Cacharel phagozytiert hat, hat L'Air du Temps seine Identität der Muttermarke Nina Ricci übertragen. Mit der Einführung des neuen Parfums „Nina" war der Versuch unternommen worden, die Marke von diesem einen Produkt wieder unabhängig zu machen. Da aber die Werbung wieder im Hamiltonschen Stil gestaltet wurde, konnte sich das neue Produkt nicht klar vom Starprodukt abgrenzen. Die beiden Produkte erweckten zu sehr den Eindruck zusammenzugehören, während beispielsweise Loulou von Cacharel in der Kommunikation klar von Anaïs Anaïs abgegrenzt wurde (trotz Beibehaltung bestimmter Codes). Diese Situation schadete dem Hause Nina Ricci, die in neue Bereiche diversifizieren wollte: Da es nicht möglich ist, auf der Darstellung eines jungen Mädchens, wie es für L'Air du Temps auftritt, die Kommunikation für eine neue Kosmetikserie aufzubauen, mußte der Name Nina Ricci vom Produkt L'Air du Temps gelöst werden. Andere Produkte mußten in den Vordergrund gestellt werden, entweder Accessoires (der Erfolg der Tasche Kelly von Chanel oder der Seidenschals von Hermès ist ja bekannt) oder das Parfum „Nina" als Träger einer eigenen Identität und neuen Inhalts der Marke.

Der Sektor sozialer Wohnungsbau befand sich 1986 in einer vergleichbaren Situation:

- Die institutionelle Facette des sozialen Wohnungsbaus war nur noch verschwommen zu erkennen oder ging sogar völlig unter. War die „Bewegung" sozialer Wohnungsbau überhaupt noch eine soziale Leistung, die von der Ideologie des Humanismus wie in ihren Anfängen geprägt war?

- Die Facette Unternehmen war in den Medien immer wieder gezeigt worden, als man die Kündigung von zahlungsunfähigen Mietern anprangerte, nach dem Beispiel jedes beliebigen Privatunternehmens oder Bauunternehmens. Zudem sind Struktur und Organe des sozialen Wohnungsbaus undurchschaubar verfilzt, was die Situation noch verschlechtert.

- Die Produktrealität hat sich geändert: Künftig ermöglichen Sozialwohnungen den Zugang zum Eigentum, ein Leben in freistehenden Häusern oder kleinen, gemütlichen Wohnanlagen. Der soziale Wohnungsbau hat auch ganz intensiv die Renovierung von Hochhäusern betrieben. Die Menschen sehen aber nur die häßlichen Wohntürme, die über die Bäume hinausragen.

- Die Marke sozialer Wohnungsbau leidet unter der verzerrten Wahrnehmung und wird heute nur noch mit gigantischen und als unsicher betrachteten Wohntürmen in Verbindung gebracht. Hier liegt eine Absorption der Marke durch ihre Produkte vor.

Zum ersten Mal seit seiner Gründung braucht der soziale Wohnungsbau heute offensichtlich eine Kampagne, um die Kommunikation, die außerhalb seines Einflusses abläuft (unter der Rubrik „Verschiedenes" der regionalen Tageszeitungen und auf der Straße in Form der nicht zu übersehenden Hochhäuser), in den Griff zu bekommen und das stereotype Bild abzulösen. Nun stellt sich die Frage, welcher Kommunikationstyp angewandt werden soll. Ist es erfolgversprechend, die institutionelle Facette zu reaktivieren und dabei vom zweihundertsten Jahrestag der französischen Revolution zu profitieren, um die soziale Aufgabe der Marke besonders hervorzuheben? Oder ist es klüger, exemplarische Projekte wie die individuellen Wohnhäuser zu zeigen oder die Urbanisierung, die der soziale Wohnungsbau betreibt (das Polygon von Montpellier oder die postmodernen Hochhäuser des Architekten Ricardo Bofils in Marne La Vallée)? Soll der Markenname, der inzwischen zum negativen Stereotyp geworden ist, ausgewechselt oder nur für die Hochhäuser weiterverwendet werden (und für die neue Produktrealität kommt eine zweite Marke hinzu)?

Auf interner und politischer Ebene war eine Änderung der Marke nicht möglich, denn man hätte einen Teil der Mieter verraten und fallengelassen. Hätte man nun ein Idealbild dargestellt, das jeden Tag durch die Hochhäuser Lügen gestraft wird, dann wäre das auf Unglauben gestoßen. Um mit einem philosophischen und moralischen Sprichwort zu reden: Die Öffentlichkeit erwartet vom sozialen Wohnungsbau Taten und nicht Worte. Ganz wichtig war zuallererst, das stereotype Image der Marke zu verändern, und zwar nicht, indem man es leugnete, sondern indem es erst einmal akzeptiert wurde. Die „Bewegung" sozialer Wohnungsbau kam mit einer sogenannten „two-sided"-Kampagne, wo Negatives und Positives gleichermaßen gezeigt wurde. Analysen hatten ergeben, daß diese Methode die Glaubwürdigkeit in Vertrauenskrisen verbessert (Kapferer, 1985). Überall in Frankreich sah man Plakate, auf denen ein Wohnhaus in Form eines Dinosauriers zu sehen war mit der Aufschrift „Manche Vorurteile kommen ein wenig aus der Mode", ein Zeichen dafür, daß neben der alten eine neue Produktrealität entstanden war (die alte Realität wurde nicht geleugnet, aber ihre Abschaffung versprochen). Diese erste Kampagne war unerläßliche Vorbedingung für die späteren Kampagnen zur Darstellung der neuen Markenidentität.

Die Kommunikationsstrategie des Handels

Das System U.I.M.P. trägt zum Verständnis des Konfliktes bei, in dem sich Markenartikelhersteller und Großunternehmen des Handels heute gegenüberstehen und den die Großunternehmen des Handels auf dem Felde der Kommunikation, jedenfalls bis heute, für sich entschieden haben. Durch unternehmensindividuelle und durch konzertierte Maßnahmen ist es dem Handel gelungen, die Pole der kollektiven Legitimität und Rationalität im System U.I.M.P. für sich zu besetzen.

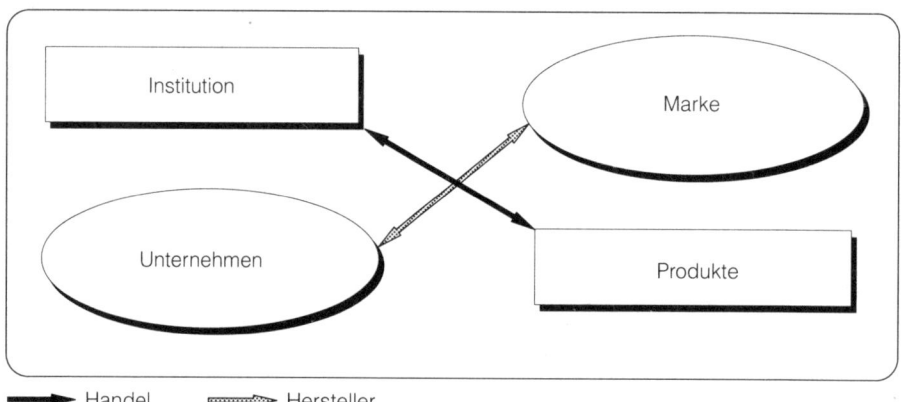

Abb. 38: *Zwei Kommunikationsstrategien werden miteinander verglichen: Hersteller und Handel*

Der Erfolg der Großunternehmen des Handels ist darauf zurückzuführen, daß die Kommunikationsstrategie auf den Polen Produkt und Institution aufgebaut wurde.

Soziale Legitimität und Bürgernähe wurden erreicht, weil die Unternehmen des Handels – obwohl sie jedes für sich arbeiteten – dennoch kollektive Werbearbeit geleistet haben. Das hat mit Carrefour angefangen, dessen Kampagne der „freien Produkte" von 1976 an die großen Handelsunternehmen als „Befreier" des Verbrauchers darstellte. Seit dieser Zeit tragen alle Kampagnen von Carrefour, die auf Rationalität („Je positive – ich denke positiv") gründen, dazu bei, daß Rationalität insgesamt nur für den Bereich Handel gilt. Diese Methode hat auch Leclerc angewandt, dessen Kommunikationsstrategie ein tiefes Verständnis von den Hebeln der Macht und den Einsätzen erkennen läßt. Leclerc betreibt nur wenig nationale Werbung: Der Hauptanteil des Werbebudgets geht an die einzelnen Geschäfte und macht den Preisvorteil im Einzugsgebiet der Geschäfte transparent, entweder mit Plakaten oder mit Anzeigen in der lokalen Presse und mit Prospekten. Dennoch kauft Leclerc in regelmäßigen Abständen einige Seiten in der Zeitung Le Monde und Plakatflächen in Paris. Diese Aktionen haben immer wieder dasselbe Thema, nämlich daß es in der französischen Gesellschaft „Blockaden" gäbe (in Form von Kartellen, Absprachen und veralteten Gesetzen), die bekämpft werden müßten, denn sie behindern den Wettbewerb und stehen Niedrigpreisen im Weg und sind somit für den Verbraucher nachteilig. In jeder Branche gibt es diese „Blockaden": Pharmarzie, Erdölindustrie, Buchhandel, Luxusindustrie, Banken usw. Warum aber wird diese Werbung auf die Zeitungen Le Monde oder Libération und einige – allerdings gut plazierte – Werbeflächen in Paris begrenzt? Ganz einfach deshalb, weil die anvisierte Zielgruppe in Paris am Hebel der Macht sitzt: das Finanzministerium, das Ministerium für Industrie und Handel, die staatliche Verwaltung, die wichtigsten Verbraucherverbände sowie das Staatssekretariat für Konsum. Die Absicht ist, diese Entscheidungsträger zu sensibilisieren, und zwar wegen des Einflusses, den sie auf die Funktionsbedingungen von Industrie und Handel haben.

Die Aufregung, die aufgrund dieser politisch angehauchten Kampagnen die Bürger ergriff, führte dazu, daß man die Verantwortlichen im Fernsehen interviewt hat. Edouard Leclerc (und jetzt auch sein Sohn) haben so die Möglichkeit, sich an alle Franzosen zu wenden und ihr Unternehmen als Vorreiter im Kampf der Verbraucher und für das Wohl der Allgemeinheit darzustellen (mit den niedrigsten Preisen in allen Sektoren).

Die Aktionen Leclercs funktionieren de facto wie eine Gemeinschaftskampagne: Natürlich soll in erster Linie die Identität des Unternehmens durchgetragen werden, aber man könnte den Namen „Leclerc" durchaus durch „Verband des

Unternehmens des Handels" ersetzten, ohne daß die Kampagnen Sinn oder Durchschlagskraft verlören. So legitimiert die individuelle Aktion einiger Unternehmen des Handels den gesamten Handel. Von 1976 an stellte sich der Handel als Verfechter von Verbraucherinteressen, Freiheit und unverfälschtem Wettbewerb dar und besetzte so bei wirtschaftlichen Entscheidern und staatlicher Verwaltung die Position „Legitimität". Dank breiter nationaler Propaganda gegen große Marken („die den Verbraucher einschränken, die Wettbewerbssituation verzerren und das Leben unnötig verteuern") und intensiver Werbung für Handelsmarken – die viel billiger sind bei angeblich gleicher Qualität – hat der Handel auch den Pol Produkt besetzt.

Dazu kam noch die beachtliche Aktion des Organs einer branchenspezifischen Lobby, des ICC, Institut du Commerce et de la Consommation (Institut für Handel und Konsum, Anm.d.Ü.). Dieses Institut führt Meinungsführern und Entscheidern Studien, Einzeldarstellungen und Analysen vor Augen, die mit akademischen Methoden die Thesen, die der Handel anführt, beweisen sollen. Auch wenn sie nicht gelesen werden, nach dem Motto „das Medium ist die Botschaft", soll die Existenz dieser Studien und ihre Form die Legitimität der vorgebrachten Thesen stützen.

Da die Markenartikelhersteller bisher nur auf ihren Märkten Kommunikation betreiben (also Unternehmen gegen Unternehmen, Marke gegen Marke), haben sie die neuen strategischen Herausforderungen der Kommunikation und die vorrangigen Zielgruppen noch nicht erkannt, obwohl sie es sind, die Wachstum und Fortschritt bewirken. Ohne eine solche Kommunikationsstrategie finden sich die Hersteller auf der anderen Diagonale des Systems U.I.M.P. wieder (Unternehmen und Marke). Und wirklich, wann hört man schon vom Hersteller des Produktes? Hauptsächlich in der Werbung und ab und zu, wenn die Gewinne zeigen, daß das Unternehmen sich im Aufschwung befindet – das Image an der Börse verpflichtet. Und außerdem – aus Gründen, die wir in einem anderen Buch bereits analysiert haben (Kapferer und Thoenig, 1989) – hat die französische Werbung die Rationalität des Produkts gegen die spektakuläre, spielerische und fantastische Darstellung und Kodierung eingetauscht, d.h., man lehnt die Produktrealität als Thema der Kommunikation ab, und dadurch kommt der rationale Pol des Produkts als Fundament des Markenwerts nicht mehr zum Tragen. So haben die Hersteller dazu beigetragen, daß sich das Image der französischen Marken, die zudem von den Handelsmarken bis zur unerlaubten Nachahmung kopiert werden, verschlechtert hat, und damit auch das Kapital Marke. Natürlich schätzen immer mehr Verbraucher große Marken, aber sie sind nicht mehr bereit, dafür mehr zu bezahlen. Das zeigt, daß der Wert der französischen Marke rein affektiv wird und seine rationale Grundlage verliert. Außerdem wird klar, daß die Kommunikation der Herstellerfirmen gescheitert ist. Kurioserweise hat sich der Handel, der die Werbung für nationale Marken immer verurteilt hat, als viel besserer Kommunikationsstratege erwiesen als die Hersteller. Denn der Handel hat die Zielgruppen definiert, international argumentiert und das Thema „Verbraucherschutz" in den Vordergrund gestellt.

Die Ergebnisse dieser Strategie sind offenkundig: Vor wenigen Jahren noch wegen der Verdrängung des kleinen Geschäfts in der Nachbarschaft kritisiert, gelang es Großunternehmen des Handels, bei den politischen Entscheidern Glaubwürdigkeit und Legitimität zurückzugewinnen. Es ist gelungen, Nähe zum Verbraucher herzustellen und ein Image des Verbraucherschutzes aufzubauen, das sogar Verbraucherverbände zum Verstummen gebracht hat.

Da der Handel mit einer Kommunikation, die philosophisch und moralisch begründet ist, um Legitimität kämpft, erfreut er sich eines starken institutionellen Images. Im Schatten dieses Images können sich auch wenig verbraucherfreundliche Praktiken mit zweifelhaften sozialen Interessen unbemerkt entwickeln (eingeschränkte Auswahlmöglichkeit für den Verbraucher, immer mehr Imitationen, Import von Produkten aus asiatischen Ländern zu Niedrig- oder gar Dumping-Preisen, Verlustverkauf, blockierter Zugang kleiner und mittlerer Betriebe zum Verbraucher). Die Herstellerfirmen konnten sich auf der institutionellen Ebene nicht behaupten, und sie versuchten erst gar nicht, die versteckte Problematik der Kommunikation des Handels oder die sozialen Kosten, die die Niedrigpreispolitik hervorruft, anzuprangern (z.B. die Zerstörung des strukturellen Tankstellennetzes im ländlichen Bereich, die negativen Auswirkungen von Imitationen auf Innovation und Wachstum, die Diskrepanz zwischen kleinen und mittleren Betrieben als Beschaffer von Arbeitsplätzen und dem Verbraucher, das schnelle Anwachsen des Importaufkommens usw.). Da die Hersteller von jeher vor allem den Konkurrenzkampf innerhalb ihrer Märkte führten und weniger ihr kollektives Image pflegten, haben sie diese Auseinandersetzung verloren.

Das Krisenmanagement der Marke

Ab und zu ist das Image einer Marke stark gefährdet, denn nur wenige Branchen bieten den Marken Schutz vor einer eventuellen Krise. Die am meisten gefährdeten Bereiche sind die, wo ein technologisches Risiko nie auf null reduziert werden kann: die Lebensmittelbranche (Beispiele: Perrier, die Probleme des Schweizer Vacharin sowie die Angriffe auf französische Käsemarken in Deutschland), chemische Reinigungsmittel, pharmazeutische und parapharmazeutische Produkte, Transport, Automobilbranche, Erdöl, Chemie usw. Da der

Bürger gleichzeitig Verbraucher ist und umgekehrt, kann die Darstellung des Unternehmens das Verbraucherverhalten beeinflussen.

Die Kritik am Verkauf von adaptierter Nestlé-Milch an Frauen aus der Dritten Welt hat dazu geführt, daß das Unternehmensimage von Nestlé stark geschädigt wurde (subtil, aber in beunruhigendem Ausmaß). In den USA und Europa zog diese Unternehmenspolitik einen Boykott der Nestlé-Produkte nach sich, den das Unternehmen aber bewältigen konnte: Das Image der Marke Nestlé ist zu sehr an den Archetyp des Lebens, die Mutter gebunden. Die Marke schützte also die Produkte; ein anderes Unternehmen mit weniger starker Marke hätte unter einer solchen Krisensituation weit mehr gelitten. Normalerweise haben die Unternehmenskrisen Auswirkungen auf den Absatz der Produkte. Deshalb hat Procter & Gamble um seine Produkte eine Schutzzone gestellt.

Wie Henkel oder Unilever praktiziert Procter & Gamble kein „corporate branding". Die Markennamen unterscheiden sich völlig vom Namen des Unternehmens, und letzterer ist nur ganz kleingeschrieben auf den Packungen vermerkt. Außerdem verfolgt Procter & Gamble eine Politik der Produktmarken (vgl. Seite 157): Das Mißgeschick des dann vom Markt genommenen Produktes Rely in den USA hatte überhaupt keine Auswirkungen auf die übrigen Produkte von P & G. Diese Politik, die einzelnen Produkte separat darzustellen, hat den Vorteil, daß der Absatz des Unternehmens geschützt wird, wie damals, als das Gerücht kursierte, daß P & G einen Teil seines Gewinns an die Moon-Sekte abgibt (die Herkunft der beträchtlichen Mittel der Sekte ist noch heute nicht geklärt). Die Vorteile von Synergie und Kapitalisierung der Investitionen bei gleichem Marken- und Unternehmensnamen bergen ein Risiko: Mißerfolge des Unternehmens wirken sich auf die Marke aus und umgekehrt. Deshalb muß nach einer Krise, wenn die Kommunikation wieder aufgenommen werden soll, genau erwogen werden, welche Pole im System U.I.M.P. verwendet werden sollen. Es müssen nicht dieselben sein wie vor der Krise. Dies zeigt auch der Fall Chaumet.

Die Affaire Chaumet war im Mai 1987 bekannt geworden, als aufgrund einer Untersuchung herausgekommen war, daß das erstklassige Schmuckgeschäft Chaumet, das internationalen Ruf genoß und bereits zweihundert Jahre bestand, einen Verlust von 2 Milliarden Francs aufwies (zurückzuführen auf illegale Geschäfte und betrügerische Praktiken). Die Geschäftsführer Jacques und Pierre Chaumet wurden wegen „betrügerischen Bankrotts, Betrug, Vertrauensmißbrauch und illegaler Kreditgeschäfte" angeklagt. Am 3. November 1987 wechselte das bereits totgeglaubte Unternehmen den Besitzer: Investcorp, Bank für Investitionen (die zum Teil auf Kapital aus den Emiraten basierte), kaufte die Mehrheit des Unternehmens für 93 Millionen Francs. Neben dem Pachtvertrag und den Geschäften schloß dieser Betrag auch den finanziellen Wert der Marken Chaumet und Bréguet mit ein (das Lager war Gegenstand einer zusätzlichen Verhandlung). Es wurde ein neuer Geschäftsführer ernannt, Jean Bergeron. Wo aber sollte die neue Kommunikation ansetzen? Bei der neuen Firma, den Produkten, der Marke oder der Institution?

Die Diagnose war klar: In gewisser Weise bot die Krise des Unternehmens eine Möglichkeit, Chaumet wieder aufzuwerten und das Unternehmen so vom Negativimage, das schon vor dem Eklat bestanden hatte, zu befreien. Vor der Affaire schien das Unternehmen in eine zu schwerfällige, traditionelle Konzeption eingebunden, die elitär und von Unflexibilität gekennzeichnet war. 1988 war der Weg geebnet: Die „Palastrevolution" hatte zu einem Bruch mit dem klassischen Image geführt. Als Chaumet aufgekauft wurde, sollte etwas Neues daraus entstehen. Um den Fortbestand des Unternehmens zu sichern, mußte es verändert werden, eine Imitation des alten Stiles wäre falsch gewesen. Es war also der ideale Zeitpunkt, Produktinnovationen durchzuführen und auch darüber zu sprechen.

Dennoch durfte diese Veränderung nicht zum Verlust der Markenidentität führen (wie es mit der englischen Marke Rover geschehen ist, als diese von Japanern aufgekauft wurde). Es ist hinreichend bekannt, daß Unternehmen ihre Identität entweder auf eine Person, auf ein Führungsprinzip oder auf das Produkt selbst aufbauen. Da die Namensträger der Firma, die Brüder Chaumet, nun fehlten, war eine Neuorientierung auf die Produkte notwendig. Deshalb war die Innovation des Produktes doppelt unerläßlich.

Je weiter Produktinnovationen und Neuorganisierung des Managements voranschritten, umso wichtiger war es, die Kontinuität und Tradition der Unternehmenspolitik von Chaumet herauszustellen und natürlich auch die institutionelle Facette in Verbindung mit dem Place Vendôme (Platz in der Pariser Innenstadt, Anm.d.Ü.). Die internationale Kampagne „Chaumet wird immer Chaumet bleiben" proklamierte stolz die institionelle Kontinuität und die Verwurzelung in der Tradition erstklassiger Juweliere. Dies legitimierte die neue Kollektion, auch wenn diese sehr ausgefallen ist oder sogar, weil sie ausgefallen ist. Eine solche Aussage, die auf die Unvergänglichkeit von Luxus anspielt, ermöglichte eine zweifache Dekodierung nach Zielgruppen. Sie beantwortete die Skepsis von Leuten, die behaupteten, Chaumet gäbe es nicht mehr, und die den neuen Geschäftsführer Bergeron als Usurpator betrachteten. Sie integrierte ausdrücklich den Skandal aus dem Jahr 1987 und schwächte somit dessen Auswirkungen ab. Aber vor allen Dingen verkaufte die Aussage „Chaumet wird immer Chaumet bleiben" die neue Kollektion an all diejenigen, die als Ausländer von der Affaire nichts wußten. Markenkonzept und -identität betonten den Unterschied von Chaumet zu Kreationen ohne Vergangenheit. Denn je kreativer eine Kollektion gestaltet ist, um so mehr benötigt sie eine Legitimation (durch Betonung der Facette Institution).

Kapitel 11
Die finanzielle Bewertung der Marke

Die Tatsache, daß die Marke ein wichtiges Kapital des Unternehmens ist, bedarf keines Beweises mehr. In manchen Branchen ist die Marke sogar das wesentliche Kapital. Unternehmen können Fabriken und Mitarbeiter verlieren, aber ihr Name bleibt bestehen, der alle Aktiva repräsentiert und seinen Wert aus Bekanntheitsgrad und Anziehungskraft auf den Käufer schöpft.

Bis vor kurzem war eine solche Bewußtseinsbildung qualitativ und hing von Suggestivkraft und Inkantation ab. Die Marketing-Manager waren bei Budgetdiskussionen und in Sitzungen, wo über die Aufteilung von Investitionen entschieden wurde, die glühendsten Verfechter der Marke. Sie forderten immer mehr Geld für die Unterstützung von Marken, was sie aber nicht kurzfristig begründeten – es ist bekannt, daß die kurzfristige Auswirkung der Werbung auf den Absatz die ausgegebenen Summen nicht rechtfertigt (Broadbent, 1983; Channon, 1987) –, sondern langfristig und aufgrund des solchermaßen entstandenen Markenkapitals. Leider argumentieren die Marketingleute qualitativ: Natürlich quantifizierten sie die geforderten Investitionen, aber die langfristige Auswirkung auf den Markenwert blieb verbal und wurde nicht effektiv gemessen.

Es waren die Finanzexperten, die zuerst den finanziellen Wert einer Marke für das Unternehmen erkannten. Bezeichnenderweise waren es die Finanzleute von Wettbewerbsunternehmen oder von Unternehmen, die um die Übernahme eines Unternehmens kämpften, dessen Bilanz nur eine bescheidene oder gar keine positive Aktivseite aufwies (angesichts der angehäuften Schulden). Seit 1985 konnte man eine Vielzahl von Fusionen und Aufkäufen beobachten, die unter völlig neuen Gesichtspunkten erfolgten. Bis dahin waren die Übernahmepreise durch die Ergebnisse des aufgekauften Unternehmens gerechtfertigt worden. Normalerweise wurde ein Preis bezahlt, der 8- bis 10mal höher lag als die Gewinne des aufgekauften Unternehmens. (Solche Koeffizienten nennt man „multiples".) Verfügte das Unternehmen über eigene Marken, dann betrachtete man diese (mit all ihren Vorteilen für das Unternehmen) als schon in den ausgewiesenen Gewinnen enthalten. So läßt sich das Phänomen erklären, daß Unternehmen in finanziellen Schwierigkeiten oft zu einem rein symbolischen Wert übernommen wurden; im Juli 1983 kaufte Bernard Tapie 66% der Anteile der Gesellschaft Look und zahlte den symbolischen Preis von 1 Franc. Die Marke Look ist bekannt für ihre Skibindungen, aber das Unternehmen wies ein Defizit von 53 Millionen Francs gegenüber einem Umsatz von 133 Millionen auf. Sechs Jahre später verkaufte Bernard Tapie Finance Look an ein amerikanisch-schweizerisches Firmenkonsortium, nämlich Ebel-Jellinek, und zwar für 250 Millionen Francs, obwohl Look in der jüngsten Bilanz immer noch ein Defizit von über 41 Millionen auswies und eine Verschuldung von etwa 250 Millionen. Aber der Umsatz war von 133 auf 350 Millionen angewachsen, und dies dank einer gelungenen Diversifizierung in automatische Gangschaltungen und zusammensetzbare Fahrradrahmen, die weltweit verkauft wurden. Um diesen hinsichtlich der schlechten Resultate relativ hohen Übernahmepreis zu rechtfertigen, erklärte John Jellinek: „Die Marke hat ein starkes Potential bewahrt; wir setzen auf den Boom des amerikanischen Fahrradmarktes." Die spätere Entwicklung zeigte, daß diese Überlegung richtig war.

Dieser Fall ist nicht einzigartig. 1985 hat der italienische Industrielle Carlo de Benedetti die Firma Buitoni für einige 100 Millionen Francs gekauft. Obwohl BSN schon lange an Buitoni interessiert war, machte man kein höheres Angebot: Buitoni befand sich in einer schlechten wirtschaftlichen Lage, d.h., die finanzielle Performance sah schlecht aus, und die Produkte hatten in den Augen der Verbraucher nur mittelmäßige Qualität. Drei Jahre später verkaufte de Benedetti Buitoni an Nestlé weiter, und zwar für 8 Milliarden Francs, also zu einem Preis, der 35mal höher war als die Gewinne des Unternehmens! Mittlerweile hatte der Financier Buitoni zu einer echten europäischen Marke gemacht, zum Marktführer bei Fertiggerichten, und er hatte weit über die Ursprungsprodukte hinaus diversifiziert: Die Dachmarke Buitoni verkauft heute erfolgreich Gerichte wie Couscous, Paellas oder das typisch französische Gratin dauphinois, und zwar in der Dose oder tiefgefroren. Weltweit bot die Marke mehr als 100 verschiedene Produkte an, die alle eines gemeinsam hatten: die Marke Buitoni. Nach seinem Kauf verpflichtete de Benedetti jede Niederlassung in allen Teilen der Welt zu strengster Einhaltung aller die Markenidentität betreffenden Vorgaben.

Das Bemerkenswerte an dieser Transaktion war, daß de Benedetti das Unternehmen Buitoni zu einem Preis übernommen hatte, der nur auf dem in der Bilanz ausgewiesenen Wert basierte. Dabei hatte de Benedetti aber schon ganz klar erkannt, daß die Marke Buitoni einen weit höheren Wert für denjenigen hatte, der die Möglichkeiten der Marke (die in den meisten europäischen Ländern schon eingeführt war) auszunutzen verstand. Dies tat er dann auch, und zwar durch systematische Ausdehnung und Europäisierung der Marke. Innerhalb von drei Jahren war Buitoni zur Spitzenmarke geworden und hatte außerdem den Vorteil einer eingeführten europäischen Marke. Dieser Vorteil war Nestlé 8 Milliarden Francs wert, weil solche Marken rar waren. 1985, als die anderen Anbieter noch geglaubt hatten, lediglich einen Produktionsbetrieb für Konserven und italienische Nudeln zu kaufen, wußte de Benedetti schon, daß er viel mehr kaufte: ein phantastisches Markenkapital, das nur darauf wartete, Früchte zu tragen!

Das waren nicht die einzigen Fälle dieser Art. Im Gegenteil, seit 1986 findet eine Welle von Fusionen und Aufkäufen statt, deren reale Einsätze die Marken sind. Das erklärt die Überteuerung und die tatsächlich bezahlten „multiples". Nicht selten sieht man, daß Summen bezahlt werden, die 25mal höher liegen als die Gewinne und drei- oder viermal höher als der Börsenwert. Im April 1988 hat Nestlé den englischen Konzern Rowntree gekauft (mit so berühmten Marken wie Kit Kat, Polo, Quality Street, After Eight), und zwar für 2,4 Millarden Pfund, obwohl der Börsenwert nur 1 Milliarde Pfund betrug. Diese Summe wurde erzielt, weil Nestlé auf das Angebot reagierte, das am 13. April 1988 von der Gruppe Jacobs Suchard gemacht worden war: Die Aktien mit einem effektiven Wert von 450 Pence sollten zu einem Preis von 630 Pence übernommen werden. Am 26. April bot Nestlé 890 Pence an, und am 26. Mai erhöhte Suchard sein Angebot auf 950 Pence. Nestlé erhielt schließlich den Zuschlag, das letzte Angebot war 1075 Pence pro Aktie.

Diese Preise lassen sich durch die europäische Perspektive und die Notwendigkeit, in Europa einen dominierenden Marktanteil zu erreichen, erklären. Mit der Gruppe Mars auf dem Süßigkeiten- und Schokoladenmarkt zu konkurrieren, ist mit einer neuen Marke nicht möglich. Der Markt stagniert, und die traditionellen Marken wie Mars, Nuts, Treets und Kit Kat halten ihre Marktanteile. Eine neue Marke zu schaffen, würde wahnsinnige Summen verschlingen, Jahre dauern, und dabei wäre noch nicht einmal der Erfolg gewiß! Suchard und Nestlé haben also gar keine andere Wahl, als ihre Marken auszudehnen oder schon bekannte Marken aufzukaufen, die weltweit aber rar sind: Cadbury und Rowntree in England, Hershey in den USA oder eben die Schweizer Konkurrenz. Auf diese Weise wird verständlich, warum die beiden Schweizer Unternehmen so hohe Angebote abgaben, es ging um strategische Interessen. Auch wenn sie sehr teuer bezahlt wurden, waren die Weltmarken der Gruppe Rowntree wesentlich billiger als die Entwicklung neuer Marken mit geringer Erfolgsaussicht. Außerdem brachte dieser Kauf neben dem direkten Zugang zu existierenden Marktanteilen ganz beträchtliche Einsparungen mit sich, die auf die Synergie der Aktivitäten zurückzuführen sind. Solche Einsparungen machen Fusionen zusätzlich vorteilhaft: Man braucht nur eine Geschäftsleitung und nur einen Außendienst, und außerdem sind die Preisnachlässe der Lieferanten höher, und das Unternehmen hat eine bessere Position gegenüber dem Handel.

Die Preise solcher Transaktionen demonstrieren den finanziellen Wert der Marke oder zumindest den Wert, den sie in den Augen des Käufers hat. Maximal entspricht dieser Wert der Differenz zwischen dem tatsächlich bezahlten Preis und dem Wert der bereinigten Aktiva, d.h. dem Bilanzwert des Unternehmens. Die „Überbewertung" ist aber nicht unbedingt gleich dem Markenwert. Im Juni 1989 hat Hermès angeboten, das Unternehmen Cristalleries de Saint Louis für 27 Millionen Francs zu übernehmen. Da die bilanzierten Aktiva negativ waren, könnte man davon ausgehen, daß dieser Preis dem geschätzten Wert der Marke entsprach. Die amerikanische Firma Brown Forman (Whiskey Jack Daniels, Porzellan Lenox) machte jedoch ein Gegenangebot, deshalb bot Hermès schließlich 250 Francs pro Aktie, was einem Gesamtpreis von 68 Millionen Francs entspricht. Die Differenz von 150 Francs zwischen dem ersten und dem zweiten Angebot ist die Summe, die zur Ausschaltung des Konkurrenten aufgewendet werden mußte. Um den Preis zu kommentieren, den BSN für Nabisco Europe bezahlt hatte (2,5 Millionen Dollar, der Multiplikationsfaktor war 27), schrieb die Financial Times am 7. Juni 1989: „Wie Nestlé hat auch BSN zweimal bezahlt: einmal, um die Marken zu kaufen, und dann, um auszuschließen, daß die Marken im Portfolio des Wettbewerbs landen."

Der eigentliche Wert der gekauften Marken zeigt sich bei der Präsentation der konsolidierten Bilanz. In Frankreich verlangen die Richtlinien der Bilanzierung (Agefi, 1990), daß der Goodwill auf der Aktivseite der Bilanz erscheinen muß und in 5 Jahren abgeschrieben wird. Dennoch können Unternehmen einen Teil des Goodwill im Anlagevermögen (wozu Patente, Verbindungen zum Handel und Marken gehören) aktivieren. Die teilweise Zuordnung des Goodwill zu den Marken ermöglicht eine längerfristige Abschreibung oder erübrigt die Abschreibung überhaupt (BSN hat sich für letztere Möglichkeit entschieden). In England ist es üblich, den Goodwill komplett zu eliminieren, und zwar indem man ihn noch im selben Jahr von den Rücklagen abzieht. Damit wird vermieden, daß Abschreibungen zu einem Rückgang der Gewinne führen. Reckitt & Colman hat mit dieser Sitte gebrochen. Nachdem das Unternehmen im März 1985 die Firma Airwick (mit Marken) für 165 Millionen Pfund (das entspricht einem Rekordmultiplikationsfaktor von 41) von Ciba-Geigy übernommen hatte, beschloß die Geschäftsleitung, auf der Aktivseite der Bilanz 55,8 Millionen Pfund zu verbuchen, ausgewiesen als Wert der gekauften Marken. Die Differenz zwischen dem Kaufpreis und diesem Betrag entsprach den materiellen Anlagewerten (Gebäude, Maschinen, Lagerbestände) und der echten Überteuerung, die man auch als Konsolidationsmarge bezeichnet. Diese Marge wurde von den Rücklagen abgezogen, wobei der Goodwill nicht mit eingerechnet wurde. Mit Hilfe dieser technischen Maßnahme gelang es Reckitt & Colman, allen die Verbesserung der Aktiva des Unternehmens vor

Augen zu führen, und zwar durch den Erwerb von immateriellen Aktiva, also bekannten Marken.

In England unternahm die Gruppe Rank Hovis McDougall 1988 einen weiteren Schritt in diese Richtung und wies den Wert ihrer eigenen Marken auf der Aktivseite der Bilanz aus. Obwohl diese Methode nicht eigentlich verboten ist, war es doch etwas Neues und führte zum sogenannten Hernani-Streit um die Aktivierung von Marken in der Bilanz. Die Diskussion begann in England (aufgrund der bestehenden Praxis, den Goodwill zu eliminieren) und dehnte sich im Zuge des Bestrebens nach einer Harmonisierung der Bilanzierungsmethoden auf Australien und Europa aus. Die Entscheidung von Rank Hovis McDougall (kopiert von anderen englischen Firmen) steht im Gegensatz zur europäischen und amerikanischen Methode, denn sie untersagt die Wertberichtigung des gekauften immateriellen Aktivvermögens (besonders die Festschreibung von immateriellen Anlagewerten in der Bilanz).

Hinter der Frage der Verbuchungspraxis offenbart sich hier ein grundsätzliches Problem: Weshalb sind Unternehmen, die Marken erworben haben, berechtigt, diese in der Bilanz auszuweisen (was ihre Aktiva verbessert), während Gesellschaften, die das interne Wachstum vorziehen und ihre eigenen Marken entwickeln, dies nicht können (was dazu führt, daß ihre Aktiva zu gering bewertet werden)? Im Extremfall kann das Unternehmen dadurch unterbewertet und zur leichten Beute für Aufkäufer werden. Diese verzerrte Bewertung von Unternehmen und Aktienwert macht eine Übernahme zu niedrigem Preis möglich, mit der berechtigten Hoffnung auf Rentabilität. Die Übernahme von Rowntree löste diese Diskussion aus: Im März 1988 lag der Börsenwert bei 1 Milliarde Pfund. Im Juli kaufte Nestlé Rowntree für 2,4 Milliarden auf. Es stellt sich also die Frage, ob der Markt die Marken und ihr zukünftiges Potential nicht unterbewertet hatte. Angesichts einer drohenden Übernahme ergriff Rank Hovis McDougall die Flucht nach vorne und präsentierte nicht nur offen seine Marken (die bekannt waren), sondern gab auch deren geschätzten Wert an. Das führte dazu, daß der Wert des Unternehmens sowohl in den Augen der Aktionäre wie auch der Investoren sofort anstieg.

Die Diskussion über die grundsätzliche Ausweisung aller Marken, ob erworben oder neu geschaffen, stellt die Bedeutung der Bilanzierung zur Diskussion. Welche Funktion haben Bilanzen und Geschäftskonten? Sollen sie eine realistische Einschätzung der wirtschaftlichen Lage des Unternehmens ermöglichen (was sehr subjektiv ist) oder nach dem Vorsichtsprinzip nur objektive Tatbestände erfassen und ausschließlich vergangene und abgeschlossene Transaktionen ausweisen? Bis heute hat man sich immer für die zweite Möglichkeit entschieden. Weist man auch intern geschaffene Marken in der Bilanz aus, dann kann dies zu einem Verlust der Glaubwürdigkeit und der Kohärenz der Bilanz führen. Denn was ist von einer Bilanz zu halten, die nicht homogene und manchmal auch subjektive Bewertungsmethoden anwendet? Die Aktivierung einer gekauften Marke schadet dem Prinzip der Ausgabenbezogenheit, also der Bilanzierung, nicht. Wie aber sollen interne Marken bewertet werden? Methoden, die auf Anschaffungskosten oder Wiederbeschaffungswert beruhen, können nicht angewandt werden. Es bleiben nur finanzielle Bewertungen, die auf den erwarteten zukünftigen Erträgen (im höchsten Maße subjektiv) basieren: Deren Ausweisung in der Bilanz führt zu Unsicherheit und Heterogenität und verhält sich konträr zum Vorsichtsprinzip.

Es zeichnet sich also eine erste Schlußfolgerung ab. Im Idealfall müßte eine Bewertungsmethode, um akzeptiert zu werden, sich gleichermaßen auf erworbene wie eigene Marken anwenden lassen, und zwar hinsichtlich Wirtschaftlichkeit und Bilanzierung. Dies ist jedoch nicht möglich: Eine Wertangabe ist eng mit dem jeweiligen Standpunkt verbunden. Für die Aktionäre von Rowntree war das Unternehmen 1 Milliarde Pfund wert; für Nestlé aber 2,4! Für Midland's Bank belief sich der Wert von Lanvin auf 400 Millionen; Henri Racamier und L'Oréal bezahlten 500! Außerdem wird die Bilanzierung vom Prinzip der Vorsicht, Objektivität und zeitlichen Kohärenz bestimmt. Der Aufkäufer handelt völlig anders: Vorsicht ist hier nicht gefragt, es wird subjektiv entschieden. Bei der Bewertung von Marken im Zusammenhang mit Aufkäufen soll ein Angebotspreis festgelegt werden, der die vom Käufer erwarteten Intentionen und Synergien berücksichtigt. Die Bewertung der Marken zum Zwecke der Bilanzierung verlangt andere Normen und Gesichtspunkte. Da keine Transaktion stattfindet, wird die interne Marke nach ihrer „aktuellen Bedeutung" bewertet (und nicht danach, was ein anderer aus ihr machen könnte): Es besteht also eine Diskrepanz zwischen dem kapitalisierten Wert einer gekauften und dem einer intern geschaffenen Marke. Auch beschwört die Notwendigkeit einer ständigen, recht subjektiven Wertberichtigung – nach oben oder unten – der internen Marken (falls diese in der Bilanz ausgewiesen werden sollen) eine Situation herauf, die dem Vertrauen in die Bilanz schadet. Deshalb ist es verständlich, daß die Bilanzexperten der London Business School – dazu befragt – sich zum Ausweis von Marken in der Bilanz generell ablehnend äußerten (Barwise et al., 1989).

Eigenartigerweise haben gerade die Marketingleute die Verbuchung des Markenwertes besonders befürwortet. Auf diese Weise hofften sie schließlich doch über ein von Bilanz- und Finanzexperten legitimiertes Mittel zu verfügen, um langfristig den Erfolg von Marketingentscheidungen bewerten zu können. Wenn auch allgemein anerkannt ist, daß die Werbung kurz- und langfristige Auswirkungen hat, sind die Methoden der Markenbilanzierung bis jetzt rein kurzfristig angelegt. Produkt- oder Markenmanager müssen jährlich positive Ergebnisse vorweisen. Bewertung und Kontrolle finden also de facto jährlich statt. Das führt dazu, daß Entscheidungen der Vorzug gegeben wird, die kurzfristig gewinnbringend aussehen. Künftig würden Marketing-Manager über ein Gegengewicht zu diesen kurzfristig angelegten Aktionen verfügen, die zwar die jährlichen Ergebnisse aufblähen, aber dem Kapital Marke langfristig schaden können (schnelle Promotions oder eine zu weite Ausdehnung der Marke). Will man den Bekanntheitsgrad um jeden Preis erhöhen, führt das vielleicht gar nicht mehr zu einer weiteren Wertsteigerung des Kapitals Marke. Deshalb sollte man lieber andere Methoden einsetzen, um das Kapital Marke zu fördern (vgl. Seite 30).

Noch allgemeiner ausgedrückt: Soll eine Marke bewertet werden, dann muß man die Markenidentität und ihren Inhalt analysieren, bewerten heißt also verstehen. Das Marketing ist weniger an dem Wert an sich interessiert als vielmehr an der Art und Weise, wie man zu dieser Bewertung kommt, d.h. dem Verständnis der Markenfunktion, ihrer Entwicklung, ihres Wertzuwachses oder -verlustes. Dieses Verständnis führt dort, wo die Intuition dominiert, Elemente der Logik und der Analyse ein, es etabliert echte Kommunikation zwischen Marketing-, Bilanz-, Finanz-, Steuerexperten und Juristen. Auch wenn aus Gründen der Objektivität und Bilanzkohärenz die Bilanzierung von internen Marken bisher unzulässig war, ist sie künftig notwendig, und zwar zum Nutzen des Unternehmens selbst. Fusionen und Aufkäufe sind Ausnahmen, selbst wenn sie die Medien fesseln: Das Datum 1992 hat dazu geführt, daß die Unternehmen strategisch Position bezogen haben. Diese Entwicklung dürfte sich aber wieder verlangsamen. Die Bewertung von Marken darf sich nicht auf diese seltenen Gelegenheiten beschränken. Sie rechtfertigt sich aus dem Nutzen, den sie für das Management hat (als Entscheidungshilfe, Kontrolle der Geschäftsleitung, Informationssystem, Ausrichtung auf den Markt und Disziplin). Der Zwang zur Offenlegung von Bilanzen für Aktionäre und Investoren ist eine Sache, ein internes Kontrollinstrument für die Geschäftsleitung eine andere. Diese beiden dürfen nicht verwechselt werden, denn sie verfolgen verschiedene Ziele und unterliegen anderen Zwängen.

Folgt man dem Vorsichtsprinzip, dann betrachtet die Bilanzierung eine Aktion, die erst zukünftig gewinnbringend sein wird, nicht als Investition. Deshalb werden auch Werbungskosten als Ausgaben angesehen und jährlich auf der Aufwandseite bilanziert. Ein Teil des Werbebudgets hat sicher auch rein kurzfristige Auswirkungen: Scannerdaten zeigen, daß die Veränderung im Verbraucherverhalten aufgrund einer Werbekampagne nur kurz anhält. Das heißt aber nicht, daß der andere Teil der Ausgaben nicht langfristig arbeitet, und zwar für den Bekanntheitsgrad der Marke und ihr Image. Es ist nunmehr möglich, auch diesen zweiten Teil intern als Teil des Markenwertes zu verbuchen, und zwar soweit Bekanntheit und Image notwendige Bestandteile des Markenwertes sind.

Welche Schlüsse lassen sich daraus ziehen? Die finanzielle Bewertung von Marken führt dazu, daß die anderen Unternehmensfunktionen wie Marketing, Bilanzierung, Finanzen usw. entsprechend aufeinander abgestimmt werden. Außerdem bildet sie, da sie langfristig angelegt ist, ein Gegenwicht zu den jährlichen Betriebsrechnungen. Auch die immateriellen Anlagewerte wie Knowhow, Patente und Marken haben einen wesentlichen Anteil am Wert eines Unternehmens.

Die Diskussion um den Markenwert und dessen Bilanzierung auf der Aktivseite dreht sich hauptsächlich um die Art der Verbuchung. Europäische Richtlinien werden diese künftig homogenisieren und regeln. Aber man muß auch bedenken, daß die Bilanzierung des Markenwertes notwendig ist, um Entscheidungen im Marketing und in der Werbung zu legitimieren, die bisher dem „Fallbeil" der jährlichen Betriebsrechnung unterworfen waren. Bevor wir die einzelnen Bewertungsmethoden der Marke betrachten, müssen wir uns vor Augen führen, daß das Ziel der Bewertung (Erwerbung oder aber Offenlegung von Unternehmens- oder Managementbilanzen) Bewertungskriterien und Methoden beeinflußt. In Abhängigkeit von diesem Ziel ist eine Entscheidung für oder gegen Kriterien nötig, die leider kaum vereinbar sind: Will man aber das Gewicht auf Validität oder auf formale Richtigkeit legen, ist mehr Subjektivität oder mehr Objektivität gefragt?

Die Isolierung des Markenwerts

Ganz gleich, welche Methode für die Bewertung einer Marke angewandt wird, das schwierigste Problem ist das der Abgrenzung der Marke, ihre Isolierung von den übrigen Funktionen des Unternehmens und den anderen immateriellen Anlagewerten (Patente, Know-how, Handelsbeziehungen usw.). Natürlich kann vom juristischen Standpunkt aus das Nutzungsrecht eines Markennamens zuerkannt und sogar verkauft werden. Aber wird mit dem Namen tatsächlich auch die Marke übernommen? Der Name charakterisiert eine Unterscheidung, er verursacht sie aber nicht. Eine Marke wird allmählich aufgebaut: Die Kommunikation ermöglicht den Zugang zu einem breiten Publikum, was die Risiken in Bereichen wie Forschung und Entwicklung und Produktion verringert und der Amortisation von Investitionen zugute kommt. Hat die Marke ein gutes Image und Vertrauen beim Verbraucher, kann sie sich auf neue Felder wagen, Innovationen realisieren und Risiken eingehen. Für das Unternehmen ist die Marke auch eine Art Rückversicherung, Stabilitätsquelle und Vertrauensbasis.

Eine etablierte Marke hat wirtschaftlichen Wert: Ein Unternehmen mit Marken ist mehr wert als eines ohne Marken. Dennoch ist die Bewertung dieser Marken und ihrer positiven Auswirkung auf die anderen Aktiva des Unternehmens (materiell und vor allem immateriell) schwierig. Das Problem ist, die Gewinne, die auf die Marke zurückzuführen sind, von denen der anderen immateriellen Anlagewerte zu trennen, während es relativ einfach ist, die Gewinne von denen der materiellen Anlagewerte zu unterscheiden. Basiert der Erfolg von Azantac auf der Marke oder auf dem „revolutionären" Molekül, dem Ranatidine? Läßt sich der Wert von Dienstleistungsmarken vom immateriellen Know-how und den Managern, die dieses gestalten, trennen? Bleibt der Markenwert einer bekannten Werbeagentur gleich, wenn die Geschäftsführer wechseln?

Es ist also stricto senso unmöglich, den spezifischen wirtschaftlichen Wert der Marke zu isolieren, denn die Synergien machen den Markenwert aus. Bei Fusionen oder Übernahmen ist dies kein Problem: Meistens wird das gesamte Unternehmen übernommen mit all seinen immateriellen Anlagewerten. Die finanzielle Bewertung umfaßt alle immateriellen Anlagewerte mitsamt der Marke und wird nur von den materiellen Aktiva (deren Wert und Kosten erst nach längerer Zeit ermittelt werden können) abgegrenzt. Nach der Übernahme tritt das Problem auf, den Anteil der Marke an der „Überbewertung" des Unternehmens zu ermitteln, aber die Risiken, die eine Fehleinschätzung mit sich bringt, sind gering. Zusätzlich sind steuerliche Kriterien und die Auswirkung auf Metakonten zu berücksichtigen. Daß es oft fast unmöglich ist, die Marke von anderen immateriellen Anlagewerten zu isolieren, ist auch für die interne Bewertung und die Ziele des Managements kein Hindernis, denn das Management versucht ja selbst, den Markenwert soweit wie möglich zu steigern.

Sobald die Marke unabhängig vom Unternehmen verkauft wird, ist die separate Bewertung kein Verbuchungsproblem mehr. Als Nestlé 1989 die Marke Buitoni aufkaufte, wurden die anderen Bestandteile des Firmenvermögens (Gebäude, Lager usw.) von Buitoni anderweitig veräußert. Hier muß genau untersucht werden, ob mit diesen Verkäufen nicht wichtige Faktoren der Marke abgegeben werden, die ihren Erfolg garantieren und für den Gewinn insgesamt unverzichtbar sind. Eine Marke kann nur dann isoliert und allein verkauft werden, wenn sie ihre Identität behält, was jedoch nicht immer der Fall ist.

Wodka Smirnoff ist eine abtrennbare Marke. Der Pastis Ricard ist es schon weniger, und IBM ist es gar nicht. Bei Wodka gibt es nicht viel spezielles Know-how. Ein Anbieter, der nur die Exklusivrechte der Marke (Name, Etikett, Flasche) erwirbt, ohne Fabrikgebäude, wird trotzdem vom Affektionswert der Marke profitieren können, und zwar sowohl beim Verbraucher als auch beim

Handel. Der Goodwill dieser Marke hängt nicht von irgendeiner Besonderheit der Getränkes ab oder von dem Unternehmen, das die Marke verkauft. Da Wodka eigentlich ein generisches Getränk ist, macht nur die Marke den Unterschied aus: Es reicht daher, nur die Rechte an Wort- und Bildmarke zu erwerben (als da sind: Flasche, Symbole, Etiketten, Namen). Imitationen oder Gegenmarken wissen dies genau, sie reproduzieren diese Bestandteile aufs genaueste.

Ließe sich auch Pastis Ricard so verkaufen, also außerhalb des Unternehmens Ricard? Sicher verfügt die Marke über einen außergewöhnlichen Bekanntheitsgrad: Denkt man an Pastis, fällt einem zunächst Ricard ein. Aber ist es denn nicht so, daß die Kraft der Marke überschätzt wird, da sicherlich ein Teil des Absatzes auf das Gewicht des Unternehmens Pernod-Ricard zurückgeht? Der Goodwill des Unternehmens erleichtert die Verhandlungen mit dem Handel, verbessert also Präsenz und Präsentation der Marke in allen Absatzstellen. Wäre Mars Mars geblieben, wenn die Marke ohne das Unternehmen verkauft würde? Nein, denn der Affektionswert des Produktes hängt von Geschmack und Konsistenz ab, die ganz spezifisch und Teil des unternehmerischen Knowhows sind. Mars ist in gewisser Weise einmaliges generisches Produkt, Produktmarke, ein „branduct" (Swiners, 1979). Das Know-how ist Teil der Marke und unverzichtbar, wenn die Marke bleiben soll, was sie ist.

Colgate Palmolive zog sich aus dem Markt für Babywindeln zurück und verkaufte die französische Marke Caline für 2 oder 3 Millionen Francs. Die Firma Célatose, die die Marke gekauft hatte, meldete einige Jahre später Konkurs an. Der Marktanteil von Caline beruhte nicht auf Markenimage oder Markenname, sondern war auf die ständige Forschung und Entwicklung und den Goodwill von Colgate Palmolive beim Handel zurückzuführen. Als Caline vom Unternehmen isoliert wurde, blieb zwar der Name gleich, aber die Marke veränderte sich. Dies ist besonders in den Bereichen wichtig, wo Know-how zählt, d.h., wo die Marke für einen wirklichen, wahrnehmbaren Unterschied steht. IBM kann nicht vom Unternehmen und dessen Logistik, den Möglichkeiten und der Unterstützung des Namens IBM (der für Sicherheit steht) losgelöst werden.

Aktiva sind Träger von möglichen zukünftigen Gewinnen, die das Unternehmen in Folge vergangener Transaktionen oder Ereignisse erzielt. Die Marke ist ein Aktivum, denn sie entspricht dieser Definition, und das gilt sowohl für eine gekaufte als auch für eine intern entwickelte Marke. Wie die oben angeführten Beispiele zeigen, kann die Marke nicht isoliert vom Unternehmen betrachtet werden, denn manchmal ist sie nur Sammelbecken für Attribute, die mit den anderen immateriellen Anlagewerten (Patente, Know-how, Kundenkontakte) zusammenhängen. Eine gekaufte Marke hat per Definition einen isolierbaren Wert, der durch die Transaktion eingelöst wird; eine intern aufgebaute Marke kann aber kaum von den anderen Aktiva getrennt werden, daher die Schwierigkeit, sie zu bewerten. Die richtige Methode wäre, das System Marke bewußt zu analysieren, und zwar hinsichtlich der Beziehungen zu anderen Quellen des „argumented product" und der Auswirkungen auf Marktanteil und Gewinn (Abb. 39).

Abbildung 39 verdeutlicht die beiden wesentlichen Quellen des Markenwertes. Gewinne, die der Marke zuzuschreiben sind, sind entweder auf die wachsende Nachfrage nach einem Gattungsprodukt oder auf reduzierte Produktions- und Vertriebskosten zurückzuführen. Dieser Produktivitätsgewinn ermöglicht die Finanzierung der Präsenz und Präsentation der Marke am Ort des Verkaufs; außerdem reduziert sich so der aktuelle Verkaufspreis, was wiederum den Wettbewerbsvorteil der Marke und ihr Preis-Leistungs-Verhältnis verbessert. Die Folge davon ist eine Markenbindung, und zwar indem jeder neue Kauf gleichermaßen zufriedenstellend ist – aufgrund der Produktleistung, gleichbleibender Qualität sowie Preis und Image. Aus der Sicht des Verbrauchers dient die Marke als Orientierung innerhalb des Angebotes und reduziert damit Risiken und Probleme bei der Auswahl. Durch Kommunikation und Anwendung des Produktes erhält die Marke ihre Bedeutung und garantiert Leistung, Qualität, bequeme Handhabung und Aktualität und dient so als Orientierungshilfe.

Nicht der gesamte Absatz einer Marke ist allein auf die genannten Punkte zurückzuführen: Ein Produkt kann auch wegen der guten Präsentation im Geschäft oder wegen eines Sonderangebots ausprobiert werden. Ist der Verbraucher mit dem Produkt zufrieden, dann wird er sich bei seinem nächsten Einkauf an die visuellen Symbole der Marke oder ihren Platz im Regal erinnern. Eine Marke, die keine besondere Eigenheit oder Bedeutung hat, prägt sich dem Verbraucher nicht ein. In einem solchen Fall ist die Marke trotz eines hohen Marktanteils schwach, wie beispielsweise die Marke Réa, die auf dem französischen Markt für Fruchsäfte führend ist. Der hohe Marktanteil ist darauf zurückzuführen, daß Réa die Verpackung in Pappbehältnissen eingeführt hat. Allerdings bieten nun auch Handelsmarken solche Verpackungen an, was der Marke Réa schadet. So hat die Marke zwar ein Behältnis, aber keinen Inhalt.

Abbildung 39 zeigt auch, daß viele Marken ihren Marktanteil nur aufgrund der Unterstützung und des Goodwill ihres Unternehmens halten. Bestellt ein Händler Ricard, dann ist er wenigstens teilweise von dem „corporate image" beeinflußt. Diese Aussage kann auf alle Marken mit Eigennamen ausgedehnt werden, deren Absatz dem Einfluß der Garantie- oder Muttermarke zu verdanken ist. Jicky und Jicky von Guerlain ist nicht dasselbe. Das gilt auch für Hello von LU.

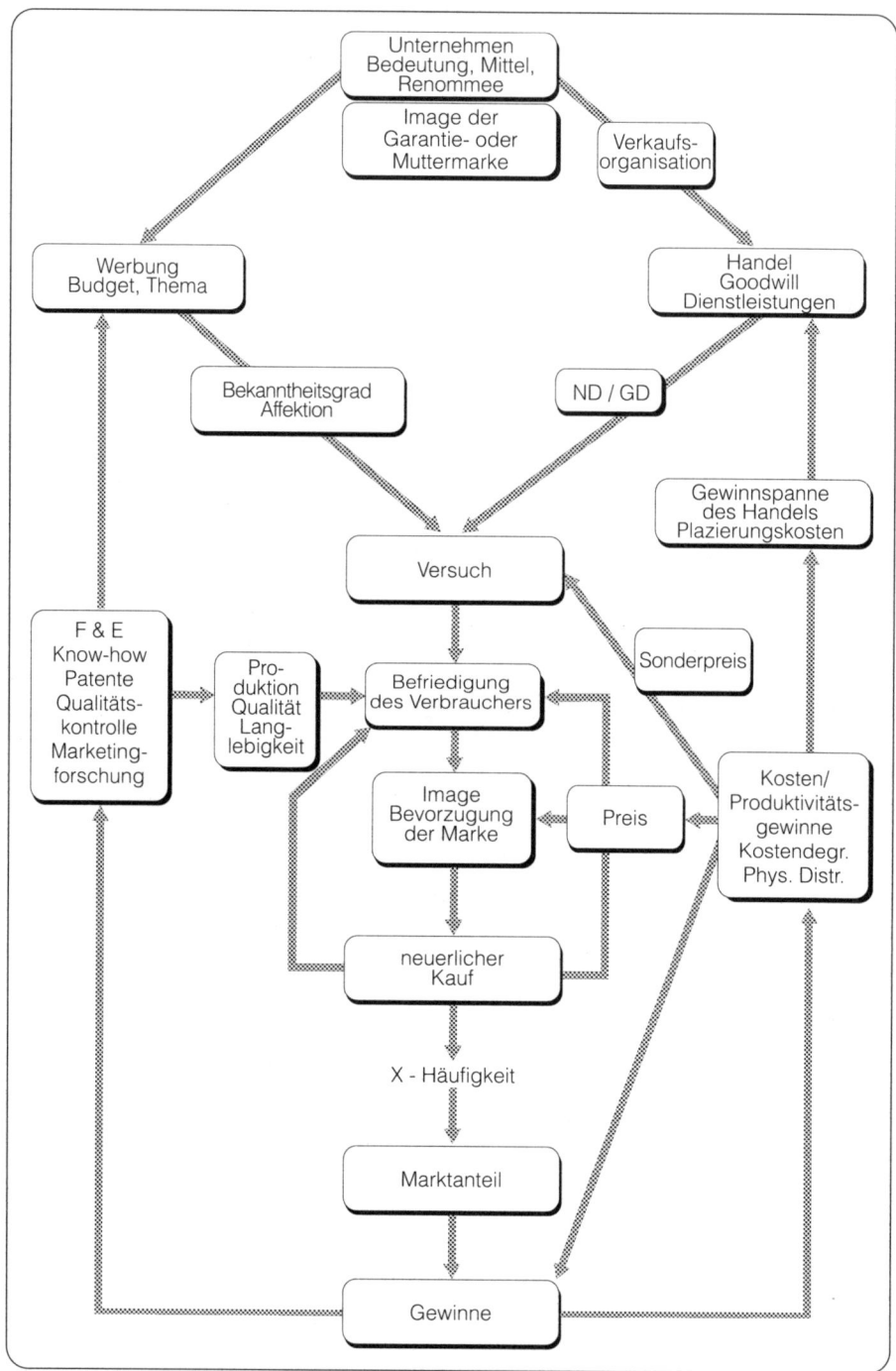

Abb. 39: *Das Markensystem und das Problem der Isolierung des Markenwerts*

296

Und schließlich wird in Abbildung 39 deutlich, wie wichtig die Kenntnis von Faktoren ist, die den Marktanteil ausmachen, um das Markenpotential zu bewerten. Denn die Bestimmung des Bekanntheitsgrades oder des Marktanteils zu einem gegebenen Zeitpunkt kann zu einer falschen Vorstellung von den Markenwerten führen. Die nachstehende Tabelle soll dies verdeutlichen, es handelt sich um den Vergleich der beiden Markenprofile A und B (Abb. 40).

	Marke	
	A	B
Bekanntheitsgrad (% der Personen, die die Marke kennen)	50	40
Probierkauf (Anteil der Personen, die die Marke schon gekauft und ausprobiert haben)	40	35
Wiederholter Kauf (Anteil der Personen, die das Produkt dann auch weiterhin kaufen)	20	40
Verbrauchsindex (im Verhältnis zum Marktdurchschnitt)	110	100
Verfügbarkeit (% der Personen, die die Marke leicht finden)	70	20
Gebrauchsanteil (entspricht dem Marktanteil)	3,1	1,1
Potential (bei 100% Bekanntheit und 100% Verfügbarkeit)	8,8	14,0

Abb. 40: *Vergleich von Markenprofilen*

Im ersten Moment könnte man den Eindruck bekommen, daß Marke A stärker ist als Marke B (3,1 versus 1,1). Was aber das Markenpotential betrifft, so ist B vielversprechender und nicht vollständig ausgenutzt, siehe Marktanteilspotential (14,0 versus 8,8).

Die langfristige Bewertung eines Markenpotentials in einem Markt muß die Bedeutung von Faktoren berücksichtigen, die nur mit der Marke zusammenhängen und nicht mit einer begleitenden Variablen, die dann verschwindet, wenn die Marke verkauft, also vom Unternehmen getrennt wird.

$$\text{Potential in einem Segment} = \text{bereinigte Nachfrage} \times \text{bereinigtes Angebot} \times \text{Zeit} \times \text{Wachstum des Marktsegments}$$

Unter „bereinigter Nachfrage" versteht man den Absatzanteil, der nur auf die Marke und ihre Attribute zurückzuführen ist, d.h. isoliert von dem Anteil, der direkt auf eine andere Marke übergehen würde, wenn diese am selben Ort zum selben Preis und mit denselben äußeren Merkmalen angeboten würde (z.B. Réa). Unter „bereinigtem Angebot" versteht man die numerische oder gewichtete Distribution (ND, GD), soweit sie auf die Marke und nicht auf den Einfluß des Herstellers oder auf die Wirkung einer Garantiemarke zurückgeht. Wie verhält sich der Handel, wenn die Marke den Besitzer wechselt? Der Faktor Zeit bringt es mit sich, daß die Marke weniger sensibel auf die konjunkturelle Lage reagiert und ihren Wettbewerbsvorteil auf Dauer bewahrt: Verfügt die Marke (und wenn ja, dann für wie lange) über Patente und spezielles Know-how? Ist sie in der Lage, weiterhin Forschung und Entwicklung zu betreiben und das Produkt ständig zu verbessern (um das Problem von Caline zu vermeiden)? Verfügt sie über die nötigen Mittel, um ihre Bekanntheit und Präsenz in ihren Absatzstellen auszubauen? Sind neue Marktteilnehmer zu erwarten, und könnten diese Verbraucher und Handel auf ihre Seite ziehen? Hat die Marke widerstandsfähige Vorteile gegenüber möglichen Gegenmarken des Handels? Und schließlich muß das erwartete Wachstum des betreffenden Marktsegments unter die Lupe genommen werden. Die oben angeführte Analyse wurde innerhalb eines Marktsegments vorgenommen; sie muß ausgeweitet werden, und zwar auf die Analyse von Möglichkeiten in Marktsegmenten, in denen die Marke zwar augenblicklich nicht präsent ist, aber Ausdehnungsmöglichkeiten hätte.

Die Bewertung nach Kosten

Die Bestimmung des Markenwertes ist außerdem vom Verständnis des Wertes selbst abhängig. Es handelt sich nicht nur um einen Wert, sondern um mehrere: Sie hängen von der Sicht des Gutachters ab (in englisch: premise of value). Dieser Wert ist eine subjektive Größe, abhängig von veränderlichen Bewertungskriterien. Dem stehen Prinzipien entgegen, die die Bilanzierung und die betrieblichen Informationssysteme leiten: Verifizierbarkeit, Objektivität und Rationalität. So gesehen sind nur Methoden, die auf sogenannten historischen oder Wiederbeschaffungskosten beruhen, akzeptabel. Wenn sie auch nicht völlig objektiv sind, so haben sie doch zumindest den Vorteil, wenigstens „intersubjektiv" zu sein (d.h., unabhängige Gutachter kommen zu ähnlichen Ergebnissen).

Bewertung nach „historischen Kosten"

Die Marke ist ein Kapital, dessen Wert aus Investitionen über lange Zeiträume entsteht (auch wenn die Bilanzierung ihnen stricto senso nicht den Status von Investitionen gibt). Die logische Folgerung wäre also, diese Kosten innerhalb eines bestimmten Zeitraumes zu addieren: Entwicklungskosten, Marketingkosten, Werbungskosten, Kommunikationsausgaben ganz allgemein, usw. Diese Kosten wurden objektiv und buchhalterisch erfaßt.

Wie man sieht, ist so das schwierige Problem der Isolierung zu lösen, und zwar indem direkte Kosten, verursacht von der Marke, von indirekten Kosten (Verkaufsorganisation, Overheads usw.) getrennt werden. Obwohl sie im Prinzip einfach und logisch ist, wirft diese Methode dennoch die im folgenden aufgeführten Probleme auf, die wiederum den Faktor der Subjektivität ins Spiel bringen.

- Über welchen Zeitraum sollen die Kosten erfaßt werden? Viele Marken sind schon sehr alt (vgl. Seite 105): Coca-Cola stammt aus dem Jahr 1887, Danone aus 1919, Bull aus 1933, Yves St. Laurent aus 1958 und Dim aus 1965. Sollen die Kosten von Anfang an erfaßt werden: Jeder kennt alte Marken, die heute fast verschwunden sind (Banania). Eine Möglichkeit besteht darin, zu ermitteln, wann die Werbung ihre Wirkung bis in die Gegenwart verloren hat.

- Welche Kosten sollen erfaßt werden? Das Marketing betont die Doppelrolle der Investitionen in Werbung: Ein Teil davon wirkt sich auf den aktuellen Absatz aus. Der andere Teil des Budgets baut Bekanntheitsgrad und Image der Marke aus und erleichtert damit den künftigen Absatz. Die praktische Schwierigkeit besteht darin, von Jahr zu Jahr das Verhältnis beider Teile neu zu bestimmen. Außerdem, wenn man von künftigem Absatz spricht, welche Zeitspanne wird dabei maximal ins Auge gefaßt? Oder anders ausgedrückt: Die allmähliche Reduktion der Werbewirkung muß einbezogen werden. Geht man davon aus, daß diese linear abnimmt – was aus Studien über die Beständigkeit des Verbraucherverhaltens hervorgeht (Kapferer, 1984) –, beispielsweise über fünf Jahre hin, dann werden die Ausgaben der letzten fünf Jahre bilanziert und nur 20% der Ausgaben des fünften Jahres.

- Natürlich sollen hier nicht einfach Kosten addiert werden, sondern man versucht, den Grad der Aktualisierung zu bestimmen. Neben den trotz allem subjektiven Antworten auf die oben angeführten Fragen (andere Methoden sind noch subjektiver) bringt eine Bewertung nach „historischen" Kosten mehrere fundamentale Probleme mit sich, die auf ein mangelndes Markenverständnis zurückgeführt werden müssen.

- Bei der Entwicklung einer Marke wird ein großer Teil der langfristigen Investitionen *nicht* in Geld getätigt (und ist deshalb nicht bilanzierbar): strenge Qualitätskontrollen, ein erweitertes Know-how, Manpower usw. Diese Faktoren sind notwendig für den wiederholten Kauf des Produktes, den langfristigen Ruf und eine erfolgreiche Mund-zu-Mund-Propaganda.

- Eine der wichtigsten Investitionen zum Aufbau des Markenwertes ist die Bestimmung des Preises, der sinnvollerweise dem Preis des Wettbewerbs entspricht, obwohl es sich um ein hochwertigeres Produkt („argumented product") handelt. Ein typisches Beispiel dafür ist Swatch. Diese Marke hätte man leicht mit einem höheren Preis ausstatten können (in englisch: price premium), um die hohen Innovationskosten des Produktes zu kompensieren. Aber das Unternehmen entschied sich für einen Preis, der auf dem Niveau des Wettbewerbs lag und maximierte so das Preis-Leistungs-Verhältnis der Marke und ihre Attraktivität. Dies ist einer der Hauptgründe für den Erfolg von Swatch. Leider kann eine Methode, die nur tatsächlich angefallene Kosten verbucht, dies nicht berücksichtigen.

- Diese Methode ist geeignet für Marken, deren Wert nur der Werbung und dem Marketing zuzuschreiben ist und die eine deutliche Preisdifferenzierung praktizieren. Sie ist dagegen ungeeignet für Marken, die wenig in Kommunikation investiert haben (wie Rolls Royce oder St. Michael von Marks & Spencer). Außerdem gilt, daß vergangene Investitionen den aktuellen wirtschaftlichen Wert prognostizieren: Es gibt Marken, die Unsummen in Werbung investiert haben und trotzdem kaum mehr über Wert oder lebendigen Inhalt verfügen (das Bier Mützig, Talbot, Continental Edison, Pathé Marconi usw.)

Für die Bilanzierungspraxis schafft diese Methode (zur Bilanzierung von internen Marken, sofern dies überhaupt zulässig ist) zwei enorme Probleme. Auf diese Weise werden Ausgaben neu verbucht, die schon in der früheren Rechnungslegung erfaßt wurden, und im Entstehungsjahr auf der Aufwandseite ausgewiesen! Noch problematischer ist die Wahl des Zeitpunkts, von dem ab eine intern geschaffene Marke in der Bilanz ausgewiesen werden soll. Die Marke entsteht zunächst einmal als Produktname (vgl. Seite 121). In den ersten Jahren wird zwischen Marke und Produkt nicht unterschieden. Nun sollte aber eigentlich nur der Anteil des Werbebudgets, der zum Aufbau der Marke dient, berücksichtigt werden und nicht die Marketingkosten für den Verkauf des Produktes. Leider dauert es Jahre, bis klar zu erkennen ist, ob eine echte Marke geschaffen wurde, die sich vom Ausgangsprodukt lösen läßt und weitere Produkte für andere Marktsegmente in ihr Programm aufnehmen kann. Deshalb stellt sich die Frage, was zunächst überhaupt auf der Aktivseite der Marke registriert werden sollte und ob erst dann, wenn die Marke die entscheidende Schwelle überschritten hat, ihr Wert definiert werden sollte.

Wie man sieht, bietet der Ansatzpunkt der historischen Kosten jede Menge Theorien an, besonders was den Markenursprung anbelangt, dessen Gültigkeit allerdings in vielen Märkten mehr als zweifelhaft ist. Andererseits haben Studien gezeigt, daß viele führende Marken von 1989 schon 1933 Marktführer waren: Colgate, Kodak, Gillette, Kellog's, Hoover usw. (Blackett, 1989). Andere haben gezeigt, daß die beste Voraussetzung, marktführend zu werden, ist, diese Position schon 10 Jahre inne zu haben (Jones, 1987): Kommunikation sowie Forschung und Entwicklung unterstützten zwar während dieser Zeit die Position als Marktführer, können aber nicht Ursache für die aktuelle Marktführung sein. Die Definition einer geeigneten Bilanzierungsperiode ist also offensichtlich sehr problematisch.

Bewertung nach Wiederbeschaffungskosten

Um den Schwierigkeiten zu begegnen, die mit der oben analysierten Methode verbunden sind, wäre es da nicht besser, in der Gegenwart zu bleiben und das Problem in Form der klassischen Alternative zu lösen: Wenn die Marke nicht zu kaufen ist, wieviel würde es das Unternehmen kosten, die Marke neu zu schaffen? Betrachtet man die verschiedenen Parameter des Markenprofils (Bekanntheitsgrad, Prozentsatz der Neukunden und der Wiederholungskäufe, absoluter und relativer Marktanteil, Vertriebswege, Image, Führungsposition), welche Summen müssen über welchen Zeitraum eingesetzt werden, um eine äquivalente Marke zu schaffen?

Kann man Marken wie Coca-Cola, Schweppes, LU, Buitoni, Martell neu schöpfen? Möglicherweise nein. Ist es möglich, Benetton, Bang & Olufsen, Saba, Amstrad noch einmal aufzubauen? Möglicherweise ja. Für bestimmte Marken stellt sich diese Frage gar nicht mehr: Sie können nicht neu geschaffen werden, da sich das Umfeld zu sehr verändert hat:

- Diese Marken sind zu einer Zeit entstanden, als nur wenig in Werbung investiert wurde, und haben sich über Jahre hin aufgrund von langsamer Mund-zu-Mund-Propaganda entwickelt. Heute ist es wegen des Kostenaufwands von 1% des Marktanteils nicht möglich, schnell eine marktführende

Marke mit spontaner Bekanntheit zu schaffen. Der spontane Bekanntheits-grad funktioniert nach dem Muster einer geschlossenen Gesellschaft (Laurent, Kapferer und Roussel, 1987): Hier kann nur eine Ausnahmemarke Zugang finden. Große Marken blockieren den Zugang (vgl. Seite 103).

- Das Leistungsniveau von marktführenden Marken läßt sich nur schwer er-reichen, denn es geht auf Forschung und Entwicklung sowie ein Know-how zurück, die einen dauerhaften Wettbewerbsvorteil bringen und daraus abge-leitet ein Image, das Vertrauen signalisiert. Die Herausforderung ist daher riskant. Verfügt der Herausforderer dann noch nicht einmal über einen Zu-gang zur Technologie, sind seine Chancen gleich null.

- Großunternehmen des Handels werden künftig zum unüberwindlichen Hin-dernis: Die eigenen Marken werden bevorzugt, und nur ein oder zwei natio-nale Marken mit absehbarem internationalen Potential werden beibehalten (Thil und Baroux, 1983).

- Berücksichtigt man schließlich, wie viele Versuche, neue Produkte auf den Markt zu bringen, scheitern, kann man ermessen, wie unsicher der Erfolg der gigantischen Summen ist, die langfristig investiert werden müssen. Bevor man Unsicherheit teuer bezahlt, kauft man lieber Sicherheit: Daher rührt auch der Boom bei öffentlichen Übernahmeangeboten, Fusionen und Auf-käufen von Unternehmen mit starken Marken, die bereits Marktführer sind.

Fehlen allerdings derartige Faktoren, die den Markt zementieren, ist der Markt offener und die Chance, marktführende Marken für die Zukunft zu schaffen, wird realistisch, auch wenn die Unwägbarkeit bleibt und die notwendige Zeit-spanne nur schwer einzuschätzen ist. Wahrscheinlich wird es künftig innovative Marken wie Benetton geben: Das Franchise-System ermöglicht den Einstieg in den Markt, ohne das kaudinische Joch der Großunternehmen des Handels pas-sieren zu müssen. Auch ist die Mode ein Bereich, der Neuerungen immer auf-geschlossen gegenübersteht. Zudem ist hier Stil wichtiger als Technologie. Auch der Markt für Informatik und High-Tech ist Neuerungen gegenüber auf-geschlossen. Allgemein kann man davon ausgehen, daß künftig neue interna-tionale Nischenmarken zunehmen werden: Sie bemühen sich nicht mehr um globale Bekanntheit, sondern streben nach Marktführung im Segment.

Die Bewertung nach Wiederbeschaffungskosten bleibt allerdings sehr subjek-tiv: Sie verlangt das Gutachten verschiedener Experten und Methoden, die an das Orakel von Delphi erinnern. Außerdem muß man dabei im Auge behalten, daß das Ziel der Bewertung nicht eigentlich die Schöpfung eines Wertes ist, sondern eine Annäherung an den wirtschaftlichen Wert der Aktiva, hier der Marke. Kostenorientierte Methoden konzentrieren sich auf Marken-Inputs, der wirtschaftliche Wert der Marke liegt aber im Output, d.h. in dem, was die Marke bewirkt, nicht in dem, was sie an Vorleistungen braucht.

Bewertung nach Marktwert

Eine andere Möglichkeit bestünde darin, die Marke nach dem Wert vergleichbarer Marken zu bewerten. Mit Hilfe eines Vergleichs werden auch die Preise für Wohnungen oder Gebrauchtwagen festgesetzt. Jede Wohnung und jedes Auto wird analysiert und dann über, gleich oder unter dem durchschnittlichen Preisniveau ähnlicher Modelle angesiedelt.

Obwohl sie verführerisch ist, wirft diese Methode zwei erhebliche Probleme auf. Erstens existiert kein entsprechender Markt. Obwohl solche Transaktionen Aufmerksamkeit in den Medien finden, sind Käufe und Verkäufe von Marken nicht die Regel. Marken werden nicht gekauft, um dann wiederverkauft zu werden. Berücksichtigt man allerdings, wie viele solcher Transaktionen seit 1983 schon in den verschiedenen Märkten getätigt wurden und welche „multiples" dabei erzielt wurden, dann könnte man versucht sein, diese Methode anzuwenden.

Auf jeden Fall aber ist der Immobilienmarkt viel größer als der Markt für Marken. In der Immobilienbranche ist der Käufer „price taker": Der Preis wird durch den Markt bestimmt. Egal, wofür der Käufer die Wohnung erwirbt, der Preis bleibt gleich. Bei den Marken ist der Käufer „price setter", d.h., er legt den Preis fest. Jeder Käufer entscheidet dabei nach seinen eigenen Kriterien, seinen potentiellen Synergien und strategischen Absichten. Weshalb hat Unilever für Boursin (berühmte Käsemarke) 700 Millionen Francs bezahlt? Deshalb, weil das Unternehmen unbedingt in einem anderen Marktsegment Fuß fassen wollte. Unilever kaufte eine etablierte Marke, vielleicht auch um zukünftigen Spezialitäten den Weg zu ebnen. Ein anderes Beispiel: Obwohl es sich um zwei sehr ähnliche Marken handelt, hat Hermès im April 1990 einen Preis für Jean-Louis Scherrer bezahlt, der dreimal niedriger war als der, den M. Chevalier zwei Monate früher für Balmain bezahlt hatte. Für M. Chevalier, der die Firma LVMH verlassen mußte, war Balmain eine „Eintrittskarte" – oder vielmehr die Wiedereintrittsmöglichkeit – in den Markt für Luxusartikel. Hermès, eine bestens etablierte Firma, hatte es nicht nötig, einen so hohen Preis zu bezahlen (Melin, 1990).

Der Kaufpreis ist also „in abstracto" nicht der Markenwert, sondern eine Interaktion zwischen Marke und Käufer. Nimmt man den Preis einer ähnlichen Marke als Anhaltspunkt (ohne das spezielle Ziel dieser Transaktion zu kennen), dann vergißt man dabei, daß ein wesentlicher Teil des Preises von den möglicherweise exklusiven Synergien und Intentionen des jeweiligen Käufers abhängt. Nun hat aber jeder Käufer seine eigenen Absichten und Kriterien, d.h., der Wert läßt sich nicht allgemein festlegen.

Dies unterscheidet den „Markenmarkt" grundlegend vom Immobilienmarkt oder auch vom Markt für Werbeagenturen. Hier existieren Normen und Standards, die nicht von Käuferintentionen abhängen (50 bis 70% des Wertes abzüglich der reinen Aktiva). Trotzdem ist es in der Luxusbranche häufig so, daß Bewertungen aufgrund jüngerer Transaktionen getätigt werden und der Umsatz mit einem bestimmten Faktor multipliziert wird (5 bei Yves St. Laurent, 2 für Lanvin und Balmain, 2,9 für Martell, 2 für Bénédictine).

Angesichts der Schwierigkeiten von Methoden, die auf Kosten oder der Annahme eines hypothetischen Marktes basieren, neigen Experten eher dazu, die erwarteten Gewinne aus dem Markeneigentum als Maßstab zu benutzen. Da diese dritte Möglichkeit der Bewertung vielerlei Varianten bietet, soll sie in einem getrennten Abschnitt analysiert werden.

Die Bewertung nach Gewinnaussichten

Da es darum geht, die Marke als Aktivum anzuerkennen, wollen wir noch einmal definieren, was ein Aktivum ist, nämlich Träger möglicher künftiger Gewinne. Experten haben daher Methoden festgelegt, die sich auf Gewinne beziehen, die aus dem Markeneigentum zu erwarten sind. Natürlich sind diese Erwartungen ebenfalls mit den Intentionen des Käufers verknüpft. Beabsichtigt dieser, die Marke zu internationalisieren, wird die Marke für ihn wertvoller als für jemanden, der sie als lokale Marke weiterführen will. Der Wert aufgrund erwarteter Gewinne ist untrennbar mit der spezifischen Situation und den Plänen, die der Käufer für die Marke hat, verbunden. Deshalb liegt die börsliche Bewertung eines Markenartikelherstellers immer unter derjenigen aus der Sicht eines Aufkäufers. Erstere bezieht sich auf die faktische wirtschaftliche Lage des entsprechenden Unternehmens, und zweitere basiert auf der Bewertung bestimmter Perspektiven (Synergien, Ergänzungsmöglichkeiten und strategische Gesichtspunkte).

Der Bewertungsprozeß läßt sich in zwei unabhängige Phasen einteilen, erstens in die Abtrennungs- und zweitens in die Prognosephase. In der Abtrennungsphase werden die Nettoerträge, die ausschließlich der Marke zuzuschreiben sind, definiert. Anschließend müssen künftige Erträge prognostiziert und ihr aktueller Wert berechnet werden.

Isolieren der Markengewinne

Wie sieht eine starke Marke aus? Stark ist eine Marke, die höhere Gewinne als ein No-name-Produkt generiert. Anders gesagt: Das durch die Marke „aufgewertete Produkt" muß höhere Gewinne bringen als das einfache No-name-Produkt. Das Prinzip des „aufgewerteten Produktes" zeigt, daß es nicht darum geht, nur den Namen oder die Symbole der Marke zu bewerten, sondern darüber hinaus ihre erkennbaren Attribute. Dehnt das Unternehmen den Einfluß eines solchen „aufgewerteten Produktes" auf No-name-Produkte oder Handelsmarken aus, wird zwar der Absatz gesteigert, aber die rationale Basis der Marke wird beschädigt. Somit läßt das Interesse an Marke und Markennamen nach, und der Markenwert wird zerstört.

Das Grenzeinkommen (Rm), das auf die Markenlogik zurückzuführen ist, hat drei Quellen: eine höhere Nachfrage (Qm), einen eventuell höheren Preis (Pm), niedrigere Produktions- und Vertriebskosten (Cm). Davon müssen die Marketingkosten, die Ausgaben für Forschung und Entwicklung und die Steuern auf zusätzlichen Gewinn abgezogen werden:

$$Rm - R = Qm(Pm - Cm) - Q(P - C) - MKTG - F\&E - ST$$

Wie läßt sich empirisch der Überschuß (der auf die Marke zurückgeht) ermitteln? Hier sind mehrere Methoden möglich.

1. Methode des überhöhten Preises (Price premium)

Hier wird die Preisdifferenz zwischen der Marke und dem Gattungs- oder No-name-Produkt gemessen und mit dem Absatz der Marke multipliziert, um so den Umsatz der Marke zu ermitteln. Im Hinblick auf die oben aufgeführte Gleichung geht diese Methode von der Annahme aus, daß die Kosten gleich sind (Cm = C) und daß die verkaufte Menge ohne Marke gleich ist (Qm = Q). In bestimmten Fällen treffen diese Hypothesen zu, z.B. bei der Bewertung von Champagnermarken. Die hier angewandte Methode ist die „price premium"-Methode, denn bei Champagner unterscheiden sich (innerhalb derselben Marke) die verschiedenen Qualitäten durch Traube, Jahrgang und Reifezeitraum: Die Selbstkosten sind gleich (C = Cm). Außerdem gibt es aufgrund der Situation bei Angebot und Nachfrage (die Nachfrage liegt immer höher als das Angebot) keine Restposten: Eine unbekannte Champagnermarke läßt sich genauso leicht verkaufen wie eine Flasche Veuve Cliquot (Q = Qm), aber natürlich nicht zu demselben Preis (Pm = 2P). In diesem Fall ist es also einfach, den jährlichen Gewinnüberschuß, der auf die Marke zurückzuführen ist, zu ermitteln (in dieser Branche sind die Marketingbudgets relativ niedrig, und Investitionen in Forschung und Entwicklung sind nicht notwendig).

Das Problem dieser Methode ist, daß nicht immer ein Gattungsprodukt existiert, das zum Vergleich herangezogen werden kann. Beispielsweise ist das Angebot verschiedener Colasorten (die keinen Markennamen haben) ganz neu auf dem Markt. Welche Artikel sind mit so speziellen Produkten wie Schweppes, Suze oder Mars zu vergleichen? Der Vorschlag, „bekannte" Gattungsprodukte heranzuziehen, ist wenig realistisch. Schwerer aber wiegt die Tatsache, daß diese Methode eine Markenpolitik favorisiert, die auf dem Preisunterschied basiert. Die Methode überbewertet also kleine, teure Marken und unterbewertet große Marken mit aggressiver Preispolitik (Swatch), die ihren Gewinn aus Absatzvolumen und Produktivität ziehen.

2. Die Methode der Lizenzgebühren

Welche jährlichen Einkünfte könnten erwartet werden, wenn man die Nutzungsrechte an einer Marke per Lizenz abgibt? Diese Lizenzen messen direkt den monetären Markenbeitrag und regeln gleichzeitig das Problem der Abtrennung. Der errechnete Wert dient später den auf mehrere Jahre angelegten Kapitalisierungsberechnungen (cf., infra). Das Problem ist, daß solche Methoden auf vielen Märkten unbekannt sind, sie werden nur bei Soft Drinks (Coca-Cola), Dienstleistungen und für Produkte aus dem Bereich Luxus angewandt.

Streng konzeptionell betrachtet, garantiert diese Methode nicht einmal (Barwise, 1989), daß der Markenwert sauber isoliert wird. Lizenzen werden oft benutzt, wenn Unternehmen in einen Markt einsteigen wollen, in dem die entsprechende Marke noch nicht angeboten wird. Die Lizenzen werden aber nicht allein für den Gebrauch der Marke gezahlt: Der Lizenzgeber verpflichtet sich außerdem, Rohmaterial, Know-how und Dienstleistungen zu liefern, um dem Lizenznehmer die Beibehaltung des Qualitätsniveaus zu ermöglichen.

3. Die Methode des Affektionswertes von Marken

Bei dieser Methode wird die Markenstärke nicht nach Käuferzahl ermittelt, sondern nach der Zahl derer, die sensibel auf die Marke reagieren (Kapferer und Laurent, 1983). Diese Aussage beruht auf folgender Feststellung: Nicht jeder Käufer der Marke X kauft die Marke, weil sie X heißt, sondern viele würden ebensogut die Marke Y oder Z kaufen oder gar eine unbekannte Marke. Das Verbraucherverhalten ist im wesentlichen auf den Preis zurückzuführen oder auf die Tatsache, daß im Geschäft nur diese Marke (oder Verpackungsgröße – siehe Réa) angeboten wird. Ein anderer Grund kann sein, daß diese Marke einen relativ bedeutenden Platz im Warensortiment einnimmt. Bei schwacher Implikation wird das Verbraucherverhalten im Geschäft weitgehend von diesen situationsbedingten Faktoren beeinflußt und nicht durch die Markenbindung: Deshalb gelingt es großen Unternehmen des Handels, ihre eigenen Marken und Imitationen gut zu verkaufen. Auch wenn er von dem Produkt im Grunde enttäuscht ist, wird der Verbraucher es doch wieder kaufen.

In jedem Markt aber reagiert ein bestimmter Prozentsatz von Käufern sensibel auf Marken. Dieser Prozentsatz läßt sich messen und ist ein Maß für den Einfluß der Marke auf die Kaufentscheidung (Kapferer, Laurent, 1988). Aber nur ein Teil der Käufer, die sich an Marken orientieren, kennt die Marke wirklich und trifft seine Entscheidung bewußt. (Je nach Markt ist „spontaner" oder „gestützter" Bekanntheitsgrad gefragt.) Ein Teil der Käufe beruht darauf, daß die Marke im Angebot des Handels leicht zu finden ist. Wird die Marke jedoch außerhalb des entsprechenden Unternehmens eingesetzt, verliert dieser Faktor an Bedeutung. Je unabhängiger eine Marke vom Unternehmen ist, umso weniger beeinflußt ihr Absatz den Handel und damit ihre Verfügbarkeit im Angebot.

Die Formel des auf die Marke selbst zurückzuführenden Umsatzes sieht also so aus:

QmPm = CAm = CA x Einfluß x Bekanntheitsgrad x Autonomie

Der ermittelte Umsatz muß von dem eines No-name-Produktes (QP) abgezogen werden, und zwar in der Gewinnüberschuß-Gleichung (vgl. Seite 305). In den meisten Märkten wird der Absatz von No-name-Produkten künftig schwierig. Da der Handel nur starke Marken akzeptiert, ist die Chance für ein No-name-Produkt gleich null – außer man wirft das Gewicht des Unternehmens in die Waagschale, was aber nicht sehr realistisch ist. Der einzige Ausweg besteht darin, Handelsmarken zu liefern. Dabei darf man aber nicht vergessen, daß niedrige Produktionskosten von Markenprodukten zum Teil auf hohe Auslastung zurückzuführen sind.

Wenn der Vergleich mit Gattungsprodukten problematisch ist und es Bewertungsprobleme gibt, dann versucht man häufig, die Investitionskosten von den Markenerlösen abzuziehen, d.h. die Kosten, die für Produktion und Vertrieb des Produktes hätten aufgewendet werden müssen (Nussenbaum, 1990).

Eine andere Variante dieser Methode macht den Einflußmechanismus der Marke explizit transparent. Dazu wird die feste Kaufabsicht des Verbrauchers gemessen, der einen guten oder durchschnittlichen Eindruck von der Marke hat, und von Personen, die behaupten, die Marke wenig oder gar nicht zu kennen. Die Unterschiede in der Kaufabsicht zeigen den tatsächlichen Einfluß des guten oder durchschnittlichen Markenimages. Die Angaben werden bereinigt, um die subjektiven Kriterien auszuschalten. Um den tatsächlichen Einfluß der Marke ermitteln zu können, wird ein repräsentativer Querschnitt von Käufern der Marke A definiert. Dieser Querschnitt wird unterteilt in Großkunden, mittlere und kleine Kunden. Der Prozentsatz von Großkunden, die einen guten oder durchschnittlichen Eindruck haben, führt zur Bestimmung theoretischer Kaufabsichten. Zusammen mit dem durchschnittlichen Kaufvolumen der Großkunden erhält man die verkaufte Menge, die auf die Marke zurückzuführen ist. Die gleiche Methode wird bei kleinen und mittleren Kunden angewandt, wodurch sich das Gesamtvolumen, das auf die Marke zurückzuführen ist, ermitteln läßt (Frey, 1989).

4. Trennung der Auswirkungen von Angebot und Nachfrage

Heute hängt der Absatz einer Konsummarke viel mehr vom Händler- als vom Verbraucherverhalten ab. Verbraucher, die das Geschäft wechseln, weil „ihre" Marke dort nicht mehr vorrätig ist, sind – jedenfalls bei Produkten mit schwacher Implikation – selten. Deshalb haben viele Handelsorganisationen nationale Marken aus ihrem Sortiment gestrichen. Dabei half ihnen der starre wöchentliche Einkaufsrhythmus der Verbraucher, nach deren Meinung keiner fragt.

Wie kann beim Bruttoabsatz einer Marke der Anteil der Sortimentspolitik (abhängig von Verfügbarkeit und guter Präsentation des Produktes) und der Anteil der Marke getrennt werden? Die im vorigen Abschnitt behandelte Methode stützt sich auf die Beantwortung eines Fragebogens, d.h. auf Angaben, die die Marke betreffen. Sind Paneldaten verfügbar, kann man diese Fragen angemessen beantworten.

Das Prinzip ist einfach: Nehmen wir an, vier Marken haben je 25% der Ausstellungsfläche und werden zum selben Preis verkauft. Die mathematische Wahrscheinlichkeit beläuft sich bei jeder Marke auf 25% des Gesamtabsatzes der Ausstellungsfläche. Liegt der Absatz über oder unter diesem Durchschnittswert, dann ist dies durch die Marke begründet. (Diese Methode schlägt O. Géradon de Véra vom Panel Secodip vor.)

Mit Hilfe von Datenbanken können gemessen werden: die Auswirkung des Facing auf den Absatz, die Auswirkung des Preises auf die Nachfrage, und zwar je nach Geschäftstyp (Einkaufszentrum, Supermarkt). Der echte Maßstab für die Markenstärke ist der Unterschied zwischen Bruttoabsatz und erwartetem Absatz, wenn dabei Preis und Ausstellungsfläche der Marke berücksichtigt werden.

$$\text{Markenstärke} = \frac{\text{realer Absatz}}{\text{Absatz aufgrund des Angebotes}}$$

Die oben analysierten Methoden ermöglichen die Definition der Erträge, die ganz spezifisch der Marke zuzuordnen sind. Das Ergebnis erscheint entweder in Form eines Gewinnüberschusses oder in Form von Kapitalbewegungen. Außerdem sollen diese Methoden auch die künftig anvisierten Aktivitäten der Marke berücksichtigen, die den Kauf der Marke oder zumindest das Interesse an der Marke rechtfertigen. Die Marke hat umso mehr Wert, je höher ihr strategisches Potential, die Ausdehnungsmöglichkeiten über ihr aktuelles Produktprogramm (Markenausdehnung) und/oder ihre internationalen Perspektiven (Internationalisierung) sind. Der Bekanntheitsgrad macht nicht allein den Markenwert aus, sondern der Wert hängt davon ab, inwieweit dieser Bekanntheitsgrad überhaupt genutzt wird und von den Produkten und Märkten, zu denen die Marke Zugang hat.

Die Einschätzung der zukünftigen Rentabilität vollzieht sich in drei Phasen:

- Die strategische Bewertung der Marke nach einer Methode, die viele Kriterien beinhaltet (dient zur Bestimmung der Stärken, Schwächen und Möglichkeiten der Marke).

- Die Bestimmung von Erträgen, die auf die Marke zurückzuführen sind (strategische Ausdehnungsmöglichkeiten). Hier werden die oben beschriebenen Abtrennungspraktiken eingesetzt.

- Die Berechnung der mit der Marke verbundenen Erträge, entweder durch Definition und Anwendung eines Multiplikators auf das Ergebnis oder das Abzinsen künftiger Kapitalströme („discounted cash flows"). Beide Methoden werden oft zusammen angewandt, und zwar wegen der Vorteile, die jede von ihnen bietet.

Bewertung des Markenpotentials mit Hilfe verschiedener Kriterien

Der Käufer einer Marke möchte von ihr profitieren und versucht sie auch für Produkte und Märkte einzusetzen, von denen die Marke bisher ausgeschlossen war. Dieses Ziel muß jedoch realistisch sein und den tatsächlichen Möglichkeiten der Marke gerecht werden. In der Praxis führt das zu einer genauen Analyse der Marke anhand vieler Kriterien, die das Potential der Marke auf „ihrem" Markt oder einem anderen transparent machen. All diese Kriterien bedingen die Markenstärke.

Verschiedene Kriterien sind vorgeschlagen worden. Die Firma Interbrand analysiert Marken nach sieben Kriterien und addiert dann die sieben individuellen Bewertungen, die je nach ihrer Bedeutung gewichtet werden: Das Endergebnis gibt dann die Markenstärke an. Welche Kriterien sind für die Bewertung sachdienlich?

1. Markt-Leadership

Ist eine Marke marktführend? Die Beziehung zwischen Marktanteil und Rentabilität ist hinreichend bekannt, wie auch der strategische Vorteil der Marktdominanz gemessen am relativen Marktanteil (Buzzell et al., 1975; Porter, 1980; Jacobson und Aaker, 1985). Im Konsumgüterbereich wird dieses Kriterium wichtiger, da die Großunternehmen des Handels zunehmend nur an führenden Marken interessiert ist.

Obwohl der Marktanteil ein einfaches und objektives Bewertungskriterium zu sein scheint, muß zur Definition des „Marktes" an sich doch wieder eine subjektive Beurteilung herangezogen werden. Je nachdem, ob ein enges oder weites Marktkonzept angewandt wird, kann die Marke dominierend oder dominiert sein. Die Gefahren aufgrund einer zu engen Verbindung von Produkt und Markt sind hinlänglich bekannt. Soll Franco-Russe z.B. nur in dem Markt von Fertigbackwaren (die zu Hause ganz leicht zubereitet werden können) oder in dem viel größeren Markt von Industriebackwaren (im Wettbewerb mit Marken wie Belin, Brossard, Vandamme) bewertet werden, wozu sogar noch tiefgefrorene Produkte gehören? Auch die Bewertung nach Rang und Marktanteil (60% gegenüber 50% und 40%) ist subjektiv.

Die Methode läßt sich außerdem nicht auf die Analyse des aktuellen Marktanteils beschränken, sondern muß auch dessen Wachstumsmöglichkeiten berücksichtigen. Nimmt man den Vergleich der Marken A und B wieder auf (Seite 297), hält A sicherlich im Moment einen weit höheren Marktanteil als B, aber der Affektionswert (neuerlicher Kauf der Marke) von B ist doppelt so hoch wie bei A. Die Marke B verfügt über starke Wachstumsmöglichkeiten, die durch Investitionen in Bekanntheit und Verfügbarkeit realisiert werden und schließlich zu einer Steigerung des Marktanteils führen können. Manche Märkte sind in Bewegung; hier sind Marktführer strittig, denn es entstehen ständig neue Segmente (trifft für High-Tech oder die Modebranche zu).

2. Die Markenstabilität

Dieses Kriterium erfaßt die Markenstabilität, ihr Fundament. Ältere Marken, die sich im Laufe der Zeit einen zufriedenen und treuen Kundenstamm aufgebaut haben, stellen einen integralen Teil des Marktes, sie machen eigentlich den Markt aus. In den USA ist General Electrics faktisch ein nationaler Wert, eine Institution in der Familie, wie die Marken Javel in Frankreich, Hoover oder St. Michael in England und Bayer in Deutschland. Die Engländer haben einen Terminus für diesen Kundenstamm: „brand-franchise". Dieser Ausdruck veranschaulicht den langen Weg der Marke, der immer wieder beginnt und dazu dient, die Markenloyalität aufzubauen. Um die Markenidentität transparent zu machen, ist es notwendig, die Verbraucherbedürfnisse zu analysieren, in Forschung und Entwicklung zu investieren und die Kommunikation weiter zu entwickeln.

3. Die Marktentwicklung

Zum Zeitpunkt ihrer Bewertung ist die Marke auf verschiedenen Märkten präsent. Welche Perspektiven hat sie wirklich? Sind ihre Märkte stabil, sind sie wachsend oder schrumpfend? Sind Einführungen in neue Segmente möglich? Wird der Markt durch Zugangsschranken geschützt (Technologiestandard, Absatzmenge, Handel, Werbung)? Eignet sich der Markt für Handelsmarken?

4. Das Ausdehnungspotential der Marke

Dieses Kriterium soll untersuchen, ob die Marke auch auf andere Märkte ausgedehnt werden, d.h. diversifiziert werden kann. Dieses Potential kann nach verschiedenen Kriterien bewertet werden: die Bekanntheitsgrade der Marke auf Märkten, wo sie noch nicht präsent ist, und ihre Möglichkeit, Diversifikationsprodukte aufzunehmen. Die Marke Seiko ist allen Verbrauchern bekannt. Im Laufe der Zeit ist Seiko zum Synonym für Präzision, Genauigkeit, Ästhetik und modernes Design geworden. Der Hintergrund des Markenkonzeptes von Seiko ist die Zeit. Die Marke wird aber auch bei Brillenglas anerkannt und konkurriert hier mit Essilor, denn auch Brillen haben etwas mit Zeit zu tun (mit dem Altern). Außerdem sind auch Brillen Gegenstände, bei denen Präzision und Ästhetik eine Rolle spielen; schön zu bleiben ist ein zeitloses Ideal. Wegen ihres hohen Bekanntheitsgrades und Images kann die Marke Seiko sofort entsprechend eingesetzt werden. Als Carlo de Benedetti die Marke Buitoni kaufte, war ihm bewußt, daß man diese Marke nicht sofort erweitern konnte. Er wußte jedoch auch, wie man vorgehen mußte, um Buitoni auch auf andere Märkte ausdehnen zu können. Bis dahin war die Marke auf „italienische Küche" festgelegt. Glücklicherweise enthielt das Markenimage jedoch viel mehr als nur die Assoziation „Italien"; ihr symbolischer Kern war die Sonne. Buitoni steht für südliche Küche, kann also vom Curryhuhn bis zum Gratin dauphinois alles abdecken. Nicht alle Marken verfügen über ein Konzept: Viele haben nur einen visuellen und grafischen Code, ein besonderes Attribut, aber keinen symbolischen Wert. Nur mit Hilfe ihrer Identität kann die Marke Marktnischen besetzen und ihr Angebot erweitern (vgl. Seite 129).

5. Das Potential der Internationalisierung

Italienische Küche wird überall geschätzt. Sonne ist eine international gültige Vision. Deshalb verfügt Buitoni in ganz Europa über ein starkes Potential. Abgesehen von der Internationalisierung an sich rechtfertigt die Marke ein internationales, paneuropäisches Marketing. Dies war der entscheidende Grund für das Interesse von Nestlé an Buitoni und Rowntree. Bei der Bewertung internationaler Möglichkeiten müssen rechtliche Faktoren berücksichtigt werden: Angesichts der unterschiedlichen Gesetzgebung in den verschiedenen Ländern ist es wichtig, die Reichweite des Zeichenschutzes in den entsprechenden Ländern gewissenhaft zu prüfen (Chanterac, 1989).

6. Zeitliche Anpassung

Einige Marken können mit dem Zeitgeist besser umgehen als andere. Obwohl sie schon 100 Jahre bestehen, erscheinen sie erstaunlich aktuell und zeitgemäß. So wie die Produkte im Lauf der Jahre immer wieder an neue Verbrauchererwartungen angepaßt wurden, hat man auch die Codes der Marken stets aktualisiert, ohne dabei die Markenidentität, also das Konzept, zu verändern. Bei der Einschätzung dieses Faktors sind besonders Trends interessant und natürlich auch die langfristige Entwicklung des Bekanntheitsgrades und des Markenimages.

7. Investitionen in die Marke

Marken, die im Laufe der Zeit ständig von Investitionen unterstützt werden, haben einen höheren Wert als solche, in die sporadisch investiert wird. Werbebudgets und Shares of Voice sind Indikatoren dafür. Daß die Marke entsprechend unterstützt wurde, zeigt sich an einem reichen und tiefverankerten Image, einer klaren Identität, einem hohen Bekanntheitsgrad, Markensympathie und dem hohen Wiedererkennungswert von Markencodes (Farben, Logos, Personen, Symbole, Slogans).

8. Rechtlicher Schutz der Marke

Die Marke hat einen wirtschaftlichen Wert. Als solcher interessiert sie Aufkäufer, aber auch Fälscher. Letztere versuchen, einen Teil der von der Marke – durch im Laufe langer Jahre aufgebautes Vertrauen – generierten Erträge auf sich zu ziehen. Der rechtliche Schutz der Marke soll solche Aktionen verhindern. Bereiche, in denen Fälschungen häufig sind, verlangen verstärkte Schutzmaßnahmen: Außer dem Namen sollten auch alle Symbole der Marke (Modelle, Packaging, Logo, Code) zeichenrechtlich geschützt werden (wo dies zulässig ist). Die Marke Coca-Cola hat weltweit zwei Namen (Coca-Cola und Coke) registrieren lassen, zusammen mit der entsprechenden grafischen Gestaltung. Das Unternehmen versucht auch überall, wo das möglich ist, die eigene Flaschenform rechtlich zu schützen. Ist der Markenname selbst nur schwach geschützt, erhöht die grafische Identität die Chance auf Markenschutz.

9. Mögliche Synergien

Der Kauf einer Marke wird oft damit begründet, daß aufgrund der Marken-synergien zusätzliche Gewinne zu erwarten sind. Der Zugang zur Marktfüh-rung kann sich auch auf andere Marken des Käufers positiv auswirken, es werden bis dahin verschlossene Türen geöffnet. Der Käufer analysiert also zunächst die Synergien, um alle Möglichkeiten zur Kosteneinsparung oder zu optimierter Wirkung herauszufinden.

Die Berechnung des Markenwertes

Was kann man nun in der Praxis mit einem solchen Markenprofil anfangen? Hier gibt es zwei Theorien. Die erste, die der Finanzexperten, nutzt das Markenprofil, um ihren Business-Plan und die erwarteten Nettogewinne (vom aktuellen Markt der Marke oder von anderen Märkten, die der Marke nun offenstehen) festzulegen. Das Markenprofil wird mit dem Profil anderer Mar-ken verglichen, die aus dem gleichen oder einem ähnlichen Bereich stammen. Die Finanzexperten benutzen das Markenprofil als Element der Diagnose und für eine realistische Abschätzung des zu erwartenden Cash-flow. Die zweite, eher empirische Theorie addiert die Einzelbewertungen und gelangt so zu einer Gesamtzensur, einem Maß der Markenstärke. Diese Gesamtnote erlaubt die Definition eines Multiplikators, der bei der finanziellen Bewertung angewandt werden soll. Diese Differenzierung basiert ganz konkret auf zwei verschie-denen Bewertungsphilosophien, die natürlich zu unterschiedlichen Werten führen. Zunächst soll nun die Methode der Kapitalisierung des Cash-flow untersucht werden.

1. Die Berechnung des Cash-flow

Hier handelt es sich um die klassische Methode der finanziellen Bewertung einer jeden Investition, sei sie nun materiell oder immateriell. Der Experte legt die durch die Marke wahrscheinlich zu erwartenden Erträge fest, und zwar Jahr für Jahr über einen Zeitraum von 10, 15 oder 20 Jahren. Der Abzinsungsfaktor entspricht den durchschnittlichen Kosten des Kapitals, der bei Bedarf erhöht wird, um Risiken zu begegnen, wenn die Marke schwach ist (und um den Ein-fluß zukünftiger Einnahmen auf den aktuellen Wert zu reduzieren). Über den festgelegten Zeithorizont hinaus wird der Restwert wie das Ergebnis einer stän-digen Rente betrachtet, unter der Annahme, die Erträge sind konstant oder wachsen beständig an (Nussenbaum, 1990).

Die Formel sieht folgendermaßen aus:

$$\text{Markenwert} = \sum_{t=1}^{N} \frac{RM_t}{(1 + r)^t} + \frac{\text{Restwert}}{(1 + r)^N}$$

RM_t = die im Jahre t erwarteten Einkünfte, die auf die Marke zurückzuführen sind

r = Abzinsungsfaktor

$$\text{Restwert über das Jahr N hinaus} = \frac{RM}{r} \quad \text{oder} \quad \frac{RM}{r - g}$$

g = Wachstumsrate der Erträge

Dies ist die typische Struktur der Cash-flow-Rechnung (netto und abgezinst), auch wenn es unzählige Varianten gibt (Maugières, 1990; Melin, 1990). Gemäß dieser Methode wurde der Cognac Hennessy auf 6,9 Milliarden Francs geschätzt auf der Basis einer Kapitalisierung der Nettoergebnisse über 25 Jahre zu einer Rate von 6,5% (Blanc und Hoffstetter, 1990).

Leute, die diese Methode ablehnen (Murphy, 1990; Ward, 1990), weisen auf drei Unsicherheiten hin: Prognose der Kapitalströme, Bestimmung des Zeithorizonts, Abzinsungsfaktor.

● Natürlich ist jede Vorhersage unsicher. Das betrifft nicht nur die Marke, sondern alle Bewertungen von Investitionen – materiell oder immateriell –, die normalerweise nach dieser Methode durchgeführt werden. Bei der Marke könnten die Vorhersagen des Cash-flow zunichte gemacht werden, wenn ein Wettbewerber ein besseres Produkt auf den Markt bringt, mit dem man nicht gerechnet hatte. Hierbei wird häufig vergessen, daß solche Vorhersagen erst nach einer genauen Diagnose der Stärken und Schwächen der Marke gemacht werden (auf der Basis der oben genannten Kriterien). Man kann annehmen, daß diese bei der Berechnung des Cash-flow berücksichtigt wurden. Der Abzinsungsfaktor führt gerade dazu, daß der Risikofaktor berücksichtigt wird.

● Der zweite Kritikpunkt ist die Subjektivität bei der Wahl eines geeigneten Abzinsungsfaktors. Einerseits führen Finanzexperten Tests durch, die die Reaktion der Ergebnisse auf Änderungen dieser Rate prüfen sollen, andererseits ist die Rate bereits festgelegt, und zwar anhand der stabilen Daten im Unternehmen, wie durchschnittliche Kapitalkosten usw. Nur der Kostenbeitrag für Risiko und Inflation ist subjektiv. Außerdem möchten wir darauf hinweisen, daß das Risiko aus der Sicht des Unternehmers, der gleichzeitig Käufer ist, gleich null ist: Er kauft mit der Überzeugung, Gewinn zu machen.

- Schließlich wurde auch die Bestimmung eines Zeithorizonts, über den die Kapitalflüsse erfaßt werden sollen, kritisiert: Warum 15 Jahre und nicht 20 oder 50? Welchen Sinn haben Vorhersagen, die so weit in die Zukunft reichen? Denn einerseits kann die Marke nach ein paar Jahren wieder vom Markt verschwinden, und andererseits sind in bestimmten Branchen (wo ständig Neuerungen und Veränderungen stattfinden) drei Jahre schon eine lange Zeit (z.B. in der Mikro-Informatik).

Daher hatten einige Gutachter die pragmatische Idee, den Markenwert nur nach dem relativ sicheren Nettoeinkommen der Marke in den letzten drei Jahren zu berechnen. Dies ist die Basis der Multiplikatormethode. Der Markenwert wird ermittelt, indem man die aktuellen Markengewinne mit einem Faktor multipliziert.

2. Die Multiplikatormethode

Traditionellerweise wird bei der finanziellen Bewertung von Unternehmen die sogenannte „price/earnings ratio" oder P/E (Preis-Gewinn-Verhältnis) analysiert. Dabei wird der Börsenwert zu den Nettogewinnen des Unternehmens in Beziehung gesetzt. Ein hoher P/E-Wert rechtfertigt Vertrauen und Optimismus der Investoren in die künftige Gewinnentwicklung. Die Marke ist kein Unternehmen, aber man kann dasselbe Prinzip anwenden:

$$\text{Unternehmen}: \text{P/E} = \frac{\text{Börsenwert}}{\text{vorhandene Gewinne}}$$

$$\text{Marke}: \text{Multiplikator} = \frac{\text{noch zu bestimmender Wert}}{\text{Nettogewinne der Marke}}$$

Der einzige Unterschied besteht darin, daß man bei der Marke über keinerlei Daten zur börslichen Wertbestimmung verfügt, denn eine solche existiert nicht, sondern muß erst gefunden werden. Der Börsenwert muß beim Kauf einer Marke definiert werden (vor allem das Ausmaß der Überteuerung). Hierzu muß M definiert werden, der Multiplikator, der einem bestimmten P/E-Verhältnis der Marke entspricht.

In England wird diese Methode sehr häufig angewandt, denn Interbrand favorisiert sie. Möchte man diese Methode einsetzen, sind vier verschiedene Schritte notwendig:

a) Bestimmung des repräsentativen Nettogewinns

Interbrand geht von den Gewinnen der letzten drei Jahre aus, um zu vermeiden, daß nur ein Jahr – das vielleicht atypisch war – herangezogen wird. Diese Gewinne werden inflationsbereinigt. Dann wird aus drei Daten ein Durchschnittswert ermittelt, und zwar danach gewichtet, ob man die Jahre für mehr oder weniger repräsentativ erachtet. Dieser Durchschnittswert der Nettogewinne nach Steuern, die spezifisch der Marke zuzuschreiben sind, bildet den Ausgangspunkt aller weiteren Berechnungen.

b) Bestimmung der Markenstärke

Bei dieser Methode wird die Marke anhand verschiedener Marketingfaktoren und strategischer Kriterien bewertet. Interbrand verwendet dazu nur sieben Faktoren und summiert die Teilnoten eines jeden Faktors, um zur Gesamtbewertung zu gelangen. Im folgenden soll diese Methode demonstriert werden (Penrose, 1990).

Bewertungs-faktor	maximales Ergebnis	Marke A	Marke B	Marke C
Marktanteil	25	19	19	10
Stabilität	15	12	9	7
Marktentwicklung	10	7	6	8
Internationalität	25	18	5	2
Trend	10	7	5	7
Support	10	8	7	8
Protektion	5	5	8	4
Markenstärke	100	76	54	16

Abb. 41: *Bewertungsmethode der Markenstärke*
(Quelle: „Brand Valuation (Murphy Ed.), Hutchinson, 1990)

c) Bestimmung des Multiplikators

Zwischen dem Multiplikator (dem Indikator für Vertrauen in die Zukunft) und der ermittelten Markenstärke muß ein Zusammenhang bestehen. Wäre dieser Zusammenhang genau zu ermitteln, könnte man den Multiplikator aufgrund der Markenstärke definieren. Interbrand hat ein Modell entwickelt, die sogenannte „S-Kurve", das den Zusammenhang zwischen Multiplikator und Markenstärke darstellt.

Dazu analysierte das Unternehmen alle Multiplikatoren, die bei jüngeren Übernahmen von Markenunternehmen Verwendung fanden, und zwar in Bereichen, die dem zu untersuchenden ähnlich sind. Gibt es keine vergleichbaren Transaktionen, dann werden die P/E-Verhältnisse von Markenunternehmen herangezogen, die am ehesten vergleichbar sind. Anschließend rekonstruierte Interbrand Profil und Markenstärke dieser Unternehmen. Setzt man diese Multiplikatoren (oder P/E) und die rekonstruierten Ergebnisse zueinander in Beziehung, entsteht die sog. S-Kurve.

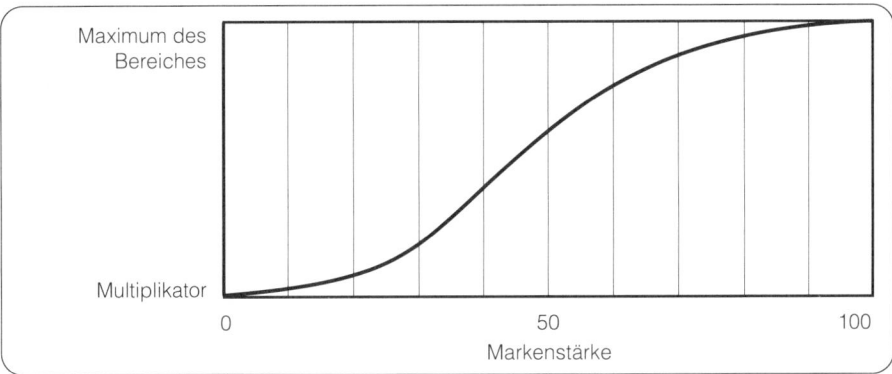

Abb. 42: *Die S-Kurve von Interbrand – Zusammenhang zwischen Markenstärke und Multiplikator*

d) Bestimmung des Markenwertes
Nun muß der durchschnittliche Nettogewinn der Marke mit dem oben ermittelten Multiplikator multipliziert werden.

Wir möchten diese Methode anhand eines realen Beispiels erläutern: 1988 bewertete Reckitt & Colman seine Marken. Das Portfolio von Reckitt & Colman umfaßt Marken für Pflege- und Hygieneprodukte (ein Bereich, in dem das Unternehmen marktführend ist), Lebensmittel (Gewürze, auch hier ist das Unternehmen marktführend) und schließlich pharmazeutische Produkte (in diesem Bereich hat das Unternehmen eher eine durchschnittliche Marktposition).

Die spezifische Situation der Marken der ersten Gruppe sieht so aus:

- Leadership weltweit
- wachsende Märkte, wenig neue Marken wahrscheinlich, abgesehen von Handelsmarken
- in englischsprechenden Ländern hoher spontaner Bekanntheitsgrad der Marken (Airwick), weniger bekannt in Frankreich

- treuer Kundenstamm
- Image einer starken Marke, Garant für Qualität
- jede Marke bietet nur geringe Möglichkeiten zu diversifizieren.

Es wurde geschätzt, daß 5% der Gewinne dieser Marken auf den Verkauf als Handelsmarken zurückzuführen sind. Interbrand betrachtet den Rest von 95% als Bruttogewinn der Marke. Zieht man den Teil, der den reinen Aktiva zuzuschreiben ist, ab, erhält man das Ergebnis der Marke. Hier muß man sagen, daß die Marke in diesem Fall nicht von anderen immateriellen Einflüssen getrennt wurde. Da es sich um ein einfaches Produkt handelt, gibt es solche Faktoren in diesem Fall nicht. Außerdem hätte die Sacheinlage der Marke definiert werden müssen, und zwar verglichen mit Erträgen aus Produkten *ohne* Marke. Auf dieser Basis und nach Gewichtung und Inflationsbereinigung der Ergebnisse der drei letzten Jahre kam man zu folgendem Ergebnis: 53,8 Millionen Pfund für Marken der ersten Gruppe, 24,7 für Marken der zweiten und 17,1 für Marken der dritten Gruppe.

Welcher Multiplikator kam zur Anwendung? Für die erste Gruppe wurde der Faktor aus dem Kauf der Firma Airwick durch Reckitt & Colman im Jahre 1985 verwendet. Bei der zweiten Gruppe war es der Faktor 17, errechnet aufgrund der jüngsten Transaktionen in diesem Marktsegment im Laufe der letzten Jahre, einschließlich des öffentlichen Übernahmeangebotes für Nabisco durch BSN. Der Faktor der dritten Gruppe war 20, denn die letzten Transaktionen in der Pharmabranche waren mit einem Faktor um die 30 getätigt worden. Angesichts der relativ schwachen Position der Marken von Reckitt & Colman in diesem Bereich wählte man einen niedrigeren Faktor. Die Markenwerte betrugen schließlich:

- bei Pflege- und Hygieneprodukten: $53,8 \times 20 = 1\,076$ Mio. Pfund
- bei Lebensmitteln : $24,7 \times 17 = 420$ Mio. Pfund
- bei pharmazeutischen Artikeln : $17,1 \times 20 = 342$ Mio. Pfund

3. Vergleich der verschiedenen Methoden

Die Methode des Multiplikators, die in England entwickelt wurde, könnte sich durchsetzen. Sie wurde auch von Unternehmen wie Rank Hovis McDougall oder Grand-Metropolitan angewandt, deren Ausweis von Marken in der Bilanz eine bis heute nicht beendete Polemik auslöste. Diese Methode ist verständlicher als jede andere. Zudem ist sie einfach und entspricht der strengen und genauen Sichtweise des Finanzexperten. Ist sie aber deshalb zu empfehlen?

Zunächst einmal möchten wir darauf hinweisen, daß sich diese Methode in konzeptioneller Hinsicht kaum von der klassischen Cash-flow-Berechnung unterscheidet. Sie ist nur eine besondere Variante dieser Methode.

318

Ist ein gleichbleibender jährlicher Kapitalfluß zu erwarten, sieht der aktuelle Markenwert so aus:

$$\text{aktueller Wert der Marke} = \frac{RM}{(1+r)} + \frac{RM}{(1+r)^2} + \frac{RM}{(1+r)^3} + \ldots + \frac{RM}{(1+r)^\infty} = \frac{RM}{r}$$

Wie man sieht, ist der Multiplikator nur die Umkehrung der risikobereinigten Kapitalkosten (1/r). Ist eine konstante Wachstumsrate (g) der jährlichen Erträge zu erwarten, sieht der Multiplikationsfaktor so aus:

$$M = \frac{1}{r\text{-}g}$$

Die Methode des bereinigten Cash-flow kann nicht hypothetisch genannt werden, aber die Berechnung des Multiplikators basiert auf Hypothesen. Ihre Validität beruht auf Berechnungen anhand der folgenden Daten:

- Nettogewinne der Marke aus den letzten drei Jahren
- Daten aus dem Marketing und die subjektive Einstellung der Manager, die zur Erstellung der Noten für die Markenstärke befragt wurden
- Multiplikatoren, die auf kürzlich getätigte Übernahmen ähnlicher Unternehmen zurückgehen
- die S-Kurve, entstanden aus einer Datenbank, die diese M-Faktoren (oder P/E-Verhältnisse) zu den Ergebnissen der Markenstärke in Relation setzt.

Die faziale (oder scheinbare) Validität (in Englisch: „face validity") darf jedoch nicht als generell gültig betrachtet werden. In ihrem momentanen Zustand wirft die Methode von Interbrand verschiedene Probleme auf.

1) Die M-Faktoren des Marktes, die als Referenz und Parameter für die S-Kurve benutzt werden, sind keine gültigen Indikatoren für die Stärke der bei diesen Transaktionen beteiligten Marken. Natürlich enthält der Endpreis einer Transaktion den geschätzten Markenwert, aber auch den Effekt der Überbietung von Konkurrenten. Bei dem Duell zwischen Jacobs Suchard und Nestlé stieg der Preis – wie wir gesehen haben – von einem Erstangebot von 630 Pence auf einen Endpreis von 1075 Pence! Die Marktpreise beinhalten auch den Überbietungseffekt und überschätzen so die Marke. Aus konzeptioneller Sicht ist es daher unlogisch, diese Faktoren des Marktes mit der Markenstärke in Relation zu bringen. Man fragt sich, ob diese Methode überhaupt dazu geeignet ist, interne Marken eines Unternehmens zu bewerten und in der Bilanz auszuweisen. Auf der Aktivseite wird dadurch ein Wert eingesetzt, der über den Markenwert hinausgeht und einen unbestimmten Prozentsatz des Überbietungswertes beinhaltet! Daß Unternehmen diese Methode trotzdem anwenden, um ihre internen Marken in der Bilanz auszuweisen, ändert daran nichts.

2) Geht man von einem Markt ohne Überbietungseffekt aus, entspricht aus der Sicht des potentiellen Käufers der Multiplikator dem Markenwert und repräsentiert seine Idee, seine strategischen Absichten und Synergien. 1985 hat BSN die Marke Buitoni trotz des vergleichsweise lächerlichen Preises nicht gekauft. Dies beweist aber nicht, daß die Marke wenig wert war, sondern daß BSN der Marke einen geringen Wert beimaß. Nestlé war die Marke 1988 mehrere Milliarden wert. Und wieder scheint es aus konzeptioneller Sicht seltsam, die M-Faktoren des Marktes (die stark vom Käufer abhängen) und die Markenstärke (die von anderen definiert wurde und keinen synergetischen Faktor enthält) miteinander verbinden zu wollen. Besonders problematisch ist dies für die Bilanzierung von unternehmensinternen Marken, denn die Bewertung vollzieht sich im Rahmen des „going business", bezogen auf den Gebrauch, den das Unternehmen von der Marke macht. Die M-Faktoren, die aus dem Markt kommen, gehen jedoch eventuell von einem völlig anderen Gebrauch aus!

3) Diesbezügliche Veröffentlichungen präsentieren die S-Kurve, jedoch ohne Varianzangaben, obwohl die Varianz die Qualität der empirischen Verbindung zwischen den beiden Variablen mißt. Die präsentierte Kurve geht von einer Varianz gleich null aus, und das gibt es nicht. Die bestehende Ungenauigkeit ist deshalb problematisch, weil der Markenwert ganz empfindlich auf jede noch so kleine Änderung des M-Faktors reagiert. Greifen wir noch einmal das Beispiel Reckitt & Colman auf: Bei den Pflege- und Hygieneprodukten entspricht die Veränderung eines einzigen Elementes des M-Faktors 53,8 Millionen Pfund mehr oder weniger! Hier ist man weit entfernt vom Prinzip der Vorsicht, der Zuverlässigkeit und Rationalität, die die Bilanzierungspraxis auszeichnen.

4) Man muß sich außerdem fragen, inwieweit die S-Kurve überhaupt Gültigkeit hat. Die Überlegung von Interbrand sieht so aus: Eine neu geschaffene Marke wächst zunächst sehr langsam. Hat sie die Schwelle von der nationalen zur internationalen Marke überschritten, wächst sie exponentiell. Erreicht sie schließlich weltweites Niveau, verlangsamt sich das Wachstum wieder. Die Spanne zwischen Kaufpreis und Wiederverkaufspreis von Buitoni zeigt, daß Buitoni von einer regionalen zu einer europäischen Marke geworden ist.

Die Erfahrung zeigt, daß die Marken starken Schwelleneffekten unterliegen. Bei Kunden oder Händlern erlangen sie ihre Stärke stufenweise. Heute ist eine Marke, die über durchschnittliche Bekanntheit verfügt, nicht mehr wert als eine Marke mit geringem Bekanntheitsgrad. Hat die Marke aber eine bestimmte Schwelle überschritten, explodiert sie. Die Analyse des Bekanntheitsgrades von Marken hat ergeben (vgl. Seite 103), daß in Märkten mit vielen Marken und intensiver Werbung eine Marke nur dann ihre spontane Bekanntheit steigern kann, wenn sie einen höheren assistierten Bekanntheitsgrad erreicht hat, d.h., wenn eine Marke sich im Gedächtnis des Verbrauchers festsetzt und damit anderen Marken den Zutritt verwehrt. Außerdem ziehen Großunternehmen des Handels ihr eigenes Produkt den Marken mit durchschnittlichem Bekanntheitsgrad vor. Letztere werden aber aufgrund der Aufnahme ins Sortiment verkauft, nicht aufgrund der Nachfrage. Ihr Absatz wird gestoppt, wenn der Händler sie durch eigene Marken ersetzt, also ist ihre Bedeutung in Zukunft gefährdet. All dies führt zu dem Schluß, daß die Beziehung zwischen Markenstärke und M-Faktor (vorausgesetzt, beide Größen werden nach Aussage desselben potentiellen Käufers ermittelt) eher wie eine Kurve in Stufenform aussieht (Abb. 43).

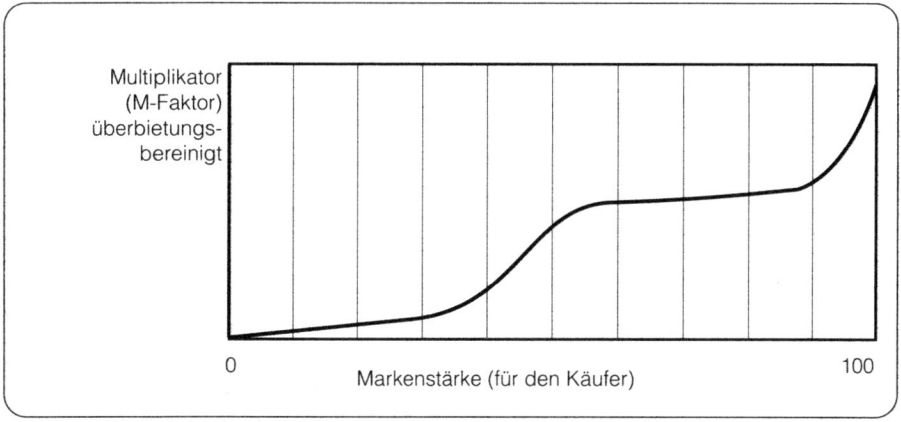

Abb. 43: *Kurve in Stufenform, Beziehung zwischen Markenstärke und Multiplikationsfaktor (multiple)*

Die Verbreitung der Multiplikationsmethode läßt, wie wir gesehen haben, keine Rückschlüsse auf deren Gültigkeit zu, sondern darauf, daß die Methode einfach und auch für Laien leicht durchführbar ist. Die kleinste Veränderung des gewählten M-Faktors führt zu beträchtlichen Schwankungen des Markenwertes. Die heutige Methode, den M-Faktor zu wählen, ist leider sehr unbefriedigend, sowohl hinsichtlich der Referenzfaktoren als auch hinsichtlich der Markenstärke. Was soll man auch von einem Ergebnis halten, das auf einer subjektiven Gewichtung von Faktoren beruht.

Das bewußt einfache Vorgehen dieser Methode geht zu Lasten ihrer Validität. In ihrer heutigen Form ist die Methode des M-Faktors – trotz der scheinbaren Genauigkeit – ebenso subjektiv wie die Methode des bereinigten Cash-flow. Auch die Verwendung von hundert statt sieben Kriterien führt zu keiner Verbesserung. Wenn sie schon subjektiv ist, sollte sie zumindest transparent bleiben: Eine Markenanalyse, die auf vielen Kriterien beruht, kann nicht gewinnen, wenn man sie in einem globalen Ergebnis zusammenfaßt – einem Ergebnis, das auf lauter Hypothesen basiert. Die Methode sollte der Unternehmensplanung für die Marke Gültigkeit verleihen. Es bleibt also die Wahl zwischen einer wirklich falschen und einer vielleicht richtigen Methode.

Marke, Bilanzen und Information

Die Analyse der verschiedenen Bewertungsmethoden einer Marke führt zu einer realistischeren Einschätzung der Aktivierung von Marken. Englische Unternehmen setzen sich aus zwei Gründen mit diesem Problem auseinander.

- In England existieren ganz spezielle Regeln für die Behandlung des Goodwill nach einer Fusion oder einem Kauf. Normalerweise wird, auch wenn das nicht obligatorisch ist, der Goodwill direkt mit dem Eigenkapital verrechnet, wodurch der Wert der gekauften Marke(n) aus der Bilanz verschwindet (so entsteht eine Diskrepanz zwischen dem Kaufpreis und dem bilanzierbaren Wert des Unternehmens). So konnten englische Unternehmen verhindern, den Goodwill abzuschreiben, was ihr Ergebnis verringert hätte und besonders nach einer Fusion oder einem Kauf störend wirkt. Im Lauf der Zeit hat sich gezeigt, daß die Methode, den Goodwill direkt mit den Rücklagen zu verrechnen, einen eigenartigen Effekt hatte: Zwar blieben die Ergebnisse unverändert (was den Aktionären gefiel), aber die finanzielle Situation des Unternehmens wurde künstlich verschlechtert. Indem man die Rücklagen, also die Eigenmittel des Unternehmens, verringerte, verschlechterten sie die meisten finanziellen Kennzahlen über den Einsatz von Eigenmitteln. Aufgrund einer Analyse des Verhältnisses Schulden–Eigenmittel kann beispielsweise der Verschuldungsgrad ermittelt werden. Marken werden aber gerade gekauft, um dann weiterentwickelt zu werden, und so entsteht ein zusätzlicher Bedarf an Finanzmitteln für Werbung und Marketing. In diesem Fall könnte es passieren, daß das Unternehmen zur Finanzierung dieser Entwicklung keinen Darlehensgeber findet, und zwar aufgrund des drastischen Rückgangs seiner Eigenmittel, zurückzuführen auf die Art der Bilanzierung. Um dieser Gefahr zu begegnen, favorisieren englische Unternehmen neuerdings doch die Amortisation des Goodwill. Ladbroke ging sogar soweit, den Wert der Marke Hilton International im Jahre 1988 erneut als Aktivum in der Bilanz auszuweisen, obwohl der mit dem Kauf (1987) verbundene Goodwill schon 1987 mit den Rücklagen verrechnet worden war.

- Unternehmen, die keine Marke gekauft, sondern selbst starke Marken geschaffen hatten, beklagten sich, benachteiligt zu sein, denn eine gekaufte Marke konnte in der Bilanz ausgewiesen werden, eine interne Marke aber nicht. Daher lagen bei den Unternehmen, die aus eigenen Kräften Marken aufgebaut hatten, diese aber nicht verbuchen durften, die reinen Aktiva unter denen von Unternehmen mit gekauften Marken. Dies verfälschte die Information für Aktionäre und lockte Aufkäufer an. Das öffentliche Übernahmeangebot von Nestlé für Rowntree und die Diskrepanz zwischen dem Börsenwert und dem von Nestlé bezahlten Preis wurden oft herangezogen, um die „Marktinsuffizienz" zu demonstrieren: Da auf der Aktivseite der Rowntree-Bilanz die Marken nicht erschienen, hätten die Aktionäre den Wert des Unternehmens unterschätzt und Nestlé zu schnell nachgegeben. Um dieses Risiko zu vermeiden und sich vor Aufkäufern zu schützen, hat Rank Hovis McDougall beschlossen, in der Bilanz einen Wert für die intern geschaffenen Marken auszuweisen: Der Companies Act 1985 legalisiert diese Methode. Außerdem ist in England eine Aktivierung immaterieller Anlagewerte (also Marken) möglich, während in Frankreich eine solche Wertberichtigung sofort steuerliche Konsequenzen hätte.

Hier wird die Diskussion international, denn die Behandlung des Goodwill differiert von Land zu Land (Abb. 44), was bei der Darstellung von Unternehmen nach Fusion oder Kauf Ungleichheit schafft. In Frankreich sind die Unternehmen gezwungen, den Goodwill abzuschreiben. Seit der 7. europäischen Bilanzierungs-Richtlinie ist es aber erlaubt, einen Teil des Goodwill „den noch zu definierenden" Aktiva zuzuschreiben. Aktivierte Marken müssen nicht abgeschrieben werden. Hier der Fall BSN: Beim Geschäftsjahresabschluß 1989 beschloß die Firma, den Markenwert aus dem Goodwill der jüngsten Käufe herauszurechnen und nicht mit abzuschreiben. Diese Überlegung brachte ein positives Ergebnis: 99 Millionen Francs auf das Nettoergebnis von 1989. Dieses Nicht-Abschreiben von Marken ist wirtschaftlich sinnvoll. Unternehmen, die Marken gekauft haben, investieren aufwendig in Werbung und Kommunikation, um diese Marken zu stützen. In der Jahresrechnung werden diese Budgets auf der Aufwandseite ausgewiesen und verringern das Ergebnis. Es wäre unklug, das Resultat noch dadurch zu verschlechtern, daß Marken abgeschrieben werden, deren Bewerbung (unter anderem) gerade dazu dienen soll, den Wert der Marke zu stabilisieren. Hörte das Unternehmen jedoch auf, in die Marke zu investieren, hätte das Nicht-Abschreiben keinen Sinn mehr. Glücklicherweise sieht das Gesetz die Möglichkeit vor, den Markenwert zu mindern, sobald eine echte Wertminderung erkennbar wird.

Dennoch lehnt das französische Handelsrecht (Code de Commerce, Artikel 12, Absatz 4) die Bilanzierung von intern geschaffenen Marken ab, denn es unter-

Methoden	IASC (Projekt)	7. Europäische Richtlinie	Frankreich	Deutschland (1) (2)	Italien	Spanien (1) (2)	Großbritannien	USA	Japan
Goodwill positiv									
Abgezogen von den Rücklagen..........	Nein	Ja	Nein (*)	Ja	Nein	Nein	Ja	Nein	Nein
Immobilisierung und Abschreibung......	Ja	Ja	Ja	Ja	Ja	Ja	Ja	Ja	Ja
Abschreibungsfrist............	5 Jahre	5 Jahre	Nein	4 Jahre	5 Jahre	5 Jahre	Nein	40 Jahre	5 Jahre
Goodwill negativ									
Den Rücklagen zugerechnet........	Ja	Nein	Nein	Nein	Ja	Ja	Ja	Nein	Nein
Abgezogen vom gekauften Aktivvermögen......	Ja	Nein	Nein	Nein	Ja	Nein	Nein	Ja	Nein
Passive Bilanzierung und abgeschrieben............	Ja	Ja	Ja	Ja	Ja	Ja	Nein	Ja	Nein

(1) 7. noch nicht in Kraft getretene Richtlinie
(2) Auf der Grundlage des Inkrafttretens der 7. Richtlinie, vorgesehen für 1990
(*) Nur in Ausnahmefällen sieht die 7. Richtlinie eine andere Lösung vor
(Quelle: Coopers & Lybrand Euromas)

Abb. 44: *Methoden der Bilanzierung des Goodwill*

bindet die Aktivierung von immateriellen Anlagewerten. Somit besteht ein Unterschied zu den Bilanzierungspraktiken englischer Unternehmen, der jedoch bald verschwinden wird. Da der Wettbewerb heutzutage weltweit stattfindet, müssen auch die Normen weltweit angeglichen werden. Das IASC (International Accounting Standard Comitee) macht bereits Anstalten, das direkte Verrechnen des Goodwill mit den Rücklagen zu unterbinden. Das Problem der intern geschaffenen Marken ist aber nach wie vor offen.

Intern geschaffene Marken

Die Frage, ob intern geschaffene Marken in der Bilanz ausgewiesen werden sollen oder nicht, führt zu verschiedenen Überlegungen und zeigt, wie stark der neue Wert der Marken den finanziellen Informationsgehalt der Bilanz beeinflussen kann.

- Wird ein Teil des Vermögens nicht bilanziert, dann steht dies im Gegensatz zur Idee einer finanziellen Bestandsaufnahme, die sich durch Verläßlichkeit und Aufrichtigkeit auszeichnet (Gelle, 1990).

- Eine Marke ist für das Unternehmen Quelle jetziger und künftiger Einnahmen, und dies unabhängig davon, ob die Marke gekauft wurde oder nicht. Warum soll es also innerhalb eines Unternehmens möglich sein, den Wert gekaufter Marken festzustellen, und unmöglich, den Wert intern geschaffener Marken zu ermitteln? Wird der Wert eigener Marken nicht öffentlich bewußt gemacht (auf welche Weise auch immer), dann wird die Information richtiggehend verfälscht, was für Unternehmen, die sich für interne Marken entschieden haben, gravierende Folgen hat (Gelle, 1990).

- Gekaufte Marken werden zu ihrem Kaufpreis bilanziert, der auf der zu erwartenden Rentabilität beruht. Aus Homogenitätsgründen sollten intern geschaffene und entwickelte Marken ebenfalls hinsichtlich der zu erwartenden Rentabilität bewertet werden. Wird das Homogentitätsprinzip bei den beiden Markentypen angewandt, entsteht innerhalb der Bilanz eine heterogene Situation, denn die materiellen Anlagewerte werden zu Anschaffungskosten bewertet.

- Abgesehen davon, daß unklar ist, ab wann interne Marken aktiviert werden sollen, würden somit auch subjektive und unsichere Kriterien den Informationswert der Bilanz beeinträchtigen. Alle Bewertungsmethoden sind, wie wir gesehen haben, extrem subjektiv und können Widerspruch auslösen, aber angesichts der Bedeutung des Markenwertes hätte diese Unsicherheit schwerwiegende Folgen für das Vertrauen in den Informationsgehalt der Bilanz.

- Wäre die Bilanzierung interner Marken auf der Aktivseite erlaubt, dann wäre es inkonsequent, die Bilanzierung anderer immaterieller Werte wie Know-how und Mitarbeiterpotential zu verbieten. Hier trifft man nun aber auf das grundlegende Problem der Abtrennung, denn diese anderen Werte sind oft untrennbar mit dem Erfolg der Marke verbunden. Übrigens erlaubt das deutsche Recht den Verkauf von Marken nicht ohne die damit verbundenen materiellen und immateriellen Anlagewerte. Das Problem der Abtrennung wird schon in der Bewertung des Goodwill einer Marke deutlich, die immer subjektiv ausfällt.

- Aus den genannten Gründen scheint es uns nicht opportun, die Bilanzierung intern geschaffener Marken zu erlauben. Wenn die wichtigste Absicht die Information von Aktionären und Finanzexperten ist, dann gibt es hierfür auch andere Möglichkeiten. Das französische Bilanzgesetz vom 30. April 1983 sieht vor: „Wenn eine bilanzierte Darstellung des Unternehmens nicht genügt, um einen wirklichkeitsnahen Eindruck zu vermitteln (...), müssen im Annex zusätzliche Informationen zur Verfügung gestellt werden." Ein solcher Anhang ist Teil jedes Jahresabschlusses und soll Bilanz und Ergebnisrechnung ergänzen. In jedem Fall muß hierbei beachtet werden, daß es sich nur um Einschätzungen handelt. Manche fürchten, daß sich dadurch die Möglichkeit einschleicht, eine doppelte Bilanzierung vorzunehmen: Die eine ist kontrolliert, objektiv, spiegelt aber nicht die Wahrheit wider; die andere ist zwar eher gültig, aber subjektiv und veränderlich. Der Übergang zu einem Wirtschaftssystem, in dem nicht mehr nur Grundstücke, Gebäude und Maschinen, sondern auch immaterielle Anlagewerte den Unternehmenswert bestimmen, stellt ein großes Problem für das bilanzielle Informationssystem dar, denn dieses System ist zu einer Zeit konzipiert worden, als die immateriellen Werte noch nicht zählten.

Schlußbemerkung

In den letzten zehn Jahren waren die Schlüsselbegriffe des Managements unternehmerisches Projektieren, Unternehmenskultur und -identität. Hier wird das Bemühen deutlich, personelle Ressourcen, Mobilisierung und neuerliche Dynamisierung miteinander in Einklang zu bringen. Diese Schlüsselbegriffe sind auf das externe Wachstum (Unternehmen fusionieren mit anderen) oder auf die aufgrund des Wachstums veränderte Situation zurückzuführen, denn das Unternehmen wechselt vom Familienbetrieb, fixiert auf eine Person oder eine Aufgabe, zum Konzern, der von Managern geleitet wird.

Die Zukunft gehört den Unternehmen, die Bedeutung und Identität ihrer Marke kennen und diese in die ganze unternehmerische Organisation einfließen lassen. Während Unternehmensplanung und Unternehmenskultur intern ablaufen, bringt die Marke die Bedeutung des Wettbewerbs und ständiger marktwirtschaftlicher Anforderungen ins Spiel.

Sensibilität für die Marke heißt, sie genau kennen, um ihre Facetten, Möglichkeiten und Dynamik lebendig umsetzen zu können. Das ist deshalb so wichtig, weil Markenmanager aufgrund des Turn-over-Systems häufig wechseln. In dieser Position muß man die Situation des Unternehmens berücksichtigen, aber noch wichtiger ist die genaue Kenntnis der Markenidentität.

Aber nicht nur der Marketing-Manager muß das Konzept der Marken kennen, alle Mitarbeiter des Unternehmens müssen sich der Bedeutung der Marken bewußt sein. Auch in der Produktion, d.h. in den Fabriken und Labors, muß die Bedeutung der Marken bekannt sein. Dies gilt natürlich auch für den Verkäufer im Geschäft und den Kundendienst, auch noch nach dem Verkauf; und es gilt überall.

Der Sinn der Marke muß der Unternehmensleitung bewußt sein. Es ist ihre Aufgabe, das Kapital des Unternehmens zu erhalten und zu mehren: das menschliche Kapital, die finanziellen Ressourcen, das Kapital Marke.

Stichwortverzeichnis

330